한국산업 인력공단

6급

통합기본서

KB210829

시대에듀

2025 최신판 시대에듀 한국산업인력공단 6급 통합기본서

Always **with you**

사람의 인연은 길에서 우연하게 만나거나 함께 살아가는 것만을 의미하지는 않습니다.
책을 펴내는 출판사와 그 책을 읽는 독자의 만남도 소중한 인연입니다.
시대에듀는 항상 독자의 마음을 헤아리기 위해 노력하고 있습니다. 늘 독자와 함께하겠습니다.

SD

2025
최신판

누적 판매량
1위
기업별 NCS
시리즈

한국산업
인력공단
6급

통합기본서

편저 | SDC(Sidae Data Center)

산인공 NCS + 한국사 + 영어 완벽 대비

한국산업인력공단 3개년(2024~2022년) 기출복원문제 수록
최신 출제경향을 반영한 대표기출유형 및 기출응용문제로 NCS 출제유형 정복
한국사 및 영어 적중예상문제로 맞춤형 학습
최종점검 모의고사 2회 + 온라인 모의고사 3회로 필기 마무리
인성검사 및 면접가이드 & 한국산업인력공단 6급 면접 기출질문으로 채용 준비

기출복원문제부터
대표기출유형 및
모의고사까지

한 권으로
마무리!

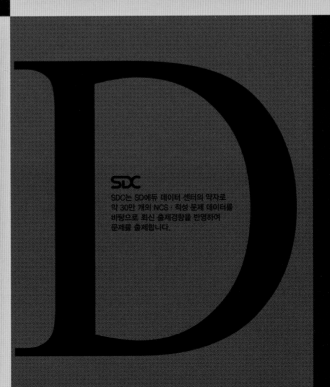

SDC

SDC는 SD에듀 데이터 센터의 약자로
약 30만 개의 NCS · 적성 문제 데이터를
바탕으로 최신 출제경향을 반영하여
문제를 출제합니다.

모바일 OMR
답안채점/성적분석
서비스
—
NCS
핵심이론 및
대표유형 PDF
—
[합격시대]
온라인 모의고사
무료쿠폰
—
무료
NCS
특강

시대에듀

도서 구매자를 위한
특별한 혜택

"NCS 핵심이론 및 대표유형 분석자료" 무료 제공

① 시대에듀 도서 홈페이지 접속(www.sdedu.co.kr/book)
② 상단 카테고리 「도서업데이트」 클릭
③ '공기업 NCS 도서 무료 학습자료' 검색 후 다운로드

※ 자료가 보이지 않을 때에는 '공기업'으로 검색하기 바랍니다.

"무료NCS특강(PC / 모바일 강의)" 제공

① 시대에듀 홈페이지 접속(www.sdedu.co.kr)
② 상단 카테고리 「회원혜택」 클릭
③ 「이벤트존」 → 「NCS 도서구매 특별혜택 이벤트」 클릭
④ 쿠폰번호 입력 후 수강

쿠폰번호	
무료NCS특강	PIF-16652-18790

※ 해당 강의는 본 도서를 기반으로 하지 않습니다.

"기업별 온라인 모의고사" 무료 제공

① 시대에듀 합격시대 홈페이지 접속
  (www.sdedu.co.kr/pass_sidae_new)
② 상단 배너 「쿠폰 입력하고 모의고사 받자」 클릭
③ 쿠폰번호 입력 후 응시

쿠폰번호	
NCS통합	ASXJ-00000-E246A
한국산업인력공단 6급 (2회분)	ATKG-00000-E48B1

※ 쿠폰 등록 후 30일 이내에 사용 가능합니다.
※ 쿠폰 등록 및 응시는 윈도우 기반 PC에서만 가능합니다.
※ 모바일 및 macOS 운영체제에서는 서비스되지 않습니다.

등록 기간 : ~ 2026년 5월 31일

끝까지 책임진다! 시대에듀!
QR코드를 통해 도서 출간 이후 발견된 오류나 개정법령, 변경된 시험 정보, 최신기출문제, 도서 업데이트 자료 등이 있는지 확인해
보세요! **시대에듀 합격 스마트 앱**을 통해서도 알려 드리고 있으니 구글 플레이나 앱 스토어에서 다운받아 사용하세요.
또한, 파본 도서인 경우에는 구입하신 곳에서 교환해 드립니다.

편집진행 여연주 · 김미진 | **표지디자인** 현수빈 | **본문디자인** 최미림 · 장성복

머리말 PREFACE

기업과 근로자의 인적자원개발을 지원하는 사업을 종합적으로 수행하는 한국산업인력공단은 2025년에 일반직 6급 신규직원을 채용할 예정이다. 한국산업인력공단의 채용절차는 「지원서 접수 ➡ 필기시험 ➡ 인성검사 ➡ 면접시험 ➡ 최종 합격자 발표」 순서로 이루어지며, 필기시험은 일반행정의 경우 직업능력, 한국사, 영어로 진행된다. 그중 직업능력은 조직이해능력, 의사소통능력, 수리능력, 문제해결능력, 직업윤리, 자원관리능력 총 6개의 영역을 평가하며, 2024년에는 PAST형 문제의 비중이 높은 피듈형으로 진행되었다. 따라서 필기시험에서 고득점을 받기 위해 다양한 유형에 대한 폭넓은 학습과 문제풀이능력을 높이는 등 철저한 준비가 필요하다.

한국산업인력공단 일반직 6급 합격을 위해 시대에듀에서는 기업별 NCS 시리즈 누적 판매량 1위의 출간 경험을 토대로 다음과 같은 특징을 가진 도서를 출간하였다.

도서의 특징

❶ **기출복원문제를 통한 출제 유형 확인!**
- 한국산업인력공단 3개년(2024~2022년) 기출복원문제를 수록하여 한국산업인력공단의 필기 유형을 확인할 수 있도록 하였다.

❷ **출제 영역 맞춤 문제를 통한 실력 상승!**
- 직업능력 대표기출유형&기출응용문제를 수록하여 유형별로 대비할 수 있도록 하였다.
- 한국사 및 영어 적중예상문제를 수록하여 맞춤형으로 학습할 수 있도록 하였다.

❸ **최종점검 모의고사를 통한 완벽한 실전 대비!**
- 철저한 분석을 통해 실제 유형과 유사한 최종점검 모의고사를 수록하여 자신의 실력을 점검할 수 있도록 하였다.

❹ **다양한 콘텐츠로 최종 합격까지!**
- 한국산업인력공단 채용 가이드와 면접 기출질문을 수록하여 채용 전반에 대비할 수 있도록 하였다.
- 온라인 모의고사를 무료로 제공하여 필기시험에 대비할 수 있도록 하였다.

끝으로 본 도서를 통해 한국산업인력공단 6급 채용을 준비하는 모든 수험생 여러분이 합격의 기쁨을 누리기를 진심으로 기원한다.

SDC(Sidae Data Center) 씀

◇ 미션

우리는 인적자원개발을 통해 함께 잘사는 나라를 만든다

◇ 비전

K-HRD를 짓는 글로벌 인적자원개발 파트너

◇ 핵심가치

미래   상생   청렴   안전

◇ 인재상

사회인	Human(인간답고)
창조인	Reformative(창조적이며)
행동인	Dynamic(열정적인)
학습인	Knowledge based Learner(지식 기반 학습인)

◇ **경영목표 & 전략과제**

개인의 고용가능성과 기업의 생산성 제고	→	능력개발 · 숙련(직업능력개발 맞춤형 지원 강화) • 강소기업 확대를 위한 기업성장형 훈련 지원 • 디지털 신기술 맞춤형 훈련 강화 • 숙련기술 친화 기반 구축
고객중심 디지털 국가자격 완성	→	능력평가 · NCS(디지털 기반 직업능력평가 효용성 제고) • 디지털 전환 기반 국가자격 혁신 • 현장 중심 자격품질 제고 • 전 국민 직무능력 활용 인프라 구축
글로벌 일자리 지원체계 고도화	→	국제인력 · 글로벌협력(글로벌 인적자원 교류 협력 강화) • 인구 · 산업변화 맞춤형 외국인력 선발 · 도입 • 해외일경험 · 취업 지원으로 청년 미래도약 지원 • 글로벌 인적자원 역량체계 강화
지속가능경영 체계 구축	→	경영관리(기관운영 효율화 및 ESG경영 고도화) • 지속가능경영을 위한 기능혁신 및 효율화 • 공단 특화 ESG경영 강화 • 안전 최우선 조직문화 정착

◇ **캐릭터**

이루미

해냄이

신입 채용 안내 INFORMATION

◇ 지원자격(공통)

❶ 최종합격자 발표 후 임용 즉시 근무 가능한 자(불가능 시 합격 취소)

❷ 한국산업인력공단 인사규정 제24조의 결격사유에 해당하지 않는 자로서 병역법 제76조에서 정한 병역의무 불이행 사실이 없는 자

❸ 성별 및 연령 제한 없음

  ※ 단, 공단 인사규정 제48조에 따라 만 60세 이상자는 지원할 수 없음

◇ 필기시험

모집단위		평가영역(문항 수)	총 문항 수	시험시간	비고
일반직 6급	일반행정	직업능력(40), 한국사(20), 영어(20)	80문항	80분	객관식 5지 택일형
	기록물관리				
	정보기술	직업능력(20), 한국사(20), 전산학(40)	80문항		
	데이터분석	직업능력(20), 한국사(20), 데이터분석(40)	80문항		
	산업안전	직업능력(20), 한국사(20), 산업안전(40)	80문항		

※ 직업능력 : 조직이해능력, 의사소통능력, 수리능력, 문제해결능력, 직업윤리, 자원관리능력 및 직무수행능력(직무 상황에 대한 처리, 대응능력 등)을 평가
※ 한국사 : 전 범위
※ 영어 : 문법, 어휘, 독해, 비즈니스 영어 등

◇ 면접시험

구분	방식	내용
토론면접	다(多) 대 다(多) 방식	직무수행능력, 직업기초능력 등
인성면접	일(一) 대 다(多) 방식	지원동기, 조직적합성 등

❖ 위 채용 안내는 2024년 채용공고를 기준으로 작성하였으므로 세부사항은 확정된 채용공고를 확인하기 바랍니다.

총평

한국산업인력공단 6급 필기시험은 PSAT형 문제의 비중이 높은 피듈형으로 출제되었고, 난도가 높은 편이었다. 세트문제가 많았으며 특히 자원관리능력과 다른 영역이 결부된 형태의 문제가 다수 출제되었다. 의사소통능력의 경우 한국산업인력공단 관련 지문이 출제되었으며, 수리능력은 자료 이해 문제의 비중이 높았다. 또한 NCS와 함께 한국사와 영어 영역도 평가하기에 다양한 문제를 풀어보는 것이 중요하며, 모듈이론에 대한 이해 역시 필요하므로 영역별로 꼼꼼히 학습하는 태도가 필요했으리라 본다.

◇ 영역별 출제 비중

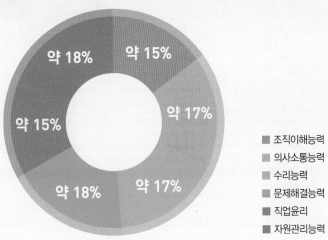

- 조직이해능력
- 의사소통능력
- 수리능력
- 문제해결능력
- 직업윤리
- 자원관리능력

구분	출제 특징	출제 키워드
의사소통능력	• 문서 내용 이해 문제가 출제됨 • 세트문제가 출제됨	• 한국산업인력공단 사업 절차, 산업인력공단 6급 채용 직무기술서, 개인 방송 겸직 허가 여부, 대한민국 명장 등
수리능력	• 자료 이해 문제가 출제됨 • 그래프 문제가 출제됨	• 자격증 유형별 응시 및 합격 비율, 가중치, 투자금, 연이자, 연수익, 흑자 등
자원관리능력	• 비용 계산 문제가 출제됨 • 인원 선발 문제가 출제됨	• 가산점, 연차, 휴가, 주유비, 도로구조물 등
직업윤리	• 모듈형 문제가 출제됨	• 부당한 지시 등
영어	• 문장 나열 문제가 출제됨 • 문법 문제가 출제됨 • 빈칸 삽입 문제가 출제됨	• 스티브잡스, 관계대명사, 동의어 등

PSAT형

04 다음은 신용등급에 따른 아파트 보증률에 대한 사항이다. 자료와 상황에 근거할 때, 갑(甲)과 을(乙)의 보증료의 차이는 얼마인가?(단, 두 명 모두 대지비 보증금액은 5억 원, 건축비 보증금액은 3억 원이며, 보증서 발급일로부터 입주자 모집공고 안에 기재된 입주 예정 월의 다음 달 말일까지의 해당 일수는 365일이다)

- (신용등급별 보증료)=(대지비 부분 보증료)+(건축비 부분 보증료)
- 신용평가 등급별 보증료율

구분	대지비 부분	건축비 부분				
		1등급	2등급	3등급	4등급	5등급
AAA, AA	0.138%	0.178%	0.185%	0.192%	0.203%	0.221%
A$^+$		0.194%	0.208%	0.215%	0.226%	0.236%
A$^-$, BBB$^+$		0.216%	0.225%	0.231%	0.242%	0.261%
BBB$^-$		0.232%	0.247%	0.255%	0.267%	0.301%
BB$^+$~CC		0.254%	0.276%	0.296%	0.314%	0.335%
C, D		0.404%	0.427%	0.461%	0.495%	0.531%

 ※ (대지비 부분 보증료)=(대지비 부분 보증금액)×(대지비 부분 보증료율)×(보증서 발급일로부터 입주자 모집공고 안에 기재된 입주 예정 월의 다음 달 말일까지의 해당 일수)÷365
 ※ (건축비 부분 보증료)=(건축비 부분 보증금액)×(건축비 부분 보증료율)×(보증서 발급일로부터 입주자 모집공고 안에 기재된 입주 예정 월의 다음 달 말일까지의 해당 일수)÷365
- 기여고객 할인율 : 보증료, 거래기간 등을 기준으로 기여도에 따라 6개 군으로 분류하며, 건축비 부분 요율에서 할인 가능

구분	1군	2군	3군	4군	5군	6군
차감률	0.058%	0.050%	0.042%	0.033%	0.025%	0.017%

〈상황〉

- 갑 : 신용등급은 A$^+$이며, 3등급 아파트 보증금을 내야 한다. 기여고객 할인율에서는 2군으로 선정되었다.
- 을 : 신용등급은 C이며, 1등급 아파트 보증금을 내야 한다. 기여고객 할인율은 3군으로 선정되었다.

① 554,000원
② 566,000원
③ 582,000원
④ 591,000원
⑤ 623,000원

특징
 ▶ 대부분 의사소통능력, 수리능력, 문제해결능력을 중심으로 출제(일부 기업의 경우 자원관리능력, 조직이해능력을 출제)
 ▶ 자료에 대한 추론 및 해석 능력을 요구

대행사
 ▶ 엑스퍼트컨설팅, 커리어넷, 태드솔루션, 한국행동과학연구소(행과연), 휴노 등

모듈형

| 문제해결능력

41 문제해결절차의 문제 도출 단계는 (가)와 (나)의 절차를 거쳐 수행된다. 다음 중 (가)에 대한 설명으로 적절하지 않은 것은?

(가)	→	(나)
전체 문제를 개별화된 이슈들로 세분화		문제에 영향력이 큰 핵심이슈를 선정

① 문제의 내용 및 영향 등을 파악하여 문제의 구조를 도출한다.
② 본래 문제가 발생한 배경이나 문제를 일으키는 메커니즘을 분명히 해야 한다.
③ 현상에 얽매이지 말고 문제의 본질과 실제를 봐야 한다.
④ 눈앞의 결과를 중심으로 문제를 바라봐야 한다.
⑤ 문제 구조 파악을 위해서 Logic Tree 방법이 주로 사용된다.

특징
▶ 이론 및 개념을 활용하여 푸는 유형
▶ 채용 기업 및 직무에 따라 NCS 직업기초능력평가 10개 영역 중 선발하여 출제
▶ 기업의 특성을 고려한 직무 관련 문제를 출제
▶ 주어진 상황에 대한 판단 및 이론 적용을 요구

대행사
▶ 인트로맨, 휴스테이션, ORP연구소 등

피듈형(PSAT형 + 모듈형)

| 자원관리능력

07 다음 자료를 근거로 판단할 때, 연구모임 A ~ E 중 세 번째로 많은 지원금을 받는 모임은?

〈지원계획〉

• 지원을 받기 위해서는 한 모임당 5명 이상 9명 미만으로 구성되어야 한다.
• 기본지원금은 모임당 1,500천 원을 기본으로 지원한다. 단, 상품개발을 위한 모임의 경우는 2,000천 원을 지원한다.
• 추가지원금

등급	상	중	하
추가지원금(천 원/명)	120	100	70

※ 추가지원금은 연구 계획 사전평가결과에 따라 달라진다.
• 협업 장려를 위해 협업이 인정되는 모임에는 위의 두 지원금을 합한 금액의 30%를 별도로 지원한다.

〈연구모임 현황 및 평가결과〉

특징
▶ 기초 및 응용 모듈을 구분하여 푸는 유형
▶ 기초인지모듈과 응용업무모듈로 구분하여 출제
▶ PSAT형보다 난도가 낮은 편
▶ 유형이 정형화되어 있고, 유사한 유형의 문제를 세트로 출제

대행사
▶ 사람인, 스카우트, 인크루트, 커리어케어, 트리피, 한국사회능력개발원 등

한국산업인력공단

2024년 적중

가중치 ▶ 키워드

03 다음은 과일의 종류별 무게에 따른 가격표이다. 종류별 무게를 가중치로 적용하여 가격에 대한 가중평균을 구하면 42만 원이다. 이때 빈칸 ⊙에 들어갈 수치로 옳은 것은?

〈과일 종류별 가격 및 무게〉

(단위 : 만 원, kg)

구분	(가)	(나)	(다)	(라)
가격	25	40	60	⊙
무게	40	15	25	20

① 40

② 45

③ 50

④ 55

⑤ 60

2024년 적중

임금피크제 ▶ 키워드

03 다음은 임금피크제 운용지침을 발췌한 것이다. 이를 이해한 내용으로 적절하지 않은 것은?

〈임금피크제 운용지침〉

목적(제1조) 이 지침은 보수규정 제5조에 따라 한국산업인력공단의 임금피크제 운용에 관한 제반 사항을 정함을 목적으로 한다.

용어의 정의(제2조) 이 지침에서 사용하는 용어의 정의는 다음과 같다.
1. 임금피크제란 일정 연령의 도달 또는 생산성 등을 고려하여 피크임금의 수준을 결정하고 이를 기준으로 임금을 조정하는 임금체계를 말한다.
2. 임금피크제 대상 직원이란 임금피크제의 적용기준에 도달하는 직원을 말한다.
3. 별도정원이란 임금피크제 대상 직원 중 정년 보장자인 1, 2급 직원은 정년퇴직일 1년 전, 정년연장자인 3급 이하 직원은 정년연장기간인 정년퇴직일 3년 전 기간 동안의 인원으로 별도직무군과 초임직급군 정원을 합한 인원으로 한다.
4. 별도직무군이란 임금피크제 대상 직원 중 기존 정원에서 제외되어 별도정원으로 관리되는 별도직무를 수행하는 직무군을 말한다.
5. 초임직급군이란 신규채용인원 중 정원으로 편입되지 않고 별도정원으로 관리되는 직급군을 말한다.

적용범위(제3조) 임금피크제 운용에 관해 법령, 정관 및 규정에서 따로 정한 것을 제외하고는 이 지침에 따른다.

임금피크제 적용대상(제4조) 임금피크제의 적용 대상은 정규직 및 무기계약 직원으로 한다.

적용시기(제5조) 임금피크제의 적용 시기는 다음 각 호와 같이 정한다.
1. 정년퇴직예정일 3년 전부터 임금피크제를 적용한다.
2. 정년퇴직예정일이 6월 30일인 경우 3년 전 7월 1일부터, 정년퇴직예정일이 12월 31일인 경우 3년 전 1월 1일부터 임금피크제를 적용한다.

피크임금(제6조)
① 임금피크제 대상 직원의 임금 조정을 위한 피크임금은 제5조의 적용 전 1년간의 급여 총액 중 가족수당, 자녀학비보조금, 직무급(직책급 등 이와 유사항목 포함), 경영평가성과급을 제외한 금액을 말한다.
② 제1항의 급여 총액이라 함은 보수규정 등 취업규칙에서 정한 급여 항목의 지급 총액을 말한다.

임금피크제 적용 임금의 산정 및 지급(제7조)

국민건강보험공단

당뇨병 ▶ 키워드

05 다음 글을 읽고 이어질 내용을 논리적 순서대로 바르게 나열한 것은?

> AIDS(Acquired Immune Deficiency Syndrome)는 HIV(Human Immunodeficiency Virus)의 감염으로 인해 일어나는 증후군으로서, HIV에 의해 면역세포가 파괴되어 정상적인 면역력을 갖지 못하게 되는 상태를 말한다. HIV 감염 몇 년 후에 면역세포가 일정량 이상 파괴된 상태를 AIDS라 부른다. 따라서 대부분의 감염자는 AIDS보다는 HIV 감염으로 부르는 것이 정확하다.

> (가) HIV에 감염되면 몇 주 내에 감염 초기증상이 발생할 수 있으나, 이는 HIV 감염에서만 일어나는 특이한 증상이 아니므로 증상을 가지고 HIV 감염을 논하기는 어렵다. 의사들의 의견 또한 이러하며, 검사만이 HIV 감염여부에 대해 알 수 있는 통로라고 한다.
> (나) 그럼에도 불구하고 HIV는 현재 완치될 수 없는 병이며 감염자에게 심대한 정신적 고통을 주게 되므로, HIV를 예방하기 위해서 불건전한 성행위를 하지 않는 것이 가장 중요하다 할 것이다.
> (다) HIV의 감염은 일반적으로 체액과 체액의 교환으로 이루어지는데, 일반적으로 생각하는 성행위에 의한 감염은 이러한 경로로 일어난다. 대부분의 체액에는 HIV가 충분히 있지 않아, 실제로는 성행위 중 상처가 나는 경우의 감염확률이 높다고 한다.
> (라) 이와 같은 경로를 거쳐 HIV 감염이 확인되어도 모든 사람이 AIDS로 진행하는 것은 아니다. 현재 HIV는 완치는 불가능하지만 당뇨병과 같이 악화를 최대한 늦출 수 있는 질병으로서, 의학 기술의 발전으로 약을 잘 복용한다면 일반인과 같이 생활할 수 있다고 한다.

① (가) - (나) - (라) - (다)　　　　② (가) - (다) - (라) - (나)
③ (다) - (가) - (라) - (나)　　　　④ (라) - (가) - (나) - (다)

예금 ▶ 키워드

03 다음은 K손해보험 보험금 청구 절차 안내문이다. 이를 토대로 고객들의 질문에 답변하려고 할 때, 적절하지 않은 것은?

〈보험금 청구 절차 안내문〉

단계	구분	내용
Step 1	사고 접수 및 보험금 청구	피보험자, 가해자, 피해자가 사고발생 통보 및 보험금 청구를 합니다. 접수는 가까운 영업점에 관련 서류를 제출합니다.
Step 2	보상팀 및 보상담당자 지정	보상처리 담당자가 지정되어 고객님께 담당자의 성명, 연락처를 SMS로 전송해 드립니다. 자세한 보상 관련 문의사항은 보상처리 담당자에게 문의하시면 됩니다.
Step 3	손해사정법인 (현장확인자)	보험금 지급여부 결정을 위해 사고현장조사를 합니다. (병원 공인된 손해사정법인에게 조사업무를 위탁할 수 있음)
Step 4	보험금 심사 (심사자)	보험금 지급 여부를 심사합니다.
Step 5	보험금 심사팀	보험금 지급 여부가 결정되면 피보험자 예금통장에 보험금이 입금됩니다.

※ 3만 원 초과 10만 원 이하 소액통원의료비를 청구할 경우 보험금 청구서와 병원영수증, 질병분류기호(질병명)가 기재된 처방전만으로 접수가 가능합니다.
※ 의료기관에서는 환자가 요구할 경우 처방전 발급 시 질병분류기호(질병명)가 기재된 처방전 2부 발급이 가능합니다.
※ 온라인 접수 절차는 K손해보험 홈페이지에서 확인하실 수 있습니다.

① O : 강정기를 닫다가 팔을 다쳐서 병원비가 56,000원이 나왔습니다. 보험금은 청구하려고 하는

식별 코드 ▶ 키워드

2025년 적중

03 A사원은 전세버스 대여를 전문으로 하는 여행업체인 S사에 근무하고 있다. 지난 10년 동안 상당한 규모로 성장해 온 S사는 현재 보유하고 있는 버스의 현황을 실시간으로 파악할 수 있도록 식별 코드를 부여하였다. 식별 코드 부여 방식과 자사보유 전세버스 현황이 다음과 같을 때, 옳지 않은 것은?

〈식별 코드 부여 방식〉

[버스등급] - [승차인원] - [제조국가] - [모델번호] - [제조연월]

버스등급	코드	제조국가	코드
대형버스	BX	한국	KOR
중형버스	MF	독일	DEU
소형버스	RT	미국	USA

예 BX - 45 - DEU - 15 - 2310
2023년 10월 독일에서 생산된 45인승 대형버스 15번 모델

〈자사보유 전세버스 현황〉

BX - 28 - DEU - 24 - 1308	MF - 35 - DEU - 15 - 0910	RT - 23 - KOR - 07 - 0628
MF - 35 - KOR - 15 - 1206	BX - 45 - USA - 11 - 0712	BX - 45 - DEU - 06 - 1105
MF - 35 - DEU - 20 - 1110	BX - 41 - DEU - 05 - 1408	RT - 16 - USA - 09 - 0712
RT - 25 - KOR - 18 - 0803	RT - 25 - DEU - 12 - 0904	MF - 35 - KOR - 17 - 0901
BX - 28 - USA - 22 - 1404	BX - 45 - USA - 19 - 1108	BX - 28 - USA - 15 - 1012
RT - 16 - DEU - 23 - 1501	MF - 35 - KOR - 16 - 0804	BX - 45 - DEU - 19 - 1312
MF - 35 - DEU - 20 - 1005	BX - 45 - USA - 14 - 1007	-

문단 나열 ▶ 유형

2025년 적중

※ 다음 문단을 논리적 순서대로 바르게 나열한 것을 고르시오. [1~3]

01

(가) 하지만 지금은 고령화 시대를 맞아 만성질환이 다수다. 꾸준히 관리받아야 건강을 유지할 수 있다. 치료보다 치유가 대세다. 이 때문에 미래 의료는 간호사 시대라고 말한다. 그럼에도 간호사에 대한 활용은 시대 흐름과 동떨어져 있다.

(나) 인간의 질병 구조가 변하면 의료 서비스의 비중도 바뀐다. 과거에는 급성질환이 많았다. 맹장염(충수염)이나 위궤양 등 수술로 해결해야 할 상황이 잦았다. 따라서 질병 관리 대부분을 의사의 전문성에 의존해야 했다.

(다) 현재 2년 석사과정을 거친 전문 간호사가 대거 양성되고 있다. 하지만 이들의 활동은 건강보험 의료수가에 반영되지 않고, 그러니 병원이 전문 간호사를 적극적으로 채용하려 하지 않는다. 의사의 손길이 닿지 못하는 곳은 전문성을 띤 간호사가 그 역할을 대신해야 함에도 말이다.

(라) 고령 장수 사회로 갈수록 간호사의 역할은 커진다. 병원뿐 아니라 다양한 공간에서 환자를 돌보고 건강관리가 이뤄지는 의료 서비스가 중요해졌다. 간호사 인력 구성과 수요는 빠르게 바뀌어 가는데 의료 환경과 제도는 한참 뒤처져 있어 안타깝다.

① (나) - (가) - (다) - (라)
② (나) - (라) - (가) - (다)
③ (다) - (가) - (라) - (나)
④ (다) - (라) - (가) - (나)

국민연금공단

엑셀 함수 ▶ 유형

07 다음 대화를 미루어 보아 K사원이 안내할 엑셀 함수로 가장 적절한 것은?

> P과장 : K씨, 제품 일련번호가 짝수인 것과 홀수인 것을 구분하고 싶은데, 일일이 찾아 분류하자니 데이터가 너무 많아 번거로울 것 같아. 엑셀로 분류할 수 있는 방법이 없을까?
>
> K사원 : 네, 과장님. _____ 함수를 사용하면 편하게 분류할 수 있습니다. 이 함수는 지정한 숫자를 특정 숫자로 나눈 나머지를 알려줍니다. 만약 제품 일련번호를 2로 나누면 나머지가 0 또는 1이 나오는데, 여기서 나머지가 0이 나오는 것은 짝수이고 나머지가 1이 나오는 것은 홀수이기 때문에 분류가 빠르고 쉽게 됩니다. 분류하실 때는 필터기능을 함께 사용하면 더욱 간단해집니다.
>
> P과장 : 그렇게 하면 간단히 처리할 수 있겠어. 정말 큰 도움이 되었네.

① SUMIF   ② MOD
③ INT   ④ NOW

글의 제목 ▶ 유형

24 다음 글의 제목으로 가장 적절한 것은?

> 20세기 한국 사회는 내부 노동시장에 의존한 평생직장 개념을 갖고 있었으나, 1997년 외환 위기 이후 인력 관리의 유연성이 향상되면서 그것은 사라지기 시작하였다. 기업은 필요한 우수 인력을 외부 노동시장에서 적기에 채용하고, 저숙련 인력은 주변화하여 비정규직을 계속 늘려간다는 전략을 구사하고 있다. 이러한 기업의 인력 관리 방식에 따라서 실업률은 계속 하락하는 동시에 주당 18시간 미만으로 일하는 불완전 취업자가 많이 증가하고 있다.
>
> 이러한 현상은 우리나라의 경제가 지식 기반 산업 위주로 점차 바뀌고 있음을 말해 준다. 지식 기반 산업이 주도하는 경제 체제에서는 고급 지식을 갖거나 숙련된 노동자는 더욱 높은 임금을 받게 된다. 다시 말해 지식 기반 경제로의 이행은 지식 격차에 의한 소득 불평등의 심화를 의미한다. 우수한 기술과 능력을 갖춘 핵심 인력은 능력 개발 기회를 얻게 되어 '고급 기술 → 높은 임금 → 양질의 능력 개발 기회'의 선순환 구조를 갖지만, 비정규직·장기 실업자 등 주변 인력은 악순환을 겪을 수밖에 없다. 이러한 '양극화' 현상을 국가가 적절히 통제하지 못할 경우, 사회 계급 간의 간극은 더욱 확대될 것이다. 결국 고도 기술 사회가 온다고 해도 자본주의 사회 체제가 지속되는 한, 사회 불평등 현상은 여전히 계급 간 균열선을 따라 존재하게 될 것이다. 국가가 포괄적 범위에서 강력하게 사회 정책적 개입을 추진하면 계급 간 차이를 현재보다는 축소시킬 수 있겠지만 아주 없어지지는 못할 것이다.
>
> 사회 불평등 현상은 나라들 사이에서도 발견된다. 각국 간 발전 격차가 지속 확대되면서 전 지구적 생산의 재배치는 이미 20세기 중엽부터 진행됐다. 정보통신 기술은 지구의 자전 주기와 공간적 거리를 '장애물'에서 '이점'으로 변모시켰다. 그 결과, 전 지구적 노동시장이 탄생하였다. 기업을 비롯한 각 사회 조직은 국경을 넘어 인력을 충원하고, 재화와 용역을 구매하고 있다. 개인들도 인터넷을 통해 이러한 흐름에 동참하고 있다. 생산 기능은 저개발국으로 이전되고, 연구·개발·마케팅 기능은 선진국으로 모여드는 경향이 지속·강화되어 나라 간 정보 격차가 확대되고 있다. 유비쿼터스 컴퓨팅 기술에 의거하여 전 지구 사회를 잇는 지역 간 분업은 앞으로 더욱 활발해질 것이다. 나라 간의 경제적 불평등 현상은 국제 자본 이동과 국제 노동 이동으로 표출되고 있다. 노동 집약적 부문의 국내 기업이 해외로 생산 기지를 옮기는 현상에서 나아가, 초국적 기업화 현상이 본격적으로 대두되고 있다. 전 지구에 걸친 외부 용역 대치가 이루어지고 콜센터를 외국으로 옮기는 현상도 보편화될 것이다.

도서 200% 활용하기 STRUCTURES

1 기출복원문제로 출제경향 파악

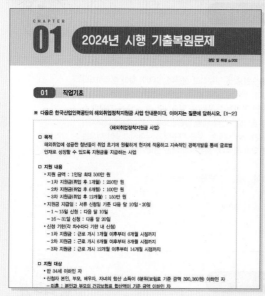

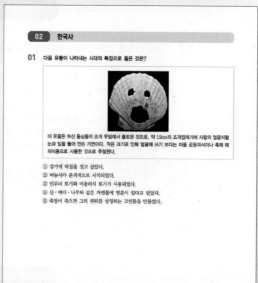

▶ 한국산업인력공단 3개년(2024~2022년) 기출복원문제를 수록하여 한국산업인력공단의 필기 유형을 확인할 수 있도록 하였다.

2 출제 영역 맞춤 문제로 필기시험 완벽 대비

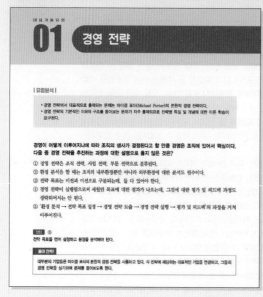

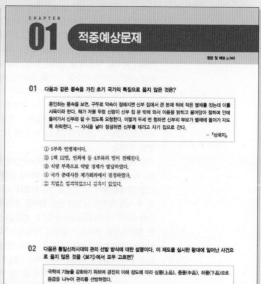

▶ 직업능력 대표기출유형&기출응용문제를 수록하여 유형별로 대비할 수 있도록 하였다.

▶ 한국사 및 영어 적중예상문제를 수록하여 맞춤형으로 학습할 수 있도록 하였다.

3 최종점검 모의고사 + OMR을 활용한 실전 연습

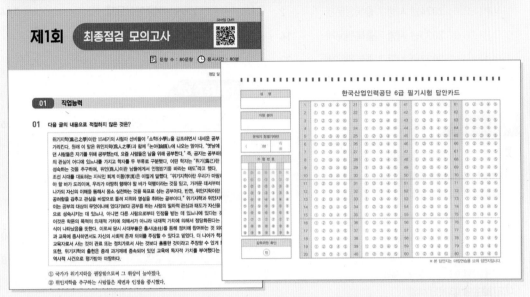

▶ 최종점검 모의고사와 OMR 답안카드를 수록하여 실제로 시험을 보는 것처럼 마무리 연습을 할 수 있도록 하였다.
▶ 모바일 OMR 답안채점/성적분석 서비스를 통해 필기시험에 대비할 수 있도록 하였다.

4 인성검사부터 면접까지 한 권으로 최종 마무리

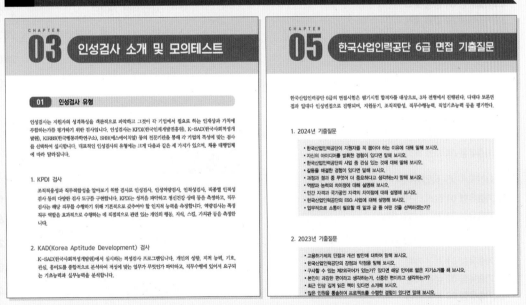

▶ 인성검사 모의테스트를 수록하여 인성검사 유형 및 문항을 확인할 수 있도록 하였다.
▶ 한국산업인력공단 6급 면접 기출질문을 통해 실제 면접에서 나오는 질문을 미리 파악하고 연습할 수 있도록 하였다.

이 책의 차례 CONTENTS

PART 1

한국산업인력공단
3개년 기출복원문제

2024년 시행 기출복원문제

정답 및 해설 p.002

01 직업기초

※ 다음은 한국산업인력공단의 해외취업정착지원금 사업 안내문이다. 이어지는 질문에 답하시오. **[1~2]**

〈해외취업정착지원금 사업〉

□ **목적**

해외취업에 성공한 청년들이 취업 초기에 원활하게 현지에 적응하고 지속적인 경력개발을 통해 글로벌 인재로 성장할 수 있도록 지원금을 지급하는 사업

□ **지원 내용**
- 지원 금액 : 1인당 최대 500만 원
  - 1차 지원금(취업 후 1개월) : 250만 원
  - 2차 지원금(취업 후 6개월) : 100만 원
  - 3차 지원금(취업 후 12개월) : 150만 원
- 지원금 지급일 : 서류 신청일 기준 다음 달 10일 · 20일
  - 1 ~ 15일 신청 : 다음 달 10일
  - 16 ~ 31일 신청 : 다음 달 20일
- 신청 기한(각 차수마다 기한 내 신청)
  - 1차 지원금 : 근로 개시 1개월 이후부터 6개월 시점까지
  - 2차 지원금 : 근로 개시 6개월 이후부터 8개월 시점까지
  - 3차 지원금 : 근로 개시 12개월 이후부터 14개월 시점까지

□ **지원 대상**
- 만 34세 이하인 자
- 신청자 본인, 부모, 배우자, 자녀의 합산 소득이 6분위(보험료 기준 금액 390,360원) 이하인 자
  - 미혼 : 본인과 부모의 건강보험료 합산액이 기준 금액 이하인 자
  - 기혼 : 본인과 배우자, 자녀의 건강보험료 합산액이 기준 금액 이하인 자
- 월드잡플러스 사전 구직등록(회원가입) 후 근로계약서를 작성한 자
- 이전에 정착지원금을 받은 적이 없는 자
- 취업인정기준을 모두 충족하는 자

□ **취업인정기준**

- 취업비자 : 해당 국가에서 합법적으로 근로 가능하며, 취업을 목적으로 발급된 비자를 소지
  ※ 워킹홀리데이 비자는 인정 불가
- 취업직종 : 단순 노무직종 제외
  ※ 단순 노무직종 : 청소(환경미화)원, 세차원, 주유원, 가정부(가사・육아도우미), 음식서비스종사자(주방보조・음식서빙 등), 숙박시설종사자(청소 및 하우스키핑 등) 등 기타 단순 노무종사자로 판단되는 업종
- 임금수준 : 연봉 1,700만 원 이상
- 근로계약기간 : 1년 이상
- 취업업체 : 다국적기업, 현지로컬기업, 국내기업 해외법인, 한상(재외 한국인 사업자) 등
  ※ 근무지는 반드시 외국이어야 함

┃ 의사소통능력

01 다음 중 한국산업인력공단의 해외취업정착지원금 사업에 대한 설명으로 옳지 않은 것은?

① 한국에서 사업하는 외국계 기업에 취업한다면 지원금을 받을 수 없다.
② 지원금을 신청하기 위해서는 반드시 월드잡플러스에 회원가입을 해야 한다.
③ 취업비자를 가지고 있어도 근로계약기간이 6개월이라면 지원금을 받을 수 없다.
④ 1차 지원금을 신청한 사람은 추가 신청이 없어도 최대 500만 원을 지원받을 수 있다.
⑤ 자녀가 없는 32세 기혼자가 배우자와 각각 20만 원씩 건강보험료를 납부한다면 지원금을 받을 수 없다.

┃ 의사소통능력

02 다음은 해외취업정착지원금을 신청한 사람들에 대한 정보이다. 오늘이 2024년 5월 19일일 때, A~D 4명이 현재까지 받은 지원금의 합을 구하면?

〈해외취업정착지원금 신청자 정보〉

구분	입사일	취업직종	근로계약기간	신청 회차	마지막 신청일자
A	2023.10.11.	경영사무	1년	2차	2024.04.16.
B	2024.03.20.	생산관리	6개월	1차	2024.04.20.
C	2023.03.20.	교육서비스	2년	3차	2024.04.10.
D	2024.02.28.	환경미화원	1년	1차	2024.04.05.

※ 제시된 정보 외에 신청 조건은 모두 만족한 것으로 가정함

① 500만 원   ② 600만 원
③ 750만 원   ④ 800만 원
⑤ 1,000만 원

03 다음은 2024년 상반기 자격증 유형별 시험 접수자, 응시자, 합격자에 대한 자료이다. 이에 대한 설명으로 옳은 것은?

<자격증 유형별 시험 접수·응시·합격자 수>

(단위 : 명)

구분	접수자	응시자	합격자
컴퓨터활용능력	24,000	18,000	9,000
전기기능사	18,750	15,000	7,200
산업안전기사	12,000	9,000	4,500
제과기능사	15,000	12,000	9,600
조리기능사	13,750	11,000	6,600

① 조리기능사의 응시율은 80% 미만이다.
② 제과기능사는 접수자 대비 합격률이 가장 높고, 응시자 대비 합격률도 가장 높다.
③ 전기기능사는 산업안전기사보다 접수자 수는 많지만 응시자 수는 더 적다.
④ 산업안전기사의 응시율은 조리기능사의 응시율보다 높다.
⑤ 컴퓨터활용능력은 접수자 수에 비해 실제 시험 응시 비율이 가장 높다.

04 다음은 H공단의 2020년부터 2024년까지의 투자금, 연간 이자수익, 연간 영업이익에 대한 자료이다. 각 연도의 이자수익과 영업이익은 분기별로 균등하게 발생한다고 가정할 때, 조사 연도 중 H공단의 누적 수익이 처음으로 흑자 전환되는 시점은?

<H공단 연도별 재무 정보>

(단위 : 백만 원)

구분	투자금	연간 이자수익	연간 영업이익
2020년	500	20	−100
2021년	800	35	−60
2022년	900	45	−20
2023년	900	50	40
2024년	900	50	60

① 2022년 4분기　　　　　　　② 2023년 2분기
③ 2023년 3분기　　　　　　　④ 2023년 4분기
⑤ 2024년 1분기

05 다음은 2019년부터 2023년까지의 연도별 실업자 수와 취업자 수를 나타낸 자료이다. 이에 대한 설명으로 옳은 것은?

<연도별 취업자 및 실업자 수>

(단위 : 천 명)

구분	취업자	실업자
2019년	26,800	1,100
2020년	26,400	1,300
2021년	27,100	1,200
2022년	27,600	950
2023년	27,950	850

※ (전체 경제활동인구)=(취업자)+(실업자)

① 2020년은 실업자 수가 전년 대비 약 18% 증가한 반면, 취업자 수는 감소하였다.
② 2023년의 실업률은 2020년보다 높으며, 취업자 수 증가율도 더 크다.
③ 2021년 이후 전체 경제활동인구는 매년 감소하고 있다.
④ 2022년 대비 2023년은 실업자 수가 약 10% 이상 감소하였지만, 실업률은 증가하였다.
⑤ 실업률은 매년 꾸준히 감소하였으며, 2023년의 실업률은 3%를 초과하였다.

06 다음은 올해 H사에 입사한 신입사원들의 평가 정보이다. 가점 부여 기준 및 부서 선정 기준에 따라 희망하는 부서에 배치되지 않는 사람은?

〈신입사원 평가 정보〉

구분	1차 희망 부서	2차 희망 부서	필기 점수	자격증	교육 이수	수상 경력
A	개발팀	마케팅팀	85점	2개	1회	0회
B	마케팅팀	영업팀	80점	1개	3회	1회
C	영업팀	개발팀	92점	0개	2회	0회
D	마케팅팀	개발팀	80점	3개	0회	2회
E	마케팅팀	영업팀	78점	1개	4회	1회

〈가점 부여 기준〉

• 자격증 1개당 3점(최대 2개 인정)
• 교육 이수 1회당 2점
• 수상 경력 1회당 5점

〈부서 선정 기준〉

• 올해 부서별 충원 수는 개발팀 2명, 마케팅팀 1명, 영업팀 2명이다.
• 사원별로 1차 희망 부서에 우선적으로 배치하되, 부서별 충원 수를 초과할 경우 가점을 포함한 최종 평가점수를 비교하여 점수가 높은 사원을 우선 배치한다.
• 1차 희망 부서 경쟁에서 탈락한 사람은 2차 희망 부서에 우선적으로 배치하되, 부서별 충원 수를 초과할 경우 가점을 포함한 최종 평가점수를 비교하여 점수가 높은 사원을 우선 배치한다(단, 2차 희망 부서 경쟁에서는 교육 이수의 가점을 1회당 3점으로 계산한다).
• 2차 희망 부서 경쟁에서 탈락한 사람은 충원 수가 남는 부서에 배치한다.

① A
② B
③ C
④ D
⑤ E

07 다음은 H사 사원 5명의 정보이다. 2024년 8월 20일을 기준으로 잔여 연차휴가를 일괄적으로 연차휴가미사용 수당으로 지급한다고 가정할 때, A∼E 5명의 연차휴가 미사용 수당의 합은?

〈H사 사원 정보〉

구분	입사일	월 급여	연차휴가 사용 횟수
A	2018.03.19.	3,350,000원	5일
B	2019.04.21.	3,160,000원	2일
C	2021.05.10.	2,300,000원	8일
D	2022.04.18.	2,200,000원	7일
E	2023.06.12.	2,200,000원	8일

※ 모든 사원은 근속하였으며, 월 소정 근로시간은 160시간, 1일 소정 근로시간은 8시간으로 가정함
※ 연차휴가 사용 횟수는 연차휴가를 새로 부여받은 이후 사용한 횟수임

〈H사 연차 규정〉

• 1년 이상 근속한 자의 연차휴가는 입사일을 기준하여 15일을 부여한다.
• 3년 이상 계속하여 근로한 자는 매 2년에 대해 1일을 가산한 연차휴가를 부여하고, 최대 연차휴가 일수는 25일이다(3년차 : 16일, 5년차 : 17∼25일).
• 입사일 기준 미사용 연차휴가는 연차휴가미사용 수당으로 연차휴가 하루당 1일 통상임금을 지급한다.
  ※ (1일 통상임금)=(월 급여)÷(월 소정 근로시간)×(1일 소정 근로시간)

① 672만 원
② 695만 원
③ 712만 원
④ 765만 원
⑤ 814만 원

01 다음 유물이 나타내는 시대의 특징으로 옳은 것은?

이 유물은 부산 동삼동의 조개 무덤에서 출토된 것으로, 약 12cm의 조개껍데기에 사람의 얼굴처럼 눈과 입을 뚫어 만든 가면이다. 작은 크기로 인해 얼굴에 쓰기 보다는 마을 공동의식이나 축제 때 의식용으로 사용한 것으로 추정된다.

① 강가에 막집을 짓고 살았다.
② 벼농사가 본격적으로 시작되었다.
③ 민무늬 토기와 미송리식 토기가 사용되었다.
④ 산·바다·나무와 같은 자연물에 영혼이 있다고 믿었다.
⑤ 족장이 죽으면 그의 권위를 상징하는 고인돌을 만들었다.

02 다음 중 『삼국유사』에 대한 설명으로 옳은 것은?

① 단군 신화를 최초로 기록하였다.
② 고려의 김부식이 편찬한 기전체 사서이다.
③ 발해를 최초로 우리 역사 속에 편입시켰다.
④ 현재까지 전해지는 한국 역사서 중 가장 오래된 것이다.
⑤ 이전까지의 역사를 외기, 삼국기, 신라기, 고려기로 체계화하였다.

03 다음은 『삼국사기』에 실린 어느 왕의 기록 중 일부이다. 빈칸에 들어갈 왕의 업적으로 옳은 것은?

> • _____은/는 비류왕의 둘째 아들이다. 그는 체격이 크고 용모가 기이하였으며, 식견이 넓었다. 계왕이 돌아가시자 그가 왕위를 이었다.
> • 24년(서기 369) 가을 9월, 고구려왕 사유(斯由, 고국원왕)가 보병과 기병 2만 명을 거느리고 치양(雉壤)에 와서 주둔하며 병사를 풀어 민가를 노략질하였다.
> • 26년(서기 371), 고구려가 병사를 일으켜 쳐들어왔다. 임금이 이를 듣고 패하(浿河, 예성강) 강가에 복병을 배치하고 그들이 오기를 기다렸다가 불시에 공격하니, 고구려 병사가 패배하였다. 겨울, 임금이 태자와 함께 정예군 3만 명을 거느리고 고구려를 침범하여 평양성(平壤城)을 공격하였다. 고구려왕 사유가 필사적으로 항전하다가 화살에 맞아 죽었다. 임금이 병사를 이끌고 물러났다. 도읍을 한산(漢山)으로 옮겼다.

① 사비로 천도하고 국호를 남부여라 하였다.
② 요서 지방에 진출하여 백제군을 설치하였다.
③ 담로제를 개편하여 전국을 5방으로 나누었다.
④ 동진의 승려 마라난타에 의해 불교가 전래되었다.
⑤ 달솔, 노리사치계를 일본에 파송하여 불교를 전파하였다.

04 다음 사료와 관련이 있는 승려는?

> 임인년(명종 12년, 1182) 정월 개경 보제사(普濟寺)의 담선법회(談禪法會)에 참석하였다. 하루는 동학(同學) 10여 명과 함께 다음과 같은 약속을 하였다. "이 모임 후 마땅히 명예와 이익을 버리고 산림에 은둔하여 함께 수행하는 모임을 결성한다. 항상 선정(禪定)을 익히고 지혜(智慧)를 고르게 하기에 힘쓰며 예불하고 경을 읽으며 나아가서는 힘써 일한다. 각기 맡은 일을 경영하고 인연에 따라 심성을 수양하여 한평생을 자유롭게 호쾌하게 지낸다. 이리하여 멀리 달통한 선비와 진인(眞人)의 높은 수행을 따르면 어찌 통쾌하지 않겠는가?" … (중략) …
> 여러 사람이 내 말을 듣고 모두 그렇다 하며 말하길 "훗날 이 언약을 이루어 숲 속에 은거하면서 동사(同社)를 맺을 수 있게 된다면 마땅히 그 이름을 정혜(定慧)라 하자."라고 하였다. 그리하여 맹세하는 글을 지어 결의하였다.
>
> – 『권수정혜결사문』

① 지눌   ② 의천
③ 혜초   ④ 원효
⑤ 요세

05 다음과 같은 혼인 풍습을 가진 나라에 대한 설명으로 옳은 것은?

> 혼인을 할 때 말로써 먼저 정한다. 여자의 집 본채 뒤에 작은 별채를 짓는다. 사위가 저녁에 여자 집 문 밖에 도착해서 스스로 이름을 말하고 무릎을 꿇어 절을 하며 여자와 같이 살게 해 달라고 두 번 세 번 청한다. 여자의 부모가 이것을 듣고 별채에서 머무르는 것을 허락하면, 남자가 가져온 돈과 비단을 별채 곁에 쌓아 둔다. 아들을 낳아서 장성하면 남편은 부인을 데리고 자기 집으로 돌아간다.

① 신분제도로서 골품제도가 있었다.
② 천신에 제사를 드리는 소도가 있었다.
③ 10월에 제천의식인 동맹을 진행하였다.
④ 다른 사람을 죽이면 죽음으로 배상하는 등의 8조법이 있었다.
⑤ 다른 부족의 영역을 침범할 경우 노비, 소, 말 등으로 보상하는 풍습인 책화가 있었다.

06 다음 중 빈칸에 들어갈 왕의 업적으로 옳지 않은 것은?

> 『대전통편』은 『경국대전(經國大典)』, 『속대전(續大典)』의 법령과 그 뒤의 수교(受教)를 통합·정리하기 위해서 편찬되었다. 부교리 이익진의 상소를 계기로 법전의 편찬에 착수하여 1785년 9월에 완성되었고, 이듬해인 1786년 정월부터 시행되었다. 『대전통편』이란 법전명은 _____이/가 명명한 것으로, 『경국대전』과 『속대전』을 종합하여 편찬했다는 의미이다.

① 규장각 설치   ② 장용영 설치
③ 수성윤음 반포   ④ 자휼전칙 반포
⑤ 수원화성 축조

07 다음 중 광무개혁에 대한 설명으로 옳지 않은 것은?

① 화폐조례를 공포하여 금본위제를 채택하였다.
② 양지아문을 설치하여 양전사업을 실시하였다.
③ 최고 정책 결정기관으로 군국기무처가 설치되었다.
④ 지계아문을 설치하여 토지소유자에게 소유권 증명서를 발급하였다.
⑤ 상공업학교, 의학교 등 근대적 기술자 양성을 위한 실업학교를 설립하였다.

08 다음 중 1910년대 일제의 식민통치에 대한 설명으로 옳지 않은 것은?

① 학교의 교원들이 제복과 칼을 착용하였다.

② 조선태형령을 시행하여 조선인에 한해 태형을 실시하였다.

③ 헌병이 치안유지와 행정, 사법 등 막대한 권한을 가지고 사회 전반을 통치하였다.

④ 내선일체 사상을 바탕으로 신사참배 및 창씨개명 등 급진적 동화 정책을 실시하였다.

⑤ 회사령을 제정하여 조선에서 회사를 설립할 경우 조선총독부의 허가를 받도록 규정하였다.

09 다음 중 빈칸에 들어갈 왕의 업적으로 옳지 않은 것은?

> 삼국 시대 이전에는 과거법(科擧法)이 없었고 고려 태조가 먼저 학교를 세웠으나 과거로 인재를 뽑는 데까지는 이르지 못하였다. _____이/가 쌍기의 의견을 받아들여 과거로 인재를 뽑자, 이때부터 학문을 숭상하는 풍습이 일어나기 시작하였다.
>
> — 『고려사』

① '준풍', '광덕'과 같이 독자적인 연호를 사용하였다.

② 독서삼품과를 시행하여 유학에 능통한 사람을 선발하였다.

③ 관리들이 입는 공복을 정비하여 조정의 질서를 확립하였다.

④ 노비안검법을 실시하여 억울하게 노비가 된 사람의 신분을 회복시켰다.

⑤ 원나라가 설치한 쌍성총관부를 공격하여 철령 이북의 영토를 회복하였다.

10 다음 중 가장 최근에 이루어진 남북회담은?

① 남북기본합의서   ② 7·4 남북공동성명

③ 10·4 남북정상선언   ④ 6·15 남북공동선언

⑤ 6·23 평화통일 외교정책선언

01 다음 글의 내용으로 적절하지 않은 것은?

The hummingbird is the smallest bird on Earth and has the best flying skills among all birds. A hummingbird flaps its wings up to 3,600 times per minute, and the sound it makes is similar to humming, which is why it is called a hummingbird.

Because of its fast wing movements, the hummingbird is able to fly backward, hover in place, and make quick turns. These abilities allow it to escape from predators and hover in the air while drinking nectar.

Unlike its strong wings, the hummingbird's legs are quite weak. They are so small and delicate that the bird even has difficulty walking. In addition, the hummingbird burns a lot of energy due to its fast wing movements, so it must feed on energy-rich insects and nectar. To survive the night without starving, it goes into a state of torpor while it sleeps.

① 벌새는 세상에서 가장 작은 새이다.
② 벌새는 잠을 잘 때 가사상태에 빠진다.
③ 벌새의 날갯짓은 분당 3,600회에 달한다.
④ 벌새는 다른 새와 달리 공중에서 체공이 가능하다.
⑤ 벌새는 튼튼한 다리와 날개로 지상과 공중에서 빠른 이동이 가능하다.

02 다음 중 Mary가 맡은 작업은?

John : Hi, Mary.

Mary : Hi, John. You look a bit worried. Is something wrong?

John : The manager just gave me a bunch of tasks, but I'm not sure how to assign them to the team. Do you have any suggestions?

Mary : What kind of tasks are we talking about?

John : We need to repair the second and third floors, replace the office computers, clean the store, and buy supplies.

Mary : James is good with computers, so he can take care of the replacements. Richard usually handles supplies, so let's ask him to do that.

John : Sounds good! Who should clean the store?

Mary : Emma is really thorough when it comes to cleaning, so she'd be perfect for that.

John : That just leaves the repairs on the second and third floors.

Mary : I'll take the third floor.

John : Are you sure you're okay with that?

Mary : No problem! I'm actually pretty handy with repairs.

① 2층 보수 ② 3층 보수

③ 비품 구매 ④ 매장 청소

⑤ 컴퓨터 교체

❙ 수리능력

01 다음은 A ~ H국의 연도별 석유 생산량에 대한 자료이다. 이에 대한 설명으로 옳은 것은?

〈연도별 석유 생산량〉

(단위 : bbl/day)

국가	2018년	2019년	2020년	2021년	2022년
A	10,356,185	10,387,665	10,430,235	10,487,336	10,556,259
B	8,251,052	8,297,702	8,310,856	8,356,337	8,567,173
C	4,102,396	4,123,963	4,137,857	4,156,121	4,025,936
D	5,321,753	5,370,256	5,393,104	5,386,239	5,422,103
E	258,963	273,819	298,351	303,875	335,371
F	2,874,632	2,633,087	2,601,813	2,538,776	2,480,221
G	1,312,561	1,335,089	1,305,176	1,325,182	1,336,597
H	100,731	101,586	102,856	103,756	104,902

① 석유 생산량이 매년 증가한 국가의 수는 6개이다.

② 2018년 대비 2022년에 석유 생산량 증가량이 가장 많은 국가는 A이다.

③ 매년 E국가의 석유 생산량은 H국가 석유 생산량의 3배 미만이다.

④ 연도별 석유 생산량 상위 2개 국가의 생산량 차이는 매년 감소한다.

⑤ 2018년 대비 2022년에 석유 생산량 감소율이 가장 큰 국가는 F이다.

02 A씨는 최근 승진한 공무원 친구에게 선물로 개당 12만 원인 수석을 보내고자 한다. 다음 부정청탁 및 금품 등 수수의 금지에 관한 법률에 따라 선물을 보낼 때, 최대한 많이 보낼 수 있는 수석의 수는?(단, A씨는 공무원인 친구와 직무 연관성이 없는 일반인이며, 선물은 한 번만 보낸다)

금품 등의 수수 금지(부정청탁 및 금품 등 수수의 금지에 관한 법률 제8조 제1항)
공직자 등은 직무 관련 여부 및 기부·후원·증여 등 그 명목에 관계없이 동일인으로부터 1회에 100만 원 또는 매 회계연도에 300만 원을 초과하는 금품 등을 받거나 요구 또는 약속해서는 아니 된다.

---

① 7개   ② 8개
③ 9개   ④ 10개
⑤ 11개

03 S대리는 업무 진행을 위해 본사에서 거래처로 외근을 가고자 한다. 본사에서 거래처까지 가는 길이 다음과 같을 때, 본사에서 출발하여 C와 G를 거쳐 거래처로 간다면 S대리의 최소 이동거리는?(단, 어떤 곳을 먼저 가도 무관하다)

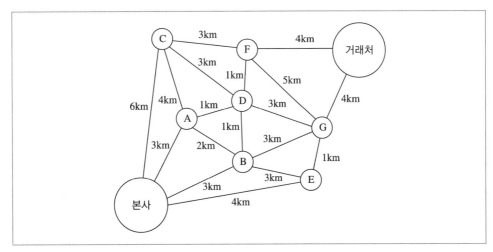

① 8km   ② 9km
③ 13km   ④ 16km
⑤ 18km

04 총무부에 근무하는 A사원이 각 부서에 필요한 사무용품을 조사한 결과, 볼펜 30자루, 수정테이프 8개, 연필 20자루, 지우개 5개가 필요하다고 한다. 다음 〈조건〉에 따라 비품을 구매할 때, 지불할 수 있는 가장 저렴한 금액은?(단, 필요한 비품 수를 초과하여 구매할 수 있고, 지불하는 금액은 배송료를 포함한다)

조건

- 볼펜, 수정테이프, 연필, 지우개의 판매 금액은 다음과 같다(단, 모든 품목은 낱개로 판매한다).

품목	가격(원/1EA)	비고
볼펜	1,000	20자루 이상 구매 시 개당 200원 할인
수정테이프	2,500	10개 이상 구매 시 개당 1,000원 할인
연필	400	12자루 이상 구매 시 연필 전체 가격의 25% 할인
지우개	300	10개 이상 구매 시 개당 100원 할인

- 품목당 할인을 적용한 금액의 합이 3만 원을 초과할 경우, 전체 금액의 10% 할인이 추가로 적용된다.
- 전체 금액의 10% 할인 적용 전 금액이 5만 원 초과 시 배송료는 무료이다.
- 전체 금액의 10% 할인 적용 전 금액이 5만 원 이하 시 배송료 5,000원이 별도로 적용된다.

① 51,500원
② 51,350원
③ 46,350원
④ 45,090원
⑤ 42,370원

05 H사는 개발 상품 매출 순이익에 기여한 직원에게 성과급을 지급하고자 한다. 기여도에 따른 성과급 지급 기준과 〈보기〉를 참고하여 성과급을 차등지급할 때, 가장 많은 성과급을 지급받는 직원은? (단, 팀장에게 지급하는 성과급은 기준 금액의 1.2배이다)

<기여도에 따른 성과급 지급 기준>

매출 순이익	개발 기여도			
	1% 이상 5% 미만	5% 이상 10% 미만	10% 이상 20% 미만	20% 이상
1천만 원 미만	–	–	매출 순이익의 1%	매출 순이익의 2%
1천만 원 이상 3천만 원 미만	5만 원	매출 순이익의 1%	매출 순이익의 2%	매출 순이익의 5%
3천만 원 이상 5천만 원 미만	매출 순이익의 1%	매출 순이익의 2%	매출 순이익의 3%	매출 순이익의 5%
5천만 원 이상 1억 원 미만	매출 순이익의 1%	매출 순이익의 3%	매출 순이익의 5%	매출 순이익의 7.5%
1억 원 이상	매출 순이익의 1%	매출 순이익의 3%	매출 순이익의 5%	매출 순이익의 10%

보기

직원	직책	매출 순이익	개발 기여도
A	팀장	4,000만 원	25%
B	팀장	2,500만 원	12%
C	팀원	1억 2,500만 원	3%
D	팀원	7,500만 원	7%
E	팀원	800만 원	6%

① A

② B

③ C

④ D

⑤ E

06 황사원은 팀원 5명과 함께 출장 업무를 위해 대전으로 가야 한다. 서울과 대전 간 교통편 및 비용이 다음과 같을 때, 원활한 업무 진행을 위해 편도로 2시간 30분을 초과하는 교통편을 이용할 수 없다면 이용할 수 있는 가장 저렴한 교통편 및 편도 비용은?(단, 출장 출발일은 7월 15일이며 비용은 출발일 기준으로 지불한다)

〈서울 ↔ 대전 교통편 및 비용〉

종류		소요시간(편도)	비용	비고
기차	V호	1시간 30분	27,000원/인	5인 이상 구매 시 5% 할인
	G호	1시간 45분	18,000원/인	10인 이상 구매 시 10% 할인
	T호	2시간	15,000원/인	할인 없음
고속버스	L여객	2시간 45분	12,000원/인	20인 이상 구매 시 15% 할인
	P여객	2시간 30분	16,000원/인	성수기(7월, 8월) 제외 상시 10% 할인

	교통편	비용
①	기차 V호	128,250원
②	기차 G호	81,000원
③	기차 T호	75,000원
④	고속버스 L여객	60,000원
⑤	고속버스 P여객	72,000원

07 다음 〈조건〉에 따라 사원 A ~ D가 성과급을 나눠가졌을 때, 총성과급은 얼마인가?

조건

- A는 총성과급의 3분의 1에 20만 원을 더 받았다.
- B는 그 나머지 성과급의 2분의 1에 10만 원을 더 받았다.
- C는 그 나머지 성과급의 3분의 1에 60만 원을 더 받았다.
- D는 그 나머지 성과급의 2분의 1에 70만 원을 더 받았다.

① 840만 원 　　　　　　　　② 900만 원

③ 960만 원 　　　　　　　　④ 1,020만 원

⑤ 1,080만 원

08 H기업의 본사는 대전에 있다. C부장은 목포에 있는 물류창고 정기점검을 위하여 내일 오전 10시에 출장을 갈 예정이다. 출장 당일 오후 1시에 물류창고 관리담당자와 미팅이 예정되어 있어 늦지 않게 도착하고자 한다. 주어진 교통편을 고려하였을 때, 다음 중 C부장이 선택할 가장 적절한 경로는?(단, 1인당 출장지원 교통비 한도는 5만 원이며, 도보이동에 따른 소요시간은 고려하지 않는다)

- 본사에서 대전역까지 비용

구분	소요시간	비용	비고
버스	30분	2,000원	-
택시	15분	6,000원	-

- 대전역에서 목포역까지 교통수단별 이용정보

구분	열차	출발시각	소요시간	비용	비고
직통	새마을호	10:00 / 10:50	2시간 10분	28,000원	-
직통	무궁화	10:20 / 10:40 10:50 / 11:00	2시간 40분	16,000원	-
환승	KTX	10:10 / 10:50	20분	6,000원	환승 10분 소요
	KTX	-	1시간 20분	34,000원	
환승	KTX	10:00 / 10:30	1시간	20,000원	환승 10분 소요
	새마을호	-	1시간	14,000원	

- 목포역에서 물류창고까지 비용

구분	소요시간	비용	비고
버스	40분	2,000원	-
택시	20분	9,000원	-

① 버스 - 새마을호(직통) - 버스
② 택시 - 무궁화(직통) - 택시
③ 버스 - KTX / KTX(환승) - 택시
④ 택시 - KTX / 새마을호(환승) - 택시
⑤ 택시 - 새마을호(직통) - 택시

※ 다음 한국산업인력공단의 조직도를 보고 이어지는 질문에 답하시오. [9~10]

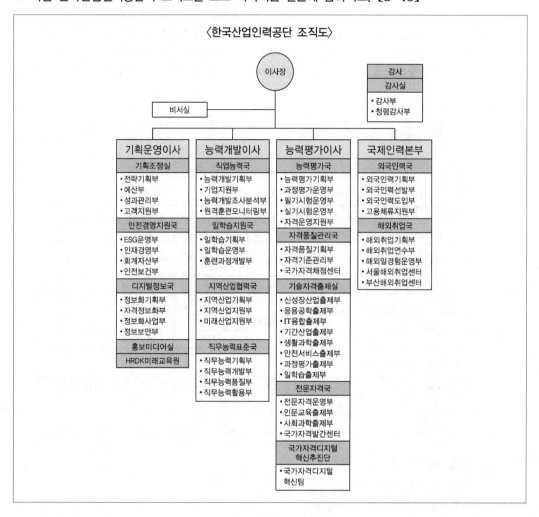

〈한국산업인력공단 조직도〉

09 다음 중 조직도에 대한 설명으로 옳지 않은 것은?

① 한국산업인력공단은 3개의 이사와 1개의 본부, 1개의 감사가 있다.

② 기업지원부는 직업능력국 산하 부서이다.

③ 자격정보화부는 전문자격국 산하 부서이다.

④ 능력개발 관련 부서와 능력평가 관련 부서는 별도로 분리되어 있다.

⑤ 기획운영이사는 기획조정실, 안전경영지원국, 디지털정보국, 홍보미디어실, HRDK미래교육원을 담당한다.

10 다음의 업무분장에 해당하는 부서는?

> • 해외취업 정착지원금 지원 및 통계 관리
> • 청년 해외 일경험 지원
> • 해외취업자 고용 유지율 조사
> • 해외취업자 사후관리 지원
> • 해외취업 귀국자 재취업 지원
> • 해외취업 사실확인서 발급 지원
> • 온라인 사후지원센터 운영
> • 해외취업자 경력관리 지원

① 예산부   ② 해외취업지원부
③ 외국인인력도입부   ④ 능력평가기획부
⑤ 청렴감사부

2022년 시행 기출복원문제

정답 및 해설 p.011

※ 다음은 한국산업인력공단의 직제규정의 일부이다. 이어지는 질문에 답하시오. **[1~2]**

〈직제규정〉

임원(제3조)

① 공단의 임원으로서 이사장 1명과 상임이사 3명을 포함한 15명 이내의 이사와 감사 1명을 둔다.

② 상임이사는 그 분장업무에 따라 기획운영이사, 능력개발이사, 능력평가이사로 구분한다.

직원(제4조)

① 공단의 직원은 별정직, 일반직, 능력개발직, 출제연구직으로 구분한다.

② 일반직은 1급 내지 6급으로, 능력개발직은 1급 내지 5급으로, 출제연구직은 1급 내지 4급으로 각각 구분한다.

직위 등(제8조)

① 본부·부설기관 및 소속기관에 두는 직위별 직급기준은 이 규정과 시행규칙에서 정하는 바에 따른다.

② 국제인력본부장 및 직무능력표준원장은 별정직(갑)으로 보하며, 경영기획실장, 글로벌숙련기술진흥원장 및 지역본부장은 별정직(을) 또는 일반직 1급으로 보한다.

직무(제10조)

① 이사장은 공단을 대표하며 공단의 업무를 총괄한다.

② 감사는 회계 및 업무에 관한 감사를 관장한다.

③ 기획운영이사는 경영기획실, 총무국, 정보화지원국, 미래전략팀 및 그 업무와 관련되는 소속기관의 업무를 관장한다.

④ 능력개발이사는 지역·산업별지원단, 직업능력국, 일학습지원국, 훈련품질향상센터 및 그 업무와 관련되는 소속기관의 업무를 관장한다.

⑤ 능력평가이사는 직무능력표준원, 기술자격출제실, 전문자격출제실, 능력평가국 및 그 업무와 관련되는 소속기관의 업무를 관장한다.

⑥ 국제인력본부장은 외국인력국, 글로벌일자리지원국 및 그 업무와 관련되는 소속기관의 업무를 관장한다.

⑦ 삭제 〈2015.1.1〉

⑧ 글로벌숙련기술진흥원장은 원 내 팀 업무 및 그 업무와 관련되는 소속기관의 업무를 관장한다.

⑨ 지역본부장은 지역본부 내 각 부서업무를 지도·감독하며, 지역본부 관할 지역에 의한 관할 지역 내 소속기관의 사업을 총괄 지원한다.

⑩ 이사장이 공석 중이거나 불가피한 사유로 인하여 직무를 수행할 수 없을 때에는 제3조 제2항의 규정에 의한 순서에 따라 상임이사가 그 직무를 대행한다.

권한의 위임 등(제11조)

① 이사장은 규칙이 정하는 바에 따라 그 권한의 일부를 임·직원에게 위임할 수 있다.

② 모든 임·직원은 소관업무의 범위 내에서 직무권한을 행사하여야 하며, 권한에 상응하는 책임을 진다.

---

01 다음은 신입사원이 정리한 한국산업인력공단의 정원표이다. 윗글의 규정과 비교했을 때, 규정에 어긋나는 부분은 모두 몇 군데인가?

<한국산업인력공단 정원표>

직원 구분	직급	현재 정원
임원	이사장	1명
	감사	2명
	이사	3명
별정직(을) 또는 일반직 1급	국제인력본부장, 직무능력표준원장	2명
일반직	1~5급	895명
능력개발직	1~5급	88명
출제연구직	1~4급	78명

① 1곳　　　　　　　　　　　　② 2곳

③ 3곳　　　　　　　　　　　　④ 4곳

⑤ 5곳

02 다음 중 윗글의 규정을 참고할 때 옳지 않은 것은?

① 공단의 최대 임원 수는 16명이다.

② 관할 지역 내 소속기관의 사업을 총괄 지원하는 사람은 지역본부장이다.

③ 직급이 6급인 김사원은 일반직의 직원이다.

④ 기술자격출제실의 업무를 관장하는 이사는 능력평가이사이다.

⑤ 이사장이 불가피하게 업무를 진행할 수 없을 때는 능력개발이사가 1순위로 직무를 대행한다.

※ 다음은 H공단 직원의 3일 동안의 근무시간이다. 이어지는 질문에 답하시오. [3~4]

<H공단 직원 근무시간 및 급여 정보>

구분	1일 차	2일 차	3일 차	시간당 급여
A과장	09:00 ~ 18:00	09:00 ~ 22:20	09:00 ~ 20:10	21,220원
B대리	10:00 ~ 20:00	09:20 ~ 19:30	09:00 ~ 21:00	18,870원
C주임	09:00 ~ 18:00	09:10 ~ 20:00	09:00 ~ 21:00	17,150원
D사원	09:10 ~ 19:20	09:30 ~ 22:00	09:00 ~ 18:00	15,730원
E사원	09:00 ~ 18:00	09:00 ~ 18:00	09:00 ~ 18:00	14,300원

<근무 규정>

• 정규 근무시간은 9시부터 18시까지이며, 점심식사 1시간을 제외하여 하루 8시간 근무한다.
• 초과 근무는 저녁식사 1시간을 제외하고 19시부터 가능하며, 30분마다 초과 근무수당 5천 원을 지급한다 (단, 초과 근무시간은 당일계산만 인정한다).
• 9시 이후에 출근했을 경우, 초과한 시간만큼 19시 이후에 근무를 해야 하며, 이 경우 초과 근무수당은 지 급하지 않는다(단, 정규 근무시간인 8시간 이상 근무 시 30분마다 초과 근무수당 5천 원을 지급한다).

▎자원관리능력

03 제시된 자료를 참고할 때, 3일간 직원 5명에게 지급할 급여는 총 얼마인가?

① 2,147,150원

② 2,204,480원

③ 2,321,140원

④ 2,341,000원

⑤ 2,356,780원

▎자원관리능력

04 제시된 자료에서 3일 동안 가장 많이 일한 직원과 가장 적게 일한 직원의 급여의 합은 얼마인가?

① 892,480원

② 901,210원

③ 912,140원

④ 944,160원

⑤ 981,200원

〈해외기업 인턴 지원자 중 H대학 졸업생 정보〉

구분	나이	평균 학점	공인영어점수	관련 자격증 개수	희망 국가
A지원자	26세	4.10점	92점	2개	독일
B지원자	24세	4.25점	81점	0개	싱가포르
C지원자	25세	3.86점	75점	2개	일본
D지원자	28세	4.12점	78점	3개	호주
E지원자	27세	4.50점	96점	1개	영국

❙ 자원관리능력

05 다음 〈조건〉에 따라 점수를 부여할 때, C지원자는 어떤 국가의 해외기업으로 인턴을 가는가?

> **조건**
> • 나이가 어린 사람부터 순서대로 5 ~ 1점을 부여한다.
> • 평균 학점이 높은 사람부터 순서대로 5 ~ 1점을 부여한다.
> • 공인영어점수의 10%를 점수로 환산한다.
> • 관련 자격증은 1개당 3점을 부여한다.
> • 총점이 가장 높은 2명은 희망한 국가로, 3번째는 미국, 4번째는 중국으로 인턴을 가며, 5번째는 탈락한다.

① 영국
② 중국
③ 미국
④ 일본
⑤ 탈락

❙ 자원관리능력

06 다음 〈조건〉과 같이 선발 기준이 변경되었을 때, 희망한 국가에 가지 못하는 지원자는 누구인가?

> **조건**
> • 나이는 고려하지 않는다.
> • 평균 학점은 소수점 첫째 자리에서 반올림하여 점수를 부여한다.
> • 공인영어점수의 10%를 점수로 환산한다.
> • 관련 자격증은 1개당 2점을 부여한다.
> • 총점이 가장 낮은 1명은 탈락하고, 나머지는 각자 희망하는 국가로 인턴을 간다.

① A지원자
② B지원자
③ C지원자
④ D지원자
⑤ E지원자

※ 다음은 H사원의 집에서 회사까지의 대중교통 경로이다. 이어지는 질문에 답하시오. **[7~8]**

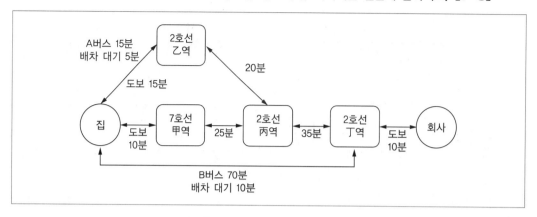

07 새로 입사한 H사원은 대중교통을 이용하여 출근하려고 한다. 다음 〈조건〉에 따라 출근할 때, 가장 빠른 경로의 편도 교통비는 얼마인가?

> **조건**
> • 지하철의 호선이 다르면 환승해야 한다.
> • 지하철에 처음 탑승하거나 환승하는 데 필요한 시간은 5분이다.
> • 버스를 탄다면 이동시간에 배차 대기시간까지 포함하여 계산한다.
> • 경로별 편도 교통비는 다음과 같다.
>   – A버스 → 2호선 乙역 → 2호선 丁역 : 1,500원
>   – 도보 → 2호선 乙역 → 2호선 丁역 : 1,350원
>   – 도보 → 7호선 甲역 → 2호선 丙역 → 2호선 丁역 1,400원
>   – B버스 → 2호선 丁역 : 1,300원

① 1,300원   ② 1,350원
③ 1,400원   ④ 1,450원
⑤ 1,500원

08 H사원은 출장 업무로 K사와 S사를 차례대로 방문해야 한다. K사는 乙역에서 도보로 5분 거리에 있으며, S사는 甲역에서 도보로 5분 거리에 있다. 오전 10시에 회사에서 출발하여 K사에서 1시간 30분간 미팅 후 S사로 가서 1시간 동안 미팅을 한 후 회사로 돌아올 때, H사원이 회사로 돌아온 시각은?(단, **07**번 문제의 조건에 따르며, 이외의 시간은 고려하지 않는다)

① 15시 25분   ② 15시 30분
③ 15시 35분   ④ 15시 40분
⑤ 15시 45분

09 H공단에서 근무하고 있는 김인턴은 경기본부로 파견 근무를 나가고자 한다. 다음 〈조건〉에 따라 파견일을 결정할 때, 김인턴이 경기본부로 파견 근무를 갈 수 있는 날짜는?

<12월 달력>

일	월	화	수	목	금	토
				1	2	3
4	5	6	7	8	9	10
11	12	13	14	15	16	17
18	19	20	21	22	23	24
25	26	27	28	29	30	31

조건

- 김인턴은 12월 중에 경기본부로 파견 근무를 나간다.
- 파견 근무는 2일 동안 진행되며, 이틀 동안 연이어 진행하여야 한다.
- 파견 근무는 주중에만 진행된다.
- 김인턴은 12월 1일부터 12월 7일까지 연수에 참석하므로 해당 기간에는 근무를 진행할 수 없다.
- 김인턴은 12월 27일부터 부서 이동을 하므로, 27일부터는 파견 근무를 포함한 모든 담당 업무를 후임자에게 인계하여야 한다.
- 김인턴은 목요일마다 D본부로 출장을 가며, 출장일에는 파견 근무를 수행할 수 없다.

① 12월 6 ~ 7일   ② 12월 11 ~ 12일
③ 12월 14 ~ 15일   ④ 12월 20 ~ 21일
⑤ 12월 27 ~ 28일

10 다음은 H공단 서류전형 가산점 기준표의 일부를 나타낸 자료이다. 이를 참고하여 〈보기〉의 가산점 계산 시 가산점이 5점, 4점, 2점인 경우는 각각 몇 가지인가?

〈H공단 서류전형 가산점 기준표〉

분야		관련 자격증 및 가산점		
		5점	4점	2점
학위		박사학위	석사학위	학사학위
정보처리		• 정보관리기술사 • 전자계산기조직응용기술사	• 정보처리기사 • 전자계산기조직응용기사 • 정보보안기사	• 정보처리산업기사 • 사무자동화산업기사 • 컴퓨터활용능력 1 · 2급 • 워드프로세서 1급 • 정보보안산업기사
전자 · 통신		• 정보통신기술사 • 전자계산기기술사	• 무선설비 · 전파통신 · 전파 전자 · 정보통신 · 전자 · 전 자계산기기사 • 통신설비기능장	• 무선설비 · 전파통신 · 전파전 자 · 정보통신 · 통신선로 · 전자 · 전자계산기산업기사
국어		• 한국실용글쓰기검정 750점 이상 • 한국어능력시험 770점 이상 • 국어능력인증시험 162점 이상	• 한국실용글쓰기검정 630점 이상 • 한국어능력시험 670점 이상 • 국어능력인증시험 147점 이상	• 한국실용글쓰기검정 550점 이상 • 한국어능력시험·570점 이상 • 국어능력인증시험 130점 이상
외국어	영어	• TOEIC 900점 이상 • TEPS 850점 이상 • IBT 102점 이상 • PBT 608점 이상 • TOSEL 880점 이상 • FLEX 790점 이상 • PELT 446점 이상	• TOEIC 800점 이상 • TEPS 720점 이상 • IBT 88점 이상 • PBT 570점 이상 • TOSEL 780점 이상 • FLEX 714점 이상 • PELT 304점 이상	• TOEIC 600점 이상 • TEPS 500점 이상 • IBT 57점 이상 • PBT 489점 이상 • TOSEL 580점 이상 • FLEX 480점 이상 • PELT 242점 이상
	일어	• JLPT 1급 • JPT 850점 이상	• JLPT 2급 • JPT 650점 이상	• JLPT 3급 • JPT 550점 이상
	중국어	• HSK 9급 이상	• HSK 8급	• HSK 7급

※ 자격증 종류에 따라 5점, 4점, 2점이 차등적으로 부여되며, 점수의 합산을 통해 최대 5점(5점이 넘는 경우도 5점으로 적용)까지만 받을 수 있음
※ 같은 분야에 포함된 자격증에 대해서는 점수가 높은 자격증만 인정됨

보기

(가) : 정보관리기술사, 사무자동화산업기사, TOEIC 750점, JLPT 2급
(나) : TOSEL 620점, 워드프로세서 1급, PELT 223점
(다) : 한국실용글쓰기검정 450점, HSK 6급, 정보보안산업기사
(라) : JPT 320점, 석사학위, TEPS 450점
(마) : 무선설비산업기사, JLPT 3급, ITQ OA 마스터
(바) : TOEIC 640점, 국어능력인증시험 180점, HSK 8급
(사) : JLPT 3급, HSK 5급, 한국어능력시험 530점
(아) : IBT 42점, 컴퓨터활용능력 2급, 에너지관리산업기사

	5점	4점	2점
①	2가지	3가지	3가지
②	2가지	4가지	2가지
③	3가지	2가지	3가지
④	3가지	4가지	1가지
⑤	2가지	5가지	1가지

11 H공단에 근무하는 S사원은 부서 워크숍을 진행하기 위하여 다음과 같이 워크숍 장소 후보를 선정하였다. 주어진 〈조건〉을 참고할 때, 워크숍 장소로 가장 적절한 곳은?

〈H공단 워크숍 장소 후보〉

후보	거리(공단 기준)	수용 가능 인원	대관료	이동 시간(편도)
A호텔	40km	100명	40만 원/일	1시간 30분
B연수원	40km	80명	50만 원/일	2시간
C세미나	20km	40명	30만 원/일	1시간
D리조트	60km	80명	80만 원/일	2시간 30분
E호텔	100km	120명	100만 원/일	3시간 30분

조건
- 워크숍은 1박 2일로 진행한다.
- S사원이 속한 부서의 직원은 모두 80명이며, 전원 참석한다.
- 거리는 공단 기준 60km 이하인 곳으로 선정한다.
- 대관료는 100만 원 이하인 곳으로 선정한다.
- 이동 시간은 왕복으로 3시간 이하인 곳으로 선정한다.

① A호텔 　　　　　　　　　　　② B연수원
③ C세미나 　　　　　　　　　　④ D리조트
⑤ E호텔

12 다음은 고용노동부에서 제공하는 퇴직금 산정 기준과 H공단 직원 5명의 관련 정보이다. 5명 모두 미사용 연차 일수가 5일일 때, 퇴직금이 두 번째로 적은 직원은?(단, 모든 계산은 소수점 첫째 자리에서 반올림한다)

〈퇴직금 산정 기준〉

- (퇴직금)=(1일 평균임금)$\times 30 \times \dfrac{(근속연수)}{(1년)}$

- (1일 평균임금)=(A+B+C)÷90
  - A=(3개월간의 임금 총액)=[(기본급)+(기타수당)]$\times 3$
  - B=(연간 상여금)$\times \dfrac{(3개월)}{(12개월)}$
  - C=(연차수당)$\times$(미사용 연차 일수)$\times \dfrac{(3개월)}{(12개월)}$

〈H공단 직원 퇴직금 관련 정보〉

구분	근속연수	기본급	기타수당	연차수당	연간 상여금
최과장	12년	3,000,000원	–	140,000원	1,800,000원
박과장	10년	2,700,000원	–	115,000원	1,500,000원
홍대리	8년	2,500,000원	450,000원	125,000원	1,350,000원
신대리	6년	2,400,000원	600,000원	97,500원	1,200,000원
양주임	3년	2,100,000원	–	85,000원	900,000원

① 최과장
② 박과장
③ 홍대리
④ 신대리
⑤ 양주임

13 다음은 H사 직무전결표의 일부분이다. 이에 따라 결재한 기안문으로 가장 적절한 것은?

〈직무전결표〉

직무 내용	위임 시 전결권자			대표이사
	부서장	상무	부사장	
주식관리 – 명의개서 및 제신고		○		
기업공시에 관한 사항				○
주식관리에 관한 위탁계약 체결				○
문서이관 접수	○			
인장의 보관 및 관리	○			
4대 보험 관리		○		
직원 국내출장			○	
임원 국내출장				○

① 신입직원의 고용보험 가입신청을 위한 결재 : 대리 김철민 / 부장 전결 박경석 / 상무 후결 최석우

② 최병수 부장의 국내출장을 위한 결재 : 대리 서민우 / 부장 박경석 / 상무 대결 최석우 / 부사장 전결

③ 임원변경에 따른 기업공시를 위한 결재 : 부장 최병수 / 상무 임철진 / 부사장 대결 신은진 / 대표이사 전결 김진수

④ 주식의 명의개서를 위한 결재 : 주임 신은현 / 부장 전결 최병수 / 상무 후결 임철진

⑤ 박경석 상무의 국내출장을 위한 결재 : 대리 서민우 / 부장 박경석 / 상무 대결 최석우 / 부사장 전결

PART 2

직업능력

조직이해능력

조직이해능력은 업무를 원활하게 수행하기 위해 조직의 체제와 경영을 이해하고 국제적인 추세를 이해하는 능력이다. 현재 많은 공사·공단에서 출제 비중을 높이고 있는 영역이기 때문에 미리 대비하는 것이 중요하다. 실제 업무 능력에서 조직이해능력을 요구하기 때문에 중요도는 점점 높아 질 것이다.

세부 유형은 조직 체제 이해, 경영 이해, 업무 이해, 국제 감각으로 나눌 수 있다. 조직도를 제시하는 문제가 출제되거나 조직의 체계를 파악해 경영의 방향성을 예측하고, 업무의 우선순위를 파악하는 문제가 출제된다.

01 문제 속에 정답이 있다!

경력이 없는 경우 조직에 대한 이해가 낮을 수밖에 없다. 그러나 문제 자체가 실무적인 내용을 담고 있어도 문제 안에는 해결의 단서가 주어진다. 부담을 갖지 않고 접근하는 것이 중요하다.

02 경영·경제학원론 정도의 수준은 갖추도록 하라!

지원한 직군마다 차이는 있을 수 있으나, 경영·경제이론을 접목시킨 문제가 꾸준히 출제되고 있다. 따라서 기본적인 경영·경제이론은 익혀 둘 필요가 있다.

03 지원하는 공사·공단의 조직도를 파악하라!

출제되는 문제는 각 공사·공단의 세부내용일 경우가 많기 때문에 지원하는 공사·공단의 조직도를 파악해 두어야 한다. 조직이 운영되는 방법과 전략을 이해하고, 조직을 구성하는 체제를 파악하고 간다면 조직이해능력에서 조직도가 나올 때 단기간에 문제를 풀 수 있을 것이다.

04 실제 업무에서도 요구되므로 이론을 익혀라!

각 공사·공단의 직무 특성상 일부 영역에 중요도가 가중되는 경우가 있어서 많은 취업준비생들이 일부 영역에만 집중하지만, 실제 업무 능력에서 직업기초능력 10개 영역이 골고루 요구되는 경우가 많고, 현재는 필기시험에서도 조직이해능력을 출제하는 기관의 비중이 늘어나고 있기 때문에 미리 이론을 익혀 둔다면 모듈형 문제에서 고득점을 노릴 수 있다.

01 경영 전략

| 유형분석 |

- 경영 전략에서 대표적으로 출제되는 문제는 마이클 포터(Michael Porter)의 본원적 경쟁 전략이다.
- 경영 전략의 기본적인 이해와 구조를 물어보는 문제가 자주 출제되므로 전략별 특징 및 개념에 대한 이론 학습이 요구된다.

경영이 어떻게 이루어지냐에 따라 조직의 생사가 결정된다고 할 만큼 경영은 조직에 있어서 핵심이다. 다음 중 경영 전략을 추진하는 과정에 대한 설명으로 옳지 않은 것은?

① 경영 전략은 조직 전략, 사업 전략, 부문 전략으로 분류된다.

② 환경 분석을 할 때는 조직의 내부환경뿐만 아니라 외부환경에 대한 분석도 필수이다.

③ 전략 목표는 비전과 미션으로 구분되는데, 둘 다 있어야 한다.

④ 경영 전략이 실행됨으로써 세웠던 목표에 대한 결과가 나오는데, 그것에 대한 평가 및 피드백 과정도 생략되어서는 안 된다.

⑤ '환경 분석 → 전략 목표 설정 → 경영 전략 도출 → 경영 전략 실행 → 평가 및 피드백'의 과정을 거쳐 이루어진다.

정답 ⑤

전략 목표를 먼저 설정하고 환경을 분석해야 한다.

풀이 전략!

대부분의 기업들은 마이클 포터의 본원적 경쟁 전략을 사용하고 있다. 각 전략에 해당하는 대표적인 기업을 연결하고, 그들의 경영 전략을 상기하며 문제를 풀어보도록 한다.

01 다음 〈보기〉 중 제시된 질문에 가장 바르게 대답한 사람은?

K사 : 안녕하세요. 다름이 아니라 현재 단가로는 더 이상 귀사에 납품하는 것이 어려울 것 같아 자재의 단가를 조금 올리고 싶어서요. 이에 대해 어떻게 생각하시나요?

대답 : _____

보기

A : 지난달 자재의 불량률이 너무 높은데 단가를 더 낮춰야 할 것 같습니다.
B : 저희도 이정도 가격은 꼭 받아야 해서요. 단가를 지금 이상 드리는 것은 불가능합니다.
C : 불량률을 3% 아래로 낮춰서 납품해 주시면 단가를 조금 올리도록 하겠습니다.
D : 단가를 올리면 저희 쪽에서 주문하는 수량이 줄어들 텐데, K사에서 괜찮을까요?
E : 단가에 대한 협상은 K사의 사장님과 해 봐야 할 것 같네요.

---

① A
② B
③ C
④ D
⑤ E

02 다음 〈보기〉 중 경영 활동을 이루는 구성요소를 고려할 때, 경영 활동을 수행하고 있다고 볼 수 없는 것은?

보기

(가) 다음 시즌 우승을 목표로 해외 전지훈련에 참여하여 열심히 구슬땀을 흘리고 있는 선수단과 이를 운영하는 구단 직원들
(나) 자발적인 참여로 뜻을 같이한 동료들과 함께 매주 어려운 이웃을 찾아다니며 봉사활동을 펼치고 있는 S씨
(다) 교육지원대장으로서 사병들의 교육이 원활히 진행될 수 있도록 훈련장 관리와 유지에 최선을 다하고 있는 박대령과 참모진
(라) 영화 촬영을 앞두고 시나리오와 제작 콘셉트를 회의하기 위해 모인 감독 및 스태프와 출연 배우들
(마) 대기업을 그만두고 가족들과 함께 조그만 무역회사를 차려 손수 제작한 밀짚 가방을 동남아로 수출하고 있는 B씨

---

① (가)
② (나)
③ (다)
④ (라)
⑤ (마)

02 조직 구조

| 유형분석 |

- 조직 구조 유형에 대한 특징을 물어보는 문제가 자주 출제된다.
- 기계적 조직과 유기적 조직의 차이점과 사례 등을 숙지하고 있어야 한다.
- 조직 구조 형태에 따라 기능적 조직, 사업별 조직으로 구분하여 출제되기도 한다.

다음 〈보기〉 중 조직 구조에 대한 설명으로 옳지 않은 것을 모두 고르면?

보기

ㄱ. 기계적 조직은 구성원들의 업무분장이 명확하게 이루어져 있는 편이다.
ㄴ. 기계적 조직은 조직 내 의사소통이 비공식적 경로를 통해 활발히 이루어진다.
ㄷ. 유기적 조직은 의사결정 권한이 조직 하부 구성원들에게 많이 위임되어 있으며, 업무내용이 명확히 규정되어 있는 것이 특징이다.
ㄹ. 유기적 조직은 기계적 조직에 비해 조직의 형태가 가변적이다.

① ㄱ, ㄴ   ② ㄱ, ㄷ
③ ㄴ, ㄷ   ④ ㄴ, ㄹ
⑤ ㄷ, ㄹ

정답 ③

ㄴ. 기계적 조직 내 의사소통은 비공식적 경로가 아닌 공식적 경로를 통해 주로 이루어진다.
ㄷ. 유기적 조직은 의사결정 권한이 조직 하부 구성원들에게 많이 위임되어 있으나, 업무내용은 기계적 조직에 비해 가변적이다.

오답분석

ㄱ. 기계적 조직은 위계질서 및 규정, 업무분장이 모두 명확하게 확립되어 있는 조직이다.
ㄹ. 유기적 조직에서는 비공식적인 상호 의사소통이 원활히 이루어지며, 규제나 통제의 정도가 낮아 변화에 따라 쉽게 변할 수 있는 특징을 가진다.

풀이 전략!

조직 구조는 유형에 따라 기계적 조직과 유기적 조직으로 나눌 수 있다. 기계적 조직과 유기적 조직은 서로 상반된 특징을 가지고 있으며, 기계적 조직이 관료제의 특징과 비슷함을 파악하고 있다면, 이와 상반된 유기적 조직의 특징도 수월하게 파악할 수 있다.

01 다음 〈보기〉 중 비영리조직으로 적절한 것을 모두 고르면?

> **보기**
>
> ㉠ 사기업 　　　　　　　　　㉡ 정부조직
> ㉢ 병원 　　　　　　　　　　㉣ 대학
> ㉤ 시민단체

① ㉠, ㉢ 　　　　　　　　　② ㉡, ㉤

③ ㉠, ㉢, ㉣ 　　　　　　　④ ㉡, ㉣, ㉤

⑤ ㉡, ㉢, ㉣, ㉤

02 다음 중 H사가 해외 시장 개척을 앞두고 기존의 조직 구조를 개편할 경우, 추가해야 할 조직으로 적절하지 않은 것은?

H사는 몇 년 전부터 자체 기술로 개발한 제품의 판매 호조로 인해 기대 이상의 수익을 창출하게 되었다. 경쟁 업체들이 모방할 수 없는 독보적인 기술력을 앞세워 국내 시장을 공략한 결과, 이미 더 이상의 국내 시장 경쟁자들은 없다고 할 만큼 탄탄한 시장 점유율을 확보하였다. 이러한 H사의 사장은 올 초부터 해외 시장 진출의 꿈을 갖고 필요한 자료를 수집하기 시작하였다. 충분한 자금력을 확보한 H사는 우선 해외 부품 공장을 인수한 후 현지에 생산 기지를 건설하여 국내에서 생산되는 물량의 절반 정도를 현지로 이전하여 생산하고, 이를 통한 물류비 절감으로 주변국들부터 시장을 넓혀가겠다는 야심찬 계획을 가지고 있다. 한국 본사에서는 내년까지 4 ~ 5곳의 해외 거래처를 더 확보하여 지속적인 해외 시장 개척에 매진한다는 중장기 목표를 대내외에 천명해 둔 상태이다.

---

① 해외관리팀   ② 기업회계팀
③ 외환업무팀   ④ 국제법무팀
⑤ 통관물류팀

03 다음 중 사업별 조직 구조의 형태로 적절하지 않은 것은?

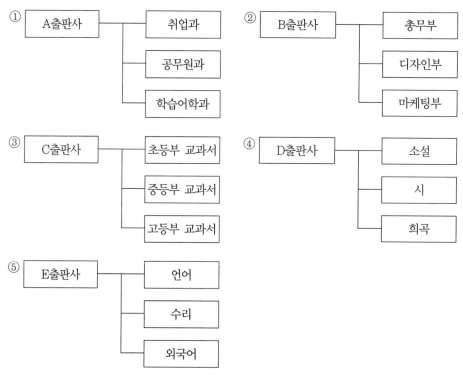

04 새로운 조직 개편 기준에 따라 다음에 제시된 조직도 (가)를 조직도 (나)로 변경하려고 한다. 다음 중 조직도 (나)의 빈칸에 들어갈 팀으로 적절하지 않은 것은?

(가)

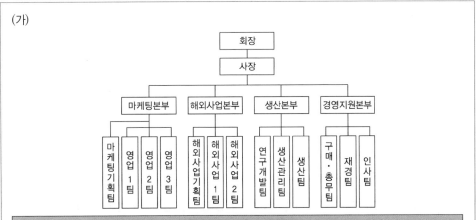

조직 개편 방향 및 기준
□ 명칭 변경 : 해외사업기획팀 → 해외마케팅기획팀 　본부 이동 : 해외사업 1·2팀(해외사업본부 → 마케팅본부) □ 기능중심의 조직 개편 　○ 해외사업본부의 해외사업기획팀과 마케팅본부의 마케팅기획팀을 신설한 마케팅기획본부로 이동 　○ 마케팅본부의 영업 1·2·3팀을 2개의 팀으로 통합 　○ 해외사업 1·2팀 통합 후 해외영업팀 신설 　○ 구매·총무팀에서 구매팀과 총무팀으로 분리 　○ 총무팀과 재경팀 통합 후 재무팀 신설

(나)

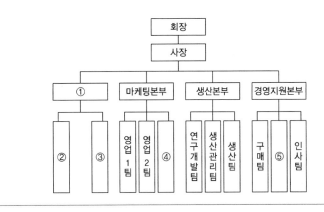

① 마케팅기획본부
② 해외마케팅기획팀
③ 영업 3팀
④ 해외영업팀
⑤ 재무팀

03 업무 종류

| 유형분석 |

- 부서별 주요 업무에 대해 묻는 문제이다.
- 부서별 특징과 담당 업무에 대한 이해가 필요하다.

다음 〈보기〉는 기업의 각 부서에서 하는 업무이다. 일반적인 상황에서 부서와 그 업무를 바르게 연결한 것은?

보기

ㄱ. 의전 및 비서업무
ㄴ. 업무분장 및 조정
ㄷ. 결산 관련 업무
ㄹ. 임금제도
ㅁ. 소모품의 구입 및 관리
ㅂ. 법인세, 부가가치세
ㅅ. 판매 예산 편성
ㅇ. 보험가입 및 보상 업무
ㅈ. 견적 및 계약
ㅊ. 국내외 출장 업무 협조
ㅋ. 외상매출금 청구
ㅌ. 직원수급 계획 및 관리

① 총무부 : ㄱ, ㅁ, ㅅ
② 영업부 : ㅅ, ㅈ, ㅋ
③ 회계부 : ㄷ, ㅇ, ㅋ
④ 인사부 : ㄱ, ㄴ, ㄹ

정답 ②

영업부의 업무로는 판매 계획, 판매 예산의 편성(ㅅ), 견적 및 계약(ㅈ), 외상매출금의 청구 및 회수(ㅋ), 시장조사, 판매원가 및 판매가격의 조사 검토 등이 있다.

오답분석

① 총무부 : ㄱ, ㅁ, ㅊ
③ 회계부 : ㄷ, ㅂ, ㅇ
④ 인사부 : ㄴ, ㄹ, ㅌ

풀이 전략!

조직은 목적의 달성을 위해 업무를 효과적으로 분배하고 처리할 수 있는 구조를 확립해야 한다. 조직의 목적이나 규모에 따라 업무의 종류는 다양하지만, 대부분의 조직에서는 총무, 인사, 기획, 회계, 영업으로 부서를 나누어 업무를 담당하고 있다. 따라서 5가지 업무 종류에 대해서는 미리 숙지해야 한다.

01 조직의 목적이나 규모에 따라 업무는 다양하게 구성될 수 있다. 다음 중 조직 내의 일반적인 업무 종류에 대한 설명으로 옳지 않은 것은?

① 영업부 : 판매계획, 판매예산의 편성, 시장조사, 광고·선전, 견적 및 계약 등

② 회계부 : 재무상태 및 경영실적 보고, 결산 관련 업무, 재무제표 분석 및 보고 등

③ 기획부 : 교육체계 수립 및 관리, 임금제도, 복리후생제도 및 지원업무, 복무 관리, 퇴직 관리 등

④ 인사부 : 조직기구의 개편 및 조정, 업무분장 및 조정, 인력수급계획 및 관리, 직무 및 정원의 조정, 노사관리 등

⑤ 총무부 : 주주총회 및 이사회개최 관련 업무, 의전 및 비서업무, 집기비품 및 소모품의 구매와 관리, 사무실 임차 및 관리 등

02 다음 메신저 내용을 보고 A사원이 처리할 첫 업무와 마지막 업무를 바르게 나열한 것은?

> A씨, 우리 팀이 준비하는 프로젝트가 마무리 단계인 건 알고 있죠? 이제 곧 그동안 진행해 온 팀 프로젝트를 발표해야 하는데 A씨가 발표자로 선정되어서 몇 가지 말씀드릴 게 있어요. 9월 둘째 주 월요일 오후 4시에 발표를 할 예정이니 그 시간에 비어있는 회의실을 찾아보고 예약해 주세요. 오늘이 벌써 첫째 주 수요일이네요. 보통 일주일 전에는 예약해야 하니 최대한 빨리 확인하고 예약해 주셔야 합니다. 또 발표 내용을 PPT 파일로 만들어서 저한테 메일로 보내 주세요. 검토 후 수정사항을 회신할 테니 반영해서 최종본 내용을 브로슈어에 넣어 주세요. 최종본 내용을 모두 입력하면 디자인팀 D대리님께 파일을 넘겨줘야 해요. 디자인팀에서 작업 후 인쇄소로 보낼 겁니다. 최종 브로슈어는 1층 인쇄소에서 받아오시면 되는데 원래는 한나절이면 찾을 수 있지만 이번에 인쇄 주문 건이 많아서 다음 주 월요일에 찾을 수 있을 거예요. 아, 그리고 브로슈어 내용 정리 전에 작년에 프로젝트 발표자였던 B주임에게 물어보면 어떤 식으로 작성해야 할지 이야기해 줄 거예요.

① PPT 작성 – D대리에게 파일 전달

② 회의실 예약 – B주임에게 조언 구하기

③ 회의실 예약 – 인쇄소 방문

④ B주임에게 조언 구하기 – 인쇄소 방문

⑤ 회의실 예약 – D대리에게 파일 전달

03 직무전결 규정상 전무이사가 전결인 '과장의 국내출장 건'의 결재를 시행하고자 한다. 박기수 전무이사가 해외출장으로 인해 부재중이어서 직무대행자인 최수영 상무이사가 결재하였다. 다음 〈보기〉 중 적절하지 않은 것을 모두 고르면?

> **보기**
> ㄱ. 최수영 상무이사가 결재한 것은 전결이다.
> ㄴ. 공문의 결재표상에는 '과장 최경옥, 부장 김석호, 상무이사 전결, 전무이사 최수영'이라고 표시되어 있다.
> ㄷ. 박기수 전무이사가 출장에서 돌아와서 해당 공문을 검토하는 것은 후결이다.

① ㄱ
② ㄷ
③ ㄱ, ㄴ
④ ㄴ, ㄷ
⑤ ㄱ, ㄴ, ㄷ

04 다음은 H회사 직무전결표의 일부분이다. 이에 따라 문서를 처리하였을 경우 옳지 않은 것은?

〈직무전결표〉

직무내용	대표이사	위임 전결권자		
		전무	이사	부서장
정기 월례 보고				○
각 부서장급 인수인계		○		
3천만 원 초과 예산 집행	○			
3천만 원 이하 예산 집행		○		
각종 위원회 위원 위촉	○			
해외 출장			○	

① 인사부장의 인수인계에 대하여 전무에게 결재받은 후 시행하였다.
② 인사징계위원회 위원을 위촉하기 위하여 대표이사 부재중에 전무가 전결하였다.
③ 영업팀장의 해외 출장을 위하여 이사에게 사인을 받았다.
④ 3천만 원에 해당하는 물품 구매를 위하여 전무 전결로 처리하였다.
⑤ 정기 월례 보고서를 작성한 후 부서장의 결재를 받았다.

05 다음은 H회사의 신제품 관련 회의가 끝난 후 작성된 회의록이다. 이를 이해한 내용으로 적절하지 않은 것은?

회의일시	2025. ○. ○	부서	홍보팀, 영업팀, 기획팀
참석자	홍보팀 팀장, 영업팀 팀장, 기획팀 팀장		
회의안건	신제품 홍보 및 판매 방안		
회의내용	- 경쟁 업체와 차별화된 마케팅 전략 필요 - 적극적인 홍보 및 판매 전략 필요 - 대리점 실적 파악 및 소비자 반응 파악 필요 - 홍보팀 업무 증가에 따라 팀원 보충 필요		
회의결과	- 홍보용 보도 자료 작성 및 홍보용 사은품 구매 요청 - 대리점별 신제품 판매량 조사 실시 - 마케팅 기획안 작성 및 공유 - 홍보팀 경력직 채용 공고		

① 이번 회의안건은 여러 팀의 협업이 필요한 사안이다.
② 기획팀은 마케팅 기획안을 작성하고, 이를 다른 팀과 공유해야 한다.
③ 홍보팀 팀장은 경력직 채용 공고와 관련하여 인사팀에 업무협조를 요청해야 한다.
④ 대리점의 신제품 판매량 조사는 소비자들의 반응을 파악하기 위한 것이다.
⑤ 영업팀은 홍보용 보도 자료를 작성하고, 홍보용 사은품을 구매해야 한다.

CHAPTER 02
의사소통능력

합격 CHEAT KEY

의사소통능력은 평가하지 않는 공사·공단이 없을 만큼 필기시험에서 중요도가 높은 영역으로, 세부 유형은 문서 이해, 문서 작성, 의사 표현, 경청, 기초 외국어로 나눌 수 있다. 문서 이해·문서 작성과 같은 지문에 대한 주제 찾기, 내용 일치 문제의 출제 비중이 높으며, 문서의 특성을 파악하는 문제도 출제되고 있다.

01 문제에서 요구하는 바를 먼저 파악하라!

의사소통능력에서 가장 중요한 것은 제한된 시간 안에 빠르고 정확하게 답을 찾아내는 것이다. 의사소통능력에서는 지문이 아니라 문제가 주인공이므로 지문을 보기 전에 문제를 먼저 파악해야 하며, 문제에 따라 전략적으로 빠르게 풀어내는 연습을 해야 한다.

02 잠재되어 있는 언어 능력을 발휘하라!

세상에 글은 많고 우리가 학습할 수 있는 시간은 한정적이다. 이를 극복할 수 있는 방법은 다양한 글을 접하는 것이다. 실제 시험장에서 어떤 내용의 지문이 나올지 아무도 예측할 수 없으므로 평소에 신문, 소설, 보고서 등 여러 글을 접하는 것이 필요하다.

03 상황을 가정하라!

업무 수행에 있어 상황에 따른 언어 표현은 중요하다. 같은 말이라도 상황에 따라 다르게 해석될 수 있기 때문이다. 그런 의미에서 자신의 의견을 효과적으로 전달할 수 있는 능력을 평가하는 것이다. 업무를 수행하면서 발생할 수 있는 여러 상황을 가정하고 그에 따른 올바른 언어표현을 정리하는 것이 필요하다.

04 말하는 이의 입장에서 생각하라!

잘 듣는 것 또한 하나의 능력이다. 상대방의 이야기에 귀 기울이고 공감하는 태도는 업무를 수행하는 관계 속에서 필요한 요소이다. 그런 의미에서 다양한 상황에서 듣는 능력을 평가하는 것이다. 말하는 이가 요구하는 듣는 이의 태도를 파악하고, 이에 따른 판단을 할 수 있도록 언제나 말하는 사람의 입장이 되는 연습이 필요하다.

01 문서 내용 이해

| 유형분석 |

- 주어진 지문을 읽고 선택지를 고르는 전형적인 독해 문제이다.
- 지문은 주로 신문기사(보도자료 등)나 업무 보고서, 시사 등이 제시된다.
- 공사공단에 따라 자사와 관련된 내용의 기사나 법조문, 보고서 등이 출제되기도 한다.

G씨는 성장기인 아들의 수면습관을 바로 잡기 위해 수면습관에 관련된 글을 찾아보았다. 다음 글을 읽고 이해한 내용으로 적절하지 않은 것은?

수면은 비렘(non-REM)수면과 렘수면으로 이뤄진 사이클이 반복되면서 이뤄지는 복잡한 신경계의 상호작용이며, 좋은 수면이란 이 사이클이 끊어지지 않고 충분한 시간 동안 유지되도록 하는 것이다. 수면 패턴은 일정한 것이 좋으며, 깨는 시간을 지키는 것이 중요하다. 그리고 수면 패턴은 휴일과 평일 모두 일정하게 지키는 것이 성장하는 아이들의 수면 리듬을 유지하는 데 좋다. 수면 상태에서 깨어날 때 영향을 주는 자극들은 '빛, 식사 시간, 운동, 사회 활동' 등이 있으며, 이 중 가장 강한 자극은 '빛'이다. 침실을 밝게 하는 것은 적절한 수면 자극을 방해하는 것이다. 반대로 깨어날 때 강한 빛 자극을 주면 수면 상태에서 빠르게 벗어날 수 있다. 이는 뇌의 신경 전달 물질인 멜라토닌의 농도와 연관되어 나타나는 현상이다. 수면 중 최대치로 올라간 멜라토닌은 시신경이 강한 빛에 노출되면 빠르게 줄어들게 되는데, 이때 수면 상태에서 벗어나게 된다. 아침 일찍 일어나 커튼을 젖히고 밝은 빛이 침실 안으로 들어오게 하는 것은 매우 효과적인 각성 방법인 것이다.

① 잠에서 깨는 데 가장 강력한 자극을 주는 것은 빛이었구나.
② 멜라토닌의 농도에 따라 수면과 각성이 영향을 받는군.
③ 평일에 잠이 모자란 우리 아들은 잠을 보충해 줘야 하니까 휴일에 늦게까지 자도록 둬야겠다.
④ 좋은 수면은 비렘수면과 렘수면의 사이클이 충분한 시간 동안 유지되도록 하는 것이구나.
⑤ 우리 아들 침실이 좀 밝은 편이니 충분한 수면을 위해 암막커튼을 달아줘야겠어.

정답 ③

수면 패턴은 휴일과 평일 모두 일정하게 지키는 것이 성장하는 아이들의 수면 리듬을 유지하는 데 좋다. 따라서 휴일에 늦잠을 자는 것은 적절하지 않다.

풀이 전략!

주어진 선택지에서 키워드를 체크한 후, 지문의 내용과 비교해 가면서 내용의 일치 유무를 빠르게 판단한다.

01　다음 글의 내용으로 적절하지 않은 것은?

> 경제학에서는 가격이 '한계 비용'과 일치할 때를 가장 이상적인 상태라고 본다. 한계 비용이란 재화의 생산량을 한 단위 증가시킬 때 추가되는 비용을 말한다. 한계 비용 곡선과 수요 곡선이 만나는 점에서 가격이 정해지면 재화의 생산 과정에 들어가는 자원이 낭비 없이 효율적으로 배분되며, 이때 사회 전체의 만족도가 가장 커진다. 가격이 한계 비용보다 높아지면 상대적으로 높은 가격으로 인해 수요량이 줄면서 거래량이 따라 줄고, 결과적으로 생산량도 감소한다. 이는 사회 전체의 관점에서 볼 때 자원이 효율적으로 배분되지 못하는 상황이므로 사회 전체의 만족도가 떨어지는 결과를 낳는다.
>
> 위에서 설명한 일반 재화와 마찬가지로 수도, 전기, 철도와 같은 공익 서비스도 자원배분의 효율성을 생각하면 한계 비용 수준으로 가격(공공요금)을 결정하는 것이 바람직하다. 대부분의 공익 서비스는 초기 시설 투자비용은 막대한 반면 한계 비용은 매우 적다. 이러한 경우, 한계 비용으로 공공요금을 결정하면 공익 서비스를 제공하는 기업은 손실을 볼 수 있다.
>
> 예컨대 초기 시설 투자비용이 6억 달러이고, 톤당 1달러의 한계 비용으로 수돗물을 생산하는 상수도 서비스를 가정해 보자. 이때 수돗물 생산량을 '1톤, 2톤, 3톤, …'으로 늘리면 총비용은 '6억 1달러, 6억 2달러, 6억 3달러, …'로 늘어나고, 톤당 평균 비용은 '6억 1달러, 3억 1달러, 2억 1달러, …'로 지속적으로 줄어든다. 그렇지만 평균 비용이 계속 줄어들더라도 한계 비용 아래로는 결코 내려가지 않는다. 따라서 한계 비용으로 수도 요금을 결정하면 총비용보다 총수입이 적으므로 수도 사업자는 손실을 보게 된다.
>
> 이를 해결하는 방법에는 크게 두 가지가 있다. 하나는 정부가 공익 서비스 제공 기업에 손실분만큼 보조금을 주는 것이고, 다른 하나는 공공요금을 평균 비용 수준으로 정하는 것이다. 전자의 경우 보조금을 세금으로 충당한다면 다른 부문에 들어갈 재원이 줄어드는 문제가 있다. 평균 비용 곡선과 수요 곡선이 교차하는 점에서 요금을 정하는 후자의 경우에는 총수입과 총비용이 같아져 기업이 손실을 보지는 않는다. 그러나 요금이 한계 비용보다 높기 때문에 사회 전체의 관점에서 자원의 효율적 배분에 문제가 생긴다.

① 자원이 효율적으로 배분될 때 사회 전체의 만족도가 극대화된다.

② 정부는 공공요금을 한계 비용 수준으로 유지하기 위하여 보조금 정책을 펼 수 있다.

③ 공익 서비스와 일반 재화의 생산 과정에서 자원을 효율적으로 배분하기 위한 조건은 서로 같다.

④ 가격이 한계 비용보다 높은 경우에는 한계 비용과 같은 경우에 비해 결국 그 재화의 생산량이 줄어든다.

⑤ 평균 비용이 한계 비용보다 큰 경우, 공공요금을 평균 비용 수준에서 결정하면 자원의 낭비를 방지할 수 있다.

02 다음은 H공단의 여비규칙을 일부 발췌한 것이다. 이를 이해한 내용으로 가장 적절한 것은?

〈여비규칙〉

목적(제1조) 이 규칙은 H공단의 임원 및 직원이 공단업무로 국내외에 여행하거나 전근 명령을 받고 신임지로 부임할 때 지급하는 여비에 관한 사항을 규정함을 목적으로 한다.

용어의 정의(제3조) 이 규칙에서 사용하는 용어의 정의는 다음과 같다.
1. 일비란 출장 중의 현지 교통비 등 여행 중에 발생하는 기타 경비를 말한다.
2. 숙박비란 숙박료와 숙박시설 이용료 및 기타 부대비용 등 숙박에 수반하는 모든 경비를 말한다.
3. 운임이란 출발 지점과 종착 지점 간(여행거리)의 철도운임, 항공운임, 선박운임, 자동차운임을 말한다.
4. 이전비란 전근, 신규채용 등으로 신임지 부임에 드는 경비를 말한다.
5. 근무지 내 국내출장이란 같은 시(특별시 및 광역시를 포함한다. 이하 같다) · 군 및 섬(제주특별 자치도는 제외한다. 이하 같다) 안에서의 출장이나 시 · 군 · 섬을 달리하여도 여행거리가 왕복 12km 미만인 출장을 말한다.
6. 시외출장이란 제5호 이외의 지역을 말한다.
7. 근무지 내 출장비란 근무지 내 출장에 드는 경비를 말한다.
8. 차량운행비란 자동차 운임 중 규칙에서 정한 부득이한 사유로 대중교통이 아닌 자가용차량 이용 승인을 득하였을 경우 지급하는 차량연료비 및 통행료를 말한다.

여비계산(제5조)
① 여비는 통상의 경로 및 방법에 의하여 이를 계산한다. 다만, 공단업무 형편상 또는 천재지변, 기타 부득이한 사유로 인하여 통상의 경로 및 방법에 의하여 여행하기 곤란한 경우에는 실제로 행한 경로 및 방법에 의하여 계산한다.
② 여행일수는 여행을 위하여 실제로 필요한 일수에 따른다. 다만, 공무의 형편상 또는 천재지변 그 밖의 부득이한 사유로 인하여 소요되는 일수는 이에 포함한다.
③ 여행 도중 공단 내규나 직위 등의 변경에 따라 여비 계산을 구분하여야 할 필요가 있는 때에는 그 사유가 발생한 날을 기준으로 계산한다. 다만, 당해 공단 임 · 직원이 이동 중인 경우에는 그 사유가 발생한 후 최초의 목적지에 도착한 날을 기준으로 구분하여 계산하며, 같은 날에 여비액 을 달리하여야 할 경우에는 많은 금액을 기준으로 지급한다.

수행출장 등(제6조) 직원이 같은 목적으로 임원 · 별정직 · 상급직원 또는 외빈을 수행 · 동행하여 여행할 경우 출장목적 수행상 부득이하다고 인정될 때에는 임원 · 별정직 · 상급직원 또는 외빈과 같 은 등급의 운임 · 일비 · 숙박비 · 식비를 최소화하여 조정 · 적용할 수 있다.

---

① 차량운행비란 출발 지점과 종착 지점 간(여행거리)의 대중교통 및 자가용 운임을 말한다.
② 여비는 기본적으로 실제 행한 경로 및 방법을 기준으로 계산한다.
③ 직원이 외빈을 동행하여 여행할 경우 기존 여비의 1.5배를 가산하여 지급한다.
④ 근무지 내 국내출장이란 제주도를 포함하여 왕복 12km 미만인 출장을 말한다.
⑤ 출장 시 폭설로 인해 고립되어 예정된 일정보다 하루 더 소요되었을 때 총여행일수에 이를 포함한다.

03 다음 글의 내용으로 적절하지 않은 것은?

> 기업은 많은 이익을 남기길 원하고, 소비자는 좋은 제품을 저렴하게 구매하길 원한다. 그 과정에서 힘이 약한 저개발국가의 농민, 노동자, 생산자들은 무역상품의 가격 결정 과정에 참여하지 못하고, 자신이 재배한 식량과 상품을 매우 싼값에 팔아 겨우 생계를 유지한다. 그 결과, 세계 인구의 20% 정도가 우리 돈 약 1,000원으로 하루를 살아가고, 세계 노동자의 40%가 하루 2,000원 정도의 소득으로 살아가고 있다.
>
> 이러한 무역 거래의 한계를 극복하고, 공평하고 윤리적인 무역 거래를 통해 저개발국가 농민, 노동자, 생산자들이 겪고 있는 빈곤 문제를 해결하기 위하여 공정무역이 생겨났다. 공정무역은 기존 관행 무역으로부터 소외당하며 불이익을 받고 있는 생산자와 지속가능한 파트너십을 통해 공정하게 거래하는 것으로, 생산자들과 공정무역 단체의 직거래를 통한 거래 관계에서부터 단체나 제품 등에 대한 인증시스템까지 모두 포함하는 무역을 의미한다.
>
> 이와 같은 공정무역은 국제 사회 시민운동의 일환으로, 1946년 미국의 시민단체 '텐사우전드빌리지 (Ten Thousand Villages)'가 푸에르토리코의 자수 제품을 구매하고, 1950년대 후반 영국의 '옥스팜(Oxfam)'이 중국 피난민들의 수공예품과 동유럽국가의 수공예품을 팔면서 시작되었다. 이후 1960년대에는 여러 시민 단체들이 조직되어 아프리카, 남아메리카, 아시아의 빈곤한 나라에서 본격적으로 활동을 전개하였다. 이 단체들은 가난한 농부와 노동자들이 스스로 조합을 만들어 환경친화적으로 농산물을 생산하도록 교육하고, 이에 필요한 자금 등을 지원했다. 2000년대에는 자본주의의 대안활동으로 여겨지며 공정무역이 급속도로 확산되었고, 공정무역 단체나 회사가 생겨남에 따라 저개발국가 농부들의 농산물이 공정한 값을 받고 거래되었다. 이러한 과정에서 공정무역은 저개발국 생산자들의 삶을 개선하기 위한 중요한 시장 메커니즘으로 주목을 받게 된 것이다.

① 기존 관행 무역에서는 저개발국가의 농민, 노동자, 생산자들이 무역상품의 가격 결정 과정에 참여하지 못했다.

② 세계 노동자의 40%가 하루 2,000원 정도의 소득으로 살아가며, 세계 인구의 20%는 약 1,000원으로 하루를 살아간다.

③ 공정무역에서는 저개발국가의 생산자들과 지속가능한 파트너십을 통해 그들을 무역 거래 과정에서 소외시키지 않는다.

④ 공정무역은 1946년에 시작되었고, 1960년대 조직된 여러 시민 단체들이 본격적으로 활동을 전개하였다.

⑤ 시민 단체들은 조합을 만들어 환경친화적인 농산물을 직접 생산하고, 이를 회사에 공정한 값으로 판매하였다.

04 다음은 임금피크제 운용지침을 발췌한 것이다. 이를 이해한 내용으로 적절하지 않은 것은?

〈임금피크제 운용지침〉

목적(제1조) 이 지침은 보수규정 제5조에 따라 한국산업인력공단의 임금피크제 운용에 관한 제반 사항을 정함을 목적으로 한다.

용어의 정의(제2조) 이 지침에서 사용하는 용어의 정의는 다음과 같다.

1. 임금피크제란 일정 연령의 도달 또는 생산성 등을 고려하여 피크임금의 수준을 결정하고 이를 기준으로 임금을 조정하는 임금체계를 말한다.
2. 임금피크제 대상 직원이란 임금피크제의 적용기준에 도달하는 직원을 말한다.
3. 별도정원이란 임금피크제 대상 직원 중 정년 보장자인 1, 2급 직원은 정년퇴직일 1년 전, 정년연 장자인 3급 이하 직원은 정년연장기간인 정년퇴직일 3년 전 기간 동안의 인원으로 별도직무군과 초임직급군 정원을 합한 인원으로 한다.
4. 별도직무군이란 임금피크제 대상 직원 중 기존 정원에서 제외되어 별도정원으로 관리되는 별도 직무를 수행하는 직무군을 말한다.
5. 초임직급군이란 신규채용인원 중 정원으로 편입되지 않고 별도정원으로 관리되는 직급군을 말한다.

적용범위(제3조) 임금피크제 운용에 관해 법령, 정관 및 규정에서 따로 정한 것을 제외하고는 이 지침에 따른다.

임금피크제 적용대상(제4조) 임금피크제의 적용 대상은 정규직 및 무기계약 직원으로 한다.

적용시기(제5조) 임금피크제의 적용 시기는 다음 각 호와 같이 정한다.

1. 정년퇴직예정일 3년 전부터 임금피크제를 적용한다.
2. 정년퇴직예정일이 6월 30일인 경우 3년 전 7월 1일부터, 정년퇴직예정일이 12월 31일인 경우 3년 전 1월 1일부터 임금피크제를 적용한다.

피크임금(제6조)

① 임금피크제 대상 직원의 임금 조정을 위한 피크임금은 제5조의 적용 전 1년간의 급여 총액 중 가족수당, 자녀학비보조금, 직무급(직책급 등 이와 유사항목 포함), 경영평가성과급을 제외한 금 액을 말한다.

② 제1항의 급여 총액이라 함은 보수규정 등 취업규칙에서 정한 급여 항목의 지급 총액을 말한다.

임금피크제 적용 임금의 산정 및 지급(제7조)

① 임금피크제 대상 직원에 대해서는 제6조에 따라 산정한 피크임금에서 연봉제 시행규칙 별표 9에 서 정한 연차별 감액률을 적용하여 지급한다.

② 임금피크제 적용 임금에 대해서는 매년 공단에서 정한 임금 인상률을 적용한다.

복리후생(제14조) 임금피크제 대상 직원에 대한 복리후생은 관련 규정 등에서 정하는 바에 따라 일 반 직원과 동일하게 적용한다.

준용(제15조) 이 지침에서 정하지 아니한 사항은 관련 법령 및 일반 직원에 적용되는 제규정을 적용한다.

---

① 임금피크제 대상 직원에 대한 복리후생은 관련 규정에 따라 일반 직원과 차등을 둔다.
② 임금피크제 적용 대상은 정규직 및 무기계약 직원이다.
③ 정년퇴직예정일이 4월 30인 경우 3년 전 5월 1일부터 임금피크제를 적용한다.
④ 임금피크제 적용 임금은 매년 공단에서 정한 임금 인상률을 적용한다.
⑤ 임금피크제는 일정 연령의 도달 또는 생산성 등을 고려하여 피크임금의 수준을 결정하고 이를 기준으로 임금을 조정하는 임금체계를 말한다.

05 다음 글의 내용으로 가장 적절한 것은?

OECD에 따르면 평균 수면시간이 프랑스는 8시간 50분, 미국은 8시간 38분, 영국은 8시간 13분이며, 우리나라는 7시간 49분으로 OECD 회원국 중 한국인의 수면시간이 가장 적다. 사회 특성상 다른 국가에 비해 근무 시간이 많아 수면시간이 짧은 것도 문제지만, 수면의 질 또한 낮아지고 있어 문제가 심각하다.

최근 수면장애 환자가 급격히 증가하는 추세이다. H공단에 따르면 수면장애로 병원을 찾은 환자는 2010년 46만 1,000명에서 2015년 72만 1,000명으로 5년 새 56% 이상 급증했다. 당시 병원을 찾은 사람이 70만 명을 넘었다면, 현재 수면장애로 고통받는 사람은 더 많을 것으로 추산된다.

수면장애는 단순히 잠을 이루지 못하는 불면증뿐 아니라 충분한 수면을 취했음에도 낮 동안 각성을 유지하지 못하는 기면증(과다수면증), 잠들 무렵이면 다리가 쑤시거나 저리는 증상, 코골이와 동반되어 수면 중에 호흡이 멈춰 숙면을 취하지 못하는 수면무호흡증 등 수면의 양과 질 저하로 생긴 다양한 증상을 모두 포괄한다. 수면장애는 학습장애, 능률 저하는 물론이고 교통사고 등 안전사고, 정서장애, 사회 적응 장애의 원인이 될 수 있다. 방치하게 되면 지병이 악화되고 심근경색증, 뇌졸중 등 심각한 병을 초래하기도 한다.

수면장애 환자는 여성이 42만 7,000명으로 남성(29만 1,000명)보다 1.5배 정도 더 많다. 여성은 임신과 출산, 폐경과 함께 찾아오는 갱년기 등 생체주기에 따른 영향으로 전 연령에서 수면장애가 보다 빈번하게 나타나는 경향을 보이는 것으로 보고된다. 특히 폐경이 되면 여성호르몬인 에스트로겐이 줄어들면서 수면과 관련이 있는 아세틸콜린 신경전달 물질의 분비 역시 저하되어 체내 시계가 혼란스러움을 느끼게 되어 밤에 잘 잠들지 못하거나 자주 깨며 새벽에 일찍 일어나는 등 여러 형태의 불면증이 동반된다.

또한 연령별로는 40 ~ 50대 중・장년층이 36.6%로 가장 큰 비중을 차지했고, 이에 비해 20 ~ 30대는 17.3%로 나타났다. 흔히 나이가 들면 생체시계에 변화가 생겨 깊은 잠은 비교적 줄어들고 꿈 수면이 나타나는 시간이 빨라지게 되어 상대적으로 얕은 수면과 꿈 수면이 많아지게 된다.

① 한국인의 수면시간은 근무 시간보다 짧다.
② 수면장애 환자는 20 ~ 30대에 가장 많다.
③ 수면장애 환자는 여성보다 남성이 더 많다.
④ 한국인의 수면의 질이 낮아지고 있다.
⑤ 여성의 경우 에스트로겐의 증가가 불면증에 영향을 미친다.

| 유형분석 |

- 주어진 지문을 파악하여 전달하고자 하는 핵심 주제를 고르는 문제이다.
- 정보를 종합하고 중요한 내용을 구별하는 능력이 필요하다.
- 설명문부터 주장, 반박문까지 다양한 성격의 지문이 제시되므로 글의 성격별 특징을 알아두는 것이 좋다.

다음 글의 주제로 가장 적절한 것은?

> 표준화된 언어는 의사소통을 효과적으로 하기 위하여 의도적으로 선택해야 할 공용어로서의 가치가 있다. 반면에 방언은 지역이나 계층의 언어와 문화를 보존하고 드러냄으로써 국가 전체의 언어와 문화를 다양하게 발전시키는 토대로서의 가치가 있다. 이러한 의미에서 표준화된 언어와 방언은 상호 보완적인 관계에 있다. 표준화된 언어가 있기에 정확한 의사소통이 가능하며, 방언이 있기에 개인의 언어생활에서나 언어 예술 활동에서 자유롭고 창의적인 표현이 가능하다. 결국 우리는 표준화된 언어와 방언 둘 다의 가치를 인정해야 하며, 발화(發話) 상황(狀況)을 잘 고려해서 표준화된 언어와 방언을 잘 가려서 사용할 줄 아는 능력을 길러야 한다.

① 창의적인 예술 활동에서는 방언의 기능이 중요하다.
② 표준화된 언어와 방언에는 각각 독자적인 가치와 역할이 있다.
③ 정확한 의사소통을 위해서는 표준화된 언어가 꼭 필요하다.
④ 표준화된 언어와 방언을 구분할 줄 아는 능력을 길러야 한다.
⑤ 표준화된 언어는 방언보다 효용가치가 있다.

정답 ②
마지막 문장의 '표준화된 언어와 방언 둘 다의 가치를 인정'하고, '잘 가려서 사용할 줄 아는 능력을 길러야 한다.'는 내용을 바탕으로 ②와 같은 주제를 이끌어 낼 수 있다.

풀이 전략!
'결국', '즉', '그런데', '그러나', '그러므로' 등의 접속어 뒤에 주제가 드러나는 경우가 많다는 것에 주의하면서 지문을 읽는다.

01 다음 글의 제목으로 가장 적절한 것은?

> 반대는 필수불가결한 것이다. 지각 있는 대부분의 사람이 그러하듯 훌륭한 정치가는 항상 열렬한 지지자보다는 반대자로부터 더 많은 것을 배운다. 만약 반대자들이 위험이 있는 곳을 지적해 주지 않는다면, 그는 지지자들에 떠밀려 파멸의 길을 걷게 될 수 있기 때문이다. 따라서 현명한 정치가라면 그는 종종 친구들로부터 벗어나기를 기도할 것이다. 친구들이 자신을 파멸시킬 수도 있다는 것을 알기 때문이다. 그리고 비록 고통스럽다 할지라도 결코 반대자 없이 홀로 남겨지는 일이 일어나지 않기를 기도할 것이다. 반대자들이 자신을 이성과 양식의 길에서 멀리 벗어나지 않도록 해준다는 사실을 알기 때문이다. 자유의지를 가진 국민의 범국가적 화합은 정부의 독단과 반대당의 혁명적 비타협성을 무력화시키는 정치권력의 충분한 균형에 의존하고 있다. 그 균형이 어떤 상황 때문에 강제로 타협하게 되지 않는 한, 그리고 모든 시민이 어떤 정책에 영향을 미칠 수는 있으나 누구도 혼자 정책을 지배할 수 없다는 것을 느끼게 되지 않는 한, 그리고 습관과 필요에 의해서 서로 조금씩 양보하지 않는 한, 자유는 유지될 수 없기 때문이다.

① 민주주의와 사회주의
② 반대의 필요성과 민주주의
③ 민주주의와 일방적인 의사소통
④ 권력을 가진 자와 혁명을 꿈꾸는 집단
⑤ 혁명의 정의

02 다음 글의 주제로 가장 적절한 것은?

> 사대부가 퇴장하고, 시민이 지배세력으로 등장하면서 근대문학이 시작되었다. 염상섭, 현진건, 나도향 등은 모두 서울 중인의 후예인 시민이었기 때문에 근대 소설을 이룩하는 데 앞장설 수 있었다. 이광수, 김동인, 김소월 등 평안도 출신 시민계층도 근대문학 형성에 큰 몫을 담당했다. 근대문학의 주역인 시민은 본인의 계급 이익을 배타적으로 옹호하지 않았다. 그들은 사대부 문학의 유산을 계승하는 한편, 민중문학과 제휴해 중세 보편주의와는 다른 근대 민족주의 문학을 발전시키는 의무를 감당해야 했다.

① 근대문학 형성의 주역들
② 근대문학의 지역문제
③ 민족주의 문학의 탄생과 발전
④ 근대문학의 특성과 의의
⑤ 근대문학과 민족문학

03 다음 글의 제목으로 가장 적절한 것은?

일반적으로 소비자들은 합리적인 경제 행위를 추구하기 때문에 최소 비용으로 최대 효과를 얻으려 한다는 것이 소비의 기본 원칙이다. 그들은 '보이지 않는 손'이라고 일컬어지는 시장 원리 아래에서 생산자와 만난다. 그러나 이러한 일차적 의미의 합리적 소비가 언제나 유효한 것은 아니다. 생산보 다는 소비가 화두가 된 소비 자본주의 시대에 소비는 단순히 필요한 재화, 그리고 경제학적으로 유 리한 재화를 구매하는 행위에 머물지 않는다. 최대 효과 자체에 정서적이고 사회 심리학적인 요인이 개입하면서, 이제 소비는 개인이 세계와 만나는 다분히 심리적인 방법이 되어버린 것이다. 곧 인간 의 기본적인 생존 욕구를 충족시켜 주는 합리적 소비 수준에 머물지 않고, 자신을 표현하는 상징적 행위가 된 것이다. 이처럼 오늘날의 소비문화는 물질적 소비 차원이 아닌 심리적 소비 형태를 띠게 된다.

소비 자본주의의 화두는 과소비가 아니라 '과시 소비'로 넘어간 것이다. 과시 소비의 중심에는 신분 의 논리가 있다. 신분의 논리는 유용성의 논리, 나아가 시장의 논리로 설명되지 않는 것들을 설명해 준다. 혈통으로 이어지던 폐쇄적 계층 사회는 소비 행위에 대해 계급에 근거한 제한을 부여했다. 먼 옛날 부족 사회에서 수장들만이 걸칠 수 있었던 장신구에서부터, 제아무리 권문세가의 정승이라 도 아흔아홉 칸을 넘을 수 없던 집이 좋은 예이다. 권력을 가진 자는 힘을 통해 자기의 취향을 주위 사람들과 분리시킴으로써 경외감을 강요하고, 그렇게 자기 취향을 과시함으로써 잠재적 경쟁자들을 통제한 것이다.

가시적 신분 제도가 사라진 현대 사회에서도 이러한 신분의 논리는 여전히 유효하다. 이제 개인은 소비를 통해 자신의 물질적 부를 표현함으로써 신분을 과시하려 한다.

① '보이지 않는 손'에 의한 합리적 소비의 필요성
② 소득을 고려하지 않은 무분별한 과소비의 폐해
③ 계층별 소비 규제의 필요성
④ 신분사회에서 의복 소비와 계층의 관계
⑤ 소비가 곧 신분이 되는 과시 소비의 원리

04 다음 글의 주제로 가장 적절한 것은?

최근에 사이버공동체를 중심으로 한 시민의 자발적 정치 참여 현상이 많은 관심을 끌고 있다. 이러한 현상과 관련하여 A의 연구가 새삼 주목 받고 있다. A의 연구에 따르면 공동체의 구성원이 됨으로써 얻게 되는 '사회적 자본'이 시민사회의 성숙과 민주주의 발전을 가져오는 원동력이다. A의 이론에서는 공동체에 대한 자발적 참여를 통해 사회 구성원 간의 상호 의무감과 신뢰, 구성원들이 공유하는 규칙과 관행, 사회적 유대 관계와 같은 사회적 자본이 늘어나면 사회 구성원 간의 협조적인 행위가 가능하게 된다고 보았다. 더 나아가 A는 자원봉사자와 같이 공동체 참여도가 높은 사람이 투표할 가능성이 높고 정부 정책에 대한 의견 개진도 활발해지는 등 정치 참여도가 높아진다고 주장하였다.

몇몇 학자들은 A의 이론을 적용하여 면대면 접촉에 따른 인간관계의 산물인 사회적 자본이 사이버공동체에서도 충분히 형성될 수 있다고 보았다. 그리고 사이버공동체에서 사회적 자본의 증가가 정치 참여도 활성화시킬 것으로 기대했다. 하지만 이러한 기대와는 달리 정치 참여는 활성화되지 않았다. 요즘 젊은이들을 보면 각종 사이버공동체에 자발적으로 참여하는 수준은 높지만 투표나 다른 정치 활동에는 무관심하거나 심지어 정치를 혐오하기도 한다. 이런 측면에서 A의 주장은 사이버공동체가 활성화된 오늘날에는 잘 맞지 않는다.

이러한 이유 때문에 오늘날 사이버공동체를 중심으로 한 정치 참여를 더 잘 이해하기 위해서 '정치적 자본' 개념의 도입이 필요하다. 정치적 자본은 사회적 자본의 구성 요소와는 달리 정치 정보의 습득과 이용, 정치적 토론과 대화, 정치적 효능감 등으로 구성된다. 정치적 자본은 사회적 자본과 마찬가지로 공동체 참여를 통해서 획득되지만, 정치 과정에의 관여를 촉진한다는 점에서 사회적 자본과는 구분될 필요가 있다. 사회적 자본만으로는 정치 참여를 기대하기 어렵고, 사회적 자본과 정치 참여 사이를 정치적 자본이 매개할 때 비로소 정치 참여가 활성화된다.

① 사이버공동체를 통해 축적된 사회적 자본에 정치적 자본이 더해질 때 정치 참여가 활성화된다.
② 사회적 자본은 정치적 자본을 포함하기 때문에 그 자체로 정치 참여의 활성화를 가져온다.
③ 사회적 자본이 많은 사회는 정치 참여가 활발하기 때문에 민주주의가 실현된다.
④ 사이버공동체의 특수성으로 인해 시민들의 정치 참여가 어렵게 되었다.
⑤ 사이버공동체에의 자발적 참여 증가는 정치 참여를 활성화시킨다.

03 문단 나열

| 유형분석 |

- 각 문단의 내용을 파악하고 논리적 순서에 맞게 나열하는 복합적인 문제이다.
- 전체적인 글의 흐름을 이해하는 것이 중요하며, 각 문장의 지시어나 접속어에 주의한다.

다음 문단을 논리적 순서대로 바르게 나열한 것은?

(가) 오류가 발견된 교과서들은 편향적 내용을 검증 없이 인용하거나 부실한 통계를 일반화하는 등의 문제점을 보였다. 대표적으로 교과서 대부분이 대도시의 온도 상승 평균값만을 보고 한반도의 기온 상승이 세계 평균보다 2배 높다고 과장한 것으로 나타났다.

(나) 환경 관련 교과서 대부분이 표면적으로 드러나는 사실을 검증하지 않고 그대로 싣는 문제점을 보였다. 고등학생들이 보는 교과서인 만큼 객관적 사실에 기반을 둬 균형 있는 내용을 실어야 한다.

(다) 고등학교 환경 관련 교과서 대부분이 특정 주장을 검증 없이 게재하는 등 많은 오류가 존재한다는 보수 환경·시민단체의 지적이 제기됐다. 환경정보평가원이 고등학교 환경 관련 교과서 23종을 분석한 결과 총 1,175개의 오류가 발견됐다.

(라) 또한 우리나라 전력 생산의 상당 부분을 차지하는 원자력 발전의 경우 단점만을 자세히 기술하고 경제성과 효율성이 낮은 신재생 에너지는 장점만 언급한 교과서도 있었다.

① (가) – (라) – (나) – (다) 　　　② (나) – (가) – (라) – (다)
③ (나) – (다) – (가) – (라) 　　　④ (다) – (가) – (라) – (나)
⑤ (다) – (라) – (나) – (가)

정답 ④

제시문은 교과서에서 많은 오류가 발견된 사실을 제시하고 오류의 유형과 예시를 차례로 언급하며 문제 해결에 대한 요구를 제시하고 있는 글이다. 따라서 (다) 교과서에서 많은 오류가 발견됨 – (가) 교과서에서 나타나는 오류의 유형과 예시 – (라) 편향된 내용을 담은 교과서의 또 다른 예시 – (나) 교과서의 문제 지적과 해결 촉구의 순서로 나열해야 한다.

풀이 전략!

상대적으로 시간이 부족하다고 느낄 때는 선택지를 참고하여 문장의 순서를 생각해 본다.

※ 다음 문단을 논리적 순서대로 바르게 나열한 것을 고르시오. [1~3]

01

(가) '인력이 필요해서 노동력을 불렀더니 사람이 왔더라.'라는 말이 있다. 인간을 경제적 요소로만 단순하게 생각했으나, 이에 따른 인권문제, 복지문제, 내국인과 이민자와의 갈등 등이 수반된다는 말이다. 프랑스처럼 우선 급하다고 이민자를 선별하지 않고 받으면 인종 갈등과 이민자의 빈곤화 등 많은 사회비용이 발생한다.

(나) 이제 다문화정책의 패러다임을 전환해야 한다. 한국에 들어온 다문화가족을 적극적으로 지원해야 한다. 다문화가족과 더불어 살면서 다양성과 개방성을 바탕으로 상생의 발전을 도모해야 한다. 그리고 결혼이민자만 다문화가족으로 볼 것이 아니라 외국인 근로자와 유학생, 북한이탈주민까지 큰 틀에서 함께 보는 것도 필요하다.

(다) 다문화정책의 핵심은 두 가지이다. 첫째, 새로운 사회에 적응하려는 의지가 강해서 언어 배우기, 일자리, 문화 이해에 매우 적극적인 태도를 지닌 좋은 인력을 선별해서 입국하도록 하는 것이다. 둘째, 이민자가 새로운 사회에 잘 정착할 수 있도록 사회통합에 주력해야 하는 것이다. 해외 인구 유입 초기부터 사회 비용을 절약할 수 있는 사람들을 들어오게 하는 것이 중요하기 때문이다.

(라) 또한, 이미 들어온 이민자에게는 적극적인 지원을 해야 한다. 언어와 문화, 환경이 모두 낯선 이민자에게는 이민 초기에 세심한 배려가 필요하다. 특히 중요한 것은 다문화가족이 그들이 가지고 있는 강점을 활용하여 취약 계층이 아닌 주류층으로 설 수 있도록 지원해야 한다. 뿐만 아니라 이민자에 대한 지원 시기를 놓치거나 차별과 편견으로 내국인에게 증오감을 갖게 해서는 안 된다.

① (가) - (나) - (다) - (라)
② (가) - (다) - (라) - (나)
③ (다) - (가) - (나) - (라)
④ (다) - (가) - (라) - (나)
⑤ (다) - (나) - (라) - (가)

02

(가) 결국 이를 다시 생각하면, 과거와 현재의 문화 체계와 당시 사람들의 의식 구조, 생활상 등을 역추적할 수 있다는 말이 된다. 즉, 동물의 상징적 의미가 문화를 푸는 또 하나의 열쇠이자 암호가 되는 것이다. 그리고 동물의 상징적 의미를 통해 인류의 총체인 문화의 실타래를 푸는 것은 우리는 어떤 존재인가라는 정체성에 대한 답을 하는 과정이 될 수 있다.

(나) 인류는 선사시대부터 생존을 위한 원초적 본능에서 동굴이나 바위에 그림을 그리는 일종의 신앙 미술을 창조했다. 신앙 미술은 동물에게 여러 의미를 부여하기 시작했고, 동물의 상징적 의미는 현재까지도 이어지고 있다. 1억 원 이상 복권 당첨자의 23%가 돼지꿈을 꿨다거나, 황금돼지해에 태어난 아이는 만복을 타고난다는 속설 때문에 결혼과 출산이 줄을 이었고, 대통령 선거에서 '두 돼지가 나타나 두 뱀을 잡아 먹는다.'는 식으로 후보들이 홍보를 하기도 했다. 이렇게 동물의 상징적 의미는 우리 시대에도 여전히 유효한 관념으로 남아 있는 것이다.

(다) 동물의 상징적 의미는 시대나 나라에 따라 변하고 새로운 역사성을 담기도 했다. 예를 들면, 뱀은 다산의 상징이자 불사의 존재이기도 했지만, 사악하고 차가운 간사한 동물로 여겨지기도 했다. 하지만 그리스에서 뱀은 지혜의 신이자, 아테네의 상징물이었고, 논리학의 상징이었다. 그리고 과거에 용은 숭배의 대상이었으나, 상상의 동물일 뿐이라는 현대의 과학적 사고는 지금의 용에 대한 믿음을 약화시키고 있다.

(라) 동물의 상징적 의미가 이렇게 다양하게 변하는 것은 문화가 살아 움직이기 때문이다. 문화는 인류의 지식, 신념, 행위의 총체로, 동물의 상징적 의미 또한 문화에 속한다. 문화는 항상 현재 진행형이기 때문에 현재의 생활이 바로 문화이며, 이것은 미래의 문화로 전이된다. 문화는 과거, 현재, 미래가 따로 떨어진 게 아니라 뫼비우스의 띠처럼 연결되어 있는 것이다. 다시 말하면 그 속에 포함된 동물의 상징적 의미 또한 거미줄처럼 얽히고설켜 형성된 것으로, 그 시대의 관념과 종교, 사회·정치적 상황에 따라 의미가 달라질 수밖에 없다는 말이다.

① (나) – (가) – (라) – (다)   ② (나) – (다) – (라) – (가)
③ (다) – (라) – (나) – (가)   ④ (라) – (나) – (다) – (가)
⑤ (라) – (다) – (가) – (나)

03

(가) 베커는 "주말이나 저녁에는 회사들이 문을 닫기 때문에 활용할 수 있는 시간의 길이가 길어지고 이에 따라 특정 행동의 시간 비용이 줄어든다."라고도 지적한다. 시간의 비용이 가변적이라는 개념은, 기대수명이 늘어나서 사람들에게 더 많은 시간이 주어지는 것이 시간의 비용에 영향을 미칠 수 있다는 점에서 의미가 있다.

(나) 베커와 린더는 사람들에게 주어진 시간을 고정된 양으로 전제했다. 1965년 당시의 기대수명은 약 70세였다. 하루 24시간 중 8시간을 수면에 쓰고 나머지 시간에 활동이 가능하다면, 평생 408,800시간의 활동가능 시간이 주어지는 셈이다. 하지만 이 방정식에서 변수 하나가 바뀌면 어떻게 될까? 기대수명이 크게 늘어난다면 시간의 가치 역시 달라져서 늘 시간에 쫓기는 조급한 마음에도 영향을 주게 되지 않을까?

(다) 시간의 비용이 가변적이라고 생각한 이는 베커만이 아니었다. 스웨덴의 경제학자 스테판 린더는 서구인들이 엄청난 경제성장을 이루고도 여유를 누리지 못하는 이유를 논증한다. 경제가 성장하면 사람들의 시간을 쓰는 방식도 달라진다. 임금이 상승하면 직장 밖 활동에 들어가는 시간의 비용이 늘어난다. 일하는 데 쓸 수 있는 시간을 영화나 책을 보는 데 소비하면 그만큼의 임금을 포기하는 것이다. 따라서 임금이 늘어난 만큼 일 이외의 활동에 들어가는 시간의 비용도 함께 늘어난다는 것이다.

(라) 1965년 노벨상 수상자 게리 베커는 '시간의 비용'이 시간을 소비하는 방식에 따라 변화한다고 주장하였다. 예를 들어 수면이나 식사 활동은 영화 관람에 비해 단위 시간당 시간의 비용이 작다. 그 이유는 수면과 식사가 생산적인 활동에 기여하기 때문이다. 잠을 못 자거나 식사를 제대로 하지 못해 체력이 떨어진다면, 생산적인 활동에 제약을 받기 때문에 수면과 식사 활동에 들어가는 시간의 비용이 영화관람에 비해 작다고 할 수 있다.

① (나) – (다) – (가) – (라)   ② (나) – (라) – (다) – (가)
③ (라) – (가) – (다) – (나)   ④ (라) – (나) – (다) – (가)
⑤ (라) – (다) – (가) – (나)

04 내용 추론

| 유형분석 |

- 주어진 지문을 바탕으로 도출할 수 있는 내용을 찾는 문제이다.
- 선택지의 내용을 정확하게 확인하고 지문의 정보와 비교하여 추론하는 능력이 필요하다.

다음 글을 통해 추론할 수 없는 것은?

제약 연구원이란 제약 회사에서 약을 만드는 과정에 참여하는 사람을 말한다. 제약 연구원은 이러한 모든 단계에 참여하지만, 특히 신약 개발 단계와 임상 시험 단계에서 가장 중점적인 역할을 한다. 일반적으로 약을 만드는 과정은 새로운 약품을 개발하는 신약 개발 단계, 임상 시험을 통해 개발된 신약의 약효를 확인하는 임상 시험 단계, 식약처에 신약이 판매될 수 있도록 허가를 요청하는 약품 허가 요청 단계, 마지막으로 의료진과 환자를 대상으로 신약에 대해 홍보하는 영업 및 마케팅의 단계로 나눈다.

제약 연구원이 되기 위해서는 일반적으로 약학을 전공해야 한다고 생각하기 쉽지만, 약학 전공자 이외에도 생명 공학, 화학 공학, 유전 공학 전공자들이 제약 연구원으로 활발하게 참여하고 있다. 만일 신약 개발의 전문가가 되고 싶다면 해당 분야에서 오랫동안 연구한 경험이 필요하기 때문에 대학원에서 석사나 박사 학위를 취득하는 것이 유리하다.

제약 연구원이 되기 위해서는 전문적인 지식도 중요하지만, 사람의 생명과 관련된 일인 만큼 무엇보다도 꼼꼼함과 신중함, 책임 의식이 필요하다. 또한 제약 회사라는 공동체 안에서 일을 하는 것이므로 원만한 일의 진행을 위해서 의사소통능력도 필수적으로 요구된다. 오늘날 제약 분야가 빠르게 성장하고 있다는 점을 고려할 때, 일에 대한 도전 의식, 호기심과 탐구심 등도 제약 연구원에게 필요한 능력으로 꼽을 수 있다.

① 제약 연구원은 약품 허가 요청 단계에 참여한다.
② 오늘날 제약 연구원에게 요구되는 능력이 많아졌다.
③ 생명이나 유전 공학 전공자도 제약 연구원으로 일할 수 있다.
④ 신약 개발 전문가가 되려면 반드시 석사나 박사를 취득해야 한다.
⑤ 제약 연구원과 관련된 정보가 부족하다면 약학을 전공해야만 제약 연구원이 될 수 있다고 생각할 수 있다.

정답 ④

제시문에 따르면 신약 개발의 전문가가 되기 위해서는 해당 분야에서 오랫동안 연구한 경험이 필요하므로 석사나 박사 학위를 취득하는 것이 유리하다고 하였다. 그러나 석사나 박사 학위가 신약 개발 전문가가 되는 데 도움을 준다는 것일 뿐이므로 반드시 필요한 필수 조건인지는 알 수 없다. 따라서 ④는 제시문을 통해 추론할 수 없다.

풀이 전략!

주어진 지문이 어떠한 내용을 다루고 있는지 파악한 후 선택지의 키워드를 확실하게 체크하고, 지문의 정보에서 도출할 수 있는 내용을 찾는다.

01 다음 글을 읽고 추론한 내용으로 가장 적절한 것은?

> 지식의 본성을 다루는 학문인 인식론은 흔히 지식의 유형을 나누는 데에서 이야기를 시작한다. 지식의 유형은 '안다'는 말의 다양한 용례들이 보여주는 의미 차이를 통해서 드러나기도 한다. 예컨대 '그는 자전거를 탈 줄 안다.'와 '그는 이 사과가 둥글다는 것을 안다.'에서 '안다'가 바로 그런 경우이다. 전자의 '안다'는 능력의 소유를 의미하는 것으로 '절차적 지식'이라 부르고, 후자의 '안다'는 정보의 소유를 의미하는 것으로 '표상적 지식'이라고 부른다.
>
> 어떤 사람이 자전거에 대해서 많은 정보를 갖고 있다고 해서 자전거를 탈 수 있게 되는 것은 아니며, 자전거를 탈 줄 알기 위해서 반드시 자전거에 대해서 많은 정보를 갖고 있어야 하는 것도 아니다. 아무 정보 없이 그저 넘어지거나 다치거나 하는 과정을 거쳐 자전거를 탈 줄 알게 될 수도 있다. 자전거 타기와 같은 절차적 지식을 갖기 위해서는 훈련을 통하여 몸과 마음을 특정한 방식으로 조직화해야 한다. 그러나 정보를 마음에 떠올릴 필요는 없다.
>
> 반면, '이 사과는 둥글다.'라는 것을 알기 위해서는 둥근 사과의 이미지가 되었건 '이 사과는 둥글다.'라는 명제가 되었건 어떤 정보를 마음속에 떠올려야 한다. '마음속에 떠올린 정보'를 표상이라고 할 수 있으므로, 이러한 지식을 표상적 지식이라고 부른다. 그런데 어떤 표상적 지식을 새로 얻게 됨으로써 이전에 할 수 없었던 어떤 것을 하게 될지는 분명하지 않다. 이런 점에서 표상적 지식은 절차적 지식과 달리 특정한 일을 수행하는 능력과 직접 연결되어 있지 않다.

① 표상적 지식은 특정 능력의 습득에 전혀 도움을 주지 못한다.
② '이 사과는 둥글다.'라는 지식은 이미지 정보에만 해당한다.
③ 절차적 지식은 정보가 없이도 습득할 수 있다.
④ 인식론은 머릿속에서 처리되는 정보의 유형만을 다루는 학문이다.
⑤ 절차적 지식을 통해 표상적 지식을 얻는 것이 가능하다.

인류는 청정하고 고갈될 염려가 없는 풍부한 에너지를 기대하며, 신재생에너지인 태양광과 풍력에 너지에 많은 기대를 걸고 있다. 그러나 태양광이나 풍력으로는 화력발전을 통해 생산되는 전력 공급 량을 대체하기 어렵고, 기상 환경에 많은 영향을 받는다는 점에서 한계가 있다. 이에 대한 대안으로 많은 전문가들은 '핵융합 에너지'에 기대를 모으고 있다.

핵융합발전은 핵융합 현상을 이용하는 발전 방식으로, 핵융합은 말 그대로 원자의 핵이 융합하는 것을 말한다. 우라늄의 원자핵이 분열하면서 방출되는 에너지를 이용하는 원자력발전과 달리, 핵융 합발전은 수소 원자핵이 융합해 헬륨 원자핵으로 바뀌는 과정에서 방출되는 에너지를 이용해 물을 가열하고 수증기로 터빈을 돌려 전기를 생산한다.

핵융합발전이 다음 세대를 이끌어갈 전력 생산 방식이 될 수 있는 이유는 인류가 원하는 에너지원의 조건을 모두 갖추고 있기 때문이다. 우선 연료가 거의 무한대라고 할 수 있을 정도로 풍부하다. 핵융 합발전에 사용되는 수소는 일반적인 수소가 아닌 수소의 동위원소로, 지구의 70%를 덮고 있는 바닷 물을 이용해서 얼마든지 생산할 수 있다. 게다가 적은 연료로 원자력발전에 비해 훨씬 많은 에너지 를 얻을 수 있다. 1g으로 석유 8t을 태워서 얻을 수 있는 전기를 생산할 수 있고, 원자력발전에 비하 면 같은 양의 연료로 3 ~ 4배의 전기를 생산할 수 있다.

무엇보다 오염물질을 거의 배출하지 않는 점이 큰 장점이다. 미세먼지와 대기오염을 일으키는 오염 물질은 전혀 나오지 않고 오직 헬륨만 배출된다. 약간의 방사선이 방출되지만, 원자력발전에서 배출 되는 방사성 폐기물에 비하면 거의 없다고 볼 수 있을 정도다.

핵융합발전은 안전 문제에서도 자유롭다. 원자력발전은 수개월 혹은 1년 치 연료를 원자로에 넣고 연쇄적으로 핵분열 반응을 일으키는 방식이라 문제가 생겨도 당장 가동을 멈춰 사태가 악화되는 것 을 막을 수 없다. 하지만 핵융합발전은 연료가 아주 조금 들어가기 때문에 문제가 생겨도 원자로가 녹아내리는 것과 같은 대형 재난으로 이어지지 않는다. 문제가 생기면 즉시 핵융합 반응이 중단되고 발전장치가 꺼져버린다. 핵융합 반응을 제어하는 일이 극도로 까다롭기 때문에 오히려 발전장치가 꺼지지 않도록 정밀하게 제어하는 것이 중요하다.

현재 세계 각국은 각자 개별적으로 핵융합발전 기술을 개발하는 한편 프랑스 남부 카다라슈 지역에 '국제핵융합실험로(ITER)'를 건설해 공동으로 실증 실험을 할 준비를 진행하고 있다. 한국과 유럽 연합(EU), 미국, 일본, 러시아, 중국, 인도 등 7개국이 참여해 구축하고 있는 ITER는 2025년 12월 완공될 예정이며, 2025년 이후에는 그동안 각국이 갈고 닦은 기술을 적용해 핵융합 반응을 일으켜 상용화 가능성을 검증하게 된다. 세계 전력산업의 패러다임을 바꾸는 역사적인 핵융합 실험이 지구 상에서 이뤄지게 되는 것이다.

① 핵융합발전이 태양열발전보다 더 많은 양의 전기를 생산할 수 있을 것이다.
② 핵융합발전과 원자력발전은 원자의 핵을 다르게 이용한다는 점에서 차이가 있다.
③ 같은 양의 전력 생산을 목표로 한다면 원자력발전의 연료비는 핵융합발전의 3배 이상일 것이다.
④ 헬륨은 대기오염을 일으키는 오염물질에 해당하지 않는다.
⑤ 핵융합발전에는 발전장치를 제어하는 사람의 역할이 중요할 것이다.

03 다음 중 밑줄 친 사람들의 주장으로 가장 적절한 것은?

최근 여러 나라들은 화석연료 사용으로 인한 기후 변화를 억제하기 위해, 화석연료의 사용을 줄이고 목재연료의 사용을 늘리고 있다. 다수의 과학자와 경제학자들은 목재를 '탄소 중립적 연료'라고 생각하고 있다. 나무를 태우면 이산화탄소가 발생하지만, 새로 심은 나무가 자라면서 다시 이산화탄소를 흡수하는데, 나무를 베어낸 만큼 다시 심으면 전체 탄소배출량은 '0'이 된다는 것이다. 대표적으로 유럽연합이 화석연료를 목재로 대체하려고 하는데, 탄소 중립적 연료로 전체 전력의 20%를 생산할 계획을 제시한 바 있다. 영국, 벨기에, 덴마크 네덜란드 등의 국가에서는 나무 화력발전소를 건설하거나 기존의 화력발전소에서 나무를 사용할 수 있도록 전환하는 등의 설비를 갖추고 있다. 우리나라 역시 재생에너지원을 중요시하면서 나무 펠릿 수요가 증가하고 있다.

하지만 일부 과학자들은 목재가 친환경 연료가 아니라고 주장한다. 이들 주장의 핵심은 지금 심은 나무가 자라는 데에는 수십 ~ 수백 년이 걸린다는 것이다. 즉, 지금 나무를 태워 나온 이산화탄소는 나무를 심는다고 해서 줄어드는 것이 아니라 수백 년에 걸쳐서 천천히 흡수된다는 것이다. 또 화석연료에 비해 발전 효율이 낮기 때문에 같은 전력을 생산하는 데 발생하는 이산화탄소의 양은 더 많아질 것이라고 강조한다. 눈앞의 배출량만 줄이는 것은 마치 지금 당장 지갑에서 현금이 나가지 않는다고 해서 신용카드를 무분별하게 사용하는 것처럼 위험할 수 있다는 생각이다. 이들은 기후 변화 방지에 있어서, 배출량을 줄이는 것이 아니라 배출하지 않는 방법을 택하는 것이 더 낫다고 강조한다.

① 나무의 발전 효율을 높이는 연구가 선행되어야 한다.
② 목재연료를 통한 이산화탄소 절감은 전 세계가 동참해야만 가능하다.
③ 목재연료의 사용보다는 화석연료의 사용을 줄이는 것이 중요하다.
④ 목재연료의 사용보다는 태양광과 풍력 등의 발전효율을 높이는 것이 효과적이다.
⑤ 목재연료의 사용은 현재의 상황에서 가장 합리적인 대책이다.

| 유형분석 |

- 주어진 지문을 바탕으로 빈칸에 들어갈 내용을 찾는 문제이다.
- 선택지의 내용을 정확하게 확인하고 빈칸 앞뒤 문맥을 파악하는 능력이 필요하다.

다음 글의 빈칸에 들어갈 내용으로 가장 적절한 것은?

미세먼지와 황사는 여러모로 비슷하면서도 뚜렷한 차이점을 지니고 있다. 삼국사기에도 기록되어 있는 황사는 중국 내륙 내몽골 사막에 강풍이 불면서 날아오는 모래와 흙먼지를 일컫는데, 장단점이 존재했던 과거와 달리 중국 공업지대를 지난 황사에 미세먼지와 중금속 물질이 더해지며 심각한 환경문제로 대두되었다. 이와 달리 미세먼지는 일반적으로는 대기오염물질이 공기 중에 반응하여 형성된 황산염이나 질산염 등 이온성분, 석탄·석유 등에서 발생한 탄소화합물과 검댕, 흙먼지 등 금속화합물의 유해성분으로 구성된다.

미세먼지의 경우 통념적으로는 먼지를 미세먼지와 초미세먼지로 구분하고 있지만, 대기환경과 환경 보전을 목적으로 하는 환경정책기본법에서는 미세먼지를 PM(Particulate Matter)이라는 단위로 구분한다. 즉, 미세먼지(PM_{10})의 경우 입자의 크기가 $10\mu m$ 이하인 먼지이고, 미세먼지($PM_{2.5}$)는 입자의 크기가 $2.5\mu m$ 이하인 먼지로 정의하고 있다. 이에 비해 황사는 통념적으로는 입자 크기로 구분하지 않으나 주로 지름 $20\mu m$ 이하의 모래로 구분하고 있다. 때문에 _____

① 미세먼지의 역할 또한 분명히 존재함을 기억해야 할 것이다.

② 황사와 미세먼지의 차이를 입자의 크기만으로 구분하기는 어렵다.

③ 황사와 미세먼지의 근본적인 구별법은 그 역할에서 찾아야 할 것이다.

④ 황사 문제를 해결하기 위해서는 근본적으로 황사의 발생 자체를 억제할 필요가 있다.

⑤ 초미세먼지를 차단할 수 있는 마스크라 해도 황사와 초미세먼지를 동시에 차단하긴 어렵다.

정답 ②

미세먼지의 경우 최소 $10\mu m$ 이하의 먼지로 정의되고 있지만, 황사의 경우 주로 지름 $20\mu m$ 이하의 모래로 구분하되 통념적으로는 입자 크기로 구분하지 않는다. 따라서 $10\mu m$ 이하의 황사의 입자의 크기만으로 미세먼지와 구분하기는 어렵다.

오답분석

① 미세먼지의 역할에 대한 설명을 찾을 수 없다.

③ 제시문에서 설명하는 황사와 미세먼지의 근본적인 구별법은 구성성분의 차이다.

④·⑤ 제시문을 통해서 알 수 없는 내용이다.

풀이 전략!

빈칸 앞뒤의 문맥을 파악한 후 선택지에서 가장 어울리는 내용을 찾는다. 빈칸 앞에 접속사가 있다면 이를 활용한다.

PART 2

※ 다음 글의 빈칸에 들어갈 내용으로 가장 적절한 것을 고르시오. [1~3]

01

MZ세대 직장인을 중심으로 '조용한 사직'이 유행하고 있다. '조용한 사직'이라는 신조어는 2022년 7월 한 미국인이 SNS에 소개하면서 큰 호응을 얻은 것으로, 실제로 퇴사하진 않지만 최소한의 일만 하는 업무 태도를 말한다. 실제로 MZ세대 직장인은 적당히 하자라는 생각으로 주어진 업무는 하되 더 찾아서 하거나 스트레스 받을 수준으로 많은 일을 맡지 않고, 사내 행사도 꼭 필요할 때만 참여해 일과 삶을 철저히 분리하고 있다.

한 채용플랫폼의 설문조사 결과에 따르면 직장인 10명 중 7명이 '월급받는 만큼만 일하면 끝'이라고 답했고, 20대 응답자 중 78.5%, 30대 응답자 중 77.1%가 '받은 만큼만 일한다.'라고 답했다. 설문조사 결과 연령대가 높아질수록 그 비율은 감소해 젊은 층을 중심으로 이 같은 인식이 확산하고 있음을 짐작할 수 있다.

이러한 인식이 확산하는 데는 인플레이션으로 인한 임금 감소, '돈을 많이 모아도 집 한 채를 살 수 있을까?' 등 전반적인 경제적 불만이 기저에 있다고 전문가들은 말했다. 또한 MZ세대가 '노력에 상응하는 보상을 받고 있는지'에 민감하게 반응하는 특성을 가지고 있는 것도 한몫하고 있다.

문제점은 이러한 '조용한 사직' 분위기가 기업의 전반적인 생산성 저하로 이어지고 있는 것이다. 이에 맞서 기업도 '조용한 사직'으로 대응해 게으른 직원에게 업무를 주지 않는 '조용한 해고'를 하는 상황이 발생하고 있다. 이에 전문가들은 MZ세대 직장인을 나태하다고 구분 짓는 사고방식은 잘못 되었다고 지적하며, 기업 차원에서는 "＿＿＿＿＿＿＿＿＿＿＿＿＿＿＿＿＿＿＿＿＿＿＿＿＿＿＿"이, 개인 차원에서는 "스스로 일과 삶을 잘 조율하는 현명함을 만드는 것"이 필요하다고 언급했다.

① 직원이 일한 만큼 급여를 올려주는 것
② 직원이 스트레스를 받지 않게 적당량의 업무를 배당하는 것
③ 젊은 세대의 채용을 신중히 하는 것
④ 젊은 세대의 특성을 이해하고 온전히 받아들이는 것
⑤ 젊은 세대가 함께할 수 있도록 분위기를 만드는 것

02

오늘날 인류가 왼손보다 오른손을 선호하는 경향은 어디서 비롯되었을까? 오른손을 귀하게 여기고 왼손을 천대하는 현상은 어쩌면 산업화 이전 사회에서 배변 후 사용할 휴지가 없었다는 사실과 관련이 있을 법하다. 맨손으로 배변 뒤처리를 하는 것은 불쾌할 뿐더러 병균을 옮길 위험을 수반하는 일이었다. 이런 위험성을 낮추는 간단한 방법은 음식을 먹거나 인사할 때 다른 손을 사용하는 것이었다. 기술 발달 이전의 사회는 대개 왼손을 배변 뒤처리에, 오른손을 먹고 인사하는 일에 사용했다. 나는 이런 배경이 인간 사회에 널리 나타나는 '오른쪽'에 대한 긍정과 '왼쪽'에 대한 반감을 어느 정도 설명해 줄 수 있으리라고 생각했다. 그러나 이 설명은 왜 애초에 오른손이 먹는 일에, 그리고 왼손이 배변 처리에 사용되었는지 설명해 주지 못한다. _____ 따라서 근본적인 설명은 다른 곳에서 찾아야 할 것 같다.

한쪽 손을 주로 쓰는 경향은 뇌의 좌우반구의 기능 분화와 관련되어 있는 것으로 보인다. 보고된 증거에 따르면, 왼손잡이는 읽기와 쓰기, 개념적·논리적 사고 같은 좌반구 기능에서 오른손잡이보다 상대적으로 미약한 대신 상상력, 패턴 인식, 창의력 등 전형적인 우반구 기능에서는 상대적으로 기민한 경우가 많다.

나는 이성 대 직관의 힘겨루기, 뇌의 두 반구 사이의 힘겨루기가 오른손과 왼손의 힘겨루기로 표면화된 것이 아닐까 생각한다. 즉, 오른손이 원래 왼손보다 더 능숙했기 때문이 아니라 뇌의 좌반구가 인간의 행동을 지배하는 권력을 갖게 되었기 때문에 오른손 선호에 이르렀다는 생각이다.

① 동서양을 막론하고 왼손잡이 사회는 확인된 바 없기 때문이다.
② 기능적으로 왼손이 오른손보다 섬세하기 때문이다.
③ 모든 사람들이 오른쪽을 선호하는 것이 아니기 때문이다.
④ 양손의 기능을 분담시키지 않는 사람이 존재할 수도 있기 때문이다.
⑤ 현대사회에 들어서 왼손잡이가 늘어나고 있기 때문이다.

03

스마트팩토리는 인공지능(AI), 사물인터넷(IoT) 등 다양한 기술이 융합된 자율화 공장으로, 제품 설계와 제조, 유통, 물류 등의 산업 현장에서 생산성 향상에 초점을 맞췄다. 이곳에서는 기계, 로봇, 부품 등의 상호 간 정보 교환을 통해 제조 활동을 하고, 모든 공정 이력이 기록되며, 빅데이터 분석으로 사고나 불량을 예측할 수 있다. 스마트팩토리에서는 컨베이어 생산 활동으로 대표되는 산업 현장의 모듈형 생산이 컨베이어를 대체하고 IoT가 신경망 역할을 한다. 센서와 기기 간 다양한 데이터를 수집하고, 이를 서버에 전송하면 서버는 데이터를 분석해 결과를 도출한다. 서버는 AI 기계학습 기술이 적용돼 빅데이터를 분석하고 생산성 향상을 위한 최적의 방법을 제시한다.

스마트팩토리의 대표 사례로는 고도화된 시뮬레이션 '디지털 트윈'을 들 수 있다. 디지털 트윈은 데이터를 기반으로 가상공간에서 미리 시뮬레이션하는 기술이다. 시뮬레이션을 위해 빅데이터를 수집하고 분석과 예측을 위한 통신·분석 기술에 가상현실(VR), 증강현실(AR)과 같은 기술을 더한다. 이를 통해 산업 현장에서 작업 프로세스를 미리 시뮬레이션하고, VR·AR로 검증함으로써 실제 시행에 따른 손실을 줄이고, 작업 효율성을 높일 수 있다.

한편 '에지 컴퓨팅'도 스마트팩토리의 주요 기술 중 하나이다. 에지 컴퓨팅은 산업 현장에서 발생하는 방대한 데이터를 클라우드로 한 번에 전송하지 않고, 에지에서 사전 처리한 후 데이터를 선별해서 전송한다. 서버와 에지가 연동해 데이터 분석 및 실시간 제어를 수행하여 산업 현장에서 생산되는 데이터가 기하급수로 늘어도 서버에 부하를 주지 않는다. 현재 클라우드 컴퓨팅이 중앙 데이터센터와 직접 소통하는 방식이라면 에지 컴퓨팅은 기기 가까이에 위치한 일명 '에지 데이터 센터'와 소통하며, 저장을 중앙 클라우드에 맡기는 형식이다. 이를 통해 데이터 처리 지연 시간을 줄이고 즉각적인 현장 대처를 가능하게 한다.

이러한 스마트팩토리의 발전은 _____ 최근 선진국에서 나타나는 주요 현상 중의 하나는 바로 '리쇼어링'의 가속화이다. 리쇼어링이란 인건비 등 각종 비용 절감을 이유로 해외에 나간 자국 기업들이 다시 본국으로 돌아오는 현상을 의미하는 용어이다. 2000년대 초반까지는 국가적 차원에서 세제 혜택 등의 회유책을 통해 추진되어 왔지만, 스마트팩토리의 등장으로 인해 자국 내 스마트팩토리에서의 제조 비용과 중국이나 멕시코와 같은 제3국에서 제조 후 수출 비용에 큰 차이가 없어 리쇼어링 현상은 더욱 가속화되고 있다.

① 공장의 제조 비용을 절감시키고 있다.
② 공장의 세제 혜택을 사라지게 하고 있다.
③ 공장의 위치를 변화시키고 있다.
④ 수출 비용을 줄이는 데 도움이 된다.
⑤ 공장의 생산성을 높이고 있다.

06 맞춤법 · 어휘

| 유형분석 |

- 맞춤법에 맞는 단어를 찾거나 주어진 지문의 내용에 어울리는 단어를 찾는 문제가 주로 출제된다.
- 단어 사이의 관계에 대한 문제가 출제되므로 뜻이 비슷하거나 반대되는 단어를 함께 학습하는 것이 좋다.
- 자주 출제되는 단어나 헷갈리는 단어에 대한 학습을 꾸준히 하는 것이 좋다.

다음 중 밑줄 친 부분의 맞춤법이 옳은 것은?

① 엿가락을 고무줄처럼 <u>늘였다</u>.

② 계곡물에 손을 <u>담구니</u> 시원하다.

③ 학생 신분에 <u>알맞는</u> 옷차림을 해야 한다.

④ 나의 <u>바램</u>대로 내일은 흰 눈이 왔으면 좋겠다.

⑤ <u>지리한</u> 장마가 끝나고 불볕더위가 시작되었다.

정답 ①

'본디보다 더 길어지게 하다.'라는 의미로 쓰였으므로 '늘이다'로 쓰는 것이 옳다.

오답분석

② 담구니 → 담그니

③ 알맞는 → 알맞은

④ 바램 → 바람

⑤ 지리한 → 지루한

풀이 전략!

문제에서 물어보는 단어를 정확히 확인해야 하고, 어휘문제의 경우 지문의 전체적인 흐름에 어울리는 단어를 생각해 본다.

01 다음 ㉠ ~ ㉣ 중 맥락에 맞는 단어를 바르게 나열한 것은?

> • 승객 대상 서비스를 강화하기 위해 전문가에게 ㉠ <u>자문 / 조언</u>을 구하도록 했다.
> • 무더위로 최대 전력 수요 ㉡ <u>경신 / 갱신</u>이 계속되고 있다.
> • 사업의 진행을 위해 팀장님께 ㉢ <u>결제 / 결재</u>를 받았다.
> • 동생에게 결혼 문제를 ㉣ <u>비쳤더니 / 비췄더니</u> 그 자리에서 펄쩍 뛰었다.

	㉠	㉡	㉢	㉣
①	자문	경신	결재	비쳤더니
②	조언	경신	결재	비쳤더니
③	자문	갱신	결제	비췄더니
④	조언	갱신	결제	비췄더니
⑤	자문	갱신	결재	비쳤더니

02 다음 중 맞춤법이 옳지 않은 것은?

① 문을 잠갔다.
② 변덕이 죽 끓듯 하다.
③ 불을 보듯 뻔한 일이다.
④ 이 자리를 빌어 감사의 뜻을 전한다.
⑤ 감기를 예방하려면 손을 깨끗이 씻어야 한다.

03 다음 중 밑줄 친 부분의 띄어쓰기가 옳지 않은 것은?

① 이번 일은 <u>법대로</u> 해결하자.
② 지난번 <u>약속대로</u> 돈을 돌려줬으면 좋겠어.
③ 그 일은 이미 <u>지나간 대로</u> 그냥 잊어버리자.
④ 네가 <u>아는 대로</u> 전부 말해줘.
⑤ 어제 <u>약속한대로</u> 오늘 함께 운동하자.

합격 CHEAT KEY

수리능력은 사칙 연산·통계·확률의 의미를 정확하게 이해하고 이를 업무에 적용하는 능력으로, 기초 연산과 기초 통계, 도표 분석 및 작성의 문제 유형으로 출제된다. 수리능력 역시 채택하지 않는 공사·공단이 거의 없을 만큼 필기시험에서 중요도가 높은 영역이다.

특히, 난이도가 높은 공사·공단의 시험에서는 도표 분석, 즉 자료 해석 유형의 문제가 많이 출제되고 있고, 응용 수리 역시 꾸준히 출제하는 공사·공단이 많기 때문에 기초 연산과 기초 통계에 대한 공식의 암기와 자료 해석 능력을 기를 수 있는 꾸준한 연습이 필요하다.

01 응용 수리의 공식은 반드시 암기하라!

응용 수리는 공사·공단마다 출제되는 문제는 다르지만, 사용되는 공식은 비슷한 경우가 많으므로 자주 출제되는 공식을 반드시 암기하여야 한다. 문제에서 묻는 것을 정확하게 파악하여 그에 맞는 공식을 적절하게 적용하는 꾸준한 노력과 공식을 암기하는 연습이 필요하다.

02 자료의 해석은 자료에서 즉시 확인할 수 있는 지문부터 확인하라!

수리능력 중 도표 분석, 즉 자료 해석 능력은 많은 시간을 필요로 하는 문제가 출제되므로, 증가·감소 추이와 같이 눈으로 확인이 가능한 지문을 먼저 확인한 후 복잡한 계산이 필요한 지문을 확인하는 방법으로 문제를 풀이한다면 시간을 조금이라도 아낄 수 있다. 또한, 여러 가지 보기가 주어진 문제 역시 지문을 잘 확인하고 문제를 풀이한다면 불필요한 계산을 생략할 수 있으므로 항상 지문부터 확인하는 습관을 들여야 한다.

03 도표 작성에서 지문에 작성된 도표의 제목을 반드시 확인하라!

도표 작성은 하나의 자료 혹은 보고서와 같은 수치가 표현된 자료를 도표로 작성하는 형식으로 출제되는데, 대체로 표보다는 그래프를 작성하는 형태로 많이 출제된다. 지문을 살펴보면 각 지문에서 주어진 도표에도 소제목이 있는 경우가 대부분이다. 이때, 자료의 수치와 도표의 제목이 일치하지 않는 경우 함정이 존재하는 문제일 가능성이 높으므로 도표의 제목을 반드시 확인하는 것이 중요하다.

| 유형분석 |

- 문제에서 제공하는 정보를 파악한 뒤, 사칙연산을 활용하여 계산하는 전형적인 수리문제이다.
- 문제를 풀기 위한 정보가 산재되어 있는 경우가 많으므로 주어진 조건 등을 꼼꼼히 확인해야 한다.

대학 서적을 도서관에서 빌리면 10일간 무료이고, 그 이상은 하루에 100원의 연체료가 부과되며 한 달 단위로 연체료는 두 배로 늘어난다. 1학기 동안 대학 서적을 도서관에서 빌려 사용하는 데 얼마의 비용이 드는가?(단, 1학기의 기간은 15주이고, 한 달은 30일로 정한다)

① 19,000원
② 21,000원
③ 23,000원
④ 25,000원
⑤ 27,000원

정답 ④

- 1학기의 기간 : $15 \times 7 = 105$일
- 연체료가 부과되는 기간 : $105 - 10 = 95$일
- 연체료가 부과되는 시점에서부터 한 달 동안의 연체료 : $30 \times 100 = 3,000$원
- 첫 번째 달부터 두 번째 달까지의 연체료 : $30 \times 100 \times 2 = 6,000$원
- 두 번째 달부터 세 번째 달까지의 연체료 : $30 \times 100 \times 2 \times 2 = 12,000$원
- 95일(3개월 5일) 연체료 : $3,000 + 6,000 + 12,000 + 5 \times (100 \times 2 \times 2 \times 2) = 25,000$원

따라서 1학기 동안 대학 서적을 도서관에서 빌려 사용한다면 25,000원의 비용이 든다.

풀이 전략!

문제에서 묻는 바를 정확하게 확인한 후, 필요한 조건 또는 정보를 구분하여 신속하게 풀어 나간다. 단, 계산에 착오가 생기지 않도록 유의한다.

01 남자 5명과 여자 3명 중에서 4명의 대표를 선출할 때, 적어도 1명의 여자가 포함되도록 선출하는 경우의 수는?

① 55가지   ② 60가지

③ 65가지   ④ 70가지

⑤ 75가지

02 농도 8%의 소금물 200g에서 한 컵의 소금물을 떠내고 떠낸 양만큼 물을 부었다. 그리고 다시 농도 2%의 소금물을 더 넣었더니 농도 3%의 소금물 320g이 되었다고 할 때, 떠낸 소금물의 양은?

① 100g   ② 110g

③ 120g   ④ 130g

⑤ 140g

03 철도 길이가 570m인 터널이 있다. A기차는 터널을 완전히 빠져나갈 때까지 50초가 걸렸고, 기차 길이가 A기차의 길이보다 60m 짧은 B기차는 23초가 걸렸다. 두 기차가 터널 양 끝에서 동시에 출발하면 $\frac{1}{3}$ 지점에서 만난다고 할 때, A기차의 길이는?(단, 기차의 속력은 일정하다)

① 150m   ② 160m

③ 170m   ④ 180m

⑤ 190m

04 A ~ C 세 사람은 주기적으로 집 청소를 한다. A는 6일마다, B는 8일마다, C는 9일마다 청소할 때, 세 명이 9월 10일에 모두 같이 청소를 했다면 다음에 같은 날 청소하는 날은 언제인가?

① 11월 5일   ② 11월 12일

③ 11월 16일   ④ 11월 21일

⑤ 11월 29일

02 자료 계산

| 유형분석 |

- 문제에 주어진 자료를 분석하여 계산하는 문제이다.
- 주로 그래프와 표로 제시되며, 경영·경제·산업 등과 관련된 최신 이슈를 많이 다룬다.
- 자료 간의 증감률·합계·차이 등을 자주 묻는다.

다음 자료를 토대로 하루 동안 고용할 수 있는 최대 인원은?

총예산	본예산	500,000원
	예비비	100,000원
인건비	1인당 수당	50,000원
	산재보험료	(수당)×0.504%
	고용보험료	(수당)×1.3%

① 10명   ② 11명
③ 12명   ④ 13명
⑤ 14명

정답 ②
- (1인당 하루 인건비)=(1인당 수당)+(산재보험료)+(고용보험료)
  =50,000+50,000×0.504%+50,000×1.3%
  =50,000+252+650=50,902원
- (하루에 고용할 수 있는 인원수)=[(본예산)+(예비비)]÷(하루 1인당 인건비)
  =600,000÷50,902≒11.8
따라서 하루 동안 고용할 수 있는 최대 인원은 11명이다.

풀이 전략!

계산을 위해 필요한 정보를 도표에서 확인하도록 하며, 복잡한 계산을 하기 전에 조건을 꼼꼼하게 확인하여 실수를 줄일 수 있도록 한다.

01 다음은 소매 업태별 판매액을 나타낸 자료이다. 2022년 대비 2024년 두 번째로 높은 비율로 증가한 업태의 2022년 대비 2024년 판매액의 증가율은?(단, 소수점 첫째 자리에서 반올림한다)

<소매 업태별 판매액>

(단위 : 십억 원)

구분	2022년	2023년	2024년
백화점	29,028	29,911	29,324
대형마트	32,777	33,234	33,798
면세점	9,198	12,275	14,465
슈퍼마켓 및 잡화점	43,481	44,361	45,415
편의점	16,455	19,481	22,237
승용차 및 연료 소매점	91,303	90,137	94,508
전문 소매점	139,282	140,897	139,120
무점포 소매점	46,788	54,046	61,240
합계	408,312	424,342	440,107

① 31%   ② 35%

③ 42%   ④ 55%

⑤ 57%

02 다음은 H공단에서 발표한 최근 2개년 1/4분기 산업단지별 수출현황을 나타낸 자료이다. (가), (나), (다)에 들어갈 수치가 바르게 연결된 것은?(단, 전년 대비 수치는 소수점 둘째 자리에서 반올림한다)

〈최근 2개년 1/4분기 산업단지별 수출현황〉

(단위 : 백만 달러)

구분	2024년 1/4분기	2023년 1/4분기	전년 대비
국가	66,652	58,809	13.3% 상승
일반	34,273	29,094	(가)% 상승
농공	2,729	3,172	14.0% 하락
합계	(나)	91,075	(다)% 상승

	(가)	(나)	(다)
①	15.8	103,654	13.8
②	15.8	104,654	11.8
③	17.8	102,554	13.8
④	17.8	103,654	11.8
⑤	17.8	103,654	13.8

03 다음은 과일의 종류별 무게에 따른 가격표이다. 종류별 무게를 가중치로 적용하여 가격에 대한 가중평균을 구하면 42만 원이다. 이때 빈칸 ㉠에 들어갈 수치로 옳은 것은?

〈과일 종류별 가격 및 무게〉

(단위 : 만 원, kg)

구분	(가)	(나)	(다)	(라)
가격	25	40	60	㉠
무게	40	15	25	20

① 40

② 45

③ 50

④ 55

⑤ 60

04 다음은 세계 음악시장의 규모에 대한 자료이다. 〈조건〉에 근거하여 2025년의 음악시장 규모를 구하면?(단, 소수점 둘째 자리에서 반올림한다)

〈세계 음악시장 규모〉

(단위 : 백만 달러)

구분		2020년	2021년	2022년	2023년	2024년
공연음악	후원	5,930	6,008	6,097	6,197	6,305
	티켓 판매	20,240	20,688	21,165	21,703	22,324
	합계	26,170	26,696	27,262	27,900	28,629
음반	디지털	8,719	9,432	10,180	10,905	11,544
	다운로드	5,743	5,986	6,258	6,520	6,755
	스트리밍	1,530	2,148	2,692	3,174	3,557
	모바일	1,447	1,298	1,230	1,212	1,233
	오프라인 음반	12,716	11,287	10,171	9,270	8,551
	합계	30,155	30,151	30,531	31,081	31,640
합계		56,325	56,847	57,793	58,981	60,269

조건

- 2025년 공연음악 후원금은 2024년보다 1억 1천 8백만 달러, 티켓 판매는 2024년보다 7억 4천만 달러가 증가할 것으로 예상된다.
- 스트리밍 시장의 경우 빠르게 성장하는 추세로 2025년 스트리밍 시장 규모는 2020년 스트리밍 시장 규모의 2.5배가 될 것으로 예상된다.
- 오프라인 음반 시장은 점점 감소하는 추세로 2025년 오프라인 음반 시장 규모는 2024년 대비 6%의 감소율을 보일 것으로 예상된다.

	공연음악	스트리밍	오프라인 음반
①	29,487백만 달러	3,711백만 달러	8,037.9백만 달러
②	29,487백만 달러	3,825백만 달러	8,037.9백만 달러
③	29,685백만 달러	3,825백만 달러	7,998.4백만 달러
④	29,685백만 달러	4,371백만 달러	7,998.4백만 달러
⑤	29,685백만 달러	3,825백만 달러	8,037.9백만 달러

다음은 2024년 H시 5개 구 주민의 돼지고기 소비량에 대한 자료이다. 〈조건〉을 이용하여 변동계수가 세 번째로 큰 구를 구하면?

〈5개 구 주민의 돼지고기 소비량 통계〉

(단위 : kg)

구분	평균(1인당 소비량)	표준편차
A구	( )	5
B구	( )	4
C구	30	6
D구	12	4
E구	( )	8

※ (변동계수)=$\dfrac{(표준편차)}{(평균)} \times 100$

조건

• A구의 1인당 소비량과 B구의 1인당 소비량을 합하면 C구의 1인당 소비량과 같다.
• A구의 1인당 소비량과 D구의 1인당 소비량을 합하면 E구 1인당 소비량의 2배와 같다.
• E구의 1인당 소비량은 B구의 1인당 소비량보다 6kg 더 많다.

① A구
② B구
③ C구
④ D구
⑤ E구

06 다음은 H은행 영업부의 2024년 분기별 영업 실적을 나타낸 그래프이다. 2024년 전체 실적에서 1 ~ 2분기와 3 ~ 4분기가 각각 차지하는 비율을 바르게 나열한 것은?(단, 소수점 둘째 자리에서 반올림한다)

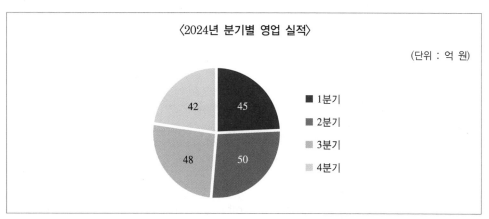

〈2024년 분기별 영업 실적〉

(단위 : 억 원)

- 1분기
- 2분기
- 3분기
- 4분기

	1 ~ 2분기	3 ~ 4분기
①	48.6%	51.4%
②	50.1%	49.9%
③	51.4%	48.6%
④	51.9%	50.1%
⑤	52.0%	50.0%

03 자료 이해

| 유형분석 |

- 제시된 자료를 분석하여 선택지의 정답 유무를 판단하는 문제이다.
- 자료의 수치 등을 통해 변화량이나 증감률, 비중 등을 비교하여 판단하는 문제가 자주 출제된다.
- 지원하고자 하는 기업이나 산업과 관련된 자료 등이 문제의 자료로 많이 다뤄진다.

다음은 A ~ E 5개국의 경제 및 사회 지표 자료이다. 이에 대한 설명으로 옳지 않은 것은?

〈주요 5개국의 경제 및 사회 지표〉

구분	1인당 GDP(달러)	경제성장률(%)	수출(백만 달러)	수입(백만 달러)	총인구(백만 명)
A국	27,214	2.6	526,757	436,499	50.6
B국	32,477	0.5	624,787	648,315	126.6
C국	55,837	2.4	1,504,580	2,315,300	321.8
D국	25,832	3.2	277,423	304,315	46.1
E국	56,328	2.3	188,445	208,414	24.0

※ (총 GDP)=(1인당 GDP)×(총인구)

① A국이 E국보다 총 GDP가 더 크다.
② 경제성장률이 가장 큰 나라가 총 GDP는 가장 작다.
③ 1인당 GDP에 따른 순위와 총 GDP에 따른 순위는 서로 일치한다.
④ 5개국 중 수출과 수입에 있어서 규모에 따라 나열한 순위는 서로 일치한다.
⑤ 총 GDP가 가장 큰 나라의 GDP는 가장 작은 나라의 GDP보다 10배 이상 더 크다.

정답 ③

1인당 GDP 순위는 E>C>B>A>D이다. 그런데 1인당 GDP가 가장 큰 E국은 1인당 GDP가 2위인 C국보다 1% 정도밖에 높지 않은 반면, 인구는 C국의 $\frac{1}{10}$ 이하이므로 총 GDP 역시 C국보다 작다. 따라서 1인당 GDP 순위와 총 GDP 순위는 일치하지 않는다.

풀이 전략!

평소 변화량이나 증감률, 비중 등을 구하는 공식을 알아두고 있어야 하며, 지원하는 기업이나 산업에 대한 자료 등을 확인하여 비교하는 연습 등을 한다.

01 다음은 국내 이민자의 경제활동에 대한 자료이다. 이에 대한 설명으로 옳은 것을 〈보기〉에서 모두 고르면?

<국내 이민자 경제활동인구>

(단위 : 천 명, %)

구분	이민자			국내인 전체
	외국인		귀화허가자	
	남성	여성		
15세 이상 인구	695.7	529.6	52.7	43,735
경제활동인구	576.1	292.6	35.6	27,828
취업자	560.5	273.7	33.8	26,824
실업자	15.6	18.8	1.8	1,003.0
비경제활동인구	119.5	237.0	17.1	15,907.0
경제활동 참가율	82.8	55.2	67.6	63.6

보기

㉠ 15세 이상 국내 인구 중 이민자가 차지하는 비율은 4% 이상이다.
㉡ 15세 이상 외국인 중 실업자의 비율이 15세 이상 귀화허가자 중 실업자의 비율보다 낮다.
㉢ 외국인 취업자의 수는 귀화허가자 취업자 수의 20배 이상이다.
㉣ 외국인 여성의 경제활동 참가율이 국내인 여성의 경제활동 참가율보다 낮다.

① ㉠, ㉡
② ㉠, ㉣
③ ㉡, ㉢
④ ㉠, ㉡, ㉢
⑤ ㉡, ㉢, ㉣

02 다음은 제습기 A ~ E의 습도별 연간소비전력량을 측정한 자료이다. 이에 대한 설명으로 옳은 것을 〈보기〉에서 모두 고르면?

〈제습기 A ~ E의 습도별 연간소비전력량〉

(단위 : kWh)

습도 제습기	40%	50%	60%	70%	80%
A	550	620	680	790	840
B	560	640	740	810	890
C	580	650	730	800	880
D	600	700	810	880	950
E	660	730	800	920	970

보기

ㄱ. 습도가 70%일 때 연간소비전력량이 가장 적은 제습기는 A이다.
ㄴ. 습도별로 연간소비전력량이 많은 제습기부터 순서대로 나열하면, 습도가 60%일 때와 70%일 때의 순서는 동일하다.
ㄷ. 습도가 40%일 때 제습기 E의 연간소비전력량은 습도가 50%일 때 제습기 B의 연간소비전력량보다 많다.
ㄹ. 제습기 각각에서 연간소비전력량은 습도가 80%일 때가 40%일 때의 1.5배 이상이다.

① ㄱ, ㄴ
② ㄱ, ㄷ
③ ㄴ, ㄹ
④ ㄱ, ㄷ, ㄹ
⑤ ㄴ, ㄷ, ㄹ

03 다음은 수도권 지역의 기상실황표이다. 이에 대한 설명으로 옳지 않은 것은?

〈기상실황표〉

지역	시정(km)	현재 기온(°C)	이슬점 온도(°C)	불쾌지수	습도(%)	풍향	풍속(m/s)	기압(hPa)
서울	6.9	23.4	14.6	70	58	동	1.8	1,012.7
백령도	0.4	16.1	15.2	61	95	동남동	4.4	1,012.6
인천	10.2	21.3	15.3	68	69	서남서	3.8	1,012.9
수원	7.7	23.8	16.8	72	65	남서	1.8	1,012.9
동두천	10.1	23.6	14.5	71	57	남남서	1.5	1,012.6
파주	20.0	20.9	14.7	68	68	남남서	1.5	1,013.1
강화	4.2	20.7	14.8	67	67	남동	1.7	1,013.3
양평	6.6	22.7	14.5	70	60	동남동	1.4	1,013.0
이천	8.4	23.7	13.8	70	54	동북동	1.4	1,012.8

① 시정이 가장 좋은 곳은 파주이다.
② 이슬점 온도가 가장 높은 지역은 불쾌지수 또한 가장 높다.
③ 불쾌지수가 70을 초과한 지역은 2곳이다.
④ 현재 기온이 가장 높은 지역은 이슬점 온도와 습도 또한 가장 높다.
⑤ 시정이 가장 좋지 않은 지역은 풍속이 가장 강하다.

04 다음은 H그룹의 주요 경영지표이다. 이에 대한 설명으로 옳은 것은?

〈H그룹 경영지표〉

(단위 : 억 원)

연도	공정자산총액	부채총액	자본총액	자본금	매출액	당기순이익
2019년	2,610	1,658	952	464	1,139	170
2020년	2,794	1,727	1,067	481	2,178	227
2021년	5,383	4,000	1,383	660	2,666	108
2022년	5,200	4,073	1,127	700	4,456	−266
2023년	5,242	3,378	1,864	592	3,764	117
2024년	5,542	3,634	1,908	417	4,427	65

① 자본총액은 꾸준히 증가하고 있다.
② 직전 해의 당기순이익과 비교했을 때, 당기순이익이 가장 많이 증가한 해는 2020년이다.
③ 공정자산총액과 부채총액의 차가 가장 큰 해는 2024년이다.
④ 각 지표 중 총액 규모가 가장 큰 것은 매출액이다.
⑤ 2019 ~ 2022년 사이에 자본총액 중 자본금이 차지하는 비중은 계속 증가하고 있다.

05 다음은 2015 ~ 2024년 범죄별 발생건수에 대한 자료이다. 이에 대한 설명으로 옳은 것은?

〈2015 ~ 2024년 범죄별 발생건수〉

(단위 : 천 건)

구분	2015년	2016년	2017년	2018년	2019년	2020년	2021년	2022년	2023년	2024년
사기	282	272	270	266	242	235	231	234	241	239
절도	366	356	371	354	345	319	322	328	348	359
폭행	139	144	148	149	150	155	161	158	155	156
방화	5	4	2	1	2	5	2	4	5	3
살인	3	11	12	13	13	15	16	12	11	14

① 2015 ~ 2024년 동안 범죄별 발생건수의 순위는 매년 동일하다.

② 2015 ~ 2024년 동안 발생한 방화의 총 발생건수는 3만 건 미만이다.

③ 2016 ~ 2024년까지 전년 대비 사기 발생건수 증감추이는 폭행의 경우와 반대이다.

④ 2017년 전체 범죄발생건수 중 절도가 차지하는 비율은 50% 이상이다.

⑤ 2015년 대비 2024년 전체 범죄발생건수 감소율은 5% 이상이다.

06 다음은 자동차 생산 · 내수 · 수출 현황에 대한 자료이다. 이에 대한 설명으로 옳지 않은 것은?

〈자동차 생산 · 내수 · 수출 현황〉

(단위 : 대, %)

구분		2020년	2021년	2022년	2023년	2024년
생산	차량 대수	4,086,308	3,826,682	3,512,926	4,271,741	4,657,094
	증감률	(6.4)	(▽6.4)	(▽8.2)	(21.6)	(9.0)
내수	차량 대수	1,219,335	1,154,483	1,394,000	1,465,426	1,474,637
	증감률	(4.7)	(▽5.3)	(20.7)	(5.1)	(0.6)
수출	차량 대수	2,847,138	2,683,965	2,148,862	2,772,107	3,151,708
	증감률	(7.5)	(▽5.7)	(▽19.9)	(29.0)	(13.7)

① 2020년에는 전년 대비 생산, 내수, 수출이 모두 증가했다.

② 내수가 가장 큰 폭으로 증가한 해에는 생산과 수출이 모두 감소했다.

③ 수출이 증가했던 해는 생산과 내수 모두 증가했다.

④ 내수는 증가했지만 생산과 수출이 모두 감소한 해도 있다.

⑤ 생산이 증가했지만 내수나 수출이 감소한 해가 있다.

07 다음은 기계 100대의 업그레이드 전·후 성능지수에 대한 자료이다. 이에 대한 설명으로 옳은 것은?

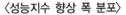

〈업그레이드 전·후 성능지수별 대수〉

(단위 : 대)

구분 \ 성능지수	65	79	85	100
업그레이드 전	80	5	0	15
업그레이드 후	0	60	5	35

※ 성능지수는 네 가지 값(65, 79, 85, 100)만 존재하고, 그 값이 클수록 성능지수가 향상됨을 의미함

〈성능지수 향상 폭 분포〉

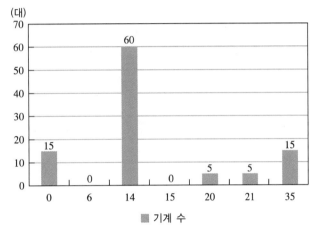

※ 업그레이드를 통한 성능 감소는 없음
※ (성능지수 향상 폭)=(업그레이드 후 성능지수)−(업그레이드 전 성능지수)

① 업그레이드 후 1대당 성능지수는 20 이상 향상되었다.

② 업그레이드 전 성능지수가 65였던 기계의 15%가 업그레이드 후 성능지수 100이 되었다.

③ 업그레이드 전 성능지수가 79였던 모든 기계가 업그레이드 후 성능지수 100이 된 것은 아니다.

④ 업그레이드 전 성능지수가 100이 아니었던 기계 중 업그레이드를 통한 성능지수 향상 폭이 0인 기계가 있다.

⑤ 업그레이드를 통한 성능지수 향상 폭이 35인 기계 대수는 업그레이드 전 성능지수가 100이었던 기계 대수와 같다.

04 자료 변환

| 유형분석 |

- 문제에 주어진 자료를 도표로 변환하는 문제이다.
- 주로 자료에 있는 수치와 그래프 또는 표에 있는 수치가 서로 일치하는지의 여부를 판단한다.

갑 ~ 무 5명의 직원을 대상으로 신년회를 위한 A ~ E장소에 대한 만족도 조사를 하였다. 5점 만점을 기준으로 장소별 직원들의 점수를 바르게 시각화한 것은?

〈장소별 만족도〉

(단위 : 점)

구분	갑	을	병	정	무	평균
A	2.5	5.0	4.5	2.5	3.5	3.6
B	3.0	4.0	5.0	3.5	4.0	3.9
C	4.0	4.0	3.5	3.0	5.0	3.9
D	3.5	3.5	3.5	4.0	3.0	3.5
E	5.0	3.0	1.0	1.5	4.5	3.0

①

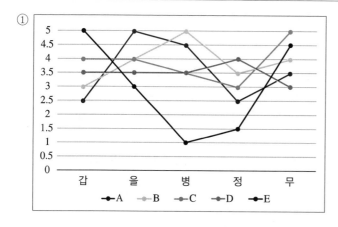

②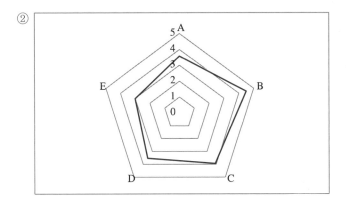

③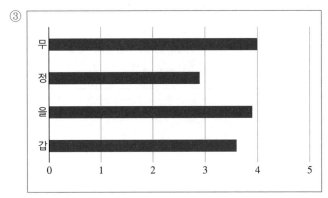

④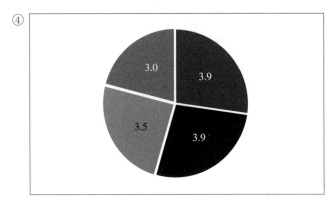

정답 ①

갑~무 5명의 직원들의 A~E장소에 대한 만족도 점수가 그래프에 바르게 나타나 있다.

오답분석

② B장소의 평균 만족도가 3.9점이지만 4.0점 이상으로 나타나 있다.

③ 병의 A~E장소에 대한 평균 만족도가 없고, 직원별 A~E장소 평균 만족도는 자료의 목적과는 거리가 멀다.

④ A~E장소에 대한 평균 만족도에서 표와의 수치를 비교해 보면 3.6점인 A장소가 없고, 수치가 각각 어느 장소의 평균 만족도를
나타내는지 알 수 없다.

01 다음은 K국가의 2024년 월별 반도체 수출 동향을 나타낸 표이다. 이를 나타낸 그래프로 옳지 않은 것은?(단, 그래프 단위는 모두 '백만 달러'이다)

〈2024년 월별 반도체 수출액 동향〉

(단위 : 백만 달러)

기간	수출액	기간	수출액
1월	9,681	7월	10,383
2월	9,004	8월	11,513
3월	10,804	9월	12,427
4월	9,779	10월	11,582
5월	10,841	11월	10,684
6월	11,157	12월	8,858

① 2024년 월별 반도체 수출액

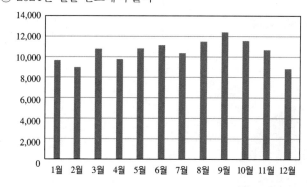

② 2024년 월별 반도체 수출액

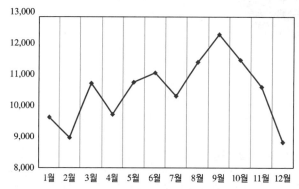

③ 2024년 월별 반도체 수출액

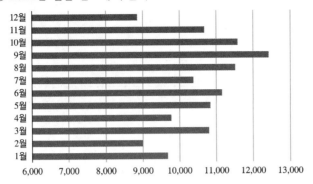

④ 2 ~ 12월까지 전월 대비 반도체 수출 증감액

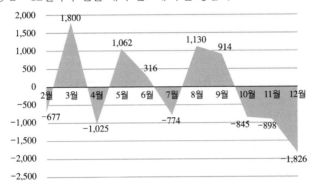

⑤ 2 ~ 12월까지 전월 대비 반도체 수출 증감액

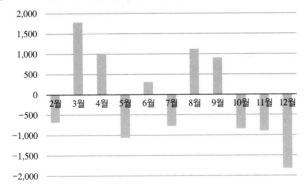

02 다음은 2024년 신재생에너지 산업통계에 대한 자료이다. 이를 토대로 작성한 그래프로 옳지 않은 것은?

〈신재생에너지원별 산업 현황〉

(단위 : 억 원)

구분	기업체 수(개)	고용인원(명)	매출액	내수	수출액	해외공장매출	투자액
태양광	127	8,698	75,637	22,975	33,892	18,770	5,324
태양열	21	228	290	290	0	0	1
풍력	37	2,369	14,571	5,123	5,639	3,809	583
연료전지	15	802	2,837	2,143	693	0	47
지열	26	541	1,430	1,430	0	0	251
수열	3	46	29	29	0	0	0
수력	4	83	129	116	13	0	0
바이오	128	1,511	12,390	11,884	506	0	221
폐기물	132	1,899	5,763	5,763	0	0	1,539
합계	493	16,177	113,076	49,753	40,743	22,579	7,966

① 신재생에너지원별 기업체 수(단위 : 개)

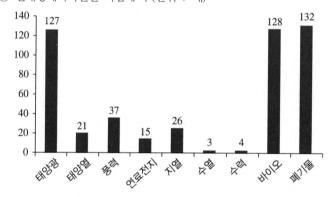

② 신재생에너지원별 고용인원(단위 : 명)

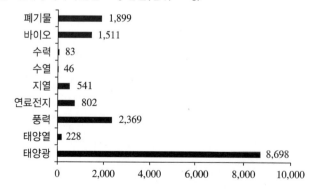

③ 신재생에너지원별 고용인원 비율

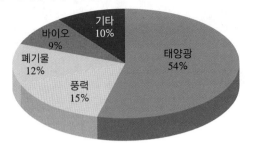

④ 신재생에너지원별 내수 현황(단위 : 억 원)

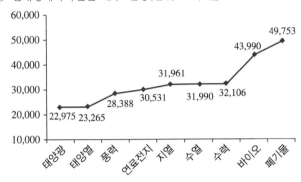

⑤ 신재생에너지원별 해외공장매출 비율

CHAPTER 04
문제해결능력

문제해결능력은 업무를 수행하면서 여러 가지 문제 상황이 발생하였을 때, 창의적이고 논리적인 사고를 통하여 이를 올바르게 인식하고 적절히 해결하는 능력으로, 하위 능력에는 사고력과 문제처리능력이 있다.

문제해결능력은 NCS 기반 채용을 진행하는 대다수의 공사·공단에서 채택하고 있으며, 다양한 자료와 함께 출제되는 경우가 많아 어렵게 느껴질 수 있다. 특히, 난이도가 높은 문제로 자주 출제되기 때문에 다른 영역보다 더 많은 노력이 필요할 수는 있지만 그렇기에 차별화를 할 수 있는 득점 영역이므로 포기하지 말고 꾸준하게 노력해야 한다.

01 질문의 의도를 정확하게 파악하라!

문제해결능력은 문제에서 무엇을 묻고 있는지 정확하게 파악하여 먼저 풀이 방향을 설정하는 것이 가장 효율적인 방법이다. 특히, 조건이 주어지고 답을 찾는 창의적·분석적인 문제가 주로 출제되고 있기 때문에 처음에 정확한 풀이 방향이 설정되지 않는다면 문제를 제대로 풀지 못하게 되므로 첫 번째로 출제 의도 파악에 집중해야 한다.

02 중요한 정보는 반드시 표시하라!

출제 의도를 정확히 파악하기 위해서는 문제의 중요한 정보를 반드시 표시하거나 메모하여 하나의 조건, 단서도 잊고 넘어가는 일이 없도록 해야 한다. 실제 시험에서는 시간의 압박과 긴장감으로 정보를 잘못 적용하거나 잊어버리는 실수가 많이 발생하므로 사전에 충분한 연습이 필요하다.

03 반복 풀이를 통해 취약 유형을 파악하라!

문제해결능력은 특히 시간관리가 중요한 영역이다. 따라서 정해진 시간 안에 고득점을 할 수 있는 효율적인 문제 풀이 방법을 찾아야 한다. 이때, 반복적인 문제 풀이를 통해 자신이 취약한 유형을 파악하는 것이 중요하다. 정확하게 풀 수 있는 문제부터 빠르게 풀고 취약한 유형은 나중에 푸는 효율적인 문제 풀이를 통해 최대한 고득점을 맞는 것이 중요하다.

명제 추론

| 유형분석 |

- 주어진 조건을 토대로 논리적으로 추론하여 참 또는 거짓을 구분하는 문제이다.
- 자료를 제시하고 새로운 결과나 자료에 주어지지 않은 내용을 추론해 가는 형식의 문제가 출제된다.

H도시에 있는 병원의 공휴일 진료 현황이 다음 〈조건〉과 같을 때, 공휴일에 진료하는 병원의 수는?

조건

- B병원이 진료를 하지 않으면 A병원은 진료를 한다.
- B병원이 진료를 하면 D병원은 진료를 하지 않는다.
- A병원이 진료를 하면 C병원은 진료를 하지 않는다.
- C병원이 진료를 하지 않으면 E병원이 진료를 한다.
- E병원은 공휴일에 진료를 하지 않는다.

① 1곳　　　　　　　　　　　　　　② 2곳
③ 3곳　　　　　　　　　　　　　　④ 4곳
⑤ 5곳

정답　②

제시된 조건의 명제들을 순서대로 논리 기호화하여 표현하면 다음과 같다.
- B병원이 진료를 하지 않으면 A병원이 진료한다(~B → A / ~A → B).
- B병원이 진료를 하면 D병원은 진료를 하지 않는다(B → ~D / D → ~B).
- A병원이 진료를 하면 C병원은 진료를 하지 않는다(A → ~C / C → ~A).
- C병원이 진료를 하지 않으면 E병원이 진료한다(~C → E / ~E → C).

이를 하나로 연결하면 D병원이 진료를 하면 B병원이 진료를 하지 않고, B병원이 진료를 하지 않으면 A병원은 진료를 한다. A병원이 진료를 하면 C병원은 진료를 하지 않고, C병원이 진료를 하지 않으면 E병원은 진료를 한다(D → ~B → A → ~C → E). 명제가 참일 경우 그 대우도 참이므로 ~E → C → ~A → B → ~D가 된다. E병원은 공휴일에 진료를 하지 않으므로 위의 명제를 참고하면 C와 B병원만이 진료를 하는 경우가 된다. 따라서 공휴일에 진료를 하는 병원은 2곳이다.

풀이 전략!

명제와 관련한 기본적인 논법에 대해서는 미리 학습해 두며, 이를 바탕으로 각 문장에 있는 핵심단어 또는 문구를 기호화하여 정리한 후, 선택지와 비교하여 참 또는 거짓을 판단한다.

01   경영학과에 재학 중인 A ~ E는 계절학기 시간표에 따라 요일별로 하나의 강의만 수강한다. 전공 수업을 신청한 C는 D보다 앞선 요일에 수강하고, E는 교양 수업을 신청한 A보다 나중에 수강한다고 할 때, 다음 중 항상 참이 되는 것은?

월	화	수	목	금
전공1	전공2	교양1	교양2	교양3

① A가 수요일에 강의를 듣는다면 E는 교양2 강의를 듣는다.
② B가 전공 수업을 듣는다면 C는 화요일에 강의를 듣는다.
③ C가 화요일에 강의를 듣는다면 E는 교양3 강의를 듣는다.
④ D는 반드시 전공 수업을 듣는다.
⑤ E는 반드시 교양 수업을 듣는다.

02   다음 〈조건〉에 따라 교육부, 행정안전부, 보건복지부, 농림축산식품부, 외교부 및 국방부에 대한 국정감사 순서를 정한다고 할 때, 반드시 참인 것은?

> **조건**
> • 행정안전부에 대한 감사는 농림축산식품부와 외교부에 대한 감사 사이에 한다.
> • 국방부에 대한 감사는 보건복지부와 농림축산식품부에 대한 감사보다 늦게 시작되지만, 외교부에 대한 감사보다 먼저 시작되어야 한다.
> • 교육부에 대한 감사는 아무리 늦어도 보건복지부 또는 농림축산식품부 중 적어도 어느 한 부서에 대한 감사보다는 먼저 시작되어야 한다.
> • 보건복지부는 농림축산식품부보다 먼저 감사를 시작한다.

① 교육부는 첫 번째 또는 두 번째에 감사를 시작한다.
② 보건복지부는 두 번째로 감사를 시작한다.
③ 농림축산식품부보다 늦게 감사를 받는 부서의 수가 일찍 받는 부서의 수보다 적다.
④ 국방부는 행정안전부보다 감사를 일찍 시작한다.
⑤ 외교부보다 늦게 감사를 받는 부서가 있다.

03 경제학과, 물리학과, 통계학과, 지리학과 학생인 A ~ D는 검은색, 빨간색, 흰색의 세 가지 색 중 최소 한 가지 이상의 색을 좋아한다. 다음 〈조건〉에 따라 항상 참이 되는 것은?

> **조건**
> • 경제학과 학생은 검은색과 빨간색만 좋아한다.
> • 경제학과 학생과 물리학과 학생은 좋아하는 색이 서로 다르다.
> • 통계학과 학생은 빨간색만 좋아한다.
> • 지리학과 학생은 물리학과 학생과 통계학과 학생이 좋아하는 색만 좋아한다.
> • C는 검은색을 좋아하고, B는 빨간색을 좋아하지 않는다.

① A는 통계학과이다.
② B는 물리학과이다.
③ C는 지리학과이다.
④ D는 경제학과이다.
⑤ B와 C는 빨간색을 좋아한다.

04 H대학교의 기숙사에 거주하는 A ~ D는 1 ~ 4층에 매년 새롭게 방을 배정받고 있으며, 올해도 방을 배정받는다. 다음 〈조건〉을 참고할 때, 항상 참인 것은?

> **조건**
> • 한 번 배정받은 층에는 다시 배정받지 않는다.
> • A와 D는 2층에 배정받은 적이 있다.
> • B와 C는 3층에 배정받은 적이 있다.
> • A와 B는 1층에 배정받은 적이 있다.
> • A, B, D는 4층에 배정받은 적이 있다.

① C는 4층에 배정될 것이다.
② D는 3층에 배정받은 적이 있다.
③ C는 1층에 배정받은 적이 있다.
④ C는 2층에 배정받은 적이 있다.
⑤ 기숙사에 3년 이상 산 사람은 A밖에 없다.

05 A ~ E사원이 강남, 여의도, 상암, 잠실, 광화문 다섯 지역에 각각 출장을 간다. 다음 대화에서 1명은 거짓말을 하고 나머지 4명은 진실을 말하고 있을 때, 반드시 거짓인 것은?

> A : B는 상암으로 출장을 가지 않는다.
> B : D는 강남으로 출장을 간다.
> C : B는 진실을 말하고 있다.
> D : C는 거짓말을 하고 있다.
> E : C는 여의도, A는 잠실로 출장을 간다.

① A사원은 광화문으로 출장을 가지 않는다.
② B사원은 여의도로 출장을 가지 않는다.
③ C사원은 강남으로 출장을 가지 않는다.
④ D사원은 잠실로 출장을 가지 않는다.
⑤ E사원은 상암으로 출장을 가지 않는다.

06 어느 호텔 라운지에 둔 화분이 투숙자 중 1명에 의해 깨진 사건이 발생했다. 이 호텔에는 갑, 을, 병, 정, 무 5명의 투숙자가 있었으며, 각 투숙자는 다음과 같이 진술하였다. 5명의 투숙자 중 4명은 진실을 말하고 1명이 거짓말을 하고 있다면, 거짓말을 하고 있는 사람은 누구인가?

> 갑 : 을은 화분을 깨뜨리지 않았다.
> 을 : 화분을 깨뜨린 사람은 정이다.
> 병 : 내가 화분을 깨뜨렸다.
> 정 : 을의 말은 거짓말이다.
> 무 : 나는 화분을 깨뜨리지 않았다.

① 갑   ② 을
③ 병   ④ 정
⑤ 무

| 유형분석 |

- 주어진 상황과 규칙을 종합적으로 활용하여 풀어가는 문제이다.
- 일정, 비용, 순서 등 다양한 내용을 다루고 있어 유형을 한 가지로 단일화하기 어렵다.

A팀과 B팀은 보안등급 상에 해당하는 문서를 나누어 보관하고 있다. 이에 따라 두 팀은 보안을 위해 다음과 같은 규칙에 따라 각 팀의 비밀번호를 지정하였다. A팀과 B팀에 들어갈 수 있는 암호배열은?

<규칙>

- 1 ~ 9까지의 숫자로 (한 자릿수)×(두 자릿수)=(세 자릿수)=(두 자릿수)×(한 자릿수) 형식의 비밀번호로 구성한다.
- 가운데에 들어갈 세 자릿수의 숫자는 156이며 숫자는 중복 사용할 수 없다. 즉, 각 팀의 비밀번호에 1, 5, 6이란 숫자가 들어가지 않는다.

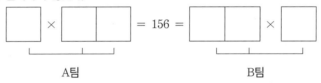

① 23   ② 27

③ 29   ④ 37

⑤ 39

정답 ⑤

규칙에 따라 사용할 수 있는 숫자는 1, 5, 6을 제외한 나머지 2, 3, 4, 7, 8, 9의 총 6개이다. (한 자릿수)×(두 자릿수)=156이 되는 수를 알기 위해서는 156의 소인수를 구해보면 된다. 156의 소인수는 3, 2^2, 13으로 여기서 156이 되는 수의 곱 중에 조건을 만족하는 것은 2×78과 4×39이다. 따라서 선택지 중에 A팀 또는 B팀에 들어갈 수 있는 암호배열은 39이다.

풀이 전략!

문제에 제시된 조건이나 규칙을 정확히 파악한 후, 선택지나 상황에 적용하여 문제를 풀어 나간다.

01 다음 자료를 참고할 때, 〈보기〉의 주민등록번호 빈칸에 해당하는 숫자로 옳은 것은?

우리나라에서 국민에게 발급하는 주민등록번호는 각각의 번호가 고유한 번호로, 13자리 숫자로 구성된다. 13자리 숫자는 생년, 월, 일, 성별, 출생신고지역, 접수번호, 검증번호로 구분된다.

$$\underset{\text{생년}}{2\;5}\;\overset{\text{월}}{\underset{}{0\;1}}\;\underset{\text{일}}{0\;1}\;-\;\underset{\text{성별}}{7}\;\overset{\text{출생신고지역}}{9\;3\;3}\;\underset{\text{접수번호}}{6\;7}\;\overset{\text{검증번호}}{6}$$

여기서 13번째 숫자인 검증번호는 주민등록번호의 정확성 여부를 검사하는 번호로, 앞의 12자리 숫자를 이용해서 구하는데 계산법은 다음과 같다.
- 1단계 : 주민등록번호의 앞 12자리 숫자에 가중치 2, 3, 4, 5, 6, 7, 8, 9, 2, 3, 4, 5를 곱한다.
- 2단계 : 가중치를 곱한 값의 합을 계산한다.
- 3단계 : 가중치의 합을 11로 나눈 나머지를 구한다.
- 4단계 : 11에서 나머지를 뺀 수를 10으로 나눈 나머지가 검증번호가 된다.

보기

$$240202-803701(\quad)$$

① 4   ② 5

③ 6   ④ 7

⑤ 8

02 H공단은 철도사고가 발생했을 경우 안전하고 신속한 대응태세를 확립하기 위한 비상대응훈련을 실시하고 있다. 이에 따라 철도사고의 종류, 형태, 대상, 위치를 고려하여 비상사고 유형을 분류하고, 이를 코드화하였다. 〈보기〉의 상황에 따라 비상대응훈련을 했을 때, 중앙관제센터에 비상사고 코드를 잘못 전송한 것은?

〈비상사고 유형 분류〉

철도사고 종류	철도사고 형태	철도사고 대상	철도사고 위치
충돌사고(C)	1. 열차 정면충돌		
	2. 열차 추돌		
	3. 열차 측면충돌		
탈선사고(R)	1. 열차 탈선		
화재사고(F)	1. 열차화재		
	2. 차량화재		
	3. 역사화재		
위험물(H)	1. 화학공업(유류)	1. 전동열차	1. 역내
	2. 화약류(화약, 폭약, 화공품)	2. 고속열차	2. 본선구간
	3. 산류(황산 등)	3. 여객열차	3. 터널
	4. 가스류(압축·액화가스)	4. 여객·위험물 수송열차	4. 교량
	5. 가연성 물질(액체·고체류)	5. 시설·전기분야	
	6. 산화부식제		
	7. 독물류(방사능물질, 휘산성)		
	8. 특별취급 화공품(타르류 등)		
자연재해(N)	1. 침수(노반 유실)		
	2. 강설		
	3. 지진		
테러(T)	1. 독가스 테러		
	2. 폭발물 테러		
	3. 생화학(탄저균) 테러		
차량 및 시설 장애(I)	1. 차량 고장 및 장애		
	2. 시설 고장 및 장애		
	3. 전기 고장 및 장애		

〈비상사고 코드화〉

구분	철도사고 종류	철도사고 형태	철도사고 대상	철도사고 위치
사용문자	알파벳 문자	숫자	숫자	숫자
표기방법	C : 충돌사고 R : 탈선사고 F : 화재사고 H : 위험물 N : 자연재해 T : 테러 I : 차량 및 시설장해	세부적인 사고 유형을 오름차순 숫자로 표현	1. 전동열차 2. 고속열차 3. 여객열차 4. 여객·위험물 열차 5. 시설·전기분야	1. 역내 2. 본선구간 3. 터널 4. 교량

(가) 사고 상황 : ○○터널 내 여객열차 폭발물 테러
(나) 사고 상황 : ○○터널 내 여객열차 탈선
(다) 사고 상황 : ○○터널 내 여객열차 화재
(라) 사고 상황 : ○○터널 내 황산 수송열차 누출 발생
(마) 사고 상황 : 여객열차 본선구간 폭우로 인한 선로 침수로 노반 유실 발생

① (가) : T233   ② (나) : R133
③ (다) : F133   ④ (라) : H343
⑤ (마) : N134

03 다음 〈조건〉을 근거로 〈보기〉를 계산한 값은?

조건

연산자 A, B, C, D는 다음과 같이 정의한다.
• A : 좌우에 있는 두 수를 더한다. 단, 더한 값이 10 미만이면 좌우에 있는 두 수를 곱한다.
• B : 좌우에 있는 두 수 가운데 큰 수에서 작은 수를 뺀다. 단, 두 수가 같거나 뺀 값이 10 미만이면 두 수를 곱한다.
• C : 좌우에 있는 두 수를 곱한다. 단, 곱한 값이 10 미만이면 좌우에 있는 두 수를 더한다.
• D : 좌우에 있는 두 수 가운데 큰 수를 작은 수로 나눈다. 단, 두 수가 같거나 나눈 값이 10 미만이면 두 수를 곱한다.
※ 연산은 '( )', '[ ]'의 순으로 함

보기

$$[(1 A 5) B (3 C 4)] D 6$$

① 10   ② 12
③ 90   ④ 210
⑤ 360

※ 김대리는 사내 메신저의 보안을 위해 암호화 규칙을 만들어 동료들과 대화하기로 하였다. 이어지는 질문에 답하시오. **[4~5]**

〈암호화 규칙〉

- 한글 자음은 사전 순서에 따라 바로 뒤의 한글 자음으로 변환한다.
  예 ㄱ → ㄴ, …, ㅎ → ㄱ
- 쌍자음의 경우 자음 두 개로 풀어 표기한다.
  예 ㄲ → ㄴㄴ
- 한글 모음은 사전 순서에 따라 알파벳 a, b, c …로 변환한다.
  예 ㅏ → a, ㅐ → b, …, ㅢ → t, ㅣ → u
- 겹받침의 경우 풀어 표기한다.
  예 맑다 → ㅂaㅁㄴㄹa
- 공백은 0으로 표현한다.

---

04 메신저를 통해 김대리가 오늘 점심 메뉴로 'ㄴuㅂㅋuㅊ ㅊuㄴb'를 먹자고 했을 때, 김대리가 말한 메뉴는?

① 김치김밥   ② 김치찌개
③ 계란말이   ④ 된장찌개
⑤ 부대찌개

05 김대리는 이번 주 금요일에 사내 워크숍에서 사용할 조별 구호를 '존중과 배려'로 결정하였고, 메신저를 통해 조원들에게 알리려고 한다. 다음 중 김대리가 전달할 구호를 암호화 규칙에 따라 바르게 변환한 것은?

① ㅊiㄷㅊuㅈㄴjㅅbㅁg   ② ㅊiㄷㅊnㅈjㅅbㅁg
③ ㅊiㄷㅊnㅈㄴj0ㅅbㅁg   ④ ㅊiㄷㅊnㅈㄴia0ㅅbㅁg
⑤ ㅊiㄷㅊuㅈㄴia0ㅅbㅁg

06 H제품을 운송하는 A씨는 업무상 편의를 위해 고객의 주문 내역을 임의의 기호로 기록하고 있다. 다음과 같은 주문전화가 왔을 때, A씨가 기록한 기호로 옳은 것은?

〈임의기호〉				
재료	연강	고강도강	초고강도강	후열처리강
	MS	HSS	AHSS	PHTS
판매량	낱개	1묶음	1박스	1세트
	01	10	11	00
지역	서울	경기남부	경기북부	인천
	E	S	N	W
윤활유 사용	청정작용	냉각작용	윤활작용	밀폐작용
	P	C	I	S
용도	베어링	스프링	타이어코드	기계구조
	SB	SS	ST	SM

※ A씨는 [재료] – [판매량] – [지역] – [윤활유 사용] – [용도]의 순서로 기호를 기록함

〈주문전화〉

B씨 : 어이~ A씨. 나야, 나. 인천 지점에서 같이 일했던 B. 내가 필요한 것이 있어서 전화했어. 일단 서울 지점의 C씨가 스프링으로 사용할 제품이 필요하다고 하는데 한 박스 정도면 될 것 같아. 이전에 주문했던 대로 연강에 윤활용으로 윤활유 사용한 제품으로 부탁하네. 나는 이번에 경기도 남쪽으로 가는데 거기에 있는 내 사무실 알지? 거기로 초고강도강 타이어코드 용으로 1세트 보내줘. 밀폐용으로 윤활유 사용한 제품으로 부탁해. 저번에 냉각용으로 사용한 제품은 생각보다 좋진 않았어.

① MS11EISB, AHSS00SSST
② MS11EISS, AHSS00SSST
③ MS11EISS, HSS00SSST
④ MS11WISS, AHSS10SSST
⑤ MS11EISS, AHSS00SCST

03 SWOT 분석

| 유형분석 |

- 상황에 대한 환경 분석 결과를 통해 주요 과제를 도출하는 문제이다.
- 주로 3C 분석 또는 SWOT 분석을 활용한 문제들이 출제되고 있으므로 해당 분석도구에 대한 사전 학습이 요구된다.

다음 글을 참고하여 〈보기〉의 H자동차가 취할 수 있는 전략으로 가장 적절한 것은?

'SWOT'는 Strength(강점), Weakness(약점), Opportunity(기회), Threat(위협)의 머리글자를 따서 만든 단어로, 경영 전략을 세우는 방법론이다. SWOT로 도출된 조직의 내·외부 환경을 분석하고, 이 결과를 통해 대응전략을 구상할 수 있다. 'SO전략'은 기회를 활용하기 위해 강점을 사용하는 전략이고, 'WO전략'은 약점을 보완 또는 극복하여 시장의 기회를 활용하는 전략이다. 'ST전략'은 위협을 피하기 위해 강점을 활용하는 방법이며, 'WT전략'은 위협요인을 피하기 위해 약점을 보완하는 전략이다.

보기

- 새로운 정권의 탄생으로 자동차 업계 내 새로운 바람이 불 것으로 예상된다. A당선인이 이번 선거에서 친환경차 보급 확대를 주요 공약으로 내세웠고, 공약에 따라 공공기관용 친환경차 비율을 70%로 상향시키기로 하고, 친환경차 보조금 확대 등을 통해 친환경차 보급률을 높이겠다는 계획을 세웠다. 또한 최근 환경을 생각하는 국민 의식의 향상과 친환경차의 연비 절감 부분이 친환경차 구매 욕구 상승에 기여하고 있다.
- H자동차는 기존의 전기자동차 모델들을 꾸준히 출시하여 성장세가 두드러지고 있는데다가 고객들의 다양한 구매 욕구를 충족시킬 만한 전기자동차 상품의 다양성을 확보하였다. 또한, H자동차의 전기자동차 미국 수출이 증가하고 있는 만큼 앞으로의 전망도 밝을 것으로 예상된다.

① SO전략
② WO전략
③ ST전략
④ WT전략

정답 ①

- Strength(강점) : H자동차는 전기자동차 모델들을 꾸준히 출시하여 성장세가 두드러지고 있는데다가 고객들의 다양한 구매 욕구를 충족시킬 만한 전기자동차 상품의 다양성을 확보하였다.
- Opportunity(기회) : 새로운 정권에서 친환경차 보급 확대에 적극 나설 것으로 보인다는 점과 환경을 생각하는 국민 의식의 향상과 친환경차의 연비 절감 부분이 친환경차 구매 욕구 상승에 기여하고 있으며 H자동차의 미국 수출이 증가하고 있다. 따라서 SO전략이 가장 적절하다.

풀이 전략!

문제에 제시된 분석도구를 확인한 후, 분석 결과를 종합적으로 판단하여 각 선택지의 전략 과제와 일치 여부를 판단한다.

01 다음은 H기업의 국내 자율주행자동차 산업에 대한 SWOT 분석 결과이다. 이를 바탕으로 경영 전략을 세웠을 때, 〈보기〉에서 적절하지 않은 것을 모두 고르면?

〈국내 자율주행자동차 산업에 대한 SWOT 분석 결과〉

구분	분석 결과
강점(Strength)	• 민간 자율주행기술 R&D지원을 위한 대규모 예산 확보 • 국내외에서 우수한 평가를 받는 국내 자동차기업 존재
약점(Weakness)	• 국내 민간기업의 자율주행기술 투자 미비 • 기술적 안전성 확보 미비
기회(Opportunity)	• 국가의 지속적 자율주행자동차 R&D 지원 법안 본회의 통과 • 완성도 있는 자율주행기술을 갖춘 외국 기업들의 등장
위협(Threat)	• 자율주행차에 대한 국민들의 심리적 거부감 • 자율주행차에 대한 국가의 과도한 규제

〈SWOT 분석에 의한 경영 전략〉

• SO전략 : 강점을 살려 기회를 포착한다.
• ST전략 : 강점을 살려 위협을 회피한다.
• WO전략 : 약점을 보완하여 기회를 포착한다.
• WT전략 : 약점을 보완하여 위협을 회피한다.

보기

ㄱ. 자율주행기술 수준이 우수한 외국 기업과의 기술이전협약을 통해 국내 우수 자동차기업들의 자율주행기술 연구 및 상용화 수준을 향상시키려는 전략은 SO전략에 해당한다.
ㄴ. 민간의 자율주행기술 R&D를 적극 지원하여 자율주행기술의 안전성을 높이려는 전략은 ST전략에 해당한다.
ㄷ. 자율주행자동차 R&D를 지원하는 법률을 토대로 국내 기업의 기술개발을 적극 지원하여 안전성을 확보하려는 전략은 WO전략에 해당한다.
ㄹ. 자율주행기술개발에 대한 국내기업의 투자가 부족하므로 국가기관이 주도하여 기술개발을 추진하는 전략은 WT전략에 해당한다.

① ㄱ, ㄴ
② ㄱ, ㄷ
③ ㄴ, ㄷ
④ ㄴ, ㄹ
⑤ ㄱ, ㄴ, ㄷ

02 다음은 H섬유회사에 대한 SWOT 분석 결과이다. 이에 따른 대응 전략으로 적절한 것을 〈보기〉에서 모두 고르면?

〈H섬유회사 SWOT 분석 결과〉

• 첨단 신소재 관련 특허 다수 보유		• 신규 생산 설비 투자 미흡 • 브랜드의 인지도 부족
	S(강점)	W(약점)
	O(기회)	T(위협)
• 고기능성 제품에 대한 수요 증가 • 정부 주도의 문화 콘텐츠 사업 지원		• 중저가 의류용 제품의 공급 과잉 • 저임금의 개발도상국과 경쟁 심화

보기

ㄱ. SO전략으로 첨단 신소재를 적용한 고기능성 제품을 개발한다.
ㄴ. ST전략으로 첨단 신소재 관련 특허를 개발도상국의 경쟁업체에 무상 이전한다.
ㄷ. WO전략으로 문화 콘텐츠와 디자인을 접목한 신규 브랜드 개발을 통해 적극적으로 마케팅한다.
ㄹ. WT전략으로 기존 설비에 대한 재투자를 통해 대량생산 체제로 전환한다.

① ㄱ, ㄷ   ② ㄱ, ㄹ
③ ㄴ, ㄷ   ④ ㄴ, ㄹ
⑤ ㄷ, ㄹ

03 H공단의 기획팀 B팀장은 C사원에게 H공단에 대한 마케팅 전략 보고서를 요청하였다. C사원이 B팀장에게 제출한 SWOT 분석 결과가 다음과 같을 때, 밑줄 친 ㉠ ~ ㉤ 중 적절하지 않은 것은?

〈H공단 SWOT 분석 결과〉

강점(Strength)	• 새롭고 혁신적인 서비스 • ㉠ 직원들에게 가치를 더하는 공단의 다양한 측면 • 특화된 마케팅 전문 지식
약점(Weakness)	• 낮은 품질의 서비스 • ㉡ 경쟁자의 시장 철수로 인한 시장 진입 가능성
기회(Opportunity)	• ㉢ 합작회사를 통한 전략적 협력 구축 가능성 • 글로벌 시장으로의 접근성 향상
위협(Threat)	• ㉣ 주력 시장에 나타난 신규 경쟁자 • ㉤ 경쟁 기업의 혁신적 서비스 개발 • 경쟁 기업과의 가격 전쟁

① ㉠   ② ㉡
③ ㉢   ④ ㉣
⑤ ㉤

04 H공단에서 근무하는 A사원은 경제자유구역사업에 대한 SWOT 분석 결과 자료를 토대로, SWOT 분석에 의한 경영 전략에 맞추어 〈보기〉와 같이 판단하였다. 다음 〈보기〉 중 SWOT 분석에 의한 경영 전략으로 적절하지 않은 것을 모두 고르면?

〈경제자유구역사업에 대한 SWOT 분석 결과〉

구분	분석 결과
강점(Strength)	• 성공적인 경제자유구역 조성 및 육성 경험 • 다양한 분야의 경제자유구역 입주희망 국내기업 확보
약점(Weakness)	• 과다하게 높은 외자금액 비율 • 외국계 기업과 국내기업 간의 구조 및 운영상 이질감
기회(Opportunity)	• 국제경제 호황으로 인하여 타국 사업지구 입주를 희망하는 해외시장부문의 지속적 증가 • 국내 진출 해외기업 증가로 인한 동형화 및 협업 사례 급증
위협(Threat)	• 국내 거주 외국인 근로자에 대한 사회적 포용심 부족 • 대대적 교통망 정비로 인한 기성 대도시의 흡수효과 확대

〈SWOT 분석에 의한 경영 전략〉

• SO전략 : 강점을 활용해 기회를 포착하는 전략
• ST전략 : 강점을 활용해 위협을 최소화하거나 회피하는 전략
• WO전략 : 약점을 보완하여 기회를 포착하는 전략
• WT전략 : 약점을 보완하여 위협을 최소화하거나 회피하는 전략

보기

ㄱ. 성공적인 경제자유구역 조성 노하우를 활용하여 타국 사업지구로의 진출을 희망하는 해외기업을 유인 및 유치하는 전략은 SO전략에 해당한다.

ㄴ. 다수의 풍부한 경제자유구역 성공 사례를 바탕으로 외국인 근로자를 국내주민과 문화적으로 동화시킴으로써 원활한 지역발전의 토대를 조성하는 전략은 ST전략에 해당한다.

ㄷ. 기존에 국내에 입주한 해외기업의 동형화 사례를 활용하여 국내기업과 외국계 기업의 운영상 이질감을 해소하여 생산성을 증대시키는 전략은 WO전략에 해당한다.

ㄹ. 경제자유구역 인근 대도시와의 연계를 활성화하여 경제자유구역 내 국내·외 기업 간의 이질감을 해소하는 전략은 WT전략에 해당한다.

---

① ㄱ, ㄴ   ② ㄱ, ㄷ

③ ㄴ, ㄷ   ④ ㄴ, ㄹ

⑤ ㄷ, ㄹ

04 자료 해석

| 유형분석 |

- 주어진 자료를 해석하고 활용하여 풀어가는 문제이다.
- 꼼꼼하고 분석적인 접근이 필요한 다양한 자료들이 출제된다.

H사 인사팀 직원인 A씨는 사내 설문조사를 통해 요즘 사람들이 연봉보다는 일과 삶의 균형을 더 중요시하고 직무의 전문성을 높이고 싶어 한다는 결과를 도출했다. 다음 중 설문조사 결과와 H사 임직원의 근무여건에 대한 자료를 참고하여 인사제도를 합리적으로 변경한 것은?

〈임직원 근무여건〉

구분	주당 근무 일수(평균)	주당 근무시간(평균)	직무교육 여부	퇴사율
정규직	6일	52시간 이상	○	17%
비정규직 1	5일	40시간 이상	○	12%
비정규직 2	5일	20시간 이상	×	25%

① 정규직의 연봉을 7% 인상한다.
② 정규직을 비정규직으로 전환한다.
③ 비정규직 2의 근무 일수를 정규직과 같이 조정한다.
④ 비정규직 1의 직무교육을 비정규직 2와 같이 조정한다.
⑤ 정규직의 주당 근무시간을 비정규직 1과 같이 조정하고 비정규직 2의 직무교육을 시행한다.

정답 ⑤

정규직의 주당 근무시간을 비정규직 1과 같이 줄여 근무여건을 개선하고, 퇴사율이 가장 높은 비정규직 2의 직무교육을 시행하여 퇴사율을 줄이는 것이 가장 적절하다.

오답분석

① 설문조사 결과에서 연봉보다는 일과 삶의 균형을 더 중요시한다고 하였으므로 연봉이 상승하는 것은 퇴사율에 영향을 미치지 않음을 알 수 있다.
② 정규직을 비정규직으로 전환하는 것은 고용의 안정성을 낮추어 퇴사율을 더욱 높일 수 있다.
③ 비정규직 2의 주당 근무 일수를 정규직과 같이 조정하면 주 6일 20시간을 근무하게 되어 비효율적인 업무를 수행한다.
④ 직무교육을 하지 않는 비정규직 2보다 직무교육을 하는 정규직과 비정규직 1의 퇴사율이 더 낮기 때문에 적절하지 않다.

풀이 전략!

문제 해결을 위해 필요한 정보가 무엇인지 먼저 파악한 후, 제시된 자료를 분석적으로 읽고 해석한다.

01 경영기획실에서 근무하는 H씨는 매년 부서별 사업계획을 정리하는 업무를 맡고 있다. 다음 자료를 보고 H씨가 할 수 있는 생각으로 가장 적절한 것은?

〈사업별 기간 및 소요예산〉

- A사업 : 총사업기간은 2년으로, 첫해에는 1조 원, 둘째 해에는 4조 원의 예산이 필요하다.
- B사업 : 총사업기간은 3년으로, 첫해에는 15조 원, 둘째 해에는 18조 원, 셋째 해에는 21조 원의 예산이 필요하다.
- C사업 : 총사업기간은 1년으로, 총소요예산은 15조 원이다.
- D사업 : 총사업기간은 2년으로, 첫해에는 15조 원, 둘째 해에는 8조 원의 예산이 필요하다.
- E사업 : 총사업기간은 3년으로, 첫해에는 6조 원, 둘째 해에는 12조 원, 셋째 해에는 24조 원의 예산이 필요하다.

올해를 포함한 향후 5년간 위의 5개 사업에 투자할 수 있는 예산은 아래와 같다.

〈연도별 가용예산〉

(단위 : 조 원)

1차 연도(올해)	2차 연도	3차 연도	4차 연도	5차 연도
20	24	28.8	34.5	41.5

〈규정〉

- 모든 사업은 한번 시작하면 완료될 때까지 중단할 수 없다.
- 예산은 당해 사업연도에 남아도 상관없다.
- 각 사업연도의 예산은 이월될 수 없다.
- 모든 사업을 향후 5년 이내에 반드시 완료한다.

---

① D사업을 1차 연도에 시작해야 한다.

② 1차 연도에는 E사업만 시작해야 한다.

③ 1차 연도에 E사업과 A사업을 같이 시작해야 한다.

④ A사업과 D사업을 1차 연도에 동시에 시작해야 한다.

⑤ B사업을 3차 연도에 시작하고 C사업을 최종연도에 시행해야 한다.

02 귀하는 점심식사 중 식당에 있는 TV에서 정부의 정책에 대한 뉴스가 나오는 것을 보았다. 함께 점심을 먹는 동료들과 뉴스를 보고 나눈 대화의 내용으로 적절하지 않은 것은?

〈뉴스〉

앵커 : 저소득층에게 법률서비스를 제공하는 정책을 구상 중입니다. 정부는 무료로 법률자문을 하겠다고 자원하는 변호사를 활용하는 자원봉사제도, 정부에서 법률 구조공단 등의 기관을 신설하고 변호사를 유급으로 고용하여 법률서비스를 제공하는 유급법률구조제도, 정부가 법률서비스의 비용을 대신 지불하는 법률보호제도 등의 세 가지 정책대안 중 하나를 선택할 계획입니다.

이 정책대안을 비교하는 데 고려해야 할 정책목표는 비용저렴성, 접근용이성, 정치적 실현가능성, 법률서비스의 전문성입니다. 정책대안과 정책목표의 상관관계는 화면으로 보여드립니다. 각 대안이 정책목표를 달성하는 데 유리한 경우는 (+)로, 불리한 경우는 (−)로 표시하였으며, 유·불리 정도는 같습니다. 정책목표에 대한 가중치의 경우, '0'은 해당 정책목표를 무시하는 것을, '1'은 해당 정책목표를 고려하는 것을 의미합니다.

〈정책대안과 정책목표의 상관관계〉

정책목표	가중치		정책대안		
	A안	B안	자원봉사제도	유급법률구조제도	법률보호제도
비용저렴성	0	0	+	−	−
접근용이성	1	0	−	+	−
정치적 실현가능성	0	0	+	−	+
전문성	1	1	−	+	−

① 비용저렴성을 달성하기에 가장 유리한 정책대안은 자원봉사제도로군.

② A안에 가중치를 적용할 경우 유급법률구조제도가 가장 적절한 정책대안으로 평가받게 되지 않을까?

③ 반대로 B안에 가중치를 적용할 경우 자원봉사제도가 가장 적절한 정책대안으로 평가받게 될 것 같아.

④ A안과 B안 중 어떤 것을 적용하더라도 정책대안 비교의 결과는 달라지지 않을 것으로 보여.

⑤ 아마도 전문성 면에서는 유급법률구조제도가 자원봉사제도보다 더 좋은 정책 대안으로 평가받게 되겠군.

03 다음 자료와 상황을 근거로 판단할 때, 〈보기〉에서 옳은 것을 모두 고르면?

H국에서는 모든 법인에 대하여 다음과 같이 구분하여 주민세를 부과하고 있다.

구분	세액(원)
• 자본금액 100억 원을 초과하는 법인으로서 종업원 수가 100명을 초과하는 법인	500,000
• 자본금액 50억 원 초과 100억 원 이하 법인으로서 종업원 수가 100명을 초과하는 법인	350,000
• 자본금액 50억 원을 초과하는 법인으로서 종업원 수가 100명 이하인 법인 • 자본금액 30억 원 초과 50억 원 이하 법인으로서 종업원 수가 100명을 초과하는 법인	200,000
• 자본금액 30억 원 초과 50억 원 이하 법인으로서 종업원 수가 100명 이하인 법인 • 자본금액 10억 원 초과 30억 원 이하 법인으로서 종업원 수가 100명을 초과하는 법인	100,000
• 그 밖의 법인	50,000

〈상황〉

법인	자본금액(억 원)	종업원 수(명)
갑	200	?
을	20	?
병	?	200

보기

ㄱ. 갑이 납부해야 할 주민세 최소 금액은 20만 원이다.

ㄴ. 을의 종업원이 50명인 경우 10만 원의 주민세를 납부해야 한다.

ㄷ. 병이 납부해야 할 주민세 최소 금액은 10만 원이다.

ㄹ. 갑, 을, 병이 납부해야 할 주민세 금액의 합계는 최대 110만 원이다.

① ㄱ, ㄴ   ② ㄱ, ㄷ

③ ㄱ, ㄹ   ④ ㄴ, ㄷ

⑤ ㄴ, ㄹ

※ H건설회사에서는 B시에 건물을 신축하고 있다. 다음 자료를 보고 이어지는 질문에 답하시오. **[4~5]**

B시에서는 친환경 건축물 인증제도를 시행하고 있다. 이는 건축물의 설계, 시공 등의 건설과정이 쾌적한 거주환경과 자연환경에 미치는 영향을 점수로 평가하여 인증하는 제도로, 건축물에 다음과 같이 인증등급을 부여한다.

〈평가점수별 인증등급〉

평가점수	인증등급
80점 이상	최우수
70 ~ 80점 미만	우수
60 ~ 70점 미만	우량
50 ~ 60점 미만	일반

또한 친환경 건축물 최우수 또는 우수 등급이면서 건축물 에너지효율 1등급 또는 2등급을 추가로 취득한 경우, 다음과 같은 취·등록세액 감면 혜택을 얻게 된다.

〈취·등록세액 감면 비율〉

구분	최우수 등급	우수 등급
에너지효율 1등급	12%	8%
에너지효율 2등급	8%	4%

04 다음 상황에 근거할 때, 〈보기〉에서 옳은 것을 모두 고르면?

〈상황〉
- H건설회사가 신축하고 있는 건물의 예상되는 친환경 건축물 평가점수는 63점이고 에너지효율은 3등급이다.
- 친환경 건축물 평가점수를 1점 높이기 위해서는 1,000만 원, 에너지효율을 한 등급 높이기 위해서는 2,000만 원의 추가 투자비용이 든다.
- 신축 건물의 감면 전 취·등록세 예상액은 총 20억 원이다.
- H건설회사는 경제적 이익을 극대화하고자 한다.
※ 경제적 이익 또는 손실 : (취·등록세 감면액)-(추가 투자액)
※ 기타 비용과 이익은 고려하지 않음

보기
ㄱ. 추가 투자함으로써 경제적 이익을 얻을 수 있는 최소 투자금액은 1억 1,000만 원이다.
ㄴ. 친환경 건축물 우수 등급, 에너지효율 1등급을 받기 위해 추가 투자할 경우 경제적 이익이 가장 크다.
ㄷ. 친환경 건축물 우수 등급, 에너지 효율 2등급을 받기 위해 최소로 투자할 경우 경제적 손실이 2,000만 원 발생한다.

① ㄱ
② ㄷ
③ ㄱ, ㄴ
④ ㄴ, ㄷ
⑤ ㄱ, ㄴ, ㄷ

05 H건설회사의 직원들이 신축 건물에 대해 대화를 나누고 있다. 다음 대화 내용 중 옳지 않은 것은?

① 갑 : 현재 우리회사 신축 건물의 등급은 우량 등급이야.

② 을 : 신축 건물 예상평가결과 취·등록세액 감면 혜택을 받을 수 있어.

③ 병 : 추가 투자를 해서 에너지효율을 높일 필요가 있어.

④ 정 : 얼마만큼의 투자가 필요한지 계획하는 것은 예산 관리의 일환이야.

⑤ 무 : 추가 투자에 예산을 배정하기에 앞서 우선순위를 결정해야 해.

06 같은 해에 입사한 동기 A ~ E는 모두 서로 다른 부서에서 일하고 있다. 이들이 근무하는 부서와 해당 부서의 성과급은 다음과 같다. 부서 배치와 휴가에 대한 조건들을 참고했을 때, 옳은 것은?

〈부서별 성과급〉

비서실	영업부	인사부	총무부	홍보부
60만 원	20만 원	40만 원	60만 원	60만 원

※ 각 사원은 모두 각 부서의 성과급을 동일하게 받음

〈부서 배치 조건〉

• A는 성과급이 평균보다 적은 부서에서 일한다.
• B와 D의 성과급을 더하면 나머지 3명의 성과급 합과 같다.
• C의 성과급은 총무부보다는 적지만 A보다는 많이 받는다.
• C와 D 중 한 사람은 비서실에서 일한다.
• E는 홍보부에서 일한다.

〈휴가 조건〉

• 영업부 직원은 비서실 직원보다 휴가를 더 늦게 가야 한다.
• 인사부 직원은 첫 번째 또는 제일 마지막으로 휴가를 가야 한다.
• B의 휴가 순서는 이들 중 세 번째이다.
• E는 휴가를 반납하고 성과급을 2배로 받는다.

① A의 3개월 치 성과급은 C의 2개월 치 성과급보다 많다.

② C가 맨 먼저 휴가를 갈 경우, B가 맨 마지막으로 휴가를 가게 된다.

③ D가 C보다 성과급이 많다.

④ 휴가철이 끝난 직후, 급여명세서에 D와 E의 성과급 차이는 3배이다.

⑤ B는 A보다 휴가를 먼저 출발한다.

CHAPTER 05
직업윤리

직업윤리는 업무를 수행함에 있어 원만한 직업생활을 위해 필요한 태도, 매너, 올바른 직업관이다. 직업윤리는 필기시험뿐만 아니라 서류를 제출하면서 자기소개서를 작성할 때와 면접을 시행할 때도 포함되는 항목으로 들어가지 않는 공사·공단이 없을 정도로 필수 능력으로 꼽힌다.

직업윤리의 세부 능력은 근로 윤리·공동체 윤리로 나눌 수 있다. 구체적인 문제 상황을 제시하여 해결하기 위해 어떤 대안을 선택해야 할지에 관한 문제들이 출제된다.

01 오답을 통해 대비하라!

이론을 따로 정리하는 것보다는 문제에서 본인이 생각하는 모범답안을 선택하고 틀렸을 경우 그 이유를 정리하는 방식으로 학습하는 것이 효율적이다. 암기하기보다는 이해에 중점을 두고 자신의 상식으로 문제를 푸는 것이 아니라 해당 문제가 어느 영역 어떤 하위능력의 문제인지 파악하는 훈련을 한다면 답이 보일 것이다.

02 직업윤리와 일반윤리를 구분하라!

일반윤리와 구분되는 직업윤리의 특징을 이해해야 한다. 통념상 비윤리적이라고 일컬어지는 행동도 특정한 직업에서는 허용되는 경우가 있다. 그러므로 문제에서 주어진 상황을 판단할 때는 우선 직업의 특성을 고려해야 한다.

03 직업윤리의 하위능력을 파악해 두어라!

직업윤리의 경우 직장생활 경험이 없는 수험생들은 조직에서 일어날 수 있는 구체적인 직업윤리와 관련된 내용에 흥미가 없고 이를 이해하는 데 어려움이 있을 수 있다. 그러나 문제에서는 구체적인 상황·사례를 제시하는 문제가 나오기 때문에 직장에서의 예절을 정리하고 문제 상황에서 적절한 대처를 선택하는 연습을 하는 것이 중요하다.

04 면접에서도 유리하다!

많은 공사·공단에서 면접 시 직업윤리에 관련된 질문을 하는 경우가 많다. 직업윤리 이론 학습을 미리 해 두면 본인의 가치관을 세우는 데 도움이 되고 이는 곧 기업의 인재상과도 연결되기 때문에 미리 준비해 두면 필기시험에서 합격하고 면접을 준비할 때도 수월할 것이다.

01 윤리 · 근면

| 유형분석 |

- 주어진 제시문 속의 비윤리적인 상황에 대하여 원인이나 대처법을 고르는 문제가 주로 출제된다.
- 근면한 자세의 사례를 고르는 문제 또한 종종 출제된다.
- 직장생활 내에서 필요한 윤리적이고 근면한 태도에 대한 문제가 자주 출제된다.

다음 중 근면에 대한 설명으로 옳지 않은 것은?

① 자아실현을 위해 자발적으로 능동적인 근무태도를 보이는 것은 근면에 해당된다.

② 직업에는 귀천이 없다는 점은 근면한 태도를 유지해야 하는 근거로 볼 수 있다.

③ 근면은 게으르지 않고 부지런한 것을 의미한다.

④ 근면은 직업인으로서 마땅히 지녀야 할 태도이다.

⑤ 생계를 위해 어쩔 수 없이 기계적인 노동을 하며 부지런함을 유지하는 것은 근면에 해당되지 않는다.

정답 ⑤

생계를 위해 어쩔 수 없이 기계적인 노동을 하며 부지런함을 유지하는 것 역시 외부로부터 강요당한 근면으로서 근면의 한 유형이다.

풀이 전략!

근로윤리는 우리 사회가 요구하는 도덕상에 기초하고 있다는 점을 유념하고, 다양한 사례를 익혀 문제에 적응한다.

01   다음 사례에서 B사원에게 결여된 덕목과 그에 따른 A부장의 조언으로 가장 적절한 것은?

> 평소 지각이 잦은 편인 B사원은 어제 퇴근 후 참석한 모임에서 무리하게 술을 마셨고, 결국 오늘도 지각을 하였다. 그동안 B사원의 지각을 눈감아 주었던 A부장은 오늘은 B사원에게 꼭 한마디를 해야겠다고 생각했다.

① 정직 : 근무 시간에 거짓말을 하고 개인적인 용무를 보지 않아야 합니다.
② 정직 : 비록 실수를 하였더라도, 정직하게 밝혀야 합니다.
③ 책임 : 내가 해야 할 일이라면, 개인적인 일을 포기하고 먼저 해야 합니다.
④ 근면 : 나에게 이익이 되는 일보다는 옳은 일을 해야 합니다.
⑤ 근면 : 출근 시간을 엄수하고, 술자리를 적당히 절제하여야 합니다.

02   다음 〈보기〉 중 윤리적 가치에 대한 설명으로 옳지 않은 것을 모두 고르면?

> **보기**
> ㄱ. 윤리적 규범을 지키는 것은 어떻게 살 것인가에 관한 가치관의 문제와도 관련이 있다.
> ㄴ. 모두가 자신의 이익만을 위하여 행동한다면 사회질서는 유지될 수 있지만, 최선의 결과를 얻기는 어렵다.
> ㄷ. 개인의 행복뿐만 아니라 모든 사람의 행복을 보장하기 위하여 윤리적 가치가 필요하다.
> ㄹ. 윤리적 행동의 당위성은 윤리적 행동을 통해 얻을 수 있는 경제적 이득에 근거한다.

① ㄱ, ㄴ   ② ㄱ, ㄷ
③ ㄴ, ㄷ   ④ ㄴ, ㄹ
⑤ ㄷ, ㄹ

02 봉사·책임 의식

| 유형분석 |

- 개인이 가져야 하는 책임 의식과 기업의 사회적 책임으로 양분되는 문제이다.
- 봉사의 의미를 묻는 문제가 종종 출제된다.

다음은 봉사에 대한 글이다. 영문 철자에서 봉사가 함유한 의미로 옳지 않은 것은?

봉사란 나라나 사회 혹은 타인을 위하여 자신의 이해를 돌보지 아니하고 몸과 마음을 다하여 일하는 것을 가리키며, 영문으로는 'Service'에 해당된다. 'Service'의 각 철자에서 봉사가 함유한 7가지 의미를 도출할 수 있다.

① S : Smile & Speed
② E : Emotion
③ R : Repeat
④ V : Value
⑤ C : Courtesy

정답 ③

'R'은 반복하여 제공한다는 'Repeat'이 아니라 'Respect'로, 고객을 존중하는 것을 가리킨다.

오답분석

① 미소와 함께 신속한 도움을 제공하는 의미이다.
② 고객에게 감동을 주는 의미이다.
④ 고객에게 가치를 제공하는 의미이다.
⑤ 고객에게 예의를 갖추고 정중하게 대하는 의미이다.

풀이 전략!

직업인으로서 요구되는 봉사정신과 책임 의식에 대해 숙지하도록 한다.

01　다음 중 직업윤리의 덕목과 그 설명이 바르게 연결되지 않은 것은?

① 소명 의식 : 자신이 맡은 일은 하늘에 의해 맡겨진 일이라고 생각하는 태도이다.

② 책임 의식 : 직업에 대한 사회적 역할과 책무를 충실히 수행하고 책임을 다하는 태도이다.

③ 봉사 의식 : 자신의 일이 누구나 할 수 있는 것이 아니라 해당 분야의 지식과 교육을 밑바탕으로 성실히 수행해야만 가능한 것이라 믿고 수행하는 태도이다.

④ 천직 의식 : 자신의 일이 자신의 능력과 적성에 꼭 맞는다 여기고 그 일에 열성을 가지고 성실히 임하는 태도이다.

⑤ 직분 의식 : 자신이 하고 있는 일이 사회나 기업을 위해 중요한 역할을 하고 있다고 믿고 자신의 활동을 수행하는 태도이다.

02　다음 글을 읽고 이해한 내용으로 적절하지 않은 것은?

> 중소기업 영업부에서 수주업무를 담당하는 S과장은 거래처 한 곳에서 큰 프로젝트를 수주할 좋은 기회를 얻게 되었고, 이를 위하여 기술부와 영업부 직원 모두가 며칠 동안 밤을 세우며 입찰 서류를 준비했다. 드디어 입찰하는 날이 되었고, S과장은 뿌듯한 기분으로 운전을 하여 입찰장소로 향하고 있었다. 그런데 S과장은 앞에서 달리고 있던 승용차 한 대가 사람을 친 후 달아나는 것을 목격했다. S과장은 출혈이 심하고 의식도 없는 환자를 차에 태우고 인근 병원으로 정신없이 운전하였고, 결국 상당한 시간이 지체되었다. 그 후 S과장은 황급히 입찰장소로 향했으나 교통체증이 너무 심했고, 현장에 도착하니 입찰은 이미 다 끝나 버린 상태였다.

① 회사의 입장에서 S과장은 좋은 일을 했다고 볼 수 있다.

② S과장의 행동은 직업인으로서 책임과 본분을 망각한 행위이다.

③ S과장은 환자를 태우고 가면서 회사에 상황을 보고했어야 한다.

④ 회사 업무 중에는 공적인 입장에서 판단해야 함을 알 수 있다.

⑤ 사회적 입장에서 S과장은 생명의 은인으로 찬사받을 수 있다.

CHAPTER 06

자원관리능력

자원관리능력은 현재 NCS 기반 채용을 진행하는 많은 공사·공단에서 핵심영역으로 자리 잡아, 일부를 제외한 대부분의 시험에서 출제되고 있다.

세부 유형은 비용 계산, 해외파견 지원금 계산, 주문 제작 단가 계산, 일정 조율, 일정 선정, 행사 대여 장소 선정, 최단거리 구하기, 시차 계산, 소요시간 구하기, 해외파견 근무 기준에 부합하는 또는 부합하지 않는 직원 고르기 등으로 나눌 수 있다.

01 시차를 먼저 계산하라!

시간 자원 관리의 대표유형 중 시차를 계산하여 일정에 맞는 항공권을 구입하거나 회의시간을 구하는 문제에서는 각각의 나라 시간을 한국 시간으로 전부 바꾸어 계산하는 것이 편리하다. 조건 에 맞는 나라들의 시간을 전부 한국 시간으로 바꾸고 한국 시간과의 시차만 더하거나 빼면 시간을 단축하여 풀 수 있다.

02 선택지를 잘 활용하라!

계산을 해서 값을 요구하는 문제 유형에서는 선택지를 먼저 본 후 자리 수가 몇 단위로 끝나는지 확인해야 한다. 예를 들어 412,300원, 426,700원, 434,100원인 선택지가 있다고 할 때, 제시된 조건에서 100원 단위로 나올 수 있는 항목을 찾아 그 항목만 계산하는 방법이 있다. 또한, 일일이 계산하는 문제가 많다. 예를 들어 640,000원, 720,000원, 810,000원 등의 수를 이용해 푸는 문제가 있다고 할 때, 만 원 단위를 절사하고 계산하여 64, 72, 81처럼 요약하는 방법이 있다.

03 최적의 값을 구하는 문제인지 파악하라!

물적 자원 관리의 대표유형에서는 제한된 자원 내에서 최대의 만족 또는 이익을 얻을 수 있는 방법을 강구하는 문제가 출제된다. 이때, 구하고자 하는 값을 x, y로 정하고 연립방정식을 이용해 x, y 값을 구한다. 최소 비용으로 목표생산량을 달성하기 위한 업무 및 인력 할당, 정해진 시간 내에 최대 이윤을 낼 수 있는 업체 선정, 정해진 인력으로 효율적 업무 배치 등을 구하는 문제에서 사용되는 방법이다.

04 각 평가항목을 비교하라!

인적 자원 관리의 대표유형에서는 각 평가항목을 비교하여 기준에 적합한 인물을 고르거나, 저렴한 업체를 선정하거나, 총점이 높은 업체를 선정하는 문제가 출제된다. 이런 유형은 평가항목에서 가격이나 점수 차이에 영향을 많이 미치는 항목을 찾아 1 ~ 2개의 선택지를 삭제하고, 남은 3 ~ 4개의 선택지만 계산하여 시간을 단축할 수 있다.

| 유형분석 |

- 시간 자원과 관련된 다양한 정보를 활용하여 풀어가는 문제이다.
- 대체로 교통편 정보나 국가별 시차 정보가 제공되며, 이를 근거로 '현지 도착시간 또는 약속된 시간 내에 도착하기 위한 방안'을 고르는 문제가 출제된다.

한국은 뉴욕보다 16시간 빠르고, 런던은 한국보다 8시간 느리다. 다음 비행기가 현지에 도착할 때의 시각 (㉠, ㉡)으로 옳은 것은?

구분	출발 일자	출발 시각	비행 시간	도착 시각
뉴욕행 비행기	6월 6일	22:20	13시간 40분	㉠
런던행 비행기	6월 13일	18:15	12시간 15분	㉡

	㉠	㉡
①	6월 6일 09시	6월 13일 09시 30분
②	6월 6일 20시	6월 13일 22시 30분
③	6월 7일 09시	6월 14일 09시 30분
④	6월 7일 13시	6월 14일 15시 30분
⑤	6월 7일 20시	6월 14일 20시 30분

정답 ②

㉠ 뉴욕행 비행기는 한국에서 6월 6일 22시 20분에 출발하고, 13시간 40분 동안 비행하기 때문에 6월 7일 12시에 도착한다. 한국 시각은 뉴욕보다 16시간 빠르므로 현지에 도착하는 시각은 6월 6일 20시가 된다.

㉡ 런던행 비행기는 한국에서 6월 13일 18시 15분에 출발하고, 12시간 15분 동안 비행하기 때문에 현지에 6월 14일 6시 30분에 도착한다. 한국 시각은 런던보다 8시간이 빠르므로 현지에 도착하는 시각은 6월 13일 22시 30분이 된다.

풀이 전략!

문제에서 묻는 것을 정확히 파악한다. 특히 제한사항에 대해서는 빠짐없이 확인해 두어야 한다. 이후 제시된 정보(시차 등)에서 필요한 것을 선별하여 문제를 풀어간다.

01 다음은 H사 직원들의 10월 연차 계획표이다. 하루에 3명 이상 연차를 쓸 수 없고, 직원들은 각자 연속하여 4일 이상 연차를 신청할 수 없다. 다음 중 1명만 연차 일정을 수정한다고 할 때, 수정해야 하는 사람은 누구인가?

〈연차 계획표〉

성명	연차 일정	성명	연차 일정
임미리	10월 2일 목요일 ~ 7일 화요일	조유라	10월 7일 화요일
정지수	10월 6일 월요일	최한결	10월 8일 수요일 ~ 13일 월요일
김창은	10월 1일 수요일 ~ 2일 목요일	유라희	10월 10일 금요일
유소정	10월 6일 월요일 ~ 7일 화요일	최하람	10월 1일 수요일, 10월 8일 수요일

※ 개천절 : 10월 3일 금요일
※ 한글날 : 10월 9일 목요일

① 조유라
② 정지수
③ 최한결
④ 김창은
⑤ 유소정

02 H공단 인사팀에는 팀장 1명, 과장 2명과 A대리가 있다. 팀장 1명과 과장 2명은 4월 안에 휴가를 다녀와야 하고, 팀장이나 과장이 1명이라도 없는 경우 A대리는 자리를 비울 수 없다. 다음 〈조건〉에 따른 A대리의 연수 마지막 날짜는?

조건
• 4월 1일은 월요일이며, H공단은 주5일제이다.
• 마지막 주 금요일에는 중요한 세미나가 있어 그 주에는 모든 팀원이 자리를 비울 수 없다.
• 팀장은 첫째 주 화요일부터 3일 동안 휴가를 신청했다.
• B과장은 둘째 주 수요일부터 5일 동안 휴가를 신청했다.
• C과장은 셋째 주에 2일간의 휴가를 마치고 금요일부터 출근할 것이다.
• A대리는 주말 없이 진행되는 연수에 5일 연속 참여해야 한다.

① 8일
② 9일
③ 23일
④ 24일
⑤ 30일

03 다음은 H회사 신제품개발1팀의 하루 업무 스케줄에 대한 자료이다. 신입사원 A씨는 스케줄을 바탕으로 금일 회의 시간을 정하려고 한다. 1시간 동안 진행될 팀 회의의 가장 적절한 시간대는?

<H회사 신제품개발1팀 스케줄>

시간	직위별 스케줄				
	부장	차장	과장	대리	사원
09:00 ~ 10:00	업무회의				
10:00 ~ 11:00					비품요청
11:00 ~ 12:00			시장조사	시장조사	시장조사
12:00 ~ 13:00			점심식사		
13:00 ~ 14:00	개발전략수립		시장조사	시장조사	시장조사
14:00 ~ 15:00		샘플검수	제품구상	제품구상	제품구상
15:00 ~ 16:00			제품개발	제품개발	제품개발
16:00 ~ 17:00					
17:00 ~ 18:00			결과보고	결과보고	

① 09:00 ~ 10:00
② 10:00 ~ 11:00
③ 14:00 ~ 15:00
④ 16:00 ~ 17:00
⑤ 17:00 ~ 18:00

04 자동차 부품을 생산하는 H기업은 반자동과 자동 생산라인을 하나씩 보유하고 있다. 최근 일본의 자동차 회사와 수출계약을 체결하여 자동차 부품 34,500개를 납품하였다. 다음 H기업의 생산조건을 고려할 때, 일본에 납품할 부품을 생산하는 데 소요된 시간은 얼마인가?

<자동차 부품 생산조건>

• 반자동라인은 4시간에 300개의 부품을 생산하며, 그중 20%는 불량품이다.
• 자동라인은 3시간에 400개의 부품을 생산하며, 그중 10%는 불량품이다.
• 반자동라인은 8시간마다 2시간씩 생산을 중단한다.
• 자동라인은 9시간마다 3시간씩 생산을 중단한다.
• 불량 부품은 생산 후 폐기하고 정상인 부품만 납품한다.

① 230시간
② 240시간
③ 250시간
④ 260시간
⑤ 280시간

05 해외로 출장을 가는 김대리는 다음 〈조건〉과 같이 이동하려고 계획하고 있다. 연착 없이 계획대로 출장지에 도착했다면, 도착했을 때의 현지 시각은?

조건

- 서울 시각으로 5일 오후 1시 35분에 출발하는 비행기를 타고, 경유지 한 곳을 거쳐 출장지에 도착한다.
- 경유지는 서울보다 1시간 빠르고, 출장지는 경유지보다 2시간 느리다.
- 첫 번째 비행은 3시간 45분이 소요된다.
- 경유지에서 3시간 50분을 대기한 후 출발한다.
- 두 번째 비행은 9시간 25분이 소요된다.

① 오전 5시 35분   ② 오전 6시
③ 오후 5시 35분   ④ 오후 6시
⑤ 오전 7시

02 비용 계산

| 유형분석 |

- 예산 자원과 관련된 다양한 정보를 활용하여 풀어가는 문제이다.
- 대체로 한정된 예산 내에서 수행할 수 있는 업무 및 예산 가격을 묻는 문제가 출제된다.

A사원은 이번 출장을 위해 KTX표를 미리 40% 할인된 가격에 구매하였으나, 출장 일정이 바뀌는 바람에 하루 전날 표를 취소하였다. 다음 환불 규정에 따라 16,800원을 돌려받았을 때, 할인되지 않은 KTX표의 가격은 얼마인가?

〈KTX 환불 규정〉

출발 2일 전	출발 1일 전 ~ 열차 출발 전	열차 출발 후
100%	70%	50%

① 40,000원　　　　　　　　② 48,000원

③ 56,000원　　　　　　　　④ 67,200원

⑤ 70,000원

정답 ①

할인되지 않은 KTX표의 가격을 x원이라 하면, 표를 40% 할인된 가격으로 구매하였으므로 구매 가격은 $(1-0.4)x=0.6x$원이다. 환불 규정에 따르면 하루 전에 표를 취소하는 경우 70%의 금액을 돌려받을 수 있으며, 이를 식으로 정리하면 다음과 같다.

$0.6x \times 0.7 = 16,800$

→ $0.42x = 16,800$

∴ $x = 40,000$

따라서 할인되지 않은 KTX표의 가격은 40,000원이다.

풀이 전략!

제한사항인 예산을 고려하여 문제에서 묻는 것을 정확히 파악한 후, 제시된 정보에서 필요한 것을 선별하여 문제를 풀어간다.

01 H구에서는 주택을 소유하고 해당 주택에 거주하는 가구를 대상으로 주택 노후도 평가를 시행하여 그 결과에 따라 주택보수비용을 지원하고 있다. 다음 자료를 근거로 판단할 때 H구에 사는 C씨가 지원받을 수 있는 주택보수비용의 최대 액수는?

〈주택보수비용 지원 내용〉

구분	경보수	중보수	대보수
보수항목	도배 혹은 장판	수도시설 혹은 난방시설	지붕 혹은 기둥
주택당 보수비용 지원한도액	350만 원	650만 원	950만 원

〈소득인정액별 주택보수비용 지원율〉

구분	중위소득 25% 미만	중위소득 25% 이상 35% 미만	중위소득 35% 이상 43% 미만
지원율	100%	90%	80%

※ 소득인정액에 따라 위 보수비용 지원한도액의 80 ~ 100%를 차등 지원함

〈상황〉

C씨는 현재 거주하고 있는 A주택의 소유자이며, 소득인정액이 중위소득 40%에 해당한다. A주택의 노후도 평가 결과, 지붕의 수선이 필요한 주택보수비용 지원 대상에 선정되었다.

① 520만 원
② 650만 원
③ 760만 원
④ 855만 원
⑤ 950만 원

02 H공단은 연말 시상식을 개최하여 한 해 동안 모범이 되거나 훌륭한 성과를 낸 직원을 독려하고자 한다. 상 종류 및 수상인원, 상품에 대한 정보가 다음과 같을 때, 총상품구입비는 얼마인가?

<표 제목>
〈시상내역〉

상 종류	수상인원(명)	상품
사내선행상	5	인당 금 도금 상패 1개, 식기 1세트
사회기여상	1	인당 은 도금 상패 1개, 신형 노트북 1대
연구공로상	2	인당 금 도금 상패 1개, 안마의자 1개, 태블릿 PC 1대
성과공로상	4	인당 은 도금 상패 1개, 만년필 2개, 태블릿 PC 1대
청렴모범상	2	인당 동 상패 1개, 안마의자 1개

• 상패 제작비용
  − 금 도금 상패 : 개당 55,000원(5개 이상 주문 시 개당 가격 10% 할인)
  − 은 도금 상패 : 개당 42,000원(주문수량 4개당 1개 무료 제공)
  − 동 상패 : 개당 35,000원
• 물품 구입비용(개당)
  − 식기 세트 : 450,000원
  − 신형 노트북 : 1,500,000원
  − 태블릿 PC : 600,000원
  − 만년필 : 100,000원
  − 안마의자 : 1,700,000원

① 14,085,000원
② 15,050,000원
③ 15,534,500원
④ 16,805,000원
⑤ 17,200,000원

03 수인이는 베트남 여행을 위해 H국제공항에서 환전하기로 하였다. 다음은 H환전소의 당일 환율 및 수수료를 나타낸 자료이다. 수인이가 한국 돈으로 베트남 현금 1,670만 동을 환전한다고 할 때, 수수료까지 포함하여 필요한 돈은 얼마인가?(단, 모든 계산과정에서 구한 값은 일의 자리에서 버림한다)

〈H환전소 환율 및 수수료〉

- 베트남 환율 : 483원/만 동
- 수수료 : 0.5%
- 우대사항 : 50만 원 이상 환전 시 70만 원까지 수수료 0.4%로 인하 적용
  　　　　　 100만 원 이상 환전 시 총금액 수수료 0.4%로 인하 적용

---

① 808,840원 　　　　　　　　　② 808,940원
③ 809,840원 　　　　　　　　　④ 809,940원
⑤ 810,040원

04 H기업은 창고업체를 통해 A ~ C 세 제품군을 보관하고 있다. 각 제품군에 대한 정보를 참고하여 다음 〈조건〉에 따라 H기업이 보관료로 지급해야 할 총금액은 얼마인가?

〈제품군별 보관 정보〉

제품군	매출액(억 원)	용량	
		용적(CUBIC)	무게(톤)
A	300	3,000	200
B	200	2,000	300
C	100	5,000	500

조건

- A제품군은 매출액의 1%를 보관료로 지급한다.
- B제품군은 1CUBIC당 20,000원의 보관료를 지급한다.
- C제품군은 1톤당 80,000원의 보관료를 지급한다.

① 3억 2천만 원 　　　　　　　　② 3억 4천만 원
③ 3억 6천만 원 　　　　　　　　④ 3억 8천만 원
⑤ 4억 원

03 품목 확정

| 유형분석 |

- 물적 자원과 관련된 다양한 정보를 활용하여 풀어가는 문제이다.
- 주로 공정도·제품·시설 등에 대한 가격·특징·시간 정보가 제시되며, 이를 종합적으로 고려하는 문제가 출제된다.

H공단은 신축 본사에 비치할 사무실 명패를 제작하기 위해 다음과 같은 팸플릿을 참고하고 있다. 신축 본사에 비치할 사무실 명패는 사무실마다 국문과 영문을 함께 주문했고, 총 주문 비용이 80만 원이라면 사무실에 최대 몇 개의 국문과 영문 명패를 함께 비치할 수 있는가?(단, 추가 구입 가격은 1세트를 구입할 때 한 번씩만 적용된다)

〈명패 제작 가격〉

- 국문 명패 : 1세트(10개)에 10,000원, 5개 추가 시 2,000원
- 영문 명패 : 1세트(5개)에 8,000원, 3개 추가 시 3,000원

---

① 345개   ② 350개
③ 355개   ④ 360개
⑤ 365개

정답 ④

국문 명패 최저가는 15개에 12,000원이고, 영문 명패 최저가는 8개에 11,000원이다. 각 명패를 최저가에 구입하는 개수의 최소공배수를 구하면 120개이다. 이때의 비용은 (12,000×8)+(11,000×15)=96,000+165,000=261,000원이다. 따라서 한 사무실에 국문과 영문 명패를 함께 비치한다면 120개의 사무실에 명패를 비치하는 비용은 261,000원이다. 360개의 사무실에 명패를 비치한다면 783,000원이 필요하고, 남은 17,000원으로 국문 명패와 영문 명패를 동시에 구입할 수는 없다. 따라서 80만 원으로 최대 360개의 국문 명패와 영문 명패를 동시에 비치할 수 있다.

풀이 전략!

문제에서 묻고자 하는 바를 정확히 파악하는 것이 중요하다. 문제에서 제시한 물적 자원의 정보를 문제의 의도에 맞게 선별하면서 풀어간다.

01　H회사에서는 영업용 차량을 구매하고자 한다. 차량을 영업용으로 사용할 경우 연평균 주행거리는 30,000km이고 향후 5년간 사용할 계획이다. 현재 고려하고 있는 차량은 A ~ E자동차이다. 다음 중 경비가 가장 적게 들어가는 차량을 구매한다면 어떤 차량이 가장 적절한가?

〈자동차 리스트〉

구분	사용연료	연비(km/L)	연료탱크 용량(L)	신차구매가(만 원)
A자동차	휘발유	12	60	2,000
B자동차	LPG	8	60	2,200
C자동차	경유	15	50	2,700
D자동차	경유	20	60	3,300
E자동차	휘발유	15	80	2,600

〈연료 종류별 가격〉

종류	리터당 가격(원/L)
휘발유	1,400
LPG	900
경유	1,150

※ (경비)=(신차구매가)+(연료비)
※ 신차구매 결제는 일시불로 함
※ 향후 5년간 연료 가격은 변동이 없는 것으로 가정함

① A자동차　　　　　　　　　② B자동차
③ C자동차　　　　　　　　　④ D자동차
⑤ E자동차

02 H공단에서 근무하는 S사원은 새로 도입되는 채용관련 정책 홍보자료를 만들어서 배포하려고 한다. 다음 중 가장 저렴한 비용으로 인쇄할 수 있는 인쇄소로 옳은 것은?

〈인쇄소별 비용 견적〉

(단위 : 원)

인쇄소	페이지당 비용	표지 가격		권당 제본 비용	할인
		유광	무광		
A	50	500	400	1,500	–
B	70	300	250	1,300	–
C	70	500	450	1,000	100부 초과 시 초과 부수만 총비용에서 5% 할인
D	60	300	200	1,000	–
E	100	200	150	1,000	인쇄 총페이지 5,000페이지 초과 시 총비용에서 20% 할인

※ 홍보자료는 관내 20개 지점에 배포하고, 지점마다 10부씩 배포함
※ 홍보자료는 30페이지 분량으로 제본하며, 표지는 유광표지로 함

① A인쇄소
② B인쇄소
③ C인쇄소
④ D인쇄소
⑤ E인쇄소

03 K씨는 밤도깨비 야시장에서 푸드 트럭을 운영하기로 계획하고 있다. 순이익이 가장 높은 메인 메뉴 한 가지를 선정하려고 할 때, K씨가 선정할 메뉴로 옳은 것은?

메뉴	예상 월간 판매량(개)	생산 단가(원)	판매 가격(원)
A	500	3,500	4,000
B	300	5,500	6,000
C	400	4,000	5,000
D	200	6,000	7,000
E	150	3,000	5,000

① A
② B
③ C
④ D
⑤ E

04 H회사 마케팅 팀장은 팀원 50명에게 연말 선물을 하기 위해 물품을 구매하려고 한다. 아래는 업체별 품목 가격과 팀원들의 품목 선호도를 나타낸 자료이다. 다음 〈조건〉에 따라 팀장이 구매하는 물품과 업체를 순서대로 바르게 나열한 것은?

〈업체별 품목 가격〉

구분		한 벌당 가격(원)
A업체	티셔츠	6,000
	카라 티셔츠	8,000
B업체	티셔츠	7,000
	후드 집업	10,000
	맨투맨	9,000

〈팀원 품목 선호도〉

순위	품목
1	카라 티셔츠
2	티셔츠
3	후드 집업
4	맨투맨

조건
- 팀원의 선호도를 우선으로 품목을 선택한다.
- 총구매금액이 30만 원 이상이면 총금액에서 5%를 할인해 준다.
- 차순위 품목이 1순위 품목보다 총금액이 20% 이상 저렴하면 차순위를 선택한다.

① 티셔츠, A업체 ② 카라 티셔츠, A업체
③ 티셔츠, B업체 ④ 후드 집업, B업체
⑤ 맨투맨, B업체

05 다음은 H기업의 재고 관리에 대한 자료이다. 금요일까지 부품 재고 수량이 남지 않게 완성품을 만들 수 있도록 월요일에 주문할 부품 A ~ C의 개수가 바르게 연결된 것은?(단, 주어진 조건 이외에는 고려하지 않는다)

〈부품 재고 수량과 완성품 1개당 소요량〉

부품	부품 재고 수량(개)	완성품 1개당 소요량(개)
A	500	10
B	120	3
C	250	5

〈완성품 납품 수량〉

구분	월요일	화요일	수요일	목요일	금요일
완성품 납품 수량(개)	없음	30	20	30	20

※ 부품 주문은 월요일에 한 번 신청하며, 화요일 작업 시작 전에 입고됨
※ 완성품은 부품 A, B, C를 모두 조립해야 함

	A	B	C		A	B	C
①	100개	100개	100개	②	100개	180개	200개
③	500개	100개	100개	④	500개	150개	200개
⑤	500개	180개	250개				

06 H공단은 직원용 컴퓨터를 교체하려고 한다. 다음 〈조건〉을 만족하는 컴퓨터로 옳은 것은?

<table>
<tr><th colspan="6">〈컴퓨터별 가격 현황〉</th></tr>
<tr><th>구분</th><th>A컴퓨터</th><th>B컴퓨터</th><th>C컴퓨터</th><th>D컴퓨터</th><th>E컴퓨터</th></tr>
<tr><td>모니터</td><td>20만 원</td><td>23만 원</td><td>20만 원</td><td>19만 원</td><td>18만 원</td></tr>
<tr><td>본체</td><td>70만 원</td><td>64만 원</td><td>60만 원</td><td>54만 원</td><td>52만 원</td></tr>
<tr><td>세트
(모니터+본체)</td><td>80만 원</td><td>75만 원</td><td>70만 원</td><td>66만 원</td><td>65만 원</td></tr>
<tr><td>성능평가</td><td>중</td><td>상</td><td>중</td><td>중</td><td>하</td></tr>
<tr><td>할인혜택</td><td>–</td><td>세트로 15대 이상 구매 시 총금액에서 100만 원 할인</td><td>모니터 10대 초과 구매 시 초과 대수 15% 할인</td><td>–</td><td>–</td></tr>
</table>

조건
- 예산은 1,000만 원이다.
- 교체할 직원용 컴퓨터는 모니터와 본체 각각 15대이다.
- 성능평가에서 '중' 이상을 받은 컴퓨터로 교체한다.
- 컴퓨터 구매는 세트 또는 모니터와 본체 따로 구매할 수 있다.

① A컴퓨터　　　　　　　② B컴퓨터
③ C컴퓨터　　　　　　　④ D컴퓨터
⑤ E컴퓨터

04 인원 선발

| 유형분석 |

- 인적 자원과 관련된 다양한 정보를 활용하여 풀어가는 문제이다.
- 주로 근무명단, 휴무일, 업무할당 등의 주제로 다양한 정보를 활용하여 종합적으로 풀어가는 문제가 출제된다.

다음 글의 내용이 참일 때, H공단의 신입사원으로 채용될 수 있는 지원자들의 최대 인원은 몇 명인가?

금년도 신입사원 채용에서 H공단이 요구하는 자질은 이해능력, 의사소통능력, 대인관계능력, 실행능력이다. H공단은 이 4가지 자질 중 적어도 3가지 자질을 지닌 사람을 채용하고자 한다. 지원자는 갑 ~ 정 4명이며, 이들이 지닌 자질을 평가한 결과 다음과 같은 정보가 주어졌다.
㉠ 갑이 지닌 자질과 정이 지닌 자질 중 적어도 두 개는 일치한다.
㉡ 대인관계능력은 병만 가진 자질이다.
㉢ 만약 지원자가 의사소통능력을 지녔다면 그는 대인관계능력의 자질도 지닌다.
㉣ 의사소통능력의 자질을 지닌 지원자는 한 명뿐이다.
㉤ 갑, 병, 정은 이해능력이라는 자질을 지니고 있다.

① 1명
② 2명
③ 3명
④ 4명

정답 ①

㉡, ㉢, ㉣에 의해 의사소통능력과 대인관계능력을 지닌 사람은 오직 병뿐이라는 사실을 알 수 있다. 또한 ㉤에 의해 병이 이해능력도 가지고 있음을 알 수 있다. 이처럼 병은 4가지 자질 중에 3가지를 갖추고 있으므로 H공단의 신입사원으로 채용될 수 있다. 신입사원으로 채용되기 위해서는 적어도 3가지 자질이 필요한데, 4가지 자질 중 의사소통능력과 대인관계능력은 병만 지닌 자질임이 확인되었으므로 나머지 갑, 을, 정은 채용될 수 없다. 따라서 신입사원으로 채용될 수 있는 최대 인원은 병 1명이다.

풀이 전략!

문제에서 신입사원 채용이나 인력배치 등의 주제가 출제될 경우에는 주어진 규정 혹은 규칙을 꼼꼼히 확인하여야 한다. 이를 근거로 각 선택지가 어긋나지 않는지 검토하여 문제를 풀어간다.

01 H공단에서 승진 대상자 후보 중 2명을 승진시키려고 한다. 승진의 조건은 동료평가에서 '하'를 받지 않고 합산점수가 높은 순이고, 합산점수는 100점 만점의 점수로 환산한 승진시험 성적, 영어 성적, 성과 평가의 수치를 합산하여 구한다. 승진시험의 만점은 100점, 영어 성적의 만점은 500점, 성과 평가의 만점은 200점이라고 할 때, 승진 대상자 2명은 누구인가?

<H공단 승진 대상자 후보 평가 현황>

(단위 : 점)

구분	승진시험 성적	영어 성적	동료 평가	성과 평가
A	80	400	중	120
B	80	350	상	150
C	65	500	상	120
D	70	400	중	100
E	95	450	하	185
F	75	400	중	160
G	80	350	중	190
H	70	300	상	180
I	100	400	하	160
J	75	400	상	140
K	90	250	중	180

① A, C

② B, K

③ E, I

④ F, G

⑤ H, D

02 다음은 H학교의 성과급 기준표이다. 이를 토대로 H학교 교사들의 성과급 배점을 계산하고자 할 때, 〈보기〉의 교사 A ~ E 중 가장 높은 배점을 받을 교사는?

〈성과급 기준표〉

구분	평가사항	배점기준	
수업지도	주당 수업시간	24시간 이하	14점
		25시간	16점
		26시간	18점
		27시간 이상	20점
	수업 공개 유무	교사 수업 공개	10점
		학부모 수업 공개	5점
생활지도	담임 유무	담임교사	10점
		비담임교사	5점
담당업무	업무 곤란도	보직교사	30점
		비보직교사	20점
경력	호봉	10호봉 이하	5점
		11 ~ 15호봉	10점
		16 ~ 20호봉	15점
		21 ~ 25호봉	20점
		26 ~ 30호봉	25점
		31호봉 이상	30점

※ 수업지도 항목에서 교사 수업 공개, 학부모 수업 공개를 모두 진행했을 경우 10점으로 배점하며, 수업 공개를 하지 않았을 경우 배점은 없음

보기

교사	주당 수업시간	수업 공개 유무	담임 유무	업무 곤란도	호봉
A	20시간	–	담임교사	비보직교사	32호봉
B	29시간	–	비담임교사	비보직교사	35호봉
C	26시간	학부모 수업 공개	비담임교사	보직교사	22호봉
D	22시간	교사 수업 공개	담임교사	보직교사	17호봉
E	25시간	교사 수업 공개, 학부모 수업 공개	비담임교사	비보직교사	30호봉

① A교사
② B교사
③ C교사
④ D교사
⑤ E교사

03 다음은 부서별로 핵심역량가치 중요도를 정리한 자료와 신입사원들의 핵심역량평가 결과표이다. 이를 바탕으로 한 C사원과 E사원의 부서 배치로 가장 적절한 것은?(단, '−'는 중요도를 고려하지 않는다는 표시이다)

〈핵심역량가치 중요도〉

구분	창의성	혁신성	친화력	책임감	윤리성
영업팀	−	중	상	중	−
개발팀	상	상	하	중	상
지원팀	−	중	−	상	하

〈핵심역량평가 결과표〉

구분	창의성	혁신성	친화력	책임감	윤리성
A사원	상	하	중	상	상
B사원	중	중	하	중	상
C사원	하	상	상	중	하
D사원	하	하	상	하	중
E사원	상	중	중	상	하

	C사원	E사원
①	개발팀	지원팀
②	개발팀	영업팀
③	지원팀	영업팀
④	영업팀	개발팀
⑤	영업팀	지원팀

04 H회사는 상반기 신입사원 공개채용을 시행했다. 1차 서류전형과 인적성, 면접전형이 모두 끝나고 최종 면접자들의 점수를 확인하여 합격 점수 산출법에 따라 합격자를 선정하려고 한다. 총점이 80점 이상인 지원자가 합격한다고 할 때, 다음 중 합격자끼리 바르게 짝지어진 것은?

<최종 면접 점수>

(단위 : 점)

구분	A	B	C	D	E
수리능력	75	65	60	68	90
의사소통능력	52	70	55	45	80
문제해결능력	44	55	50	50	49

<합격 점수 산출법>

• (수리능력)×0.6   • (의사소통능력)×0.3   • (문제해결능력)×0.4   • 총점 : 80점 이상

※ 과락 점수(미만) : 수리능력 60점, 의사소통능력 50점, 문제해결능력 45점

① A, C

② A, D

③ B, E

④ C, E

⑤ D, E

PART 3

한국사

01 다음과 같은 풍속을 가진 초기 국가의 특징으로 옳지 않은 것은?

> 혼인하는 풍속을 보면, 구두로 약속이 정해지면 신부 집에서 큰 본채 뒤에 작은 별채를 짓는데 이를
> 서옥이라 한다. 해가 저물 무렵 신랑이 신부 집 문 밖에 와서 이름을 밝히고 꿇어앉아 절하며 안에
> 들어가서 신부와 잘 수 있도록 요청한다. 이렇게 두세 번 청하면 신부의 부모가 별채에 들어가 자도
> 록 허락한다. … 자식을 낳아 장성하면 신부를 데리고 자기 집으로 간다.
>
> ─ 『삼국지』

① 5부족 연맹체이다.
② 1책 12법, 연좌제 등 4조목의 법이 전해진다.
③ 식량 부족으로 약탈 경제가 발달하였다.
④ 국가 중대사를 제가회의에서 결정하였다.
⑤ 처벌은 엄격하였으나 감옥이 없었다.

02 다음은 통일신라 시대의 관리 선발 방식에 대한 설명이다. 이 제도를 실시한 왕대에 일어난 사건으로 옳지 않은 것을 〈보기〉에서 모두 고르면?

> 국학의 기능을 강화하기 위하여 경전의 이해 정도에 따라 상품(上品), 중품(中品), 하품(下品)으로
> 등급을 나누어 관리를 선발하였다.

> **보기**
> ㉠ 발해를 외교적 대상 국가로 인식하여 사신을 보냈다.
> ㉡ 원종·애노의 난이 발생하였다.
> ㉢ 청해진의 반란을 제압하였다.
> ㉣ 처음으로 승관(僧官)을 두었다.

① ㉠, ㉡   ② ㉠, ㉢
③ ㉡, ㉢   ④ ㉢, ㉣
⑤ ㉠, ㉡, ㉢

03 다음은 3·1 운동 당시 일본 헌병대의 보고서이다. 이러한 투쟁 양상이 나타나게 된 원인으로 옳은 것은?

> 그중 과격한 사람은 낫, 곡괭이, 몽둥이 등을 가지고 전투 준비를 갖추었으며, 군중들은 오직 지휘자의 명령에 따라 마치 훈련받은 정규병처럼 움직였다. 그리고 그들은 집합하자마자 우선 독립 만세를 고창하여 그 기세를 올리고, 나아가 면사무소, 군청 등 비교적 저항력이 약한 데를 습격함으로써 군중의 사기를 고무시킨 다음 마침내 경찰서를 습격하여 무력 투쟁을 전개하였다.
>
> ─『독립 운동사 자료집 6』

① 간도 참변에 자극을 받은 민중들의 봉기
② 자치론자들의 등장에 대한 민중들의 불만 고조
③ 사회주의 계열이 중심이 된 농민과 노동자들의 계급투쟁
④ 사회진화론에 한계를 느낀 독립 운동가의 투쟁 방법 전환
⑤ 토지 조사 사업으로 심한 수탈을 당했던 농민들의 시위 주도

PART 3

04 다음 중 밑줄 친 '이 농서'가 처음 편찬된 시기의 문화에 대한 설명으로 옳지 않은 것은?

> 『농상집요』는 중국 화북지방의 농사 경험을 정리한 것으로, 기후와 토질이 다른 조선에는 도움이 될 수 없었다. 이에 농사 경험이 풍부한 각 도의 농민들에게 물어서 조선의 실정에 맞는 농법을 소개한 이 농서가 편찬되었다.

① 『석보상절』, 『월인천강지곡』 등의 서적을 편찬하였다.
② 수시력과 회회력을 참고하여 한양을 기준으로 새로운 역법(曆法)을 만들었다.
③ 성현이 당시의 음악을 집대성하여 『악학궤범』을 편찬하였다.
④ 측우기를 한양과 각 도의 군현에 설치하였다.
⑤ 다양한 종류의 금속활자가 주조되었다.

05 다음 글과 관련이 있는 운동은?

> 미국은 우리가 본래 모르던 나라입니다. 돌연히 타인의 권유로 불러들였다가 그들이 우리의 허점을 보고 어려운 요구를 강요하면 장차 이에 어떻게 대응할 것입니까? … 러시아는 본래 우리와는 싫어하고 미워할 처지에 있지 않은 나라입니다. 러시아, 미국, 일본은 같은 오랑캐입니다. 그들 사이에 누구는 후하게 대하고 누구는 박하게 대하기는 어려운 일입니다.

① 동학 농민 운동
② 애국 계몽 운동
③ 물산 장려 운동
④ 국채 보상 운동
⑤ 위정 척사 운동

06 다음은 1911년에 발표된 제1차 조선교육령의 일부이다. 이를 통해 알 수 있는 당시의 교육 정책으로 옳지 않은 것은?

> **제2조** 교육은 충량한 국민을 육성하는 것을 본의로 한다.
> **제5조** 보통 교육은 보통의 지식, 기능을 부여하고, 특히 국민된 성격을 함양하며, 국어를 보급함을 목적으로 한다.
> **제6조** 실업 교육은 농업, 상업, 공업 등에 관한 지식과 기능을 가르치는 것을 목적으로 한다.
> **제28조** 공립 또는 사립의 보통학교, 고등보통학교, 여자고등보통학교, 실업학교 및 전문학교의 설치 또는 폐지는 조선 총독의 허가를 받아야 한다.

① 조선인을 위한 고등 교육 기관을 세우지 않았다.
② 보통 교육의 실시를 통해 일본어를 보급하려 하였다.
③ 사립학교 허가제를 통해 사립학교의 설립을 억제하였다.
④ 조선어와 조선 역사 과목을 폐지하여 금지시켰다.
⑤ 식민지 산업화에 필요한 노동력을 양성하기 위하여 실업 교육을 실시하였다.

07 다음 중 시기상 빈칸 (가), (나)에 들어갈 사건으로 옳지 않은 것은?

강화도 조약 – (가) – 3 · 1 운동 – (나) – 광복

① (가) : 제너럴 셔먼호 사건, (나) : 청산리 대첩
② (가) : 대한매일신보 발간, (나) : 한국광복군 창설
③ (가) : 수신사 파견, (나) : 국채보상운동
④ (가) : 광무개혁, (나) : 물산장려운동
⑤ (가) : 가쓰라 – 태프트 밀약, (나) : 대한민국 임시정부 수립

08 다음은 조선 시대의 한 제도에 대한 내용이다. 이를 시행한 왕의 업적으로 옳지 않은 것은?

> 양역을 절반으로 줄이라고 명하였다. 구전은 한 집안에서 거둘 때 주인과 노비의 명분이 문란해진다. 결포는 정해진 세율이 있어 더 부과하기가 어렵다. 호포나 결포는 모두 문제되는 바가 있다. 이제는 1필로 줄이도록 그 대책을 강구하라.

① 『속대전』을 편찬하였다.
② 노비종부법을 시행하였다.
③ 서원을 철폐하였다.
④ 신문고를 부활시켰다.
⑤ 청계천을 정비하였다.

09 다음 밑줄 친 '이 승려'가 한 일로 옳은 것은?

> 황해도 출신으로 명종 때 승과제 급제하였다. 당시 불교는 교종과 선종이 대립하고 있었고, 선교합일의 이론을 정립하였다. 이후 뜻이 같은 사람들과 함께 송광사에서 결사를 주장하였던 <u>이 승려</u>는 조계종을 부흥시켰다.

① 정혜쌍수를 제창하였다.
② 백련결사를 일으켰다.
③ 교선일치를 시도하였다.
④ 유불일치설을 주장하였다.
⑤ 교관겸수를 주장하였다.

10 다음 글에서 밑줄 친 '이들'에 대한 설명으로 옳은 것을 〈보기〉에서 모두 고르면?

> 김종직과 그 문인들이 성종 때 중앙에 진출하면서 정치적으로 성장하기 시작했다. <u>이들</u> 대부분은 중소 지주적인 배경을 가지고 있는 성리학에 투철한 지방 사족들로, 영남과 기호 지방을 중심으로 성장하였다. 이들은 즉위하면서 중앙에 대거 진출하여 정국을 주도하게 되었다.

> **보기**
> ㄱ. 도덕과 의리의 숭상을 주장하였다.
> ㄴ. 조선 건국에 적극적으로 참여하였다.
> ㄷ. 현량과를 통해 중앙 관료로 대거 등용되었다.
> ㄹ. 중앙 집권과 부국강병을 위해 노력하였다.

① ㄱ, ㄴ   ② ㄱ, ㄷ
③ ㄴ, ㄷ   ④ ㄴ, ㄹ
⑤ ㄷ, ㄹ

11 다음 글을 통해 조선 전기의 경제생활에 대하여 추론한 내용으로 옳은 것은?

> • 검소한 것은 덕(德)이 함께 하는 것이며, 사치는 악(惡)이 큰 것이니 사치스럽게 사는 것보다는
>   차라리 검소해야 할 것이다.
> • 농사와 양잠은 의식(衣食)의 근본이니, 왕도 정치에서 우선이 되는 것이다.
> • 우리나라에는 이전에 공상(工商)에 관한 제도가 없어, 백성들이 게으르고 놀기 좋아하는 자들이
>   수공업과 상업에 종사하였기 때문에 농사를 짓는 백성들이 줄어 들었으며, 말작(末作 : 상업)이
>   발달하고 본실(本實 : 농업)이 피폐하였다. 이것을 염려하지 않을 수 없다.
>
> — 『조선경국전』

① 유교적인 경제관을 강조하여 상공업이 발달할 수 없었다.
② 국가 재정을 확충하기 위하여 국내 상공업 종사자들을 늘렸다.
③ 농업 생산력 증진에 한계를 느끼고 농업에 대한 투자를 줄이고자 하였다.
④ 상공업에 대한 국가 통제를 축소하여 상품 유통 경제를 발전시키고자 하였다.
⑤ 농민들은 상품 화폐 경제의 원활한 발전을 위하여 저화와 동전을 만들어 사용하였다.

12 다음 그림과 관련하여 당시 대외 관계에 대한 설명으로 옳은 것은?

① 울릉도와 독도 문제 해결을 위해 통신사 및 일본 사신의 파견이 빈번하였다.
② 이종무의 쓰시마 섬 정벌로 인하여 우리나라 사신을 맞는 일본의 태도가 정중하였다.
③ 왜구의 소란으로 조선에서는 3포 개항을 불허하고 일본 사신의 파견만을 허용하였다.
④ 왜란 이후 끌려간 도공과 백성들을 돌려받기 위하여 조선 정부는 매년 통신사를 파견하였다.
⑤ 일본은 조선의 문화를 받아들이고 에도 막부의 권위를 인정받기 위해 통신사 파견을 요청하였다.

13 다음과 같은 주장을 한 학자에 대한 설명으로 옳은 것은?

> 하늘에서 본다면 어찌 안과 밖의 구별이 있겠는가? 그러므로 각각 자기 나라 사람을 친밀하게 여기고 자기 임금을 높이며 자기 나라를 지키고 자기 풍속을 좋게 여기는 것은 중국이나 오랑캐나 한 가지이다. 대저 천지가 바뀜에 따라 인물이 많아지고, 인물이 많아짐에 따라 물(物)과 아(我)가 나타나고, 물아가 나타남에 따라 안과 밖이 구분된다.

① 천주교 서적을 읽고 신앙생활을 하였다.
② 우리 풍토에 맞는 약재와 치료 방법을 정리하였다.
③ 서울을 기준으로 천체 운동을 정확하게 계산하였다.
④ 청에 왕래하면서 얻은 경험을 토대로 부국강병을 추구하였다.
⑤ 외국 자료를 참고한 역사서를 지어 민족사 인식의 폭을 넓혔다.

14 다음 지도에서 알 수 있는 시기의 상황으로 옳은 것은?

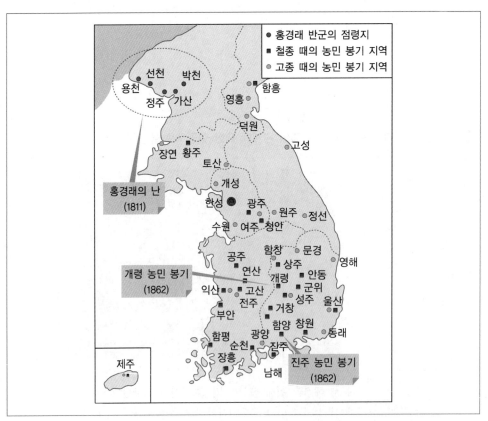

① 집권 무신들의 부정부패 만연
② 서인과 남인의 예송 논쟁
③ 문벌 귀족들의 불법적인 대토지 소유
④ 세도 정치에 따른 정치 기강의 문란
⑤ 훈구 세력과 사림 세력 간의 정권 다툼

15 다음 글의 밑줄 친 ㉠, ㉡에 대한 설명으로 옳은 것은?

> 조선 후기에 성리학이 현실 문제를 해결할 수 있는 기능을 상실하자, 이를 비판하면서 민생안정과 부국강병을 목표로 하여 비판적이고 실증적인 논리로 사회 개혁론을 제시한 실학이 등장하게 되었다. 실학자들 가운데는 농업을 중시하고 ㉠ 토지제도의 개혁을 통해 농민들의 생활을 안정시키는 것이 사회 발전의 기초가 된다고 주장하는 사람들과 ㉡ 상공업 활동을 활발히 하고 청의 선진 문물을 받아들여 기술을 개발함으로써 국가의 경제가 발전될 수 있을 것이라고 생각하는 사람들이 있었다.

① ㉠은 농업의 상업적 경영과 기술 혁신을 통해 생산을 높이자고 주장하였다.
② ㉠은 토지 제도의 개혁을 중심으로 자영농 육성을 통한 개혁을 주장하였다.
③ ㉡은 양반 문벌 제도와 화폐 유통의 비생산성을 적극적으로 주장하였다.
④ ㉡은 급진적인 토지 제도 개혁보다는 점진적인 토지 소유의 평등을 주장하였다.
⑤ ㉠은 서인 중심이었으며, ㉡은 남인 중심으로 두 세력은 철저하게 대립하였다.

16 다음과 같이 활동한 단체에 대한 설명으로 옳은 것은?

> 1. **창립**
>   서재필, 윤치호 등 개화 지식인들이 주도
>
> 2. **활동**
>   - 고종의 환궁 요구
>   - 한 · 러 은행 폐쇄 요구
>   - 구국 선언 상소를 정부에 올림
>   - 의회 설립 요구 및 헌의 6조 건의
>
> 3. **해산**
>   황국 협회의 방해, 고종의 군대 동원

① 만세보를 발행하여 민중 계몽에 힘썼다.
② 만민 공동회를 열어 민권 신장을 추구하였다.
③ 대성 학교를 설립하여 교육 활동을 전개하였다.
④ 민립 대학 설립을 위한 모금 운동을 추진하였다.
⑤ 일본에게 진 빚을 갚자는 국채 보상 운동을 주도하였다.

17 다음 (가), (나)의 인물에 대한 설명으로 옳은 것은?

> • (가) : 이(理)를 강조하였으며, 『주자서절요』, 『성학십도』 등을 저술하였다.
> • (나) : 기(氣)를 강조하였으며, 『동호문답』, 『성학집요』 등을 저술하였다.

① (가)의 문인과 성혼의 문인들이 결합해 기호학파를 형성하였다.

② (나)는 근본적이고 이상주의적 성격이 강하였다.

③ (가)의 사상이 일본의 성리학 발전에 큰 영향을 주었다.

④ (나)는 군주 스스로 성학을 따를 것을 주장하였다.

⑤ (가), (나) 모두 노장사상에 대해 포용적인 자세를 취하였다.

18 다음 기사에 보도된 사건 이후의 사실로 옳은 것은?

> **[논설] 헤이그 국제 회의에 우뚝 선 대한 청년**
>
> 헤이그에서 온 전보에 의하면 이위종은 국제 회의에서 기자들이 모인 가운데 을사늑약이 무효인 이유를 프랑스어로 세 시간 동안이나 연설하였다고 한다. 이위종은 진정한 애국지사이며 출중한 인물이다. 오늘날 한국에 이러한 청년들이 수백 수천이 있어 각각 어깨 위에 대한 강토를 걸머지고 있으면 한국이 장차 국권을 회복할 것을 믿어 의심치 않는다.

① 고종이 국외 중립을 선언하였다.

② 김옥균 등 개화 세력이 정변을 일으켰다.

③ 군국기무처를 중심으로 개혁이 추진되었다.

④ 보안회가 일제의 황무지 개간권 요구를 철회시켰다.

⑤ 13도 창의군이 결성되어 서울 진공 작전을 전개하였다.

19 다음 격문을 발표한 항일 운동에 대한 설명으로 옳은 것은?

> 학생 대중아 궐기하자!
> 검거자를 즉시 우리들이 탈환하자!
> ……
> 교내에 경찰권 침입을 절대 반대하자!
> 교우회 자치권을 획득하자!
> 직원회에 생도 대표자를 참석시켜라!
> 조선인 본위의 교육 제도를 확립시켜라!

① 고종의 인산일을 계기로 일어났다.
② 중국의 5·4 운동에 영향을 주었다.
③ 형평사를 중심으로 진주에서 시작되었다.
④ 신간회에서 조사단을 파견하여 지원하였다.
⑤ 일제가 이른바 문화 통치를 실시하는 배경이 되었다.

20 다음 선언을 발표한 정부의 통일 노력으로 옳은 것은?

> • 남과 북은 나라의 통일 문제를 그 주인인 우리 민족끼리 서로 힘을 합쳐 자주적으로 해결해 나가기로 하였다.
> • 남과 북은 나라의 통일을 위한 남측의 연합제 안과 북측의 낮은 단계의 연방제 안이 서로 공통성이 있다고 인정하고, 앞으로 이 방향에서 통일을 지향시켜 나가기로 하였다.

① 남북 조절 위원회를 구성하였다.
② 금강산 관광 사업을 실시하였다.
③ 남북 기본 합의서를 채택하였다.
④ 제2차 남북 정상 회담을 개최하였다.
⑤ 이산가족 고향 방문을 최초로 성사시켰다.

MEMO

PART 4

영어

정답 및 해설 p.048

01 | 어휘·어법

01 다음 중 밑줄 친 부분의 의미와 유사한 단어는?

> David decided to <u>efface</u> some lines from his manuscript.

① enlighten   ② appreciate

③ construe   ④ recite

⑤ erase

02 다음 밑줄 친 부분 중 어법상 옳지 않은 것은?

> I was greeted immediately by a member of the White House's legislative staff and led into the Gold Room, ① <u>where</u> most of the incoming House and Senate members had already gathered. At sixteen hundred hours on the dot, President Bush ② <u>announced</u> and walked to the podium, looking vigorous and fit, with that jaunty, determined walk ③ <u>that</u> suggests he's on a schedule and wants to keep detours to a minimum. For ten or so minutes he spoke to the room, ④ <u>making</u> a few jokes, calling for the country to come together, before inviting us to ⑤ <u>the other</u> end of the White House for refreshments and a picture with him and the First Lady.

03 다음 밑줄 친 부분 중 문맥상 단어의 쓰임이 적절하지 않은 것은?

> We tend to think of the skin as a separate organ — just a ① <u>wrapping</u> of our more delicate inner parts. But the skin is connected to every system in the body — from your circular and digestive systems to your immune and nervous systems. All must work ② <u>interactively</u> for total body health. Both heart and skin, for example, rely on veins. This helps explain why, when you get angry, your heart beats faster and your face ③ <u>reddens</u>. This interconnectedness between the skin and the internal body is largely forgotten by people who see skin as a ④ <u>connected</u> entity. It's a two-way street. When we damage the skin, we damage our insides. Similarly, what we experience inside our bodies could have ⑤ <u>indications</u> on the outside.

04 다음 중 밑줄 친 부분의 의미와 가장 가까운 단어는?

> Korea Electric Power Corporation will conduct <u>inspections</u> on ground power facilities and construction sites where accidents are feared to occur in order to prevent safety accidents and provide stable electricity.

① maintain   ② examination

③ termination   ④ ruination

⑤ component

05

Are you famous for your short temper? Do you find yourself (A) <u>taking / getting</u> into frequent arguments and fights? Anger is a normal and healthy emotion. When you have been mistreated, it is perfectly normal to feel angry. It only becomes a problem when anger explodes all the time or easily gets out of control. Explosive anger can (B) <u>have / make</u> serious consequences for your relationships, your health, and your state of mind. If you have a hot temper, you may feel like there is little you can do to control it. In fact, controlling your anger is easier than you might think. With some effective anger management technique, you can learn how to express your feelings in healthier ways and keep your temper from getting out of control. When you are able to control yourself and act appropriately, you will not only feel better about yourself but also (C) <u>bring / keep</u> your relationships strong.

	(A)	(B)	(C)
①	getting	have	bring
②	getting	have	keep
③	getting	make	keep
④	taking	have	bring
⑤	taking	make	keep

06

The decline in death rates, which has meant an overall increase in the world population, (A) <u>brought under / brought about</u> the birth control movement. Scientific advances during the eighteenth and nineteenth centuries (B) <u>resulted from / resulted in</u> better food supplies, the control of diseases, and safer work environments for those living in developed countries. These improvements combined with progress in medicine to save and prolong human lives. During the 1800s, the birth rate, which in earlier times had been (C) <u>added to / offset by</u> the death rate, became a concern to many who worried that population growth would outstrip the planet's ability to provide adequate resources to sustain life.

	(A)	(B)	(C)
①	brought under	resulted from	added to
②	brought about	resulted in	added to
③	brought under	resulted in	offset by
④	brought about	resulted in	offset by
⑤	brought under	resulted from	offset by

07

Yi Sun-sin became a military officer in 1576. The Korean military at the time, similar to many others, did not have a separate army and navy. Yi commanded a frontier post on the Yalu River and fought the northern nomads before (A) appointing / being appointed as an admiral by the king. He knew that the greatest threat to Korea was a sea-borne invasion from Japan. He immediately began modifying the Korean fleet. Without Yi Sun-sin, who (B) won / has won every one of his 22 naval battles, Japan would certainly have conquered Korea. Some experts believe Japan could also have overcome China. And if the Japanese had conquered Korea, nothing could have stopped (C) them / themselves from annexing the Philippines.

	(A)	(B)	(C)
①	appointing	won	them
②	being appointed	has won	themselves
③	appointing	has won	themselves
④	being appointed	won	them
⑤	being appointed	has won	them

08 다음 밑줄 친 부분 중 문맥상 단어의 쓰임이 적절하지 않은 것은?

When there is a ① inconsistency between the verbal message and the nonverbal message, the latter typically weighs more in forming a judgement. For example, a friend might react to a plan for dinner with a comment like "that's good," but with little vocal enthusiasm and a muted facial expression. In spite of the ② verbal comment, the lack of expressive enthusiasm suggests that the plan isn't viewed very positively. In such a case, the purpose of the positive comment might be to avoid a disagreement and support the friend, but the lack of a positive expression unintentionally ③ leaks a more candid, negative reaction to the plan. Of course, the muted expressive display might also be strategic and ④ intentional. That is, the nonverbal message is calculated, but designed to let the partner know one's candid reaction ⑤ directly. It is then the partner's responsibility to interpret the nonverbal message and make some adjustments in the plan.

09 다음 중 밑줄 친 부분의 의미와 유사한 단어는?

> The Polish coach admits he would love to <u>emulate</u> the Frenchman by taking charge of 1,000 matches at the same club.

① imitate   ② comfort
③ excruciate   ④ substantiate
⑤ announce

10 다음 중 빈칸에 들어갈 단어가 바르게 짝지어진 것은?

> Psychologically, it has been proven over a number of different studies and experiments that the most effective way to memorize material is to study it regularly over a long period of time. The so-called "spacing effect," whereby information is presented at (A) <u>intervals /</u> <u>instances / repetition</u> spread out over time, allows subjects to perform well in tests of free recall, cued-recall, and recognition. In stark contrast, "cramming" — the term used to describe last-minute study — is not as valuable. Using this method of memorization, most people perform poorly on recall and recognition tests even a short time after their (B) <u>extensive /</u> <u>intensive / excessive</u> period of study. Moreover, cramming imparts very little information that actually stays in the medium-term or long-term memory, whereas spaced presentation helps subjects store key details over a much longer time span.

	(A)	(B)			(A)	(B)
①	intervals	extensive		②	intervals	intensive
③	instances	intensive		④	repetition	excessive
⑤	repetition	extensive				

01 다음 중 빈칸에 들어갈 단어가 바르게 짝지어진 것은?

> No one knew of the existence of the Indus culture until archeologists discovered it at the site of Harappa in the 1920s. Since then, some seventy cities, the largest ⓐ Harappa and Mohenjo-Daro, have been identified. This urban civilization had bronze tools, writing, covered drainage systems, and a diversified social and economic organization. Though it ⓑ the least understood of the early river valley civilizations, archeological evidence and inferences from later Indian life allows us to reconstruct something of its culture.

	ⓐ	ⓑ
①	are	remains as
②	be	remained
③	being	remained as
④	being	remains
⑤	are	remained

02 다음 중 빈칸에 들어갈 연결어로 가장 적절한 것은?

> Newspapers, popular magazines, radio, and television aid consumers. The media play a vital role in warning people about *frauds being practiced locally. They also offer useful advice on investing, health and nutrition, housing, and other topics of special interest to consumers. _____, the media help people resolve consumer complaints. Businesses that might ignore a consumer acting alone respond fast and favorably when a reporter gets involved. This is because they want to avoid unfavorable publicity.
>
> *fraud 사기

① In short   ② In contrast

③ In addition   ④ As a result

⑤ For example

03　다음 중 빈칸에 들어갈 구절로 가장 적절한 것은?

Compared to past generations, we are quite well off. In the past fifty years, the average buying power has more than tripled. We own a lot of electronic devices that are designed to make our lives easire, but still, as sociologists are eager to point out, there is no end to the list of things to do in our daily lives. We work as hard as our grandparents did, and the result is flawlessness but not freedom. The curtain edges are free of dirt, the picture hooks on the wall are firmly in place, and our eggs come out just the way we like them. The more we have the more we want. The result is an apparent scarcity of time, a dilemma that seems to grow with each passing year, even though there is plenty of time to go around. _____ is the price we pay for an abundance of options.

① Feeling pressed for time

② Being exposed to danger

③ A widening generation gap

④ Boredom out of convenience

⑤ Economic imbalance among social groups

04　다음 중 빈칸에 들어갈 단어로 가장 적절한 것은?

When you write your university admission essay on your personal achievements, don't fall into the trap of _____ your experiences or the lessons you've learned. Instead, think critically about your topic even if it seems mundane to you, and try to understand and clearly express why that experience was valuable for you. Try to avoid too long-winded sentences that are not based on facts. The more you try to puff yourself up, the less honest you look in admission officers' eyes. Stick with 'factual writing', and you can create a more impressive, memorable essay without embellishing your experiences.

① exaggerating
② personalizing
③ reorganizing
④ underestimating
⑤ simplifying

05 다음 글의 흐름으로 보아 〈보기〉의 문장이 들어갈 위치로 가장 적절한 곳은?

There is an interesting relationship between a country's developmental progress and its population structure. ① According to the theory of demographic transition, nations go through several developmental stages. ② The earliest stage is characterized by high birth and death rates and slow growth. ③ As they begin to develop, the birth rate remains high, but the death rate falls. ④ Then, as industrialization peaks, the birth rate falls and begins to approximate the death rate. ⑤ Eventually, population growth slows drastically, reaching a stage of very modest growth which is seen in many European nations today.

보기

The result is that the population enters a period of rapid growth.

PART 4

06 다음 글의 내용을 한 문장으로 요약하고자 한다. 빈칸에 들어갈 단어가 바르게 짝지어진 것은?

We often spend our childhood years testing our physical limits by doing all kinds of team sports. When we become high school students, we go so far as to engage in two or three team sports. That's because we have enough physical strength. By the time we reach adulthood, however, very few of us can compete at the elite level, even though more than half of us still enjoy playing sports. That is, we're finding we're not as physically strong as we used to be. Naturally, we move away from team sports requiring collision, such as football, soccer, or basketball, and toward sports that offer less risk of physical injury or stress on the body. Actually, many people turn to sports for individuals. Thus, team sports become more difficult to organize in an adult world.

↓

Adults tend to _____(A)_____ team sports, as their level of _____(B)_____ changes with age.

	(A)	(B)
①	avoid	physical fitness
②	avoid	emotional experience
③	organize	emotional experience
④	value	physical fitness
⑤	value	emotional experience

07 다음 중 빈칸에 들어갈 단어로 가장 적절한 것은?

Yousuf Karsh had a gift for capturing the soul of his subjects in his portraits. He once said, "Within every man and woman a secret is hidden, and it is my task to reveal it." To reveal the hidden secret, Karsh communicated with and studied all his subjects before taking their photographs. _____, when he took a picture of a musician, he listened to all his or her music. When he photographed a novelist, he read all the writer's books. As a result, viewers feel as if they have truly seen a moment in a famous person's life.

① In fact
② However
③ Nevertheless
④ Consequently
⑤ Regrettably

08 다음 대화의 빈칸에 들어갈 말로 가장 적절한 것은?

A : I am too tired. It's only 7:30 in the morning! Let's take a rest for a few minutes.
B : Don't quit yet. Push yourself a little more. When I started jogging, it was so hard for me, too.
A : Have pity on me then. This is my first time.
B : Come on. After you jog another three months or so, you will be ready for the marathon.
A : Marathon! How many miles is the marathon?
B : It's about thirty miles. If I jog everyday, I'll be able to enter it in a couple of months.
A : _____ I am exhausted now after only half a mile. I am going to stop.

① Count me out!
② Why shouldn't I enter the marathon?
③ Why didn't I think of that?
④ I don't believe so.
⑤ Look who is talking!

09 다음 중 빈칸 (A), (B)에 들어갈 내용이 바르게 짝지어진 것은?

Do you know one of the best remedies for coping with family tension? Two words : "I'm sorry." It's amazing how hard some people find them to say. They think it implies weakness or defeat. Nothing of the kind. In fact, it is exactly the _____(A)_____. Another good way of relieving tension is a *row! The sea is ever so much calmer after a storm. A row has another _____(B)_____. When tempers are raised, unspoken truths usually come out. They may hurt a bit, especially at the time. Yet, at the end, you know each other a bit better. Lastly, most of the tensions and quarrels between children are natural. Even when they seem to be constant, wise parents don't worry too much.

*row 말다툼

	(A)	(B)
①	same	advantage
②	opposite	advantage
③	opposite	disadvantage
④	opposite	disadvantage
⑤	same	disadvantage

10 다음 중 빈칸에 들어갈 내용으로 가장 적절한 것은?

_____ is thought by many experts to contribute to good moods. Ray Castle, 50, from London, has enjoyed gardening since childhood. "When I'm in a bad mood, gardening always cheers me up." he says. "Being outside, or even sitting in a greenhouse surrounded by plants, is instantly relaxing." If getting outside isn't possible, simply spending time near a window where you can see some grass and trees can help. A study shows that workers whose offices were located in a natural setting were more enthusiastic about their jobs and felt less pressured than those whose offices overlooked a car park.

① Enough rest or sleep

② Regular exercise

③ Contact with nature

④ Positive thinking

⑤ Harmonious social life

01 다음 글의 내용으로 적절하지 않은 것은?

> Aesop was a man who lived in Greece from about 620 to 560 B.C. He told fables that were about different animals. Fables are short stories that have a moral or lesson. After Aesop died, many other people told his tales and added new ones. These tales have become known as Aesop's fables. They are the most famous fables in the world. Although Aesop's fables are usually stories about animals, they help teach humans how to live their lives well.

① 이솝은 기원전에 그리스에 살았다.
② 이솝은 동물에 관한 우화를 들려주었다.
③ 우화는 재미있지만 교훈과는 거리가 있다.
④ 이솝 우화는 인간에게 잘 사는 법을 가르쳐 준다.
⑤ 많은 사람들이 그의 이야기를 들려주었다.

02 다음 글에 드러난 Joni의 심경으로 가장 적절한 것은?

> Joni went horseback riding with her older sisters. She had a hard time keeping up with them because her pony was half the size of their horses. Her sisters, on their big horses, thought it was exciting to cross the river at the deepest part. They never seemed to notice that Joni's little pony sank a bit deeper. It had rained earlier that week and the river was brown and swollen. As her pony walked into the middle of the river, Joni turned pale, staring at the swirling waters rushing around the legs of her pony. Her heart started to race and her mouth became dry.

① happy   ② bored
③ guilty   ④ frightened
⑤ grateful

03 다음 글의 목적으로 가장 적절한 것은?

Welcome and thank you for joining the dining club. Our club offers a unique dining experience. You will be trying food from all over the world, but more importantly, you will have the chance to experience each country's dining traditions and customs. In India, for example, they use their hands to eat. If you are used to using forks and knives, you may find this challenging. In France, dinners have many courses, so make sure to schedule enough time for the French meal. In Japan, they don't eat their soup with a spoon, so you have to drink directly from the bowl. These are some of the things you will experience every Saturday evening until the end of August. We hope you will enjoy your dining adventure.

① 식기 사용 방법을 교육하려고
② 음식 맛의 차이를 설명하려고
③ 해외 여행 일정을 공지하려고
④ 식사 문화 체험 행사를 알리려고
⑤ 문화 체험관 개관식에 초대하려고

PART 4

04 다음 글의 주제로 가장 적절한 것은?

In the early 19th century, as long as a dish looked fancy, its taste was not important. Dishes were decorated with pretty toppings, which could not be eaten. Moreover, food was usually served cold and put in huge buffets with more than 100 different dishes. Auguste Escoffire (born in 1846) is a legendary French chef who made cooking trends of that time simple. He believed that food was for eating, not for looking at. When it came to serving food, he changed the practice of large buffet-style meals. The meals were broken down into several courses, with one dish per course. Unlike the huge buffets, each course could be served fresh from the kitchen. This was a revolution in the history of cooking. There was another advantage to Escoffire's style : the food could be served hot. This was an exciting change for those who were used to cold buffets. Escoffire thought that the flavors of food were stronger when meals were served hot. This was not only appealing to his customers' sense of taste, but also pleasing to their sense of smell. The smell of food also helps us prepare to enjoy the meal. Before we taste a bite, we experience it through its smell.

① Auguste Escoffire가 가져온 변화
② Auguste Escoffire가 운영하던 식당의 성공 비결
③ Auguste Escoffire의 시도에 대한 대중의 반응
④ 19세기 초 뷔페 요리의 다양한 가짓수
⑤ 19세기 초 뷔페 고객들의 음식 선호도

05 다음 글의 흐름상 어색한 문장은?

The first cookies were created by bakers as tester cakes and were not meant to be eaten. ① In the 7th century, in the Persian royal bakery, there were no temperature regulators in the ovens. ② The macaroon first came to France from Italy in the 16th century. So when it came time to bake the cakes for the royals, bakers had to find a way to make sure the oven was hot enough. ③ They devised a method of taking a bit of cake batter and placing it in the oven. ④ If it cooked right away, it was time for the cake to go in. People soon realized that these little tester cakes, the size of the most of today's cookies, were actually quite good and shouldn't be thrown away. ⑤ And thus, the cookie was born. There are many different cookies around the globe, and each type of cookie has a different taste, shape, color and texture. Even when the main ingredients are similar, cookies from different places include local ingredients that give them a special taste.

06 다음 글의 제목으로 가장 적절한 것은?

The zoologist and specialist in human behavior, Desmond Morris, says that the reason people start to walk like each other is that they have a subconscious need to show their companions that they agree with them and so fit in with them. This is also a signal to other people that 'we are together, we are acting as one.' Other studies suggest that we adopt the mannerisms of our company as well, especially our superiors, such as crossing our legs in the same direction as others. An example often given is when, in a meeting, the boss scratches his nose and others at the table then follow him without realizing it.

① Why People Mimic Others
② Take a Walk for Your Health
③ Good Manners with Superiors
④ Benefits of Good Companionship
⑤ Differences Between Man and Animals

07 다음 글에 나타난 분위기로 가장 적절한 것은?

It is winter, and outside the night sky is dark and full of stars. This night is windless and, like all such nights, deeply silent. A heavy blanket of new snow covers the ground and bends the limbs of trees. The air smells new. Clustered within a stand of tall spruce trees are a group of birch bark lodges. Within each a fire burns, the firelight shining through the bark coverings and throwing a low orange-yellow glow on the surrounding trees and snow. The only sound that can be heard comes faintly from inside one of the dwellings, a soft aged voice lulling a baby to sleep.

① bleak and gloomy
② inspired and lonely
③ peaceful and serene
④ fatigued and isolated
⑤ refreshed and scared

08 다음 글에서 필자가 주장하는 바로 가장 적절한 것은?

Leadership brings with it enormous responsibility. It also exposes one to blame when things go wrong. Given those twin burdens, the question is, Why would anyone want to be a leader? First off, some people like to be leaders because the role offers them access to special information. Organizational and institutional leaders know what's going to happen before anyone else. Second, when things go well, the leader usually gets the credit, and praise is always an appealing reward. But people who aspire to be leaders are also inclined to think they can do a better job than anyone else. An instructor, for instance, may want to become department chairman in order to bring about what he or she considers necessary reforms. Acceptance is yet another motive for leadership. People who don't feel personally successful sometimes convince themselves that becoming a leader in their profession will win them the approval of others. Finally, some people want to become leaders because they like the idea of gaining public recognition. Becoming the president of a company or, for that matter, of the PTA all but guarantees public notice.

① 모든 분야의 지도자는 직업적으로 성공한 사람이다.
② 능력이 뛰어난 사람만이 지도자가 될 수 있다.
③ 사람들은 다양한 이유로 지도자가 되려고 한다.
④ 사람들은 주로 인정받기 위해 지도자가 되려고 한다.
⑤ 지도자가 되는 것은 많은 책임이 따르기 때문에 가치가 있다.

09 다음 글을 쓴 목적으로 가장 적절한 것은?

> Sometimes promises made in good faith can't be kept. Even though we strive to be error-free, it's inevitable that problems will occur. Not everything that affects your customer's experience with you is within your control. What should you do when the service promise is broken? When you discover a broken promise or have one pointed out to you, the first thing to do is to apologize. Don't waste time blaming yourself, your company, or your customer. Admit that something has gone wrong, and immediately find out what your customer's needs are.

① 효율적인 여가 시간 활용의 중요성을 강조하려고
② 업무상 약속 불이행 시 대처 방법을 조언하려고
③ 업무 관련 연수의 필요성을 안내하려고
④ 새로운 인사 관리 시스템을 소개하려고
⑤ 동료 간의 협동 정신을 고취하려고

10 다음 글의 밑줄 친 'two basic things'가 가리키는 내용으로 가장 적절한 것은?

> Driving can be fun. However, most of drivers ignore two basic things when they drive : They forget to keep enough distance from the car in front, and they don't wear seat belts.

① 차선 지키기, 신호 지키기
② 안전거리 확보, 차선 지키기
③ 안전거리 확보, 좌석벨트 착용
④ 좌석벨트 착용, 규정 속도 유지
⑤ 차선 지키기, 규정 속도 유지

※ 다음 글을 읽고 이어지는 질문에 답하시오. [1~2]

Does it matter if people are paying for image instead of substance? Many of the arguments against brands are similar to those long deployed against advertising; that they lure people into buying things they do not need or paying more for things than they are worth; that they lead to unhappiness among those who cannot afford them; and that they represent a triumph of consumerism over human values.

A particular concern is that brands are increasingly targeting younger people, who are more prone to the desires and insecurities that emotional branding seeks to exploit. Many parents today despair at their children, obsession with brands, a phenomenon unknown in their own younger days.

On the other hand, it can be argued that brands are just harmless fun. Consumers are not stupid; they know what they are doing when they pay extra for branded products, and happily do so for the cachet they bring. The pleasure of owning a Prada handbag would be greatly diminished if Tesco sold them for the price of a can of baked beans.

In a sense, the argument seems pointless since brands, like advertising, are an essential part of the consumer society. As long as competitive capitalism exists, brands are here to stay.

01   다음 중 윗글에 나타난 필자의 태도는?

① triumphant

② positive

③ optimistic

④ critical

⑤ excitement

02   다음 중 상표와 광고의 공통점은?

① Nothing.

② They drive consumption.

③ They force investors to buy more.

④ They make people get over their obsession.

⑤ All.

※ 다음 대화 내용을 읽고 이어지는 질문에 답하시오. **[3~4]**

Jin : Didn't you come to school yet? I have a question for you. Did you take a management class last year?

Rome : Yes, I took a class. I think the professor was Miss, Chan. What's going on?

Jin : My girlfriend took the class this time. Can I borrow your notebook that you were studying?

Rome : I'm sorry. Another friend borrowed that notebook and is using it now.

Jin : Then if you give me a moment, can I copy the notebook? Instead, I'll give you 10 meal tickets as a gift.

Rome : If you need me, I get it. Instead, I'll ask another friend first. When should I give it to you?

Jin : Please lend me that after lunch. The lunchtime is 13:00 ~ 14:00, right? Then I'll copy it right away while you're in class and give it back to your friend.

Rome : Okay! I'll see you after lunch!

---

03 다음 중 Rome가 처음에 노트를 빌려주지 않은 이유로 가장 적절한 것은?

① Jin과 친하지 않아서

② Jin의 부탁이 무례하다고 생각해서

③ Jin에게 빌려주기 전 다른 친구에게 빌려줘서

④ 이미 노트를 잃어버려서

⑤ 수업 내용을 제대로 필기하지 않아서

04 다음 중 Rome와 Jin이 만날 수 있는 시간은?

① 11:30   ② 11:45

③ 12:00   ④ 13:00

⑤ 14:00

(A) While I was walking along the road the other day I happened to notice a small brown leather purse lying on the pavement. I picked it up and opened it to see if I could find out the owner's name. There was nothing inside it except some small change and a rather old photograph a picture of (a) a woman and a young girl about twelve years old, who looked like the woman's daughter.

(B) Of course she was very surprised when I was able to describe her purse to her. Then I explained that I had recognized her face from the photograph I had found in the purse. My uncle insisted on going round to the police station immediately to claim the purse. As the police sergeant handed it over, he said that it was a remarkable coincidence that I had found not only the purse but also (b) the person who had lost it.

(C) That evening I went to have dinner with an uncle and aunt of mine. They had also invited another person, (c) a young woman, so that there would be four people at table. The young woman's face was familiar, but I could not remember where I had seen it. I was quite sure that we had not met before. In the course of conversation, however, the young woman happened to remark that she had lost her purse that afternoon. I at once remembered where I had seen her face. She was (d) the young girl in the photograph, although she was now much older.

(D) I put the photograph back and took the purse to the police station, where I handed it to the sergeant in charge. Before I left, the sergeant made a note of my name and address in case (e) the owner of the purse wanted to write and thank me.

05 다음 중 (A)에 이어질 내용을 논리적 순서대로 바르게 나열한 것은?

① (B) − (C) − (D)   ② (C) − (B) − (D)

③ (C) − (D) − (B)   ④ (D) − (B) − (C)

⑤ (D) − (C) − (B)

06 다음 밑줄 친 (a) ~ (e) 중 가리키는 대상이 나머지 넷과 다른 것은?

① (a)   ② (b)

③ (c)   ④ (d)

⑤ (e)

Locating problems in underground utilities is important, _____. Fixing them is the bulk of the job. Fixing and updating underground utilities in a city is very complicated. It's not just a matter of digging a hole, pulling out bad pipes, and installing good ones. The city and its neighborhoods must continue functioning during the many months it takes to put things right. A company named Insituform has developed technology that can fix a pipe from the inside before it breaks, without any digging. They fill a tube with a special kind of *resin, which is a sticky substance, turn it inside out and send it through the pipe. Then, they heat the water inside the pipe. The resin expands outward, attaches to the interior surface of the pipe, and then hardens. This creates a new pipe inside the old pipe.

The company actually used this technique on the sewers under one of the most famous buildings in the United States, the White House, in Washington, D.C. The pipes dated from around the time of the Civil War (mid 1800s) and needed extensive repair. For security reasons the government decided not to dig up the lawn, but rather to work underground and under tourists' feet.

*resin 수지

07 다음 중 윗글의 제목으로 가장 적절한 것은?

① Effective Technology to Fix Underground Pipes

② Complexities of Digging Holes and Repairing Old Pipes

③ A Company Named Insituform

④ A Long History of the Sewers of the White House

⑤ Diverse Kinds of Underground Utilities in Cities

08 다음 중 빈칸에 들어갈 내용으로 가장 적절한 것은?

① and it leads to a comfortable digging

② but it's not enough

③ and it makes both ends meet

④ but it makes matters complex

⑤ and it usually continues for a few days

(A) I no longer saw the big figure in the same light. Instead of the dull boy who I had hated for a long time, here was someone like me, the human being who had internal value and worth far beyond any externals. It was amazing what I had learnd from being forced to run hand-in-hand with someone. For the rest of my life I have never raised a hand against another person.

(B) At some point during the course of the obligatory mini-marathon that both of us felt anger about, I remember looking over at the large person beside me. His nose was still bleeding a bit. Tears filled his eyes. His giant body slowed him down. Suddenly it struck me that here was a person, not all that different from myself. I guess my unwilling partner thought the same thing because we both looked at each other and began to laugh. In time, we became good friends.

(C) The gym teacher walked into the room, and recognized that I had been fighting with Matt. He sent us out to the running track. He followed us with a smile on his face and said, "I want both of you to run the track holding each other's hands." The class captain erupted into a roar of laughter, and we were embrrassed beyond belief. Hesitantly, my enemy and I started running. What had earlier been fists were now linked in a strange handshake.

09 다음 중 윗글을 논리적 순서대로 바르게 나열한 것은?

① (A) − (C) − (B)
② (B) − (A) − (C)
③ (B) − (C) − (A)
④ (C) − (A) − (B)
⑤ (C) − (B) − (A)

10 다음 중 윗글이 시사하는 바로 가장 적절한 것은?

① 화해하는 데는 친구의 역할이 중요하다.
② 규칙적인 운동은 정신 건강에 이롭다.
③ 강제성을 띤 행동 교정은 오히려 역효과를 낳는다.
④ 협동심을 기르는 것이 문제 해결의 열쇠이다.
⑤ 상대방의 내적 가치를 존중하는 자세가 필요하다.

PART 5

최종점검 모의고사

제1회
최종점검 모의고사

※ 한국산업인력공단 6급 최종점검 모의고사는 채용공고 및 후기를 기준으로 구성한 것으로
  실제 시험과 다를 수 있습니다.

■ 취약영역 분석

| 01 | 직업능력

번호	O/×	영역	번호	O/×	영역	번호	O/×	영역
01		의사소통능력	16		자원관리능력	31		문제해결능력
02		수리능력	17		자원관리능력	32		문제해결능력
03		문제해결능력	18		문제해결능력	33		수리능력
04		문제해결능력	19		문제해결능력	34		조직이해능력
05		자원관리능력	20		의사소통능력	35		조직이해능력
06		자원관리능력	21		의사소통능력	36		직업윤리
07		수리능력	22		직업윤리	37		문제해결능력
08		수리능력	23		의사소통능력	38		수리능력
09		수리능력	24		조직이해능력	39		자원관리능력
10		직업윤리	25		직업윤리	40		자원관리능력
11		조직이해능력	26		자원관리능력			
12		조직이해능력	27		자원관리능력			
13		의사소통능력	28		의사소통능력			
14		수리능력	29		의사소통능력			
15		문제해결능력	30		문제해결능력			

| 02 | 한국사

번호	41	42	43	44	45	46	47	48	49	50	51	52	53	54	55	56	57	58	59	60
O/×																				

| 03 | 영어

번호	61	62	63	64	65	66	67	68	69	70	71	72	73	74	75	76	77	78	79	80
O/×																				

평가문항	80문항	평가시간	80분
시작시간	:	종료시간	:
취약영역			

모바일 OMR

문항 수 : 80문항   응시시간 : 80분

정답 및 해설 p.064

정답 및 해설 p.064

01 직업능력

01 다음 글의 내용으로 적절하지 않은 것은?

> 위기지학(爲己之學)이란 15세기의 사림파 선비들이 『소학(小學)』을 강조하면서 내세운 공부 태도를 가리킨다. 원래 이 말은 위인지학(爲人之學)과 함께 『논어(論語)』에 나오는 말이다. "옛날에 공부하던 사람들은 자기를 위해 공부했는데, 요즘 사람들은 남을 위해 공부한다." 즉, 공자는 공부하는 사람의 관심이 어디에 있느냐를 가지고 학자를 두 부류로 구분했다. 어떤 학자는 "위기(爲己)란 자아가 성숙하는 것을 추구하며, 위인(爲人)이란 남들에게서 인정받기를 바라는 태도"라고 했다.
> 조선 시대를 대표하는 지식인 퇴계 이황(李滉)은 이렇게 말했다. "위기지학이란 우리가 마땅히 알아야 할 바가 도리이며, 우리가 마땅히 행해야 할 바가 덕행이라는 것을 믿고, 가까운 데서부터 착수해 나가되 자신의 이해를 통해서 몸소 실천하는 것을 목표로 삼는 공부이다. 반면, 위인지학이란 내면의 공허함을 감추고 관심을 바깥으로 돌려 지위와 명성을 취하는 공부이다." 위기지학과 위인지학의 차이는 공부의 대상이 무엇이냐에 있다기보다 공부를 하는 사람의 일차적 관심과 태도가 자신을 내면적으로 성숙시키는 데 있느냐, 아니면 다른 사람으로부터 인정을 받는 데 있느냐에 있다는 것이다. 이것은 학문의 목적이 외재적 가치에 의해서가 아니라 내재적 가치에 의해서 정당화된다는 사고방식이 나타났음을 뜻한다. 이로써 당시 사대부들은 출사(出仕)를 통해 정치에 참여하는 것 외에 학문과 교육에 종사하면서도 자신의 사회적 존재 의의를 주장할 수 있다고 믿었다. 더 나아가 학자 또는 교육자로서 사는 것이 관료 또는 정치가로서 사는 것보다 훌륭한 것이라고 주장할 수 있게 되었다. 또한, 위기지학의 출현은 종래 과거제에 종속되어 있던 교육에 독자적 가치를 부여했다는 점에서 역사적 사건으로 평가받아 마땅하다.

① 국가가 위기지학을 권장함으로써 그 위상이 높아졌다.
② 위인지학을 추구하는 사람들은 체면과 인정을 중시했다.
③ 위기적 태도를 견지한 사람들은 자아의 성숙을 추구했다.
④ 공자는 학문을 대하는 태도를 기준으로 삼아 학자들을 나누었다.
⑤ 위기지학은 사대부에게 출사만이 훌륭한 것은 아니라는 근거를 제공했다.

02 다음은 H공장에서 근무하는 근로자들의 임금수준 분포를 나타낸 자료이다. 근로자 전체에게 지급된 임금(월 급여)의 총액이 2억 원일 때, 이에 대한 설명으로 옳은 것을 〈보기〉에서 모두 고르면?

<H공장 근로자의 임금수준 분포>

임금수준(만 원)	근로자 수(명)
월 300 이상	4
월 270 이상 300 미만	8
월 240 이상 270 미만	12
월 210 이상 240 미만	26
월 180 이상 210 미만	30
월 150 이상 180 미만	6
월 150 미만	4
합계	90

보기

㉠ 근로자당 평균 월 급여액은 230만 원 이하이다.
㉡ 절반 이상의 근로자들이 월 210만 원 이상의 급여를 받고 있다.
㉢ 월 180만 원 미만의 급여를 받는 근로자의 비율은 약 14%이다.
㉣ 적어도 15명 이상의 근로자가 월 250만 원 이상의 급여를 받고 있다.

① ㉠

② ㉠, ㉡

③ ㉠, ㉡, ㉣

④ ㉡, ㉢, ㉣

⑤ ㉠, ㉡, ㉢, ㉣

※ 다음은 자동차에 번호판을 부여하는 규칙이다. 이어지는 질문에 답하시오. **[3~4]**

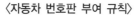

〈자동차 번호판 부여 규칙〉

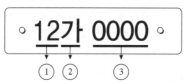

① ② ③

각 숫자는 다음의 사항을 나타낸다.
① 자동차의 종류
② 자동차의 용도
③ 자동차의 등록번호

▶ 자동차의 종류

구분	숫자 기호
승용차	01 ~ 69
승합차	70 ~ 79
화물차	80 ~ 97
특수차	98 ~ 99

▶ 자동차의 용도

구분		문자 기호
비사업용		가, 나, 다, 라, 마, 거, 너, 더, 러, 머, 서, 어, 저, 고, 노, 도, 로, 모, 보, 소, 오, 조, 구, 누, 두, 루, 무, 부, 수, 우, 주
사업용	택시	아, 바, 사, 자
	택배	배
	렌터카	하, 허, 호

▶ 자동차의 등록번호
차량의 고유번호로 임의로 부여함

03 A씨는 이사를 하면서 회사와 거리가 멀어져 출퇴근을 위해 새 승용차를 구입하였다. 다음 중 A씨가 부여받을 수 있는 자동차 번호판으로 옳지 않은 것은?

① 23겨 4839
② 67거 3277
③ 42서 9961
④ 31주 5443
⑤ 12모 4839

04 다음 중 나머지와 성격이 다른 자동차 번호판은?

① 80가 8425
② 84배 7895
③ 92보 1188
④ 81오 9845
⑤ 97주 4763

※ 다음은 T주임의 해외여행 이동수단에 대한 자료이다. 이어지는 질문에 답하시오. **[5~6]**

T주임은 해외여행을 가고자 한다. 현지 유류비 및 렌트카 차량별 정보와 관광지 간 거리는 다음과 같다.

• 현지 유류비

연료	가솔린	디젤	LPG
리터당 가격	1.4달러	1.2달러	2.2달러

• 차량별 연비 및 연료

차량	K	H	P
연비	14km/L	10km/L	15km/L
연료	디젤	가솔린	LPG

※ 연료는 최소 1리터 단위로 주유가 가능함

• 관광지 간 거리

구분	A광장	B계곡	C성당
A광장		25km	12km
B계곡	25km		18km
C성당	12km	18km	

05 T주임이 H차량을 렌트하여 A광장에서 출발하여 C성당으로 이동한 후, B계곡으로 이동하고자 한다. T주임이 유류비를 최소화하려고 할 때, A광장에서부터 B계곡으로 이동할 때 소요되는 유류비는?(단, 처음 자동차를 렌트했을 때 차에 연료는 없다)

① 4.2달러 ② 4.5달러
③ 5.2달러 ④ 5.6달러
⑤ 8.4달러

06 T주임이 다음 〈조건〉에 따라 여행을 가려고 할 때, T주임이 여행 일정을 완료하기까지 소요되는 총이동시간은?

> **조건**
> • T주임은 P차량을 렌트하였다.
> • T주임은 C성당에서 출발하여 B계곡으로 이동한 후, A광장을 거쳐 C성당으로 다시 돌아오는 여행 일정을 수립하였다.
> • T주임은 C성당에서 A광장까지는 시속 60km로 이동하고, A광장에서 C성당으로 이동할 때에는 시속 40km로 이동하고자 한다.

① 48분 ② 52분
③ 58분 ④ 1시간 1분
⑤ 1시간 8분

※ 다음은 외국인 직접투자의 투자건수 비율과 투자금액 비율을 투자규모별로 나타낸 자료이다. 이어지는 질문에 답하시오. **[7~8]**

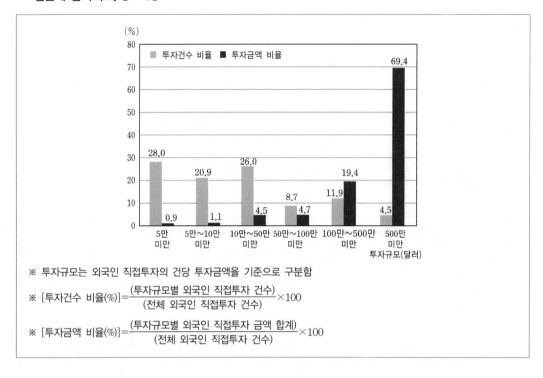

※ 투자규모는 외국인 직접투자의 건당 투자금액을 기준으로 구분함

※ [투자건수 비율(%)]=$\dfrac{\text{(투자규모별 외국인 직접투자 건수)}}{\text{(전체 외국인 직접투자 건수)}}×100$

※ [투자금액 비율(%)]=$\dfrac{\text{(투자규모별 외국인 직접투자 금액 합계)}}{\text{(전체 외국인 직접투자 건수)}}×100$

07 다음 중 투자규모가 50만 달러 미만인 투자건수 비율은?

① 55.3%　　　　　　② 62.8%

③ 68.6%　　　　　　④ 74.9%

⑤ 83.6%

08 다음 중 100만 달러 이상의 투자건수 비율은?

① 16.4%　　　　　　② 19.6%

③ 23.5%　　　　　　④ 26.1%

⑤ 30.7%

09 미주는 백화점에 가기 위해 시속 8km의 속력으로 집에서 출발했다. 미주가 집에서 출발한 지 12분 후에 지갑을 두고 간 것을 발견한 동생이 시속 20km의 속력으로 미주를 만나기 위해 출발했다. 미주와 동생은 몇 분 후에 만나게 되는가?(단, 미주와 동생은 쉬지 않고 일정한 속력으로 움직인다)

① 11분   ② 14분
③ 17분   ④ 20분
⑤ 23분

10 다음 중 바르지 않은 직업관을 가지고 있는 사람은?

① 항공사에서 근무하고 있는 A는 자신의 직업에 대해 긍지와 자부심을 갖고 있다.

② IT 회사에서 개발 업무를 담당하는 B는 업계 최고 전문가가 되기 위해 항상 노력한다.

③ 극장에서 근무 중인 C는 언제나 다른 사람에게 봉사한다는 마음을 가지고 즐겁게 일한다.

④ 화장품 회사에 입사한 신입사원 D는 입사 동기들보다 빠르게 승진하는 것을 목표로 삼았다.

⑤ 회계팀에서 일하는 E는 회사의 규정을 준수하며, 공정하고 투명하게 업무를 처리하려고 노력한다.

11 다음 글에 나타난 조직의 특성으로 가장 적절한 것은?

> H공단의 사내 봉사 동아리에 소속된 70여 명의 임직원이 연탄 나르기 봉사 활동을 펼쳤다. 이날 임직원들은 지역 주민들이 보다 따뜻하게 겨울을 날 수 있도록 연탄 총 3,000장과 담요를 직접 전달했다. 사내 봉사 동아리에 소속된 김대리는 "매년 진행하는 연말 연탄 나눔 봉사활동을 통해 지역사회에 도움의 손길을 전할 수 있어 기쁘다."라며 "오늘의 작은 손길이 큰 불씨가 되어 많은 분들이 따뜻한 겨울을 보내길 바란다."라고 말했다.

① 인간관계에 따라 형성된 자발적인 조직

② 이윤을 목적으로 하는 조직

③ 규모와 기능 그리고 규정이 조직화되어 있는 조직

④ 조직 구성원들의 행동을 통제할 장치가 마련되어 있는 조직

⑤ 공익을 요구하지 않는 조직

PART 5

12 다음 사례에서 K전자가 TV 시장에서 경쟁력을 잃게 된 주요 원인으로 가장 적절한 것은?

평판 TV 시장에서 PDP TV가 주력이 되리라 판단한 K전자는 2007년에 세계 최대 규모의 PDP 생산설비를 건설하기 위해 3조 원 수준의 막대한 투자를 결정하였다. 당시 L전자와 S전자는 LCD와 PDP 사업을 동시에 수행하면서도 성장성이 높은 LCD TV로 전략을 수정하는 상황이었지만 K전자는 익숙한 PDP 사업에 더욱 몰입한 것이다. 하지만 주요 기업들의 투자가 LCD에 집중되면서, 새로운 PDP 공장이 본격 가동될 시점에 PDP의 경쟁력은 이미 LCD에 뒤처지게 됐다.

결국, 활용가치가 현저하게 떨어진 PDP 생산설비는 조기에 상각함을 고민할 정도의 골칫거리로 전락했다. K전자는 2011년에만 11조 원의 적자를 기록했으며, 2012년에도 10조 원 수준의 적자가 발생되었다. 연이은 적자는 K전자의 신용등급을 투기 등급으로 급락시켰고, K전자의 CEO는 '디지털 가전에서 패배자가 되었음'을 인정하며 고개를 숙였다. TV를 포함한 가전제품 사업에서 K전자가 경쟁력을 회복하기 어려워졌음은 말할 것도 없다.

① 사업 환경의 변화 속도가 너무나 빨라졌고, 변화의 속성도 예측이 어려워져 따라가지 못하였다.
② 차별성을 지닌 새로운 제품을 기획하고 개발하는 것에 대한 성공 가능성이 낮아져 주저했다.
③ 기존 사업영역에 대한 강한 애착으로 신사업이나 신제품에 대해 낮은 몰입도를 보였다.
④ 실패가 두려워 새로운 도전보다 안정적이며 실패 확률이 낮은 제품을 위주로 미래를 준비하였다.
⑤ 외부 환경이 어려워짐에 따라 잠재적 실패를 감내할 수 있는 자금을 확보하지 못하였다.

13 다음 글의 논지를 강화하기 위한 내용으로 적절하지 않은 것은?

뉴턴은 이렇게 말했다. "플라톤은 내 친구이다. 아리스토텔레스는 내 친구이다. 하지만 진리야말로 누구보다 소중한 내 친구이다." 케임브리지에서 뉴턴에게 새로운 전환점을 준 사람이 있다. 수학자이며 당대 최고의 교수였던 아이작 배로우(Isaac Barrow)였다. 배로우는 뉴턴에게 수학과 기하학을 가르치고 그의 탁월함을 발견하여 후원자가 됐다. 이처럼 뉴턴은 타고난 천재가 아니라, 자신의 피나는 노력과 위대한 스승들의 도움을 통해 후천적으로 키워진 것이다.

뉴턴이 시대를 관통하는 천재로 여겨진 것은 "사과는 왜 땅에 수직으로 떨어질까?"라는 질문에서 시작했다. 이 질문을 던진 지 20여 년이 지나고 마침내 모든 물체가 땅으로 떨어지는 것은 지구 중력에 의한 만유인력이라는 개념을 발견한 것이 계기가 되었다. 사과가 떨어지는 것을 관찰하여 온갖 질문을 던지고, 새로운 가설을 만든 후에 그것을 증명하기 위해 오랜 시간 연구하고 실험을 한 결과가 위대한 발견으로 이어진 것이다. 위대한 발명이나 발견은 어느 한 순간 섬광처럼 오는 것이 아니다. 시작 단계의 작은 아이디어가 질문과 논쟁을 통해 점차 다른 아이디어들과 충돌하고 합쳐지면서 숙성의 시간을 갖고, 그런 후에야 세상에 유익한 발명이나 발견이 나오는 것이다.

이전부터 천재가 선천적인 것인지, 후천적인 것인지에 관한 논란은 계속되어 왔다. 과거에는 천재가 신적인 영감을 받아 선천적으로 탄생한다는 주장이 힘을 얻었다. 플라톤의 저서 『이온』에도 음유시인이 기술이나 지식이 아닌 신적인 힘과 영감을 받는 존재임이 언급된다. 그러나 아리스토텔레스의 『시학』은 『이온』과 조금 다른 관점을 취하고 있다. 기본적으로 시가 모방미학이라는 입장은 같지만, 아리스토텔레스는 이것이 신적인 힘을 모방한 것이 아닌 인간의 모방이라고 믿었다.

최근 연구에 의하면 천재라 불리는 모든 사람들이 선천적으로 타고난 것이 아니고 후천적인 학습을 통해 수준을 점차 더 높은 단계로 발전시켰다고 한다. 선천적 재능과 후천적 학습을 모두 거친 절충적 천재가 각광받는 것이다. 이것이 우리에게 주는 시사점은 비록 지금은 창의적이지 않더라도 꾸준히 포기하지 말고 창의성을 개발하고 실현하는 방법을 배워서 실천한다면 모두가 창의적인 사람이 될 수 있다는 교훈이다. 타고난 천재가 아니고 훈련과 노력으로 새롭게 태어나는 창재(창의적인 인재)로 거듭나야 한다.

① 칸트는 천재가 선천적인 것이라고 하였다.
② 세계적인 발레리나 강수진은 고된 연습으로 발이 기형적으로 변해버렸다.
③ 신적인 것보다 연습이 영감을 가져다주는 경우가 있다.
④ 뉴턴뿐만 아니라 아인슈타인 역시 끊임없는 연구와 노력을 통해 천재로 인정받았다.
⑤ 1만 시간의 법칙은 한 분야에서 전문가가 되기 위해서는 최소 1만 시간의 훈련이 필요하다는 것이다.

14 다음은 수송부문 대기 중 온실가스 배출량에 대한 자료이다. 이에 대한 설명으로 옳지 않은 것은?

〈수송부문 대기 중 온실가스 배출량〉

(단위 : ppm)

연도	구분	합계	이산화탄소	아산화질소	메탄
2020년	합계	83,617.9	82,917.7	197.6	502.6
	산업 부문	58,168.8	57,702.5	138	328.3
	가계 부문	25,449.1	25,215.2	59.6	174.3
2021년	합계	85,343	84,626.3	202.8	513.9
	산업 부문	59,160.2	58,686.7	141.4	332.1
	가계 부문	26,182.8	25,939.6	61.4	181.8
2022년	합계	85,014.3	84,306.8	203.1	504.4
	산업 부문	60,030	59,553.9	144.4	331.7
	가계 부문	24,984.3	24,752.9	58.7	172.7
2023년	합계	86,338.3	85,632.1	205.1	501.1
	산업 부문	64,462.4	63,936.9	151.5	374
	가계 부문	21,875.9	21,695.2	53.6	127.1
2024년	합계	88,261.37	87,547.49	210.98	502.9
	산업 부문	65,491.52	64,973.29	155.87	362.36
	가계 부문	22,769.85	22,574.2	55.11	140.54

① 이산화탄소의 비중은 어느 시기든 상관없이 가장 크다.

② 해당기간 동안 온실가스 총량은 지속적으로 증가하고 있다.

③ 연도별 가계와 산업 부문의 배출량 차이 값은 해가 지날수록 지속적으로 증가한다.

④ 연도별 가계와 산업 부문의 배출량 차이 값은 2024년에 가장 크다.

⑤ 모든 시기에서 메탄은 아산화질소보다 항상 많은 양이 배출되고 있다.

15 다음은 부품별 한 개당 가격 및 마우스 부품 조립 시 소요시간과 필요개수에 대한 자료이고, 마우스는 A~F부품 중 3가지 부품으로 구성된다. 최대한 비용과 시간을 절약하여 마우스를 완성할 경우 〈조건〉에 부합하는 부품 구성으로 가장 적절한 것은?

〈부품 한 개당 가격 및 시간〉

부품	가격	시간	필요개수	부품	가격	시간	필요개수
A	20원	6분	3개	D	50원	11분 30초	2개
B	35원	7분	5개	E	80원	8분 30초	1개
C	33원	5분 30초	2개	F	90원	10분	2개

※ 시간은 필요개수 모두를 사용한 시간임

조건
- 완제품을 만들 때 부품의 총 가격이 가장 저렴해야 한다.
- 완제품을 만들 때 부품의 총 개수는 상관없다.
- 완제품을 만들 때 총 소요시간이 25분 미만으로 한다.
- 총 가격 차액이 100원 미만일 경우 총 소요시간이 가장 짧은 구성을 택한다.

① A, B, E
② A, C, D
③ B, C, E
④ B, D, F
⑤ D, E, F

16 H은행 A지점은 M구의 신규 입주아파트 분양업자와 협약체결을 통하여 분양 중도금 관련 집단대출을 전담하게 되었다. A지점에 근무하는 귀하는 한 입주예정자로부터 평일에는 개인사정으로 인해 영업시간 내에 방문하지 못한다는 문의를 받아 근처 다른 지점에 방문하여 대출신청을 진행할 수 있도록 안내하였다. 다음 〈조건〉을 토대로 입주예정자의 대출신청을 완료하는 데까지 걸리는 최소시간은 얼마인가?[단, 각 지점 간 숫자는 두 영업점 간의 거리(km)를 의미한다]

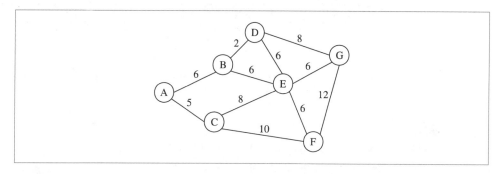

조건

- 입주예정자는 G지점 근처에서 거주하고 있어서 영업시간 내에 언제든지 방문 가능하다.
- 대출과 관련한 서류는 A지점에서 G지점까지 행낭을 통해 전달한다.
- 은행 영업점 간 행낭 배송은 시속 60km로 일정하게 운행하며, 요청에 따라 배송지 순서는 변경(생략)할 수 있다(단, 연결된 구간으로만 운행 가능).
- 대출신청서 등 대출 관련 서류는 입주예정자 본인 또는 대리인(대리인증명서 필요)이 작성하여야 한다(작성하는 시간은 총 30분이 소요됨).
- 대출신청 완료는 A지점에 입주예정자가 작성한 신청 서류가 도착했을 때를 기준으로 한다.

① 46분
② 49분
③ 57분
④ 1시간 2분
⑤ 1시간 5분

17 H사는 역량평가를 통해 등급을 구분하여 성과급을 지급한다. H사의 성과급 등급 기준이 다음과 같을 때, 〈보기〉 중 S등급에 해당하는 사람은?

〈성과급 점수별 등급〉

S등급	A등급	B등급	C등급
90점 이상	80점 이상	70점 이상	70점 미만

〈역량평가 반영 비율〉

구분	기본역량	리더역량	직무역량
차장	20%	30%	50%
과장	30%	10%	60%
대리	50%	–	50%
사원	60%	–	40%

※ 성과급 점수는 역량 점수(기본역량, 리더역량, 직무역량)를 직급별 해당 역량평가 반영 비율에 적용한 합산 점수임

보기

구분	직급	기본역량 점수	리더역량 점수	직무역량 점수
A	대리	85점	–	90점
B	과장	100점	85점	80점
C	사원	95점	–	85점
D	차장	80점	90점	85점
E	과장	100점	85점	80점

① A대리
② B과장
③ C사원
④ D차장
⑤ E과장

PART 5

18 H회사는 창립 10주년을 맞이하여 전 직원 단합대회를 준비하고 있다. 이를 위해 사장인 B씨는 여행상품 중 한 가지를 선정하려 하는데, 직원 투표 결과를 통해 결정하려고 한다. 직원 투표 결과와 여행지별 1인당 경비는 다음과 같고, 부서별 고려사항을 참고하여 선택하려고 할 때, 〈보기〉 중 옳은 것을 모두 고르면?

〈직원 투표 결과〉

상품내용		투표 결과(표)					
여행상품	1인당 비용(원)	총무팀	영업팀	개발팀	홍보팀	공장1	공장2
A	500,000	2	1	2	0	15	6
B	750,000	1	2	1	1	20	5
C	600,000	3	1	0	1	10	4
D	1,000,000	3	4	2	1	30	10
E	850,000	1	2	0	2	5	5

〈여행상품별 혜택 정리〉

상품	날짜	장소	식사제공	차량지원	편의시설	체험시설
A	5/10 ~ 5/11	해변	○	○	×	×
B	5/10 ~ 5/11	해변	○	○	○	×
C	6/7 ~ 6/8	호수	○	○	○	×
D	6/15 ~ 6/17	도심	○	×	○	○
E	7/10 ~ 7/13	해변	○	○	○	×

〈부서별 고려사항〉

- 총무팀 : 행사 시 차량 지원이 가능함
- 영업팀 : 6월 초순에 해외 바이어와 가격 협상 회의 일정이 있음
- 공장1 : 3일 연속 공장 비가동 시 제품의 품질 저하가 예상됨
- 공장2 : 7월 중순 공장 이전 계획이 있음

보기

㉠ 필요한 여행상품 비용은 총 1억 500만 원이 필요하다.
㉡ 투표 결과 가장 인기 있는 여행상품은 B이다.
㉢ 공장1의 A, B 투표 결과가 바뀐다면 여행상품 선택은 변경된다.

① ㉠

② ㉠, ㉡

③ ㉠, ㉢

④ ㉡, ㉢

⑤ ㉠, ㉡, ㉢

19 투자정보팀에서는 문제기업을 미리 알아볼 수 있는 이상 징후로 다음과 같은 다섯 개의 조건을 바탕으로 투자 여부를 판단하며, 투자 여부 판단 대상기업은 A ~ E이다. 〈조건〉을 참고할 때, 투자 부적격 기업은?

〈투자 여부 판단 조건〉

㉮ 기업문화의 종교화
㉯ 정책에 대한 지나친 의존
㉰ 인수 합병 의존도의 증가
㉱ 견제 기능의 부재
㉲ CEO의 법정 출입

이 5개의 징후는 다음과 같은 관계가 성립한다.

〈이상 징후별 인과 및 상관관계〉

ⅰ) '기업문화의 종교화'(㉮)와 '인수 합병 의존도의 증가'(㉰)는 동시에 나타난다.
ⅱ) '견제 기능의 부재'(㉱)가 나타나면 '정책에 대한 지나친 의존'(㉯)이 나타난다.
ⅲ) 'CEO의 법정 출입'(㉲)이 나타나면 '정책에 대한 지나친 의존'(㉯)과 '인수 합병의존도의 증가'(㉰)가 나타난다.

투자정보팀은 ㉮ ~ ㉲ 중 4개 이상의 이상 징후가 발견될 경우 투자를 하지 않기로 한다.

조건

• ㉮는 A, B, C기업에서만 나타났다.
• ㉯는 D기업에서 나타났고, C와 E기업에서는 나타나지 않았다.
• ㉱는 B기업에서 나타났고, A기업에서는 나타나지 않았다.
• ㉲는 A기업에서 나타나지 않았다.
• 각각의 이상 징후 ㉮ ~ ㉲ 중 모든 기업에서 동시에 나타나는 이상 징후는 없었다.

① A
② B
③ B, C
④ D, E
⑤ C, D, E

※ 평소 환경에 관심이 많은 A씨는 인터넷에서 다음과 같은 글을 보았다. 이어지는 질문에 답하시오.
[20~21]

마스크를 낀 사람들이 더는 낯설지 않다. "알프스나 남극 공기를 포장해 파는 시대가 오는 게 아니냐."는 농담을 가볍게 웃어넘기기 힘든 상황이 됐다. 황사·미세먼지·초미세먼지·오존·자외선 등 한 번 외출할 때마다 꼼꼼히 챙겨야 할 것들이 한둘이 아니다. 중국과 인접한 우리나라의 환경오염 피해는 더욱 심각한 상황이다. 지난 4월 3일 서울의 공기품질은 최악을 기록한 인도 델리에 이어 2위라는 불명예를 차지했다. 또렷한 환경오염은 급격한 기후변화의 촉매제가 되고 있다. 지난 1912년 이후 지구의 연평균 온도는 꾸준히 상승해 평균 0.75℃가 올랐다. 우리나라는 세계적으로 유래를 찾아보기 어려울 만큼 연평균 온도가 100여 년간 1.8℃나 상승했으며, 이는 지구 평균치의 2배를 웃도는 수치이다. 기온 상승은 다양한 부작용을 낳고 있다. 1991년부터 2010년까지 20여 년간 폭염일수는 8.2일에서 10.5일로 늘어났고, 열대야지수는 5.4일에서 12.5일로 증가했다. 1920년대에 비해 1990년대 겨울은 한 달이 짧아졌다. 이러한 이상 기온은 우리 농어촌에 악영향을 끼칠 수밖에 없다.

기후변화와 더불어, 세계 인구의 폭발적 증가는 식량난 사태로 이어지고 있다. 일부 저개발 국가에서는 굶주림이 일반화되고 있다. 올해를 기준으로 전 세계 인구수는 82억 3,161만 명을 넘어섰다. 인류 역사상 가장 많은 인류가 지구에 살고 있는 셈이다. 이 추세대로라면 오는 2050년에는 97억 2,500만 명을 넘어설 것으로 전망된다. 한정된 식량 자원과 급증하는 지구촌 인구수의 결과는 불을 보듯 뻔하다. 곧 글로벌 식량위기가 가시화될 전망이다.

우리나라는 식량의 75% 이상을 해외에서 조달하고 있다. 이는 국제 식량가격의 급등이 식량안보의 위협으로 이어질 수도 있음을 뜻한다. 미 국방성은 '수백만 명이 사망하는 전쟁이나 자연재해보다 기후변화가 가까운 미래에 더 심각한 재앙을 초래할 수 있다.'는 내용의 보고서를 발표하였다.

이뿐만 아니라 식량이 부족한 상황에서 식량의 질적 문제도 해결해야 할 과제이다. 삶의 질을 중시하면서 친환경적인 안전 먹거리에 대한 관심과 수요는 증가하고 있지만, 급변하는 기후변화와 부족한 식량 자원은 식량의 저질화로 이어질 가능성을 높이고 있다. 일손 부족 등으로 인해 친환경 먹거리 생산의 대량화 역시 쉽지 않은 상황이다.

20 다음 중 윗글의 주제로 가장 적절한 것은?

① 지구온난화에 의한 기후변화의 징조
② 환경오염에 따른 기후변화가 우리 삶에 미치는 영향
③ 기후변화에 대처하는 자세
④ 환경오염을 예방하는 방법
⑤ 환경오염과 인구증가의 원인

21 다음 중 윗글을 이해한 내용으로 가장 적절한 것은?

① 기후변화는 환경오염의 촉매제가 되어 우리 농어촌에 악영향을 끼치고 있다.

② 알프스나 남극에서 공기를 포장해 파는 시대가 도래하였다.

③ 세계인구의 폭발적인 증가는 저개발 국가의 책임이 크다.

④ 우리나라의 식량자급률의 특성상 기후변화가 계속된다면 식량난이 심각해질 것이다.

⑤ 친환경적인 안전 먹거리는 급변하는 기후 속 식량난을 해결하는 방법의 하나이다.

22 다음 중 성예절을 지키기 위한 자세로 적절하지 않은 것은?

① 성희롱 문제는 개인적인 일이기 때문에 당사자들끼리 해결해야 한다.

② 직장 내에서 여성이 남성과 동등한 지위를 보장받기 위해서 자신의 책임과 역할을 다해야 하며, 조직은 그에 상응하는 여건을 조성해야 한다.

③ 우리 사회에는 뿌리 깊은 남성 위주의 가부장적 문화와 성역할에 대한 과거의 잘못된 인식이 아직도 남아 있기 때문에 남녀 공존의 직장문화를 정착하는 데 남다른 노력을 기울여야 한다.

④ 실정법을 준수하여 회사의 명예와 본인의 품위를 지켜야 하며, 사회적 또는 윤리적으로 비난받을 행위를 하지 않아야 한다.

⑤ 여성의 직업참가율이 비약적으로 높아졌기 때문에 남성과 대등한 동반자 관계로 동등한 역할과 능력 발휘를 한다는 인식을 가질 필요가 있다.

23 다음 중 밑줄 친 부분의 맞춤법이 옳은 것은?

① 언니는 상냥한데 동생은 너무 <u>냉냉하다</u>.

② 추석에는 <u>햅쌀</u>로 송편을 빚는다.

③ <u>요컨데</u>, 행복은 마음 먹기에 달렸다는 것이다.

④ 올해는 모두 건강하리라는 작은 <u>바램</u>을 가져본다.

⑤ 회의에서 나온 의견을 <u>뭉뚱거려</u> 말하지 않도록 해야 한다.

24 다음 H공단 국제인력본부의 조직도를 참고할 때, 외국인력국의 업무로 적절하지 않은 것은?

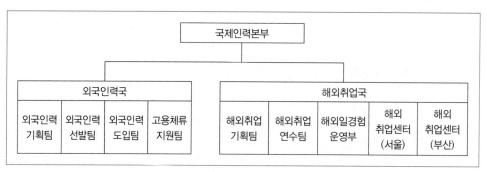

① 근로자 입국 지원

② 근로자 고용·체류 지원

③ 한국어능력시험 시행

④ K-Move 취업센터 운영

⑤ 근로자 입국 초기 모니터링

25 다음 중 밑줄 친 '이것'의 사례로 적절하지 않은 것은?

> '이것'은 복지 사회를 이루기 위하여 기업이 이윤 추구에만 집착하지 않고 사회의 일원으로서 사회적 책임을 자각하고 실천하여야 할 의무로, 기업의 수익 추구와 밀접한 관련을 맺고 있다고 보는 견해도 있다. 윌리엄 워서(William Werther)와 데이비드 챈들러(David Chandler)는 '이것'을 기업이 제품이나 서비스를 소비자들에게 전달하는 과정인 동시에 사회에서 기업 활동의 정당성을 유지하기 위한 방안이라고 주장하였다.

① A기업은 새로운 IT 계열의 중소벤처기업을 창업한 20대 청년에게 투자하기로 결정하였다.
② B기업은 전염병이 발생하자 의료 물품을 대량으로 구입하여 지역 병원에 기부하였다.
③ C기업은 협력업체 공장에서 폐수를 불법으로 버린 것을 알고 협업과 투자를 종료하였다.
④ D기업은 자사의 제품에서 결함이 발견되자 이에 대한 사과문을 발표하였다.
⑤ E기업은 자사의 직원 복지를 위해 거액의 펀드를 만들었다.

26 A과장은 월요일에 사천연수원에서 진행될 세미나에 참석해야 한다. 세미나는 월요일 낮 12시부터 시작이며, 수요일 오후 6시까지 진행된다. 갈 때는 세미나에 늦지 않게만 도착하면 되지만, 올 때는 목요일 회의 준비를 위해 최대한 일찍 서울로 올라와야 한다. 가능한 적은 비용으로 세미나에 참석해야 할 때, 교통비는 얼마가 들겠는가?(단, 기차역과 공항에서 연수원까지는 택시를 이용하며, 반대의 경우도 동일하다)

〈KTX〉

구분	월요일		수요일		가격
서울 – 사천	08:00 ~ 11:00	09:00 ~ 12:00	08:00 ~ 11:00	09:00 ~ 12:00	65,200원
사천 – 서울	16:00 ~ 19:00	20:00 ~ 23:00	16:00 ~ 19:00	20:00 ~ 23:00	66,200원 (10% 할인 가능)

※ 사천역에서 사천연수원까지 택시비는 22,200원이며, 30분이 소요됨(사천연수원에서 사천역까지의 비용과 시간도 동일함)

〈비행기〉

구분	월요일		수요일		가격
서울 – 사천	08:00 ~ 09:00	09:00 ~ 10:00	08:00 ~ 09:00	09:00 ~ 10:00	105,200원
사천 – 서울	19:00 ~ 20:00	20:00 ~ 21:00	19:00 ~ 20:00	20:00 ~ 21:00	93,200원 (10% 할인 가능)

※ 사천공항에서 사천연수원까지 택시비는 21,500원이며, 30분이 소요됨(사천연수원에서 사천공항까지의 비용과 시간도 동일함)

① 168,280원
② 178,580원
③ 192,780원
④ 215,380원
⑤ 232,080원

27 H사에 근무하는 L주임은 입사할 신입사원에게 지급할 볼펜과 스케줄러를 구매하기 위해 A ~ C 세 도매업체의 판매정보를 다음과 같이 정리하였다. 입사 예정인 신입사원은 총 600명이고 신입사원 1명당 볼펜과 스케줄러를 각각 1개씩 증정한다고 할 때, 가장 저렴하게 구매할 수 있는 업체와 구매가격을 바르게 나열한 것은?

〈도매업체별 상품가격표〉

구분	품목	수량(1세트당)	가격(1세트당)
A업체	볼펜	150개	13만 원
	스케줄러	100권	25만 원
B업체	볼펜	200개	17만 원
	스케줄러	600권	135만 원
C업체	볼펜	100개	8만 원
	스케줄러	300권	65만 원

〈도매업체별 특가상품 정보〉

구분	볼펜의 특가상품 구성	특가상품 구매 조건
A업체	300개 25.5만 원 or 350개 29만 원	스케줄러 150만 원 이상 구입
B업체	600개 48만 원 or 650개 50만 원	스케줄러 100만 원 이상 구입
C업체	300개 23.5만 원 or 350개 27만 원	스케줄러 120만 원 이상 구입

※ 특가상품 구매 조건을 만족했을 때 볼펜을 특가로 구매할 수 있음
※ 각 물품은 묶음 단위로 판매가 가능하며, 개당 판매는 불가능함
※ 업체별 특가상품은 둘 중 한 가지만 선택해 1회 구입 가능함

	도매업체	구매가격
①	A업체	183만 원
②	B업체	177.5만 원
③	B업체	183만 원
④	C업체	177.5만 원
⑤	C업체	183만 원

28 다음 빈칸에 들어갈 내용으로 가장 적절한 것은?

> 어떤 기업체에서 사원을 선발하는 방법으로 끈으로 묶은 꾸러미를 내놨는데 한 사람은 주머니칼을 꺼내어 끈을 잘라 버렸고, 다른 한 사람은 끈을 풀었다는 것이다. 채용된 쪽은 칼을 사용한 사람이었다고 한다.
> 기업주는 물자보다 시간을 아꼈던 것이다. _____ 소비자는 낭비된 물자의 대가를 고스란히 떠맡는다. 자원의 임자인 지구나 그 혜택을 받는 뭇 생명들 차원에서 본다면 에너지와 자원의 손실을 떠맡아야 한다. 아주 미세한 얘기일지도 모른다. 그러나 도처에서 지속적으로 행해온 그 후유증을 우리는 현재 겪고 있는 것이다. 그것은 보이지 않는 유령이며, 그것들로 인하여 지구는 병들어가고 있다. 많은 종(種)들이 하나둘 사라져갔으며 이 활기 넘쳐 보이는 현실은 실상 자원 고갈을 향해 행진을 멈추지 않고 있는 것이다.

① 왜냐하면 시간을 아껴 써야 기업이 성공할 수 있기 때문이다.
② 물론 기업주는 물자와 시간 가운데 더 중요한 것을 선택했다.
③ 그러나 이러한 선택으로 아껴지는 것은 기업주의 시간일 뿐이다.
④ 이러한 행동은 경제성만을 추구한 데서 비롯된 당연한 결과이다.
⑤ 그런데 이러한 판단으로 생긴 피해를 소비자들은 기꺼이 떠맡았다.

PART 5

29 다음 문단을 논리적 순서대로 바르게 나열한 것은?

> (가) H공단이 개발하고 있는 차세대 CO_2 분리막 기술은 기존의 이산화탄소 포집 기술과 비교하여 이산화탄소 포집비용 및 부지면적을 최대 절반 이하로 줄일 수 있는 혁신적인 기술로 평가된다.
> (나) 또한, 구조가 간단하고 규모를 쉽게 키울 수 있고, 화학·유해물질 사용이 없어 친환경적이라는 큰 장점을 갖고 있으며, 가스정제 등 타 분야까지 사업화 추진이 가능한 차세대 기술로 기대되고 있다.
> (다) 이번에 구축된 분리막 생산 공장은 H공단이 국내 중소기업인 아스트로마사가 보유한 분리막 원천기술과 연계하여 국내 최초로 기후변화 대응을 위한 저비용·고효율의 막분리 상용기술을 개발하는 것이다.
> (라) 신기후체제 출범에 따라 2030년 국가 온실가스 배출량을 예상치 대비 37% 감축하려는 목표를 위해 전력회사들은 이에 대응하기 위한 기술개발에 한창이며, H공단은 아스트로마사와 '차세대 CO_2 분리막 상용화 개발' 협약을 체결하고 총 180억 원의 예산을 투입하여 공동으로 개발하였다.

① (가) – (다) – (라) – (나)　　　　② (가) – (라) – (다) – (나)
③ (라) – (나) – (가) – (다)　　　　④ (라) – (다) – (가) – (나)
⑤ (라) – (다) – (나) – (가)

30 P대리는 스마트폰 제조회사 서비스센터에서 고객 문의 응대 및 A/S 서비스 요금을 정산하는 업무를 맡고 있다. 다음 중 빈칸에 들어갈 답변으로 가장 적절한 것은?

■ A/S 관련 규정
• 제품 구입 후 1년 이내에 정상적인 사용상태에서 발생한 성능 및 기능상의 고장인 경우 무상수리를 제공합니다.
• 보증기간이 경과되거나 고객의 부주의로 인한 하자는 유상수리로 합니다.
• A/S 서비스 요금은 부품비, 수리비의 합계로 구성되며, 각 요금의 결정은 다음과 같이 합니다.
　- 부품비 : 수리 시 부품교체를 할 경우 소요되는 부품가격으로, 부가세 10%가 부가됩니다.
　- 수리비 : 유상수리 시 부품비를 제외한 기술료를 말하며, 수리 시 소요시간, 난이도 등을 고려하여 산정한 수리비 기준표를 따릅니다.

■ A/S 진행 시 절차 안내
서비스센터 방문 → 접수(5분) → 수리기사 배정(3분) → 대기(5 ~ 30분) → 제품 진단(5분) → 제품 수리(부품별 상이) → 제품 인도(5분)

〈시간대별 평균 대기시간〉

시간	09:00 ~ 11:00	11:00 ~ 13:00	13:00 ~ 15:00	15:00 ~ 17:00	17:00 ~ 19:00
평균 대기시간	5분	20분	30분	15분	30분

■ A/S 진행 시 수리 공임

구분		부품교체비용 (VAT 제외)	소요시간	수리비
전면	터치패드	50,000원	5분	
	액정	150,000원	5분	
	전방 카메라	20,000원	10분	
내부	내장메모리(#)	130,000원	20분	• 기본 : 5,000원
	쿼드코어 칩(#)	150,000원	20분	• (#) : 부품 수리 시 개
	블루투스 / 와이파이(#)	10,000원	20분	당 1,000원 추가 청구
	모뎀 칩(#)	5,000원	20분	
	배터리	20,000원	5분	
후면	후방 카메라	30,000원	10분	

[문의 접수시간 : 14시 40분]
고객 : 안녕하세요? 제가 집에 돌아가는 길에 어떤 사람과 부딪혔는데, 그때 스마트폰이 떨어져서 액정이 깨졌습니다. 업무상 스마트폰이 없으면 곤란해서 급히 수리를 받고 싶은데, 시간이 얼마나 걸릴까요? 지금 출발하면 30분 뒤에 서비스센터에 도착할 수 있을 것 같습니다.
P대리 : 네, 고객님. 모든 A/S 절차를 고려하면 ＿＿＿ 정도 걸릴 것으로 예상됩니다.

① 28분
② 33분
③ 38분
④ 43분
⑤ 53분

31 H사의 기획팀에 근무 중인 A사원은 자사에 대한 마케팅 전략 보고서를 작성하려고 한다. A사원이 SWOT 분석을 한 결과가 다음과 같을 때, 분석 결과에 대응하는 전략과 그 내용의 연결이 적절하지 않은 것은?

<table>
<tr><td colspan="2" align="center">〈A사원의 SWOT 분석 결과〉</td></tr>
<tr><td align="center">강점(Strength)</td><td align="center">약점(Weakness)</td></tr>
<tr><td>• 세계 판매량 1위의 높은 시장 점유율
• 제품의 뛰어난 내구성
• 다수의 특허 기술 확보</td><td>• 보수적 기업 이미지
• 타사 제품에 비해 높은 가격
• 경쟁업체 제품과의 차별성 약화</td></tr>
<tr><td align="center">기회(Opportunity)</td><td align="center">위협(Threat)</td></tr>
<tr><td>• 경쟁업체 제품의 결함 발생
• 해외 신규시장의 등장
• 인공지능, 사물인터넷 등 새로운 기술 등장</td><td>• 중국 업체의 성장으로 가격 경쟁 심화
• 미·중 무역전쟁 등 시장의 불확실성 증가에 따른 소비 위축</td></tr>
</table>

① SO전략 : 뛰어난 내구성을 강조한 마케팅 전략을 수립한다.
② SO전략 : 확보한 특허 기술을 바탕으로 사물인터넷 기반의 신사업을 추진한다.
③ WO전략 : 안정적 기업 이미지를 활용한 홍보 전략으로 해외 신규시장에 진출한다.
④ ST전략 : 해외 공장 설립으로 원가 절감을 통한 가격 경쟁력을 확보한다.
⑤ WT전략 : 경쟁업체와 차별화된 브랜드 고급화 전략을 수립한다.

32 김과장은 건강상의 이유로 간헐적 단식을 시작하였다. 김과장이 선택한 간헐적 단식 방법은 월요일부터 일요일까지 일주일 중에 2일을 선택하여 아침 혹은 저녁 한 끼 식사만 하는 것이다. 다음 〈조건〉에 따라 단식을 했을 때, 김과장이 단식을 시작한 첫 주 월요일부터 일요일까지 한 끼만 먹은 요일과 식사한 시점을 바르게 나열한 것은?

> **조건**
> • 단식을 하는 날 전후로 각각 최소 2일간은 세 끼 식사를 한다.
> • 단식을 하는 날 이외에는 항상 세 끼 식사를 한다.
> • 2주 차 월요일에는 단식을 했다.
> • 1주 차에 먹은 아침식사 횟수와 저녁식사 횟수가 같다.
> • 1주 차 월요일, 수요일, 금요일은 조찬회의에 참석하여 아침식사를 했다.
> • 1주 차 목요일은 업무약속이 있어서 점심식사를 했다.

① 월요일(아침), 목요일(저녁)
② 화요일(아침), 금요일(아침)
③ 화요일(저녁), 금요일(아침)
④ 화요일(저녁), 토요일(아침)
⑤ 수요일(저녁), 금요일(아침)

33 다음은 H공단의 모집단위별 지원자 수 및 합격자 수를 나타낸 자료이다. 이에 대한 설명으로 옳지 않은 것은?

〈모집단위별 지원자 수 및 합격자 수〉

(단위 : 명)

모집단위	남성		여성		합계	
	합격자 수	지원자 수	합격자 수	지원자 수	모집정원	지원자 수
A집단	512	825	89	108	601	933
B집단	353	560	17	25	370	585
C집단	138	417	131	375	269	792
합계	1,003	1,802	237	508	1,240	2,310

※ $[경쟁률(\%)] = \dfrac{(지원자\ 수)}{(모집정원)} \times 100$

※ 경쟁률은 소수점 첫째 자리에서 반올림함

① 세 개의 모집단위 중 총 지원자 수가 가장 많은 집단은 A집단이다.

② 세 개의 모집단위 중 합격자 수가 가장 적은 집단은 C집단이다.

③ H공단의 남성 합격자 수는 여성 합격자 수의 5배 이상이다.

④ B집단의 경쟁률은 158%이다.

⑤ C집단에서는 남성의 경쟁률이 여성의 경쟁률보다 높다.

34 다음은 집단(조직)에 대한 자료이다. 이에 대한 내용으로 적절하지 않은 것은?

구분		공식집단	비공식집단
①	개념	공식적인 목표를 추구하기 위해 조직에서 만든 집단	구성원들의 요구에 따라 자발적으로 형성된 집단
②	집단 간 경쟁의 원인	자원의 유한성, 목표 간의 충돌	
③	집단 간 경쟁의 장점	각 집단 내부의 응집성 강화, 활동 조직화 강화	
④	집단 간 경쟁의 단점	자원 낭비, 비능률	
⑤	예	상설 위원회, 업무 수행을 위한 팀, 동아리	친목회, 스터디 모임, 임시 위원회

35 다음 글을 읽고 C사원이 해야 할 업무를 〈보기〉에서 골라 순서대로 바르게 나열한 것은?

> 상사 : 벌써 오후 2시 50분이네. 3시에 팀장회의가 있어서 지금 업무지시를 할게요. 업무보고는
> 내일 오전 9시 30분에 받을게요. 업무보고 전 아침에 회의실과 마이크 체크를 한 내용을
> 업무보고에 반영해 주세요. 내일 있을 오후 3시 팀장회의도 차질 없이 준비해야 합니다. 아,
> 그리고 오늘 P사원이 아파서 조퇴했으니 P사원 업무도 부탁할게요. 간단한 겁니다. 사업
> 브로슈어에 사장님의 개회사를 추가하는 건데, 브로슈어 인쇄는 2시간밖에 걸리지 않지만
> 인쇄소가 오전 10시부터 오후 6시까지 하니 비서실에 방문해 파일을 미리 받아 늦지 않게
> 인쇄소에 넘겨 주세요. 비서실은 본관 15층에 있으니 가는 데 15분 정도 걸릴 거예요. 브로
> 슈어는 다음 날 오전 10시까지 준비되어야 하는 거 알죠? 팀장회의에 사용할 케이터링 서비
> 스는 매번 시키는 D업체로 예약해 주세요. 24시간 전에는 예약해야 하니 서둘러 주세요.

> **보기**
>
> (가) 비서실 방문   (나) 회의실, 마이크 체크
> (다) 케이터링 서비스 예약   (라) 인쇄소 방문
> (마) 업무보고

① (가) – (다) – (라) – (나) – (마)
② (나) – (가) – (라) – (마) – (다)
③ (다) – (가) – (라) – (나) – (마)
④ (다) – (나) – (가) – (라) – (마)
⑤ (다) – (나) – (라) – (가) – (마)

PART 5

36 근면에는 외부로부터 강요당한 근면과 스스로 자진해서 하는 근면 두 가지가 있다. 다음 〈보기〉 중 스스로 자진해서 하는 근면을 모두 고르면?

> **보기**
>
> ㉠ 생계를 유지하기 위해 기계적으로 작업장에서 하는 일
> ㉡ 승진을 위해 외국어를 열심히 공부하는 일
> ㉢ 상사의 명령에 의해 하는 야근
> ㉣ 영업사원이 실적향상을 위해 노력하는 일

① ㉠, ㉡   ② ㉠, ㉢

③ ㉡, ㉢   ④ ㉡, ㉣

⑤ ㉢, ㉣

37 다음 〈조건〉을 바탕으로 추론한 〈보기〉에 대한 판단으로 옳은 것은?

> **조건**
>
> • 1교시부터 4교시까지 국어, 수학, 영어, 사회 4과목의 수업이 한 시간씩 있다.
> • 국어는 1교시가 아니다.
> • 영어는 2교시가 아니다.
> • 영어는 국어와 수학 시간 사이에 있다.

> **보기**
>
> A : 2교시가 수학일 때 1교시는 사회이다.
> B : 3교시는 영어이다.

① A만 옳다.

② B만 옳다.

③ A, B 모두 옳다.

④ A, B 모두 틀리다.

⑤ A, B 모두 옳은지 틀린지 판단할 수 없다.

38 다음은 2020년부터 2024년까지 H기업의 매출액과 원가 및 판관비에 대한 자료이다. 이를 나타낸 그래프로 옳은 것은?(단, 영업이익률은 소수점 둘째 자리에서 반올림한다)

〈H기업의 매출액과 원가 · 판관비〉

(단위 : 억 원)

구분	2020년	2021년	2022년	2023년	2024년
매출액	1,485	1,630	1,410	1,860	2,055
매출원가	1,360	1,515	1,280	1,675	1,810
판관비	30	34	41	62	38

※ (영업이익)=(매출액)−[(매출원가)+(판관비)]
※ (영업이익률)=(영업이익)÷(매출액)×100

① 2020 ~ 2024년 영업이익

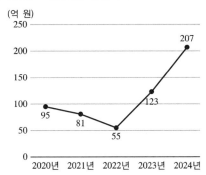

② 2020 ~ 2024년 영업이익

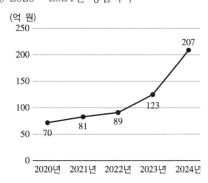

③ 2020 ~ 2024년 영업이익률

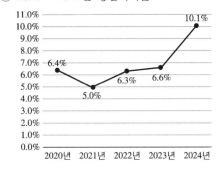

④ 2020 ~ 2024년 영업이익률

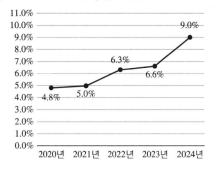

⑤ 2020 ~ 2024년 영업이익률

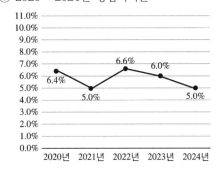

※ H기업에서는 송년회를 개최하려고 한다. 다음 자료를 읽고 이어지는 질문에 답하시오. [39~40]

〈송년회 후보지별 평가점수〉

구분	가격	거리	맛	음식 구성	평판
A호텔	★★★☆	★★☆	★★★	★★★☆	★★★
B호텔	★★	★★★☆	★★☆	★★★	★★☆
C호텔	★☆	★★	★★	★★★☆	★★★☆
D호텔	★★☆	★☆	★★☆	★★★	★★☆
E호텔	★★★	★★☆	★★★☆	★★☆	★★★☆

※ ★은 하나당 5점이며, ☆은 하나당 3점임

39 H기업 임직원들은 맛과 음식 구성을 기준으로 송년회 장소를 결정하기로 하였다. 다음 중 H기업이 송년회를 진행할 호텔로 옳은 것은?(단, 맛과 음식 구성의 합산 점수가 1위인 곳과 2위인 곳의 점수 차가 3점 이하일 경우 가격 점수로 결정한다)

① A호텔　　　　　　　　　　　　　② B호텔
③ C호텔　　　　　　　　　　　　　④ D호텔
⑤ E호텔

40 A ~ E호텔의 1인당 식대가 다음과 같고 총식사비용이 가장 저렴한 곳을 송년회 장소로 선정하려 한다. H기업의 송년회 예산이 200만 원이라면, 다음 중 H기업이 송년회를 진행할 호텔로 옳은 것은?(단, H기업의 임직원은 총 25명이다)

〈호텔별 1인당 식대〉

A호텔	B호텔	C호텔	D호텔	E호텔
73,000원	82,000원	85,000원	77,000원	75,000원

※ 총 식사비용이 가장 저렴한 두 곳의 차이가 10만 원 이하일 경우 맛 점수가 높은 곳으로 선정함

① A호텔　　　　　　　　　　　　　② B호텔
③ C호텔　　　　　　　　　　　　　④ D호텔
⑤ E호텔

41 다음 유물이 등장한 시기의 생활 모습에 대한 설명으로 옳은 것은?

> • 괭이처럼 밑이 뾰족하거나 둥근 표면에 빗살처럼 생긴 무늬가 새겨져 있다.
> • 곡식을 담는 데 많이 이용되었다.

① 철제 농기구로 농사를 지었다.
② 비파형동검을 의식에 사용하였다.
③ 취사와 난방이 가능한 움집에 살았다.
④ 죽은 자를 위한 고인돌 무덤을 만들었다.
⑤ 정복 전쟁을 거치며 지배계급이 등장하였다.

42 다음 책을 저술한 조선 후기 실학자에 대한 설명으로 옳은 것은?

> 『목민심서』, 『경세유표』, 『흠흠신서』, 『기예론』, 『마과회통』

① 마을 단위의 공동 농장 제도인 여전론을 주장하였다.
② 관리·선비·농민에게 차등을 두고 토지를 재분배하는 균전론을 주장하였다.
③ 사회개혁안을 제시한 『우서』를 저술하였다.
④ 육두론으로 사회의 여섯 가지 폐단을 지적하였다.
⑤ 샘을 예로 들어 절약보다 소비를 권장하였다.

43 다음 중 (가), (나) 사이에 있었던 사실로 옳은 것은?

> (가) 고구려 왕 거련이 몸소 군사를 거느리고 백제를 공격하였다. 백제 왕 경이 아들 문주를 보내 구원을 요청하였다. 왕이 군사를 내어 구해주려 했으나 미처 도착하기도 전에 백제가 이미 무너졌고 경 또한 피살되었다.
>
> (나) 금관국의 왕인 김구해가 왕비와 세 명의 아들, 즉 큰아들인 노종, 둘째 아들인 무덕, 막내 아들인 무력과 함께 나라의 창고에 있던 보물을 가지고 와서 항복하였다.

① 백제가 웅진으로 천도하였다.
② 신라가 대가야를 멸망시켰다.
③ 고구려가 낙랑군을 축출하였다.
④ 신라가 매소성에서 당을 물리쳤다.
⑤ 신라가 함경도 지역까지 진출하였다.

44 다음 중 빈칸 (가)에 들어갈 단체에 대한 설명으로 옳은 것은?

> _____(가)_____
>
> 국선도, 풍월도라고도 한다. 명산 대천을 돌아다니며 도의를 연마하였고, 무예를 수련하여 유사시 전투에 참여하였다. 원광이 제시한 '세속 5계'를 행동 규범으로 삼았으며, 신라가 삼국을 통일하는 데 크게 기여하였다.

① 경당에서 글과 활쏘기를 배웠다.
② 진흥왕 때 국가적인 조직으로 정비되었다.
③ 박사와 조교를 두어 유교 경전을 가르쳤다.
④ 정사암에 모여 국가의 중대사를 결정하였다.
⑤ 귀족들로 구성되어 만장일치제로 운영되었다.

45 다음 밑줄 친 '왕'의 업적으로 옳은 것은?

> 왕이 말하기를, "짐이 정무를 새로이 하게 되어 혹시 잘못된 정치가 있을까 두렵다. 중앙의 5품 이상 관리들은 각자 상서를 올려 정치의 옳고 그름을 논하도록 하라."라고 하였다. 이에 최승로가 왕의 뜻을 받들어 시무 28조를 올렸다.

① 관학의 재정 기반을 마련하고자 양현고를 두었다.
② 빈민을 구제하기 위하여 흑창을 처음 설치하였다.
③ 쌍기의 건의를 받아들여 과거 제도를 실시하였다.
④ 전국의 주요 지역에 12목을 설치하고 지방관을 파견하였다.
⑤ 전민변정도감을 두어 권문세족의 경제 기반을 약화시키고자 하였다.

46 다음 중 빈칸 (가) ~ (마)에 들어갈 내용으로 옳은 것은?

<무신 집권기 주요 기구>

명칭	특징
중방	(가)
도방	(나)
교정도감	(다)
정방	(라)
서방	(마)

① (가) : 국정 자문을 위한 문신들의 숙위(宿衛) 기구
② (나) : 최우의 집에 설치된 인사 행정 담당 기구
③ (다) : 최씨 무신 정권에서 국정을 총괄한 최고 권력 기구
④ (라) : 치안 유지 및 전투의 임무를 수행한 군사 기구
⑤ (마) : 재신과 추신으로 구성되어 법제와 격식을 논한 회의 기구

47 다음 중 빈칸 (가)의 침입에 대한 고려의 대응으로 옳은 것은?

> _____(가)_____의 군사들이 곽주로 침입하였다. … 성이 결국 함락되었다. 적은 군사 6천 명을 남겨 지키게 하였다. 양규가 흥화진으로부터 군사 7백여 명을 이끌고 통주까지 와 군사 1천여 명을 수습하였다. 밤중에 곽주로 들어가서 지키고 있던 적들을 급습하여 모조리 죽인 후 성 안에 있던 남녀 7천여 명을 통주로 옮겼다.

① 별무반을 편성하고 동북 9성을 축조하였다.
② 김윤후의 활약으로 처인성에서 승리하였다.
③ 화포를 이용하여 진포에서 대승을 거두었다.
④ 초조대장경을 만들어 적을 물리치기를 기원하였다.
⑤ 쌍성총관부를 공격하여 철령 이북의 땅을 수복하였다.

48 다음 중 빈칸 (가)에 들어갈 지역에서 있었던 사실로 옳은 것은?

> **_____(가)_____의 역사**
>
> • 통일 신라 : 혈구진 설치
> • 고려 : 대몽 항쟁기 임시 수도
> • 조선 : 정족산 사고(史庫) 설치

① 육영 공원이 설립되었다.
② 최초의 근대적 조약이 체결되었다.
③ 조선 형평사 중앙 총본부가 있었다.
④ 물산 장려 운동이 처음 시작되었다.
⑤ 영국군에 의해 불법으로 점령되었다.

49 다음 중 밑줄 친 '이 역사서'에 대한 설명으로 옳은 것은?

> 이 역사서는 1145년에 김부식 등이 고려 인종의 명을 받아 편찬한 책으로, 본기 28권(고구려 10권, 백제 6권, 신라·통일 신라 12권), 지(志) 9권, 표(表) 3권, 열전 10권으로 이루어져 있다.

① 유교 사관에 기초하여 기전체 형식으로 서술하였다.
② 자주적 입장에서 단군의 건국 이야기를 수록하였다.
③ 사초, 시정기 등을 바탕으로 실록청에서 편찬하였다.
④ 불교사를 중심으로 고대의 민간 설화 등을 수록하였다.
⑤ 고구려 건국 시조의 일대기를 서사시 형태로 서술하였다.

50 다음 중 (가) ~ (라) 제도를 시행된 순서대로 바르게 나열한 것은?

> (가) 왕 1년 11월, 처음으로 직관(職官)·산관(散官) 각 품의 전시과를 제정하였다.
> (나) 왕 16년 3월, 중앙과 지방의 여러 관리들에게 매달 주던 녹봉을 없애고 다시 녹읍을 주었다.
> (다) 왕 1년 4월, (대왕대비가) 전지하기를, "직전(職田)의 세는 소재지의 관리로 하여금 감독하여 거두어 주도록 하라." 하였다.
> (라) 왕 3년 5월, 도평의사사에서 왕에게 글을 올려 과전법을 제정할 것을 요청하니 왕이 이 제의를 따랐다.

① (가) – (나) – (다) – (라)　　　② (가) – (나) – (라) – (다)
③ (나) – (가) – (다) – (라)　　　④ (나) – (가) – (라) – (다)
⑤ (다) – (나) – (가) – (라)

51 다음 법령이 시행된 시기의 모습으로 옳지 않은 것은?

> • 조선 주차 헌병은 치안 유지에 관한 경찰과 군사 경찰을 관장한다.
> • 헌병의 장교, 준사관, 하사, 상등병에게는 조선 총독이 정하는 바에 의하여 재직하면서 경찰관의 직무를 집행하게 할 수 있다.

① 언론 집회의 자유가 박탈당했다.
② 조선어, 조선역사 과목이 폐지되었다.
③ 조선태형령이 시행되었다.
④ 교사들이 칼을 차고 제복을 입었다.
⑤ 회사령이 시행되었다.

52 다음 중 고려의 토지 제도에 대한 설명으로 옳은 것은?

① 공음전은 5품 이상의 관리에게 지급하였고 세습을 허용하였다.
② 외역전은 관직을 얻지 못한 하급 관리 자제에게 지급하였다.
③ 구분전은 왕실의 경비를 충당하기 위해 지급하였다.
④ 개정 전시과는 관품과 인품을 고려하여 지급하였다.
⑤ 내장전은 중앙과 지방 관청의 경비를 충당하기 위해 지급하였다.

53 다음 사건이 일어난 시기를 바르게 나열한 것은?

> (가) 강조의 정변이 발생했다.
> (나) 별무반을 편성하고 동북 9성을 개척하였다.
> (다) 정중부를 중심으로 한 무신들이 정변을 일으켰다.
> (라) 삼별초 항쟁이 일어났다.

① (가) – (나) – (다) – (라)   ② (가) – (다) – (나) – (라)
③ (나) – (다) – (라) – (가)   ④ (나) – (라) – (가) – (다)
⑤ (라) – (다) – (나) – (가)

54 다음 글에 해당하는 군사 조직에 대한 설명으로 옳은 것은?

> 주상께서 도감을 설치하여 군사를 훈련시키라고 명하시고 나를 도제조로 삼으시므로, 내가 청하기를, "*당속미 1천 석을 군량으로 하되 한 사람당 하루에 2승씩 준다하여 군인을 모집하면 응하는 자가 사방에 모여들 것입니다."라고 하였다. … 얼마 안 되어 수천 명을 얻어 조총 쏘는 법과 창칼 쓰는 기술을 가르치고 … 또 당번을 정하여 궁중을 숙직하게 하고, 국왕의 행차가 있을 때 이들로 호위하게 하니 민심이 점차 안정되었다.
>
> — 『서애집』
>
> *당속미(唐粟米) : 명에서 들여온 좁쌀

① 정조 때 설치된 국왕의 친위 부대였다.
② 정미 7조약에 의해 강제로 해산되었다.
③ 포수, 사수, 살수의 삼수병으로 편제되었다.
④ 이종무의 지휘 아래 대마도 정벌에 참여하였다.
⑤ 양인개병의 원칙에 따라 의무병으로 구성되었다.

55 다음 중 선사 시대에 대한 설명으로 옳지 않은 것은?

① 구석기 시대에는 뗀석기를 사용하였는데, 처음에는 찍개, 주먹도끼 등과 같이 하나의 도구를 여러 용도로 사용했으나 점차 자르개, 밀개, 찌르개 등 쓰임새가 정해진 도구를 만들어 사용하였다.
② 신석기 시대에는 사람들이 돌을 갈아 다양한 모양의 간석기를 만들고 조리나 식량 저장에 사용할 수 있는 토기를 만들었다.
③ 신석기 시대부터 도구를 사용하였을 뿐만 아니라 불을 이용하기 시작했고 언어를 구사하였다.
④ 청동기 시대에는 일부 지역에서 벼농사가 시작되는 등 농경이 더 발달했으며, 농경의 발달에 따라 토지와 생산물에 대한 사유재산 개념이 발생하면서 빈부의 차가 생기고 계급이 분화되었다.
⑤ 청동 무기의 보급으로 정복 활동이 활발해져 점차 계급 분화가 뚜렷해지고, 막강한 권력과 경제력을 가진 지배자인 군장이 등장하였다.

56 다음 중 고려 시대 태조의 업적으로 옳지 않은 것은?

① 북진 정책을 펼쳤으며 서경을 중시하였다.

② 독자적인 연호인 천수를 사용하였다.

③ 민생 안정을 위해 흑창을 설치하였다.

④ 군사력을 강화하기 위해 광군사를 설치하였다.

⑤ 호족을 견제하기 위해 사심과과 기인 제도를 시행하였다.

57 다음 중 (가), (나) 문서에 대한 설명으로 옳은 것은?

> (가) 첫째, 통일은 외세에 의존하거나 외세의 간섭을 받음이 없이 자주적으로 해결하여야 한다.
> 둘째, 통일은 서로 상대방을 반대하는 무력행사에 의거하지 않고 평화적 방법으로 실현하여야
> 한다.
> 셋째, 사상과 이념, 제도의 차이를 초월하여 우선 하나의 민족으로서 민족적 대단결을 도모하
> 여야 한다.
> (나) 남과 북은 나라의 통일을 위한 남측의 연합제 안과 북측의 낮은 단계의 연방제 안이 서로 공통
> 성이 있다고 인정하고, 앞으로 이 방향에서 통일을 지향시켜 나가기로 하였다.

① (가) : 6·15 남북 공동 선언의 내용이다.

② (가) : 화해, 협력, 남북 연합 등 통일국가 완성의 3단계 통일 방안을 발표했다.

③ (나) : 7·4 남북 공동 성명의 내용이다.

④ (나) : 평양에서 남북의 정상이 최초로 만나 공동 선언을 하였다.

⑤ (가), (나) : 남북한 모두의 장기 집권의 배경이 되었다.

58 다음과 같은 상황이 발생하게 된 원인으로 옳은 것은?

> 1920년 봉오동 전투, 청산리 전투 등에서 독립군에게 참패를 당한 일본은 한국 독립군 토벌 작전을 대대적으로 전개하였다. 이에 따라 한국 독립군은 러시아 영토로 이동하였는데, 이동 중 독립군을 통합·재편성하여 대한 독립군단을 조직하였다. 그 결과 1921년 1월 중순부터 3월 중순에 걸쳐 독립군이 자유시에 집결하였다.

① 일제가 만주 군벌과 미쓰야 협정을 체결하였다.
② 일제가 만주 사변을 일으켜 만주 지역을 점령하였다.
③ 일제가 독립군 색출을 위해 간도 주민을 학살하였다.
④ 사회주의 확산으로 독립군 내부에 노선 대립이 발생하였다.
⑤ 만주 지역 독립군에 대응하기 위해 일본의 국경 수비대가 배치되었다.

59 다음 중 밑줄 친 '국민대표회의'를 전후하여 나타난 사실로 옳지 않은 것은?

> 대한민국 임시 정부는 1920년대 중엽을 고비로 그 활동에 어려움을 겪게 되었다. 1923년에는 국내외의 독립 운동 상황을 점검하고 새로운 활로를 모색하기 위하여 상하이에서 국민대표회의가 열렸지만, 큰 효과는 없었다.

① 회의를 개최하자 창조파와 개조파로 양분되면서 대립이 격화되었다.
② 국내로부터의 지원이 늘어나면서 각 계파 간의 주도권 갈등이 심화되었다.
③ 이동녕과 김구 등의 노력으로 대한민국 임시 정부의 조직이 유지·정비되었다.
④ 일제의 집요한 감시와 탄압으로 연통제와 교통국의 조직이 철저하게 파괴되었다.
⑤ 사회주의 사상의 유입으로 민족주의 계열과 사회주의 계열 간의 갈등이 증폭되었다.

60 다음과 같은 내용의 조약이 맺어진 시기의 상황으로 옳은 것은?

> (가) 첫째, 일본은 필리핀에 대한 미국의 지배권을 확인한다.
>   둘째, 미국은 한국에 대한 일본의 지배권을 확인한다.
>   셋째, 극동 평화를 위해 미국·영국·일본 세 나라가 실질적으로 동맹 관계를 맺는다.
> (나) 제3조, 일본은 한국에 있어서 정치, 군사 및 경제적으로 탁월한 이익을 가지므로 영국은 일본이 그 이익을 옹호 증진시키기 위하여 정당 필요하다고 인정하는 지도, 감리 및 보호의 조치를 한국에 있어서 취할 권리를 승인한다. 단, 이 조치는 항상 열국의 상공업상 기회균등주의에 위배될 수 없다.
> (다) 제2조, 러시아 제국 정부는 일본국이 한국에 있어서 정치, 군사, 및 경제적으로 탁월한 이익을 가질 것을 승인하고 일본 제국주의 정부가 한국에 있어서 필요하다고 인정하는 지도, 보호 및 감리의 조치를 취함에 있어 이를 방해하거나 간섭하지 않을 것을 약속한다.

① 일본군의 '남한 대토벌'이라는 무자비한 의병 진압 작전이 전개되었다.
② 일제는 한국의 외교권을 박탈하고 통감부를 설치하여 내정을 간섭하였다.
③ 국호를 대한제국, 연호를 광무라고 발표하여 독립 국가의 체제를 갖추었다.
④ 친일 단체인 일진회는 일제의 사주를 받아 한·일 합방의 여론을 조성하였다.
⑤ 독립협회는 만민 공동회를 개최하여 열강들의 이권 침탈에 대한 저항 운동을 전개하였다.

61 다음 대화를 통해 알 수 있는 내용으로 가장 적절한 것은?

> A : It is great pleasure to watch Korean mask dancers.
> B : Oh, really? They are interesting to watch, aren't they?
> A : They really are. And those dances truly reflect the Korean soul.
> B : You are right.

① 한국의 탈은 만들기가 어렵다.
② 한국의 탈춤을 배우기가 재미있다.
③ 한국의 탈춤을 보는 것은 지루하다.
④ 한국의 탈춤은 한국의 혼을 나타낸다.
⑤ 한국의 탈춤을 이해할 수 없다.

62 다음 대화에서 A가 배우고 있는 것은 무엇인가?

> A : Remember, come back up to the surface slowly and don't hold your breath.
> B : OK, What will happen if I come up too fast?
> A : Your lungs will hurt. Don't try it. It can be very painful!

① driving a car   ② scuba diving
③ mountain climbing   ④ horseback riding
⑤ skiing

63

The American Academy of Pediatrics suggests that parents _____ their own TV watching, to allow more time to actually talk with their kids.

① prevail   ② assimilate
③ bestow   ④ decipher
⑤ curb

64

Knute Rockne(1888-1931), a famous football coach at the University of Notre Dame, was probably as well known for his inspiring pep talks as he was for coaching. Likewise, Vince Lombardi, famed as the coach of the New York Giants and the Green Bay Packers, was well known for his _____ ; Lombardi is credited with the now famous : "Winning isn't everything; it's the only thing."

① greed   ② eloquence
③ jealousy   ④ deployment
⑤ oppression

65

When you observe peaceful, relaxed people, you find that when they are feeling good, they are very grateful. They understand that both positive and negative feelings come and go, and that there will come a time when they won't be feeling so good. To happy people, this is okay, it's the way of things. They accept the _____ of passing feelings.

① vengeance   ② indolence
③ inevitability   ④ reluctance
⑤ expulsion

66 다음 밑줄 친 단어와 가장 유사한 단어는?

The students in the movement were deceived into thinking they were in the <u>vanguard</u> of a revolution.

① turmoil   ② forefront

③ protection   ④ opposition

⑤ preparation

67 다음 글의 내용으로 적절하지 않은 것은?

<School Swimming Pool>
- Open to all students
- Open hours : 9:00 a.m. to 5:00 p.m.
- Shower rooms and lockers available
- Food and drinks are not allowed.

① 모든 학생이 이용할 수 있다.

② 오전 9시부터 오후 5시까지 개방한다.

③ 샤워룸과 사물함을 사용할 수 있다.

④ 음식과 음료수 반입이 가능하다.

⑤ 수심에 관한 내용은 알 수 없다.

※ 다음 제시된 단어와 반대되는 의미를 가진 것을 고르시오. **[68~70]**

68

repulse

① deny   ② accept

③ enforce   ④ ensure

⑤ steal

69

assemble

① collect   ② complete

③ conclude   ④ scatter

⑤ evaluate

70

lack

① rack   ② stack

③ abundance   ④ allowance

⑤ provision

71 다음 밑줄 친 단어의 뜻으로 가장 적절한 것은?

The government concluded that the manufacturers <u>colluded</u> to sell their products to minors.

① collaborated   ② proposed

③ pretended   ④ intended

⑤ intervened

※ 다음 글의 밑줄 친 부분 중 문맥상 단어의 쓰임이 적절하지 않은 것을 고르시오. [72~73]

72

It is said that although people laugh in the same way, they don't necessarily laugh at the same things. If this is true of a single community, it is even more true of people who live in different societies, because the topics that people find amusing, and the occasions that are regarded as ① appropriate for joking, can vary enormously from one society to the next. Some styles of humor with silly actions are guaranteed to raise a laugh everywhere. But because of their reliance on shared assumptions, most jokes travel very ② well. This is particularly ③ noticeable in the case of jokes that involve a play on words. They are difficult, and in some cases virtually ④ impossible to translate into other languages. Therefore, this is why people's attempts to tell jokes to ⑤ foreigners are so often met with blank stares.

73

The traditional American view was that fences were out of place in the American landscape. This notion turned up ① repeatedly in nineteenth-century American writing about the landscape. One author after another severely ② criticized "the Englishman's insultingly inhospitable brick wall topped with broken bottles." Frank J. Scott, an early landscape architect who had a large impact on the look of America's first suburbs, worked tirelessly to ③ rid the landscape of fences. Writing in 1870, he held that to narrow our neighbors' views of the free graces of Nature was ④ unselfish and undemocratic. To drive through virtually any American suburb today, where every lawn steps right up to the street in a gesture of ⑤ openness and welcoming, is to see how completely such views have triumphed.

74

Most successful job interviews follow three basic steps. If you know the steps, you increase your chances of getting the job. Step 1, lasts about three minutes and occurs when you first introduce yourself. In these three minutes, you need to demonstrate that you are friendly and at ease with others. This is the time to shake hands firmly, make eye contact, and smile. During Step 2, you need to explain your skills and abilities. This is your chance to show an employer just how capable you are. Step 3, comes at the end of the interview. Although it lasts only a minute or two, this step is still important. When the employer says, "We'll be in touch." you need to say something like, "I'll check back with you in a few days, if you don't mind." A comment like this indicates your commitment to getting the job.

① How to Show Your Commitment to Getting the Job

② Positive Attitudes during the Job Interview

③ Three Steps in the Successful Job Interview

④ The Importance of Showing Your Ability during the Interview

⑤ How to Make Eye Contact and Smile

75

Although Albert Einstein's Theory of Relativity revolutionized physics, his mathematical models were based on the erroneous assumption that the universe is static — all the components are fixed in time and space. In order to maintain this view, when Einstein's equations predicted a universe in flux, he invented the "cosmological constant" to maintain the supposed constancy of the universe. Within ten years, the astronomer Edwin Hubble discovered that the universe was expanding, causing Einstein to abandon the idea of the cosmological constant. Almost a century later, physicists have discovered that some unknown force is apparently pushing the universe apart, leading some scientists to conclude that Einstein's "cosmological constant" may in fact exist.

① The observations of Hubble severely damaged the Theory of Relativity.

② One of Einstein's most significant discoveries was the cosmological constant.

③ Einstein's Theory of Relativity is fundamentally flawed.

④ Physicists today still make use of Einstein's cosmological constant to describe the universe.

⑤ The cosmological constant, while erroneously derived, may actually play a part in describing the universe.

It was spring and some 6th grade boys at a suburban elementary school were fooling around on the playground. They had discovered a great new trick. One of them would kneel down behind someone and another would push the person over. The trick worked perfectly with (a) Anna. She fell over with ease. She was hurt and crying. In the process (b) she had broken her wrist. The yard duty staff sent the shaken boys to the principal.

The principal began by saying that she understood that they were playing and had not meant to cause serious harm, but that, in fact, they had. She explained that the girl would have to wear a cast for weeks and now lots of ordinary things would be more difficult for (c) her. She pointed out that the girl played the flute and would now not be able to play in the spring concert. By the time (d) she finished, the boys were in tears and very sorry for what they had done. The principal also suspended the boys for a day, explaining to them that even though she knew they were sorry and had not meant to cause such harm, she believed suspension was necessary to signal to everyone in the community the seriousness of the situation. On their own, the boys brought (e) the girl flowers and apologized for hurting her.

76 다음 밑줄 친 (a) ~ (e) 중에서 가리키는 대상이 다른 하나는?

① (a) ② (b)

③ (c) ④ (d)

⑤ (e)

77 다음 중 윗글의 제목으로 가장 적절한 것은?

① Taking Responsibility for Your Actions

② Respecting Students' Privacy

③ Importance of Self-respect

④ Roles of Family in Childhood

⑤ Negative Consequences of Suspension

78 다음 글에서 전체 흐름과 관계없는 문장은?

Music has been called a language, though whether it actually is or not has been the subject of sometimes heated philosophical debate. It depends on the definition that is used. ① If one takes 'language' to mean a medium through which concepts can be symbolized and conveyed, then, for sure, music fails the test. ② Music cannot express the thought that 'The house on the hill has three bedrooms'. ③ However, it can evoke a more or less consistent emotional response in those who compose, perform and listen to it. ④ Because music is a stimulus to our sense of hearing, it is clear that music can, and inevitably does, convey information. ⑤ Hence there is, broadly speaking, common ground in the sense that both language and music are human forms of communication that occur through streams of sound. And in both instances, these streams are 'chunked' in cognition.

79 다음 중 〈보기〉의 문장이 들어갈 위치로 가장 적절한 곳은?

In addition to the problems of individual resources, there are increasing links among energy, food, and water. As a result, problems in one area can spread to another, creating a destructive cycle of dependence. ___①___ For instance, Uganda experienced a prolonged drought in 2004 and 2005, threatening the food supply. ___②___ The country was using so much water from massive Lake Victoria that the water level fell by a full meter, and Uganda cut back on hydroelectric power generation at the lake. ___③___ Electricity prices nearly doubled, so Ugandans began to use more wood for fuel. ___④___ People cut heavily into forests, which degraded the soil. ___⑤___ Cycles like these can end in political unrest and disasters for whole populations.

> 보기
>
> The drought that began as a threat to food sources became an electricity problem and, eventually, an even more profound food problem.

80 다음 중 밑줄 친 부분과 뜻이 가장 가까운 것은?

In today's business climate, you've got to be clever enough to come up with ideas that others haven't thought of yet. Take my friend Mr. Kim, an organic apple farmer. Five years ago, his business wasn't making a profit. It was about to go under. Then organic fruit really caught on. Suddenly it seemed that everyone wanted to buy his organic apples. He then ecided to try something new. He set up a mail-order business so his customers could order his apples from home and get them quickly. Sales took off and Mr. Kim made even more money. Now he's thinking about retiring early.

① become popular

② break even

③ decrease

④ become bankrupt

⑤ get right down to business

제2회
최종점검 모의고사

■ 취약영역 분석

| 01 | 직업능력

번호	O/×	영역	번호	O/×	영역	번호	O/×	영역
01		의사소통능력	16		자원관리능력	31		문제해결능력
02			17			32		
03		문제해결능력	18		문제해결능력	33		수리능력
04			19			34		조직이해능력
05		자원관리능력	20		의사소통능력	35		
06			21			36		직업윤리
07		수리능력	22		직업윤리	37		문제해결능력
08			23		수리능력	38		수리능력
09			24		조직이해능력	39		자원관리능력
10		직업윤리	25		직업윤리	40		
11		조직이해능력	26		자원관리능력			
12			27					
13		의사소통능력	28		의사소통능력			
14		수리능력	29					
15			30		문제해결능력			

| 02 | 한국사

번호	41	42	43	44	45	46	47	48	49	50	51	52	53	54	55	56	57	58	59	60
O/×																				

| 03 | 영어

번호	61	62	63	64	65	66	67	68	69	70	71	72	73	74	75	76	77	78	79	80
O/×																				

평가문항	80문항	평가시간	80분
시작시간	:	종료시간	:
취약영역			

01 직업능력

01 다음 문단을 논리적 순서대로 바르게 나열한 것은?

> (가) 공공재원 효율적 활용을 지향하기 위해 사회 생산성 기여를 위한 공간정책이 마련되어야 함과 동시에 주민복지의 거점으로서 기능을 해야 한다. 또한 도시체계에서 다양한 목적의 흐름을 발생, 집중시키는 노드로서 다기능·복합화를 실현하여 범위의 경제를 창출하여 이용자 편의성을 증대시키고, 공공재원의 효율적 활용에도 기여해야 한다.
>
> (나) 우리나라도 인구감소 시대에 본격적으로 진입할 가능성이 높아지고 있다. 이미 비수도권의 대다수 시·군에서는 인구가 급속하게 줄어왔으며, 수도권 내 상당수의 시·군에서도 인구정체가 나타나고 있다. 인구감소 시대에 접어들게 되면, 줄어드는 인구로 인해 고령화 및 과소화가 급속하게 진전된 상태가 될 것이고, 그 결과 취약계층, 교통약자 등 주민의 복지수요가 늘어날 것이다.
>
> (다) 앞으로 공공재원의 효율적 활용, 주민복지의 최소 보장, 자원배분의 정의, 공유재의 사회적 가치 및 생산에 대해 관심을 기울여야 할 것이다. 또한 인구감소시대에 대비하여 창조적 축소, 거점 간 또는 거점과 주변 간 네트워크화 등에 관한 논의, 그와 관련되는 국가와 지자체의 역할 분담, 그리고 이해관계 주체의 연대, 참여, 결속에 관한 논의가 계속적으로 다루어져야 할 것이다.
>
> (라) 이러한 상황에서는 공공재원을 확보, 확충하기가 어렵게 되므로 재원의 효율적 활용 요구가 높아질 것이다. 실제로 현재 인구 감소에 따른 과소화, 고령화가 빠르게 전개되어 온 지역에서 공공서비스 공급에 제약을 받고 있으며, 비용 효율성을 높여야 한다는 과제에 직면해 있다.

① (가) - (다) - (나) - (라)
② (가) - (라) - (나) - (다)
③ (나) - (가) - (라) - (다)
④ (나) - (라) - (가) - (다)
⑤ (나) - (라) - (다) - (가)

02 다음 ㉠ ~ ㉢ 중 맥락에 맞는 단어를 순서대로 바르게 나열한 것은?

음향은 종종 인물의 생각이나 심리를 극적으로 ㉠ 표시(表示) / 제시(提示) 하는 데 활용된다. 화면을 가득 채운 얼굴과 함께 인물의 목소리를 들려주면 인물의 속마음이 효과적으로 표현된다. 인물의 표정은 드러내지 않은 채 심장 소리만을 크게 들려줌으로써 인물의 불안정한 심정을 ㉡ 표출(表出) / 표명(表明)하는 예도 있다. 이처럼 음향은 영화의 장면 및 줄거리와 밀접한 관계를 유지하며 주제나 감독의 의도를 ㉢ 실현(實現) / 구현(具縣)하는 중요한 요소이다.

	㉠	㉡	㉢
①	제시	표명	실현
②	제시	표출	실현
③	제시	표출	구현
④	표시	표명	구현
⑤	표시	표출	실현

03 퇴직을 앞둔 회사원 G씨는 1년 뒤 샐러드 도시락 프랜차이즈 가게를 운영하고자 한다. 다음은 G씨가 회사 근처 샐러드 도시락 프랜차이즈 가게에 대해 SWOT 분석을 실시한 결과이다. 〈보기〉 중 SWOT 분석에 따른 대응 전략으로 적절한 것을 모두 고르면?

〈샐러드 도시락 프랜차이즈 가게 SWOT 분석 결과〉

강점(Strength)	약점(Weakness)
• 다양한 연령층을 고려한 메뉴 • 월별 새로운 메뉴 제공	• 부족한 할인 혜택 • 홍보 및 마케팅 전략의 부재
기회(Opportunity)	위협(Threat)
• 건강한 식단에 대한 관심 증가 • 회사원들의 간편식 점심 수요 증가	• 경기 침체로 인한 외식 소비 위축 • 주변 음식점과의 경쟁 심화

보기

ㄱ. 다양한 연령층이 이용할 수 있도록 새로운 한식 도시락을 출시한다.
ㄴ. 계절 채소를 이용한 샐러드 런치 메뉴를 출시한다.
ㄷ. 제품의 가격 상승을 유발하는 홍보 방안보다 먼저 품질 향상 방안을 마련해야 한다.
ㄹ. 주변 회사와 제휴하여 이용 고객에 대한 할인 서비스를 제공한다.

① ㄱ, ㄴ ② ㄱ, ㄷ
③ ㄴ, ㄷ ④ ㄴ, ㄹ
⑤ ㄷ, ㄹ

04 경력직 채용공고를 통해 서류를 통과한 지원자 은지, 지현, 영희는 임원면접을 진행하고 있다. 회장, 사장, 이사, 인사팀장으로 이루어진 4명의 임원은 지원자에게 각각 '상, 중, 하' 중 하나의 점수를 줄 수 있으며, 2인 이상에게 '상'을 받은 지원자는 최종 합격, 3인 이상에게 '하'를 받은 지원자는 탈락한다고 한다. 다음 〈조건〉에 따라 항상 옳은 것은?

> **조건**
> • 임원들은 3명에게 각각 '상, 중, 하'를 하나씩 주었다.
> • 사장은 은지에게 '상'을 주고, 다른 한 명에게는 회장보다 낮은 점수를, 다른 한 명에게는 회장과 같은 점수를 주었다.
> • 이사는 지원자에게 사장과 같은 점수를 주었다.
> • 인사팀장은 한 명에게 '상'을 주었으며, 영희에게는 사장이 준 점수보다 낮은 점수를 주었다.

① 회장이 은지에게 '하'를 주었다면, 은지는 탈락한다.
② 회장이 영희에게 '상'을 주었다면, 영희가 최종 합격한다.
③ 인사팀장이 지현이에게 '중'을 주었다면, 지현이는 탈락한다.
④ 인사팀장이 지현이에게 '상'을 주었다면, 지현이는 탈락하지 않는다.
⑤ 인사팀장이 은지에게 '상'을 주었다면, 은지가 최종 합격한다.

05 다음은 H기업의 팀별 성과급 지급 기준 및 영업팀의 분기별 평가표이다. 영업팀에게 지급되는 성과급의 1년 총액은?(단, 성과평가등급이 A등급이면 직전 분기 차감액의 50%를 가산하여 지급한다)

〈성과급 지급 기준〉

성과평가 점수(점)	성과평가 등급	분기별 성과급 지급액
9.0 이상	A	100만 원
8.0 ~ 8.9	B	90만 원(10만 원 차감)
7.0 ~ 7.9	C	80만 원(20만 원 차감)
6.9 이하	D	40만 원(60만 원 차감)

〈영업팀 평가표〉

구분	1/4분기	2/4분기	3/4분기	4/4분기
유용성	8	8	10	8
안정성	8	6	8	8
서비스 만족도	6	8	10	8

※ (성과평가 점수)=[(유용성)×0.4]+[(안정성)×0.4]+[(서비스 만족도)×0.2]

① 350만 원
② 360만 원
③ 370만 원
④ 380만 원
⑤ 400만 원

06 H회사는 해외지사와 1시간 동안 화상 회의를 하기로 하였다. 모든 지사의 업무시간은 오전 9시부터 오후 6시까지이며, 점심시간은 낮 12시부터 오후 1시까지이다. 〈조건〉이 다음과 같을 때, 회의가 가능한 시간은 언제인가?(단, 회의가 가능한 시간은 서울 기준이다)

- 헝가리는 서울보다 7시간 느리고, 현지시간으로 오전 10시부터 2시간 동안 외부출장이 있다.
- 호주는 서울보다 1시간 빠르고, 현지시간으로 오후 2시부터 3시간 동안 회의가 있다.
- 베이징은 서울보다 1시간 느리다.
- 헝가리와 호주는 서머타임 +1시간을 적용한다.

① 오전 10 ~ 11시   ② 오전 11시 ~ 낮 12시
③ 오후 1 ~ 2시   ④ 오후 2 ~ 3시
⑤ 오후 3 ~ 4시

07 다음은 연령별 인구수 현황을 나타낸 그래프이다. 각 연령대를 기준으로 남성 인구가 40% 이하인 연령대 ㉠과 여성 인구가 50% 초과 60% 이하인 연령대 ㉡이 바르게 연결된 것은?

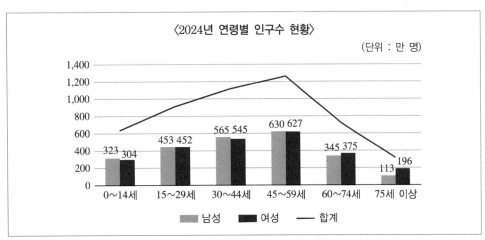

〈2024년 연령별 인구수 현황〉
(단위 : 만 명)

	㉠	㉡
①	0 ~ 14세	15 ~ 29세
②	30 ~ 44세	15 ~ 29세
③	45 ~ 59세	60 ~ 74세
④	75세 이상	60 ~ 74세
⑤	75세 이상	45 ~ 59세

※ 다음은 연령별 어린이집 이용 영유아 현황에 대한 자료이다. 이어지는 질문에 답하시오. **[8~9]**

〈연령별 어린이집 이용 영유아 현황〉

(단위 : 명)

구분		국·공립 어린이집	법인 어린이집	민간 어린이집	가정 어린이집	부모협동 어린이집	직장 어린이집	합계
2021년	0 ~ 2세	36,530	35,502	229,414	193,412	463	6,517	501,838
	3 ~ 4세	56,342	50,497	293,086	13,587	705	7,875	422,092
	5세 이상	30,533	27,895	146,965	3,388	323	2,417	211,521
2022년	0 ~ 2세	42,331	38,648	262,728	222,332	540	7,815	574,394
	3 ~ 4세	59,947	49,969	290,620	12,091	755	8,518	421,900
	5세 이상	27,378	23,721	122,415	2,420	360	2,461	178,755
2023년	0 ~ 2세	47,081	42,445	317,489	269,243	639	9,359	686,256
	3 ~ 4세	61,609	48,543	292,599	10,603	881	9,571	423,806
	5세 이상	28,914	23,066	112,929	1,590	378	2,971	169,848
2024년	0 ~ 2세	49,892	41,685	337,573	298,470	817	10,895	739,332
	3 ~ 4세	64,696	49,527	319,903	8,869	1,046	10,992	455,033
	5세 이상	28,447	21,476	99,847	1,071	423	3,100	154,364

08 다음 중 자료에 대한 설명으로 옳지 않은 것은?

① 2021 ~ 2024년 0 ~ 2세와 3 ~ 4세 국·공립 어린이집 이용 영유아 수는 계속 증가하고 있다.

② 2021 ~ 2024년 부모협동 어린이집과 직장 어린이집을 이용하는 연령별 영유아 수의 증감 추이는 동일하다.

③ 2022 ~ 2024년 전년 대비 가정 어린이집을 이용하는 0 ~ 2세 영유아 수는 2024년에 가장 크게 증가했다.

④ 법인 어린이집을 이용하는 5세 이상 영유아 수는 매년 감소하고 있다.

⑤ 매년 3 ~ 4세 영유아가 가장 많이 이용하는 곳을 순서대로 나열하면 상위 3곳의 순서가 같다.

09 다음 중 2021년과 2024년 전체 어린이집 이용 영유아 수의 차는 몇 명인가?

① 146,829명 ② 169,386명

③ 195,298명 ④ 213,278명

⑤ 237,536명

10 다음 사례에서 필요한 가장 중요한 역량은?

> 스칸디나비아항공은 고객이 예약 문의전화를 하고, 공항카운터를 방문하고, 티켓을 받은 후 탑승을 하고, 기내서비스를 받고, 공항을 빠져나오는 등의 모든 순간에 고객이 항공사와 함께 있다는 기분을 느낄 수 있도록 다양한 광고와 질 높은 서비스를 제공하는 MOT마케팅을 도입함으로써 수년간의 적자경영을 흑자경영으로 돌려놓는 결과를 낳았다. MOT마케팅은 고객이 여러 번에 걸쳐 최상의 서비스를 경험했다 하더라도 단 한 번의 불만족스러움을 느낀다면 결국 전체 서비스에 대한 만족도를 0으로 만들어버린다는 곱셈의 법칙(100−1=99가 아니라 100×0=0이라는 법칙)에 따라 고객과의 접점의 순간에서 최상의 서비스를 제공할 것을 강조한다.

① 근면
② 성실
③ 봉사
④ 책임감
⑤ 정직

11 현재 시각은 오전 11시이다. 오늘 중 마쳐야 하는 다음 네 가지의 업무가 있을 때 업무의 우선순위는 어떻게 되는가?(단, 업무시간은 오전 9시부터 오후 6시까지이며, 점심시간은 12시부터 1시간이다)

업무 내용	처리 시간
ㄱ. 기한이 오늘까지인 비품 신청	1시간
ㄴ. 오늘 내에 보고해야 하는 보고서 초안을 작성해 달라는 부서장의 지시	2시간
ㄷ. 가능한 한 빨리 보내 달라는 인접 부서의 협조 요청	1시간
ㄹ. 오전 중으로 고객에게 보내기로 한 자료 작성	1시간

① ㄱ－ㄴ－ㄷ－ㄹ
② ㄴ－ㄱ－ㄷ－ㄹ
③ ㄴ－ㄷ－ㄹ－ㄱ
④ ㄷ－ㄴ－ㄹ－ㄱ
⑤ ㄹ－ㄴ－ㄷ－ㄱ

12 다음 대화를 참고하여 알 수 있는 조직 목표의 기능과 특징으로 적절하지 않은 것은?

> 이대리 : 박부장님께서 우리 회사의 목표가 무엇인지 생각해 본 적 있냐고 하셨을 때 당황했어. 평소에 딱히 생각하고 지내지 않았던 것 같아.
>
> 김대리 : 응, 그러기 쉽지. 개인에게 목표가 있어야 그것을 위해서 무언가를 하는 것처럼 당연히 조직에도 목표가 있어야 하는데 조직에 속해 있으면 당연히 알아두어야 한다고 생각해.

① 조직이 존재하는 정당성을 제공한다.
② 의사결정을 할 때뿐만 아니라 하고 나서의 기준으로도 작용한다.
③ 공식적 목표와 실제적 목표는 다를 수 있다.
④ 동시에 여러 개를 추구하는 것보다 하나씩 순차적으로 처리해야 한다.
⑤ 목표 간에는 위계 관계와 상호 관계가 공존한다.

13 다음 글의 주제로 가장 적절한 것은?

> 빅데이터는 스마트 팩토리 등 산업 현장 및 ICT 소프트웨어 설계 등에 주로 활용되어 왔다. 유통이나 물류 업계의 '콘텐츠가 대량으로 이동하는 현장'에서는 데이터가 발생하면, 이를 분석하고 활용하는 쪽으로 주로 사용됐다. 이제는 다양한 영역에서 빅데이터의 적용이 빨라지고 있다. 대표적인 사례가 금융권이다. 국내의 은행들은 현재 빅데이터 스타트업 회사를 상대로 대규모 투자에 나서고 있다. 뉴스와 포털 등 현존하는 데이터를 확보하여 금융 키워드 분석에 활용하기 위해서다. 의료업계도 마찬가지다. 정부는 바이오헬스 산업의 혁신전략을 통해 연구개발 투자를 2025년까지 4조 원이상으로 확대하겠다고 밝혔으며, 빅데이터와 인공 지능 등을 연계한 다양한 로드맵을 준비하고 있다. 벌써 의료 현장에 빅데이터 전략을 구사하고 있는 병원도 다수이다. 국세청도 빅데이터에 관심이 많다. 빅데이터 플랫폼 인프라 구축을 끝내는 한편, 50명 규모의 빅데이터 센터를 가동하기 시작했다. 조세 행정에서 빅데이터를 통해 탈세를 예방·적발하는 등 다양한 쓰임새를 고민하고 있다.

① 빅데이터의 정의와 장·단점
② 빅데이터의 종류
③ 빅데이터의 중요성
④ 빅데이터의 다양한 활용 방안
⑤ 빅데이터의 한계

※ 다음은 서울특별시의 직종별 구인 · 구직 · 취업 현황을 나타낸 자료이다. 이어지는 질문에 답하시오.
[14~15]

〈서울특별시 구인 · 구직 · 취업 현황〉

(단위 : 명)

직업 중분류	구인	구직	취업
관리직	993	2,951	614
경영 · 회계 · 사무 관련 전문직	6,283	14,350	3,400
금융보험 관련직	637	607	131
교육 및 자연과학 · 사회과학 연구 관련직	177	1,425	127
법률 · 경찰 · 소방 · 교도 관련직	37	226	59
보건 · 의료 관련직	688	2,061	497
사회복지 및 종교 관련직	371	1,680	292
문화 · 예술 · 디자인 · 방송 관련직	1,033	3,348	741
운전 및 운송 관련직	793	2,369	634
영업원 및 판매 관련직	2,886	3,083	733
경비 및 청소 관련직	3,574	9,752	1,798
미용 · 숙박 · 여행 · 오락 · 스포츠 관련직	259	1,283	289
음식서비스 관련직	1,696	2,936	458
건설 관련직	3,659	4,825	656
기계 관련직	742	1,110	345

14 관리직의 구직 대비 구인률과 음식서비스 관련직의 구직 대비 취업률의 차이는 얼마인가?(단, 소수점 첫째 자리에서 반올림한다)

① 6%p
② 9%p
③ 12%p
④ 15%p
⑤ 18%p

15 다음 중 자료에 대한 설명으로 옳지 않은 것은?

① 구직 대비 취업률이 가장 높은 직종은 기계 관련직이다.
② 취업자 수가 구인자 수를 초과한 직종도 있다.
③ 구인자 수가 구직자 수를 초과한 직종은 한 곳이다.
④ 구직자가 가장 많이 몰리는 직종은 경영 · 회계 · 사무 관련 전문직이다.
⑤ 영업원 및 판매 관련직의 구직 대비 취업률은 25% 이상이다.

※ H공단에서는 임직원 해외연수를 추진하고 있다. 다음 자료를 보고 이어지는 질문에 답하시오. [16~17]

〈2025년 임직원 해외연수 공지사항〉

• 해외연수 국가 : 네덜란드, 독일
• 해외연수 일정 : 2025년 6월 11일 ~ 2025년 6월 20일(10일간)
• 해외연수 인원 : 나라별 2명씩 총 4명
• 해외연수 인원 선발 방법 : 2024년 하반기 업무평가 항목 평균 점수 상위 4명 선발

〈H공단 임직원 2024년 하반기 업무평가〉

(단위 : 점)

성명	직급	2024년 하반기 업무평가		
		조직기여	대외협력	기획
유시진	팀장	58	68	83
최은서	팀장	79	98	96
양현종	과장	84	72	86
오선진	대리	55	91	75
이진영	대리	90	84	97
장수원	대리	78	95	85
김태균	주임	97	76	72
류현진	주임	69	78	54
강백호	사원	77	83	66
최재훈	사원	80	94	92

16 다음 중 해외연수 대상자가 될 수 있는 직원으로만 묶인 것은?

① 유시진, 최은서
② 양현종, 오선진
③ 이진영, 장수원
④ 김태균, 류현진
⑤ 강백호, 최재훈

17 H공단은 2025년 임직원 해외연수 인원을 나라별로 1명씩 늘려 총 6명으로 확대하려고 한다. 이때 해외연수 대상자가 될 수 없는 직원은?

① 양현종
② 오선진
③ 이진영
④ 김태균
⑤ 최재훈

※ H아파트의 자전거 보관소에서는 입주민들의 자전거를 편리하게 관리하기 위해 다음과 같은 방법으로 자전거에 일련번호를 부여한다. 이어지는 질문에 답하시오. [18~19]

- 일련번호 순서

A	L	1	1	1	0	1	–	1
종류	무게	동		호수			–	등록순서

- 자전거 종류 구분

일반 자전거			전기 자전거
성인용	아동용	산악용	
A	K	T	B

- 자전거 무게 구분

10kg 이하	10kg 초과 20kg 미만	20kg 이상
S	M	L

- 동 구분 : 101동부터 110동까지의 끝자리를 1자리 숫자로 기재(예 101동 – 1)
- 호수 : 4자리 숫자로 기재(예 1101호 – 1101)
- 등록순서 : 동일 세대주당 자전거 등록순서를 1자리로 기재

18 다음 중 자전거의 일련번호가 바르게 표기된 것은?

① MT1109-2
② AM2012-2
③ AB10121-1
④ KS90101-2
⑤ BL82002-01

19 다음 중 일련번호가 'TM41205-2'인 자전거에 대한 설명으로 옳은 것은?

① 전기 모터를 이용해 주행할 수 있다.
② 자전거의 무게는 10kg 이하이다.
③ 204동 1205호에 거주하는 입주민의 자전거이다.
④ 자전거를 2대 이상 등록한 입주민의 자전거이다.
⑤ 해당 자전거의 소유자는 더 이상 자전거를 등록할 수 없다.

※ 다음 글을 읽고 이어지는 질문에 답하시오. [20~21]

사회 현상을 볼 때는 돋보기로 세밀하게, 그리고 때로는 멀리 떨어져서 전체 속에 어떻게 위치하고 있는가를 동시에 봐야 한다. 숲과 나무는 서로 다르지만 따로 떼어 생각할 수 없기 때문이다.

현대 사회 현상의 최대 쟁점인 과학 기술에 대해 평가할 때도 마찬가지이다. 로봇 탄생의 숲을 보면, 그 로봇 개발에 투자한 사람과 로봇을 개발한 사람의 의도가 드러난다. 그리고 나무인 로봇을 세밀히 보면, 그 로봇이 생산에 이용되는지 아니면 감옥의 죄수들을 감시하기 위한 것인지 그 용도를 알 수가 있다. 이 광범위한 기술의 성격을 객관적이고 물질적이어서 가치관이 없다고 쉽게 생각하면 로봇에 당하기 십상이다.

자동화는 자본주의의 실업자를 늘려 실업자에 대해 생계의 위협을 가하는 측면뿐 아니라, 기존 근로자에 대한 감시를 더욱 효율적으로 해내는 역할도 수행한다. 자동화를 적용하는 기업 측에서는 자동화가 인간의 삶을 증대시키는 이미지로 일반 사람들에게 인식되기를 바란다. 그래야 자동화 도입에 대한 노동자의 반발을 무마하고 기업가의 구상을 관철할 수 있기 때문이다. 그러나 자동화나 기계화 도입으로 인해 실업을 두려워하고, 업무 내용이 바뀌는 것을 탐탁해 하지 않았던 유럽의 노동자들은 자동화 도입에 대해 극렬히 반대했던 경험이 있다.

지금도 자동화·기계화는 좋은 것이라는 고정관념을 가진 사람이 많고, 현실에서 이러한 고정관념이 가져오는 파급 효과는 의외로 크다. 예를 들어 은행에 현금을 자동으로 세는 기계가 등장하면 은행원이 현금을 세는 작업량은 줄어든다. 손님들도 기계가 현금을 재빨리 세는 것을 보고 감탄하면서 행원이 세는 것보다 더 많은 신뢰를 보낸다. 그러나 현금 세는 기계의 도입에는 이익 추구라는 의도가 숨어 있다. 현금 세는 기계는 행원의 수고를 덜어 준다. 그러나 현금 세는 기계를 들여옴으로써 실업자가 생기고 만다. 사람이 잘만 이용하면 잘 써먹을 수 있을 것 같은 기계가 엄청나게 혹독한 성품을 지닌 프랑켄슈타인으로 돌변하는 것이다. 자동화와 정보화를 추진하는 핵심 조직이 기업이란 것에서도 알 수 있듯이 기업은 이윤 추구에 도움이 되지 않는 행위는 무가치하다고 판단한다. 그러므로 자동화는 그 계획 단계에서부터 기업의 의도가 스며들어 탄생한다. 또한, 그 의도대로 자동화나 정보화가 진행되면, 다른 한편으로 의도하지 않은 결과를 초래한다. 자동화와 같은 과학 기술이 풍요를 생산하는 수단이라고 생각하는 것은 하나의 ⊙고정관념에 불과하다.

채플린이 제작한 영화 〈모던 타임즈〉에 나타난 것처럼 초기 산업화 시대에는 기계에 종속된 인간의 모습이 가시적으로 드러날 수밖에 없었다. 그래서 이러한 종속에 저항하고자 하는 인간의 노력도 적극적인 모습을 보였다. 그러나 현대의 자동화기기는 그 선두가 정보 통신기기로 바뀌면서 문제가 질적으로 달라진다. 무인 생산까지 진전된 자동화나 정보통신화는 인간에게 단순 노동을 반복시키는 그런 모습을 보이지 않는다. 그 까닭에 정보 통신은 별 무리 없이 어느 나라에서나 급격하게 개발·보급되고 보편화되어 있다. 그런데 문제는 이 자동화기기가 생산에만 이용되는 것이 아니라, 노동자를 감시하거나 관리하는 데도 이용될 수 있다는 것이다. 궁극적으로 정보 통신의 발달로 인해 이전보다 사람들은 더 많은 감시와 통제를 받게 되었다.

20 다음 중 밑줄 친 ⊙의 사례로 적절하지 않은 것은?

① 부자는 누구나 행복할 것이라고 믿는 경우이다.

② 고가의 물건이 항상 우수하다고 믿는 경우이다.

③ 구구단이 실생활에 도움을 준다고 믿는 경우이다.

④ 절약이 언제나 경제 발전에 도움을 준다고 믿는 경우이다.

⑤ 아파트가 전통가옥보다 삶의 질을 높여 준다고 믿는 경우이다.

21 다음 중 윗글에 대한 비판적 반응으로 가장 적절한 것은?

① 기업의 이윤 추구가 사회 복지 증진과 직결될 수 있음을 간과하고 있다.

② 기계화·정보화가 인간의 삶의 질 개선에 기여하고 있음을 경시하고 있다.

③ 기계화를 비판하는 주장만 되풀이할 뿐, 구체적인 근거를 제시하지 않고 있다.

④ 화제의 부분적 측면에 관계된 이론을 소개하여 편향적 시각을 갖게 하고 있다.

⑤ 현대의 기술 문명이 가져다줄 수 있는 긍정적인 측면을 과장하여 강조하고 있다.

22 다음 〈보기〉 중 직장에서 근면한 생활을 하는 사람을 모두 고르면?

> **보기**
>
> A사원 : 저는 이제 더 이상 일을 배울 필요가 없을 만큼 업무에 익숙해졌어요. 실수 없이 완벽하게 업무를 해결할 수 있어요.
> B사원 : 저는 요즘 매일 운동을 하고 있어요. 일에 지장이 가지 않도록 건강관리에 힘쓰고 있습니다.
> C대리 : 저도 오늘 할 일을 내일로 미루지 않으려고 노력 중이에요. 그래서 업무 시간에는 개인적인 일을 하지 않아요.
> D대리 : 저는 업무 시간에 잡담을 하지 않아요. 대신 사적인 대화는 사내 메신저를 활용하는 편이에요.

① A사원, B사원   ② A사원, C대리

③ B사원, C대리   ④ B사원, D대리

⑤ C대리, D대리

23 농도가 10%인 A소금물 200g과 농도가 20%인 B소금물 300g이 있다. A소금물에는 ag의 물을 첨가하고, B소금물은 bg을 버렸다. 늘어난 A소금물과 줄어든 B소금물을 합친 결과, 농도가 10%인 500g의 소금물이 되었을 때, A소금물에 첨가한 물의 양은?

① 100g   ② 120g

③ 150g   ④ 180g

⑤ 200g

24 H공단의 항공교육팀은 항공보안실을 대상으로 다음과 같은 항공보안교육계획을 세웠다. 〈보기〉 중 항공보안교육을 반드시 이수해야 하는 팀을 모두 고르면?

〈항공보안교육계획〉

구분	과정명	비고
보안검색감독자	보안검색감독자 초기 / 정기	필수
보안검색요원	보안검색요원 초기 / 정기	필수
	보안검색요원 인증평가	필수
	보안검색요원 재교육	필요시
폭발물처리요원	폭발물 처리요원 직무	필요시
	폭발물 처리요원 정기	필요시
	폭발물위협분석관 초기 / 정기	필요시
장비유지보수요원	항공보안장비유지보수 초기 / 정기	필수

보기

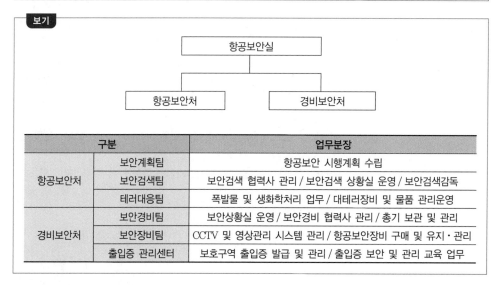

구분		업무분장
항공보안처	보안계획팀	항공보안 시행계획 수립
	보안검색팀	보안검색 협력사 관리 / 보안검색 상황실 운영 / 보안검색감독
	테러대응팀	폭발물 및 생화학처리 업무 / 대테러장비 및 물품 관리운영
경비보안처	보안경비팀	보안상황실 운영 / 보안경비 협력사 관리 / 총기 보관 및 관리
	보안장비팀	CCTV 및 영상관리 시스템 관리 / 항공보안장비 구매 및 유지·관리
	출입증 관리센터	보호구역 출입증 발급 및 관리 / 출입증 보안 및 관리 교육 업무

① 보안계획팀, 보안검색팀
② 보안계획팀, 테러대응팀
③ 보안검색팀, 보안경비팀
④ 보안검색팀, 보안장비팀
⑤ 보안경비팀, 출입증 관리센터

25 다음은 H사 사보에 올라온 영국 처칠 수상의 일화이다. 직장생활과 관련하여 다음 일화가 주는 교훈으로 가장 적절한 것은?

> 어느 날 영국의 처칠 수상은 급한 업무 때문에 그의 운전기사에게 차를 빠르게 몰 것을 지시하였다. 그때 교통 경찰관은 속도를 위반한 처칠 수상의 차량을 발견하고 차를 멈춰 세웠다. 처칠 수상은 경찰관에게 말했다. "이봐. 내가 누군지 알아?" 그러자 경찰관이 대답했다. "얼굴은 우리 수상 각하와 비슷하지만, 법을 지키지 않는 것을 보니 수상 각하가 아닌 것 같습니다." 경찰관의 답변에 부끄러움을 느낀 처칠은 결국 벌금을 지불했고, 교통 경찰관의 근무 자세에 감명을 받았다고 한다.

① 무엇보다 고객의 가치를 최우선으로 생각해야 한다.
② 업무에 대해서는 스스로 자진해서 성실하게 임해야 한다.
③ 모든 결과는 나의 선택으로 일어난 것으로 여긴다.
④ 조직의 운영을 위해서는 지켜야 하는 의무가 있다.
⑤ 직장동료와 신뢰를 형성하고 유지해야 한다.

26 현재 H마트에서는 배추를 한 포기당 3,000원에 판매하고 있다고 한다. 다음은 배추의 유통 과정을 나타낸 자료이다. 이를 참고하여 최대의 이익을 내고자 할 때, X · Y산지 중 어느 곳을 선택해야 하며, 최종적으로 H마트에서 배추 한 포기당 얻을 수 있는 수익은 얼마인가?(단, 소수점 첫째 자리에서 반올림한다)

〈산지별 배추 유통 과정〉

구분	X산지	Y산지
재배원가	1,000원	1,500원
산지 → 경매인	재배원가에 20%의 이윤을 붙여서 판매한다.	재배원가에 10%의 이윤을 붙여서 판매한다.
경매인 → 도매상인	산지가격에 25%의 이윤을 붙여서 판매한다.	산지가격에 10%의 이윤을 붙여서 판매한다.
도매상인 → 마트	경매가격에 30%의 이윤을 붙여서 판매한다.	경매가격에 10%의 이윤을 붙여서 판매한다.

	산지	이익
①	X	1,003원
②	X	1,050원
③	Y	1,003원
④	Y	1,050원
⑤	Y	1,100원

27 H공사는 구내식당 기자재의 납품업체를 선정하고자 한다. 각 입찰업체에 대한 정보와 선정 조건에 따라 업체를 선정할 때, 다음 중 선정될 업체는?

〈선정 조건〉

• 선정 방식
  선정 점수가 가장 높은 업체를 선정한다. 선정 점수는 납품품질 점수, 가격경쟁력 점수, 직원 규모 점수에 가중치를 반영해 합산한 값을 의미한다. 선정 점수가 가장 높은 업체가 2개 이상일 경우, 가격경쟁력 점수가 더 높은 업체를 선정한다.

• 납품품질
  업체별 납품품질 등급에 따라 다음 표와 같이 점수를 부여한다.

구분	최상	상	중	하	최하
점수	100점	90점	80점	70점	60점

• 가격경쟁력
  업체별 납품가격 총액 수준에 따라 다음 표와 같이 점수를 부여한다.

구분	2억 원 미만	2억 원 이상 2억 5천만 원 미만	2억 5천만 원 이상 3억 원 미만	3억 원 이상
점수	100점	90점	80점	70점

• 직원 규모
  업체별 직원 규모에 따라 다음 표와 같이 점수를 부여한다.

구분	50명 미만	50명 이상 100명 미만	100명 이상 200명 미만	200명 이상
점수	70점	80점	90점	100점

• 가중치
  납품품질 점수, 가격경쟁력 점수, 직원 규모 점수는 다음 표에 따라 각각 가중치를 부여한다.

구분	납품품질 점수	가격경쟁력 점수	직원 규모 점수	합계
가중치	40	30	30	100

〈입찰업체 정보〉

구분	납품품질	납품가격 총액(원)	직원 규모(명)
A업체	상	2억	125
B업체	중	1억 7,000만	141
C업체	하	1억 9,500만	91
D업체	최상	3억 2,000만	98
E업체	상	2억 6천만	210

① A업체
② B업체
③ C업체
④ D업체
⑤ E업체

28 다음 글의 빈칸에 들어갈 내용으로 가장 적절한 것은?

한 존재가 가질 수 있는 욕망과 그 존재가 가졌다고 할 수 있는 권리 사이에는 모종의 개념적 관계가 있는 것 같다. 권리는 침해될 수 있는 것이며, 어떤 것에 대한 개인의 권리를 침해하는 것은 그것과 관련된 욕망을 좌절시키는 것이다. 예를 들어 당신이 차를 가지고 있다고 가정해 보자. 그럴 때 나는 우선 그것을 당신으로부터 빼앗지 말아야 한다는 의무를 가진다. 그러나 그 의무는 무조건적인 것이 아니다. 이는 부분적으로 당신이 그것과 관련된 욕망을 가지고 있는지 여부에 달려 있다. 만약 당신이 차를 빼앗기든지 말든지 관여치 않는다면, 내가 당신의 차를 빼앗는다고 해서 당신의 권리를 침해하는 것은 아닐 수 있다.

물론 권리와 욕망 간의 관계를 정확히 설명하는 것은 어렵다. 이는 졸고 있는 경우나 일시적으로 의식을 잃는 경우와 같은 특수한 상황 때문인데, 그러한 상황에서도 졸고 있는 사람이나 의식을 잃은 사람에게 권리가 없다고 말하는 것은 옳지 않을 것이다. 그러나 이와 같이 권리의 소유가 실제적인 욕망 자체와 연결되지는 않는다고 하더라도, 권리를 소유하려면 어떤 방식으로든 관련된 욕망을 가지는 능력이 있어야 한다. 어떤 권리를 소유할 수 있으려면 최소한 그 권리와 관련된 욕망을 가질 수 있어야 한다는 것이다.

이러한 관점을 '생명에 대한 권리'라는 경우에 적용해 보자. 생명에 대한 권리는 개별적인 존재의 생존을 지속시킬 권리이고, 이를 소유하는 데 관련되는 욕망은 개별존재로서 생존을 지속시키고자 하는 욕망이다. 따라서 자신을 일정한 시기에 걸쳐 존재하는 개별존재로서 파악할 수 있는 존재만이 생명에 대한 권리를 가질 수 있다. 왜냐하면 _____

① 생명에 대한 권리를 가질 수 있는 존재만이 개별존재로서 생존을 지속시키고자 하는 욕망을 가질 수 있기 때문이다.

② 자신을 일정한 시기에 걸쳐 존재하는 개별존재로서 파악할 수 있는 존재는 다른 존재자의 생명을 빼앗지 말아야 한다는 의무를 지니기 때문이다.

③ 자신을 일정한 시기에 걸쳐 존재하는 개별존재로서 파악할 수 있는 존재만이 개별존재로서 생존을 지속시키고자 하는 욕망을 가질 수 있기 때문이다.

④ 개별존재로서 생존을 지속시키고자 하는 욕망을 가질 수 있는 존재만이 자신을 일정한 시기에 걸쳐 존재하는 개별존재로서 파악할 수 있기 때문이다.

⑤ 자신을 일정한 시기에 걸쳐 존재하는 개별존재로서 파악할 수 있는 존재는 어떤 실제적인 욕망을 가지지 않는다고 하여도 욕망을 가질 수 있는 능력이 있다고 파악되기 때문이다.

29 다음 글의 내용으로 적절하지 않은 것은?

파리기후변화협약은 2020년 만료 예정인 교토의정서를 대체하여 2021년부터의 기후변화 대응을 담은 국제협약으로, 2015년 12월 프랑스 파리에서 열린 제21차 유엔기후변화협약(UNFCCC) 당사국총회(COP21)에서 채택되었다.

파리기후변화협약에서는 산업화 이전 대비 지구의 평균기온 상승을 2℃보다 상당히 낮은 수준으로 유지하고, 1.5℃ 이하로 제한하기 위한 노력을 추구하기로 하였다. 또 국가별 온실가스 감축량은 각국이 제출한 자발적 감축 목표를 인정하되, 5년마다 상향된 목표를 제출하도록 하였다. 차별적인 책임 원칙에 따라 선진국의 감축 목표 유형은 절대량 방식을 유지하며, 개발도상국은 자국 여건을 고려해 절대량 방식과 배출 전망치 대비 방식 중 채택하도록 하였다. 미국은 2030년까지 온실가스 배출량을 2005년 대비 26 ~ 65%까지 감축하겠다고 약속했고, 우리나라도 2030년 배출 전망치 대비 37%를 줄이겠다는 내용의 감축 목표를 제출했다. 이 밖에도 온실가스 배출량을 꾸준히 감소시켜 21세기 후반에는 이산화탄소의 순 배출량을 0으로 만든다는 내용에 합의하고, 선진국들은 2020년부터 개발도상국 등의 기후변화 대처를 돕는 데 매년 최소 1,000억 달러(약 118조 원)를 지원하기로 했다.

파리기후변화협약은 사실상 거의 모든 국가가 이 협약에 서명했을 뿐 아니라 환경 보존에 대한 의무를 전 세계의 국가들이 함께 부담하도록 하였다. 즉, 온실가스 감축 의무가 선진국에만 있었던 교토의정서와 달리 195개의 당사국 모두에게 구속력 있는 보편적인 첫 기후 합의인 것이다.

그런데 2017년 6월, 미국의 트럼프 대통령은 환경 보호를 위한 미국의 부담을 언급하며 파리기후변화협약 탈퇴를 유엔에 공식 통보하였다. 그러나 발효된 협약은 3년간 탈퇴를 금지하고 있어 2019년 11월 3일까지는 탈퇴 통보가 불가능하였다. 이에 따라 미국은 다음 날인 11월 4일 유엔에 협약 탈퇴를 통보했으며, 통보일로부터 1년이 지난 뒤인 2020년 11월 4일에 파리기후변화협약에서 공식 탈퇴했다. 서명국 중에서 탈퇴한 국가는 미국이 유일하다.

① 교토의정서는 2020년 12월에 만료된다.
② 파리기후변화협약은 2015년 12월 3일에 발효되었다.
③ 파리기후변화협약에서 우리나라는 개발도상국에 해당한다.
④ 현재 미국을 제외한 194개국이 파리기후변화협약에 합의한 상태이다.
⑤ 파리기후변화협약에 따라 선진국과 개발도상국 모두에게 온실가스 감축 의무가 발생하였다.

30 제시된 자료와 〈조건〉을 바탕으로 철수, 영희, 민수, 철호가 상품을 구입한 쇼핑몰을 순서대로 바르게 나열한 것은?

<쇼핑몰별 이용약관의 주요 내용>

쇼핑몰	주문 취소	환불	배송비	포인트 적립
A	주문 후 7일 이내 취소 가능	10% 환불수수료, 송금수수료 차감	무료	구입 금액의 3%
B	주문 후 10일 이내 취소 가능	환불수수료, 송금수수료 차감	20만 원 이상 무료	구입 금액의 5%
C	주문 후 7일 이내 취소 가능	환불수수료, 송금수수료 차감	1회 이용 시 1만 원	없음
D	주문 후 당일에만 취소 가능	환불수수료, 송금수수료 차감	5만 원 이상 무료	없음
E	취소 불가능	고객 귀책 사유에 의한 환불 시에만 10% 환불수수료	1만 원 이상 무료	구입 금액의 10%
F	취소 불가능	원칙적으로 환불 불가능 (사업자 귀책 사유일 때만 환불 가능)	100g당 2,500원	없음

조건

- 철수는 부모님의 선물로 등산 용품을 구입하였는데, 판매자의 업무 착오로 배송이 지연되어 판매자에게 전화로 환불을 요구하였다. 판매자는 판매금액 그대로를 통장에 입금해 주었고 구입 시 발생한 포인트도 유지하여 주었다.
- 영희는 옷을 구매할 때 배송료를 고려하여 한 가지씩 여러 번에 나누어 구매하기보다는 가능한 한꺼번에 주문하곤 하였다.
- 인터넷 사이트에서 영화티켓을 20,000원에 주문한 민수는 다음 날 같은 티켓을 18,000원에 파는 가게를 발견하고 전날 주문한 티켓을 취소하려 했지만 취소가 되지 않아 곤란을 겪은 적이 있다.
- 가방을 10만 원에 구매한 철호는 도착한 물건의 디자인이 마음에 들지 않아 환불 및 송금수수료와 배송비를 감수하는 손해를 보면서도 환불할 수밖에 없었다.

	철수	영희	민수	철호
①	E	B	C	D
②	F	E	D	B
③	E	D	F	C
④	F	C	E	B
⑤	E	C	B	D

〈H공단의 출장여비 기준〉

항공	숙박(1박)	교통비	일비	식비
실비	• 1 · 2급 : 실비 • 3급 : 80,000원 • 4 · 5 · 6급 : 50,000원	• 서울 · 경기지역 : 1일 10,000원 • 나머지 지역 : 1일 15,000원	30,000원/일	20,000원/일

※ 항공은 외국으로 출장을 갈 경우에 해당함

1급	2급	3급	4급	5급	6급
이사장	이사	부장	차장	과장	대리

※ 2급 이상 차이 나는 등급과 출장에 동행하게 된 경우, 높은 등급이 묵는 호텔에서 묵을 수 있는 금액을 지원함

31 다음 중 자료에 대한 설명으로 옳은 것은?

① 외국으로 출장을 다니는 B과장이 항상 같은 객실에서 묵는다면 총비용은 언제나 같다.
② 서울 · 경기지역으로 1박 2일 출장을 가는 C차장의 출장비는 20만 원 이상이다.
③ 같은 조건으로 출장을 간다면 이사장이 이사보다 출장비를 많이 받는다.
④ 이사장과 함께 출장을 가게 된 A대리는 이사장과 같은 호텔, 같은 등급의 객실에서 묵을 수 있다.
⑤ 자동차를 이용해 무박으로 지방 출장을 가는 부장과 차장의 비용은 같다.

32 A부장과 P차장이 9박 10일로 함께 제주도 출장을 가게 되었다. 동일한 출장비를 제공하기 위하여 P차장의 호텔을 한 단계 업그레이드할 때, P차장이 원래 묵을 수 있는 호텔보다 얼마나 이득인가?

① 230,000원
② 250,000원
③ 270,000원
④ 290,000원
⑤ 310,000원

33 다음은 2014년부터 2024년까지 연도별 자동차 등록 추이를 나타낸 자료이다. 이를 나타낸 그래프로 옳지 않은 것은?

〈연도별 자동차 등록 추이〉

(단위 : 만 대)

연도	2014년	2015년	2016년	2017년	2018년	2019년	2020년	2021년	2022년	2023년	2024년
대수	1,794	1,844	1,887	1,940	2,012	2,099	2,180	2,253	2,320	2,368	2,437

※ 당해 증가율＝(당해연도 수−전년도 수)÷전년도 수×100

① 2015 ~ 2019년 증가대수

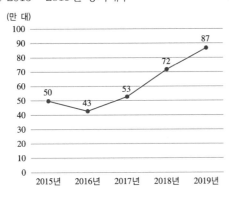

② 2020 ~ 2024년 증가대수

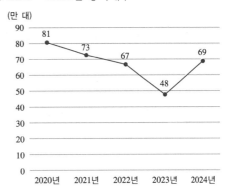

③ 2015 ~ 2019년 증가율

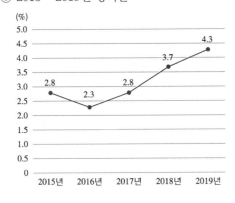

④ 2020 ~ 2024년 증가율

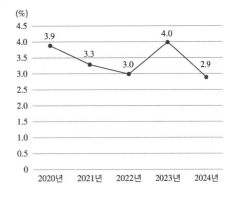

⑤ 2014 ~ 2022년 누적 등록 대수

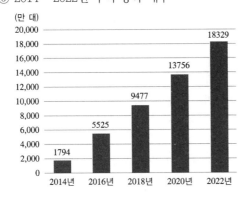

34 다음 〈보기〉 중 경영의 4요소로 적절한 것을 모두 고르면?

> **보기**
>
> ㄱ. 조직의 목적을 달성하기 위해 경영자가 수립하는 것으로, 더욱 구체적인 방법과 과정이 담겨 있다.
> ㄴ. 조직에서 일하는 구성원으로, 경영은 이들의 직무수행에 기초하여 이루어지기 때문에 이것의 배치 및 활용이 중요하다.
> ㄷ. 생산자가 상품 또는 서비스를 소비자에게 유통하는 데 관련된 모든 체계적 경영 활동이다.
> ㄹ. 특정의 경제적 실체에 관하여 이해관계를 이루는 사람들에게 합리적인 경제적 의사결정을 하는 데 유용한 재무적 정보를 제공하기 위한 일련의 과정 또는 체계이다.
> ㅁ. 경영하는 데 사용할 수 있는 돈으로, 이것이 충분히 확보되는 정도에 따라 경영의 방향과 범위가 정해지게 된다.
> ㅂ. 조직이 변화하는 환경에 적응하기 위하여 경영활동을 체계화하는 것으로, 목표달성을 위한 수단이다.

① ㄱ, ㄴ, ㄷ, ㄹ   ② ㄱ, ㄴ, ㄷ, ㅁ
③ ㄱ, ㄴ, ㅁ, ㅂ   ④ ㄴ, ㄷ, ㅁ, ㅂ
⑤ ㄷ, ㄹ, ㅁ, ㅂ

35 H기업의 상황을 고려할 때, 다음 중 경영활동과 활동의 사례로 적절하지 않은 것은?

> • H기업은 국내 자동차 제조업체이다.
> • H기업은 최근 인도네시아의 자동차 판매업체와 계약을 하여, 내년부터 인도네시아로 차량을 수출할 계획이다.
> • H기업은 중국의 자동차 부품 제조업체와 협력하고 있는데, 최근 중국 내 전염병 확산으로 현지 업체들의 가동률이 급락하였다.
> • H기업은 최근 내부 설문조사를 실시한 결과, 사내 유연근무제 도입을 희망하는 직원의 비율은 72%, 희망하지 않는 직원의 비율이 20%, 무응답이 8%였다.
> • H기업의 1분기 생산라인 피드백 결과, 엔진 조립 공정에서 진행속도를 20% 개선할 경우 생산성이 12% 증가하는 것으로 나타났다.

	경영활동	사례
①	외부경영활동	인도네시아 시장의 자동차 구매성향 파악
②	내부경영활동	국내 자동차 부품 제조업체와의 협력안 검토
③	내부경영활동	인도네시아 현지 자동차 법규 및 제도 조사
④	내부경영활동	엔진 조립 공정 개선을 위한 공정 기술 연구개발
⑤	내부경영활동	생산라인에 부분적 탄력근무제 도입

36 다음 중 직장에서 책임 있는 생활을 하고 있지 않은 사람은 누구인가?

① A사원 : 몸이 아파도 맡은 임무는 다하려고 한다.
② B대리 : 자신의 업무뿐만 아니라 내가 속한 부서의 일은 나의 일이라고 생각하고 다른 사원들을 적극적으로 돕는다.
③ C대리 : 자신의 상황을 최대한 객관적으로 판단한 뒤 책임질 수 있는 범위의 일을 맡는다.
④ D과장 : 내가 맡은 일이라면 개인적인 일을 포기하고 그 일을 먼저 한다.
⑤ E부장 : 나쁜 상황이 일어났을 때 왜 이런 일이 일어났는지만을 끊임없이 분석한다.

37 H회사에서는 신입사원 2명을 채용하기 위하여 서류와 필기전형을 통과한 갑~정 네 명의 최종 면접을 실시하려고 한다. 다음과 같이 네 개 부서의 팀장이 각각 네 명을 모두 면접하여 채용 우선 순위를 결정하였다. 〈보기〉 중 면접 결과에 대한 설명으로 옳은 것을 모두 고르면?

〈면접 결과〉

면접관 순위	인사팀장	경영관리팀장	영업팀장	회계팀장
1순위	을	갑	을	병
2순위	정	을	병	정
3순위	갑	정	정	갑
4순위	병	병	갑	을

※ 우선순위가 높은 사람순으로 2명을 채용함
※ 동점자는 인사, 경영관리, 영업, 회계팀장 순서로 부여한 고순위자로 결정함
※ 각 팀장이 매긴 순위에 대한 가중치는 모두 동일함

보기
㉠ '을' 또는 '정' 중 한 명이 입사를 포기하면 '갑'이 채용된다.
㉡ 인사팀장이 '을'과 '정'의 순위를 바꿨다면 '갑'이 채용된다.
㉢ 경영관리팀장이 '갑'과 '병'의 순위를 바꿨다면 '정'은 채용되지 못한다.

① ㉠
② ㉠, ㉡
③ ㉠, ㉢
④ ㉡, ㉢
⑤ ㉠, ㉡, ㉢

38 다음은 K국 여행자들이 자주 방문하는 공항 주변 H편의점의 월별 매출액을 나타낸 표이다. 전체 해외 여행자 수와 K국 여행자 수의 2023년부터 2024년의 추세를 다음과 같이 나타내었을 때, 이에 대한 설명으로 옳지 않은 것은?

〈H편의점 월별 매출액(만 원)〉

2023년(상)	1월	2월	3월	4월	5월	6월
매출액	1,020	1,350	1,230	1,550	1,602	1,450
2023년(하)	7월	8월	9월	10월	11월	12월
매출액	1,520	950	890	750	730	680
2024년(상)	1월	2월	3월	4월	5월	6월
매출액	650	600	550	530	605	670
2024년(하)	7월	8월	9월	10월	11월	12월
매출액	700	680	630	540	550	510

〈전체 해외 여행자 수 및 K국 여행자 수(명)〉

① H편의점의 매출액은 해외 여행자 수에 영향을 받고 있다.
② 2023년 7월을 정점으로 K국 여행자들이 줄어드는 추세이다.
③ 전체 해외 여행자 수에서 K국의 영향력이 매우 높은 편이다.
④ H편의점의 매출액은 2023년 7월부터 2024년 12월까지 평균적으로 매달 30만 원씩 감소하였다.
⑤ 2024년 2~3월 K국 여행자들이 급감하였다.

39 김대리는 이번 분기의 판매동향에 대한 성과 발표회 기획을 맡아 성과 발표회를 준비하는 과정에서 수행해야 될 업무를 모두 나열한 뒤 업무의 선후관계도를 만들었다. 다음 〈보기〉 중 옳은 것을 모두 고르면?

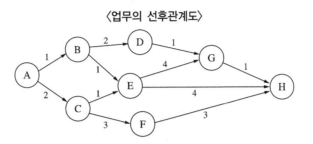

〈업무의 선후관계도〉

※ 화살표는 단위 업무를 나타냄
※ 화살표 위의 숫자는 그 업무를 수행하는 데 소요되는 일수를 나타냄
※ 화살표 좌우의 알파벳은 각각 단위 업무의 시작과 끝을 나타냄
※ 선행하는 화살표가 나타내는 업무는 후속하는 화살표가 나타내는 업무보다 먼저 수행되어야 함

보기

㉠ 성과 발표 준비에는 최소 5일이 소요된다.
㉡ 단위작업 E → H를 3일로 단축하면 전체 준비 기간이 짧아진다.
㉢ 단위작업 A → C를 1일로 단축하는 것은 전체 준비 기간에 영향을 준다.
㉣ 단위작업 E → G에 소요되는 시간을 3일로 단축하면 전체 준비 기간이 짧아진다.
㉤ 성과 발표 준비에는 적어도 8일이 소요된다.

① ㉠, ㉡
② ㉠, ㉢
③ ㉢, ㉤
④ ㉣, ㉤
⑤ ㉡, ㉤

40 기획팀 A사원은 다음 주 금요일에 열릴 세미나 장소를 섭외하라는 부장님의 지시를 받았다. 세미나에 참여할 인원은 총 17명이며, 모든 인원이 앉을 수 있는 테이블과 의자, 발표에 사용할 빔프로젝터 1개가 필요하다. A사원은 모든 회의실의 잔여상황을 살펴보고 가장 적합한 대회의실을 선택하였고, 필요한 비품은 다른 회의실과 창고에서 확보한 후 부족한 물건을 주문하였다. 주문한 비품이 도착한 후 물건을 확인했지만 수량을 착각해 빠트린 것이 있었다. 다음 중 A사원이 추가로 주문할 물품 목록으로 가장 적절한 것은?

〈회의실별 비품 현황〉

(단위 : 개)

구분	대회의실	1회의실	2회의실	3회의실	4회의실
테이블(2인용)	1	1	2	–	–
의자	3	2	–	–	4
빔프로젝터	–	–	–	–	–
화이트보드	–	–	–	–	–
보드마카	2	3	1	–	2

〈창고 내 비품보유 현황〉

(단위 : 개)

구분	테이블(2인용)	의자	빔프로젝터	화이트보드	보드마카
창고	–	2	1	5	2

〈1차 주문서〉

1. 테이블(2인용) 4개
2. 의자 1개
3. 화이트보드 1개
4. 보드마카 2개

① 빔프로젝터 : 1개, 의자 : 3개
② 빔프로젝터 : 1개, 테이블 : 1개
③ 테이블 : 1개, 의자 : 5개
④ 테이블 : 9개, 의자 : 6개
⑤ 테이블 : 9개, 의자 : 3개

41 다음 중 (가), (나) 나라에 대한 설명으로 옳은 것은?

> (가) 여자의 나이가 10살이 되기 전에 혼인을 약속하고, 신랑집에서 맞이하여 장성할 때까지 기른다. (여자가) 성인이 되면 다시 여자 집으로 돌아가게 한다. 여자 집에서는 돈을 요구하는데, (신랑 집에서) 돈을 지불한 후에 다시 신랑 집으로 데리고 와서 아내로 삼는다.
>
> (나) 산천을 중요시하여 산과 내마다 각기 구분이 있어 함부로 들어가지 않는다. … 읍락을 침범하면 벌로 노비나 소·말을 부과하였다.
>
> – 『삼국지』 동이전

① (가) : 10월에 동맹이라는 제천 행사를 열었다.
② (가) : 여러 가(加)들이 별도로 사출도를 다스렸다.
③ (나) : 특산물로 단궁, 과하마, 반어피가 유명하였다.
④ (나) : 제사장인 천군과 신성 지역인 소도가 존재하였다.
⑤ (가), (나) : 철이 많이 생산되어 낙랑, 왜 등에 수출하였다.

42 다음 빈칸 (가)를 배경으로 세력을 확대했던 정치 세력에 대한 설명으로 옳지 않은 것은?

> 주세붕이 ___(가)___ 을/를 창건할 적에 세상에서 의심하였으나, 주세붕의 뜻은 더욱 독실해져 무리의 비웃음을 무릅쓰고 비방을 극복하여 전례에 없던 장한 일을 단행하였으니 … 앞으로 정몽주, 길재, 김종직 같은 이가 살던 곳에 모두 이것을 건립하게 될 것이며 ….
>
> – 『퇴계전서』

① 사장보다는 경학을 중시하는 학풍을 지녔다.
② 중앙 집권 체제보다는 향촌 자치를 추구하였다.
③ 현량과를 통하여 중앙관료로 대거 등용되었다.
④ 조선 건국에 참여하였으며, 부국강병을 위해 노력하였다.
⑤ 도덕과 의리를 바탕으로 왕도정치를 강조하였다.

43 다음 중 통일신라의 사회의 모습으로 옳지 않은 것은?

① 귀족들은 금입택이라 불리는 화려한 곳에 살면서 사치품을 선호하였다.

② 진골 귀족은 중요 관직을 독점하고, 화백 회의를 통해 합의를 통한 결정을 하였다.

③ 6두품은 득난이라고도 불렸으며, 국왕을 보좌하는 역할을 하였다.

④ 5소경을 중심으로 정치·문화가 발달하였다.

⑤ 골품의 변화로 3두품에서 1두품은 평민화되었다.

44 다음 〈보기〉 중 백제 웅진 시대에 있었던 일을 모두 고르면?

> **보기**
> ㉠ 마한을 정복하고, 불교를 공인하였다.
> ㉡ 5부 5방의 제도를 정비하고, 22부의 실무관청을 설치하였다.
> ㉢ 신라와 결혼동맹을 맺고, 탐라(제주도)를 복속하였다.
> ㉣ 지방 22담로에 왕족을 파견하였다.

① ㉠, ㉡   ② ㉠, ㉢

③ ㉡, ㉢   ④ ㉡, ㉣

⑤ ㉢, ㉣

45 다음 작품에 대한 설명으로 옳지 않은 것은?

〈序文〉

처음 동명왕의 설화를 귀신(鬼)과 환상(幻)으로 여겼으나, 연구를 거듭한 결과 귀신이 아니라 신(神)이라는 것을 깨달았으며, 이것을 시로 쓰고 세상에 펴서 우리나라가 원래 성인지도(聖人之都)임을 널리 알리고자 한다.

− 이규보 문집 제3권 中

① 동국이상국집에 실려 있다.
② 구삼국사에서 소재를 취하였다.
③ 민족적 자긍심이 반영되어 있다.
④ 고려가 고구려를 계승하였음을 강조하였다.
⑤ 고조선에서 고려 말까지의 역사를 서술하였다.

46 다음 사료의 밑줄 친 왕 대의 일로 옳지 않은 것은?

왕이 처음에는 정치에 마음을 두어서 이제현·이색 등을 등용하였는데, 그 후에는 승려 편조에게 미혹되어 그를 사부로 삼고 국정을 모두 위임하였다. 편조가 권력을 잡은 지 한 달 만에 대대로 공을 세운 대신들을 참소하고 헐뜯어서 이공수·경천흥·유숙·최영 등을 모두 축출하더니 그 후에 이름을 바꾸어 신돈이라 하고 삼중대광 영도첨의가 되어 더욱 권력을 마음대로 하였다. … (중략) … 신돈이 다시 왕을 시해하고자 하다가 일이 발각되었고, 왕이 이에 신돈을 수원부로 유배 보냈다가 주살하고, 그의 당여를 모두 죽였으며, 일찍이 쫓아냈던 경천흥 등을 다시 불러들였다.

① 정동행성 이문소를 폐지하였다.
② 쌍성총관부를 되찾았다.
③ 국자감을 성균관으로 개편하였다.
④ 정방을 폐지하였다.
⑤ 원의 연호를 폐지하였다.

47 다음 중 고려 공민왕의 업적으로 옳지 않은 것은?

① 흥왕사의 변이 일어났으나 진압하였다.

② 원의 연호를 폐지하고 명의 연호를 사용했으며, 명에 사신을 파견하였다.

③ 경제 부흥을 위해 소금 전매제를 시행하였다.

④ 정동행성 이문소를 폐지하고 쌍성총관부를 되찾았다.

⑤ 신돈을 등용하고 중책을 맡겼다.

48 다음 중 고려 현종의 업적으로 옳지 않은 것은?

① 지방제도를 개편하여 5도 양계를 설치하였다.

② 주현공거법을 시행하여 향리자제의 과거응시제한을 철폐하였다.

③ 주창수렴법을 시행하여 의창을 확대하였다.

④ 고려 최고의 교육기관인 국자감을 설치하였다.

⑤ 우리나라 최초의 대장경인 초조대장경을 조판하였다.

49 다음 중 제시된 사건들의 공통점으로 옳은 것은?

> • 신종 원년(1198) 사노 만적 등 6인이 북산에서 나무하다가 공사 노비들을 불러 모의하였다. "국가에서 정중부의 반란, 김보당의 반란이 있는 이래로 고관이 천민과 노비에서 많이 나왔다. 장수와 재상이 어찌 씨가 따로 있으랴? 때가 오면 누구나 할 수 있다. 우리가 왜 근육과 뼈를 괴롭게 하며 채찍 밑에서 고통을 겪을 것인가?" 하니, 여러 노비가 모두 그렇게 여겼다.
> • 공주 명학소 사람 망이 · 망소이 등이 무리를 불러 모아 산행병마사라 일컫고 공주를 공격하여 무너뜨렸다. 정부는 지후 채원부와 낭장 박강수 등을 보내 달래었으나 적은 따르지 않았다.

① 신분 해방 운동의 성격을 가지고 있었다.

② 문벌 귀족에 대한 지방 세력의 저항이었다.

③ 무신에 대한 문신들의 저항적 성격이 강하였다.

④ 가혹한 조세 수취에 대한 농민들의 저항이었다.

⑤ 사찰을 중심으로 한 사회 개혁적 성격을 가지고 있었다.

50 다음 자료에 나타난 상황 이후의 사실로 옳은 것은?

> 왕이 보현원으로 가는 길에 5문 앞에 당도하자 시신(侍臣)들을 불러 술을 돌렸다. … (중략) … 저물녘 어가가 보현원 가까이 왔을 때, 이고와 이의방이 앞서가서 왕명을 핑계로 순검군을 집결시켰다. 왕이 막 문을 들어서고 신하들이 물러나려 하는 찰나에, 이고 등은 왕을 따르던 문관 및 높고 낮은 신하와 환관들을 모조리 살해했다. … (중략) … 정중부 등은 왕을 궁궐로 도로 데리고 왔다.
>
> — 『고려사』

① 만적이 개경에서 반란을 도모하였다.
② 이자겸이 왕이 되기 위해 난을 일으켰다.
③ 윤관이 별무반을 이끌고 여진을 정벌하였다.
④ 의천이 교종 중심의 해동 천태종을 개창하였다.
⑤ 서희가 외교 협상을 통하여 강동 6주를 획득하였다.

51 다음 단체를 설립한 인물은 누구인가?

> 이 단체는 자국국립, 자유민권, 자강개혁사상을 바탕으로 민족주의·민주주의·근대화 운동을 전개한 최초의 근대적 사회정치단체로, 1896년 서울에서 조직되었다.

① 안창호   ② 서재필
③ 채기중   ④ 윤효정
⑤ 장지연

52 다음 설명과 관련이 있는 인물의 사상으로 옳은 것은?

> 조선 후기 학자이며, 신유사옥에 연루되어 유배 생활을 하던 중 목민관이 지켜야 할 지침을 밝히는 책을 저술하였다. 이외에도 『경세유표』, 『흠흠신서』, 『여유당전서』 등을 저술했다.

① 실학   ② 동학
③ 고증학   ④ 성리학
⑤ 양명학

53 다음 중 우리나라의 통일 정책을 실시한 순서대로 바르게 나열한 것은?

> ㉠ 한민족 공동체 통일 방안
> ㉡ 민족 화합 민주 통일 방안
> ㉢ 7·7 특별 선언
> ㉣ 6·23 평화 통일 외교 정책 선언
> ㉤ 평화 통일 구상 선언
> ㉥ 평화 통일 3대 기본 원칙

① ㉠-㉡-㉢-㉣-㉤-㉥
② ㉡-㉢-㉤-㉣-㉥-㉠
③ ㉤-㉣-㉡-㉥-㉢-㉠
④ ㉤-㉣-㉥-㉡-㉢-㉠
⑤ ㉤-㉥-㉡-㉠-㉣-㉢

54 다음 기관에 대한 설명으로 옳은 것은?

> 학술·언론 기관으로서 왕의 자문에 응하고 경연을 담당하였으며, 대제학, 부제학 등의 관직을 두었다. 옥당, 옥서라는 별칭이 있다.

① 향음주례와 향사례를 주관하였다.
② 수도 한양의 행정과 치안을 맡았다.
③ 사헌부, 사간원과 함께 삼사라 불렸다.
④ 조세, 부역 등 재정과 관련된 일을 하였다.
⑤ 반역죄, 강상죄 등을 범한 중죄인을 다루었다.

55 다음 빈칸에 들어갈 정부 기관에 대한 설명으로 옳지 않은 것은?

> 대사성 김익희가 상소하였다. "… (중략) … 그런데, 오늘에 와서는 큰일이건 작은 일이건 중요한 것으로 취급되지 않는 것이 없는데, 정부는 한갓 헛이름만 지니고 육조는 모두 그 직임을 상실하였습니다. 명칭은 '변방의 방비를 담당하는 것'이라고 하면서 과거에 대한 판하나 비빈을 간택하는 등의 일까지도 모두 여기를 경유하여 나옵니다. 명분이 바르지 못하고 말이 순하지 않음이 이보다 심할 수가 없습니다. 신의 어리석은 소견으로는 _____을/를 혁파하여 정당으로 개칭하는 것이 상책이라 생각합니다."

① 명종 때 을묘왜변을 계기로 처음 설치되었다.
② 19세기에는 세도 정치의 중심 기구가 되었다.
③ 의정부와 6조의 기능을 약화시켰다.
④ 흥선대원군에 의해 사실상 폐지되었다.
⑤ 조선 후기 문·무고관의 최고 합의기구이다.

56 다음과 같은 내용이 발표된 배경으로 옳은 것은?

> 옛날에는 군대를 가지고 나라를 멸망시켰으나 지금은 빚으로 나라를 멸망시킨다. 옛날에 나라를 멸망케 하면 그 명호를 지우고 그 종사와 정부를 폐지하고, 나아가 그 인민으로 하여금 새로운 변화를 받아들여 복종케 할 따름이다. 지금 나라를 멸망케 하면 그 종교를 없애고 그 종족을 끊어버린다. 옛날에 나라를 잃은 백성들은 나라가 없을 뿐이었으나, 지금 나라를 잃은 백성은 아울러 그 집안도 잃게 된다. … 국채는 나라를 멸망케 하는 원본이며, 그 결과 망국에 이르게 되어 모든 사람이 화를 입지 않을 수 없게 된다.

① 일제는 황무지 개간권을 요구하여 막대한 면적의 황무지를 차지하였다.
② 우리나라 최초의 은행인 조선은행이 설립되면서 자금 조달이 어려워졌다.
③ 외국 상인의 활동 범위가 넓어지면서 서울을 비롯한 전국의 상권을 차지하였다.
④ 정부의 상공업 진흥 정책으로 회사 설립이 늘어나면서 차관 도입이 확대되었다.
⑤ 일제는 화폐 정리와 시설 개선 등의 명목으로 거액의 차관을 대한제국에 제공하였다.

57 다음 사건의 결과로 옳은 것은?

> 1875년 8월 서해안에 출몰한 일본 군함 운요호의 선원 일부가 작은 배로 허가 없이 한강 하구를 거슬러 올라왔다. 이에 우리 군이 포를 쏘아 저지하자, 운요호가 함포를 발사하여 초지진을 파괴하였다. 다음 날 일본군은 영종진에 상륙하여 많은 피해를 입혔다.

① 5군영이 설치되었다.
② 통신사가 파견되었다.
③ 척화비가 건립되었다.
④ 병인양요가 일어났다.
⑤ 강화도 조약이 체결되었다.

58 다음 자료에 나타난 민족 운동에 대한 설명으로 옳은 것은?

> 어제 오전 8시에 돈화문을 떠나기 시작한 순정 황제의 인산 행렬이 황금정 거리에까지 뻗쳤다. 대여(大轝)가 막 관수교를 지나가시며 그 뒤에 이왕 전하, 이강 공 전하가 타신 마차가 지나는 오전 8시 40분경에 그 행렬 동편에 학생 수십 인이 활판으로 인쇄한 격문 수만 매를 뿌리며 조선 독립 만세를 불렀다. 이러한 소동 중에 바람이 날리는 격문이 이왕 전하 마차 부근에까지 날렸으며, 경계하고 있던 경관과 기마 경관대는 학생들과 충돌하였다. … 현장에서 학생 30여 명이 체포되었고 … 시내 장사동 247번지 부근에서도 시내 남대문 세브란스 의학 전문 학생이 격문을 뿌리다가 현장에서 4명이 체포되었다.

① 대한민국 임시 정부의 수립에 영향을 주었다.
② 신간회 중앙 본부가 진상 조사단을 파견하였다.
③ 민족주의 진영과 사회주의 진영이 함께 준비하였다.
④ 한국인 학생과 일본인 학생 간의 충돌이 발단이 되었다.
⑤ 일제 통치 방식이 이른바 문화 통치로 바뀌는 계기가 되었다.

59 다음 〈보기〉의 사건을 시대 순으로 나열했을 때, 네 번째로 발생한 사건은?

> **보기**
>
> (가) 야간 통행금지 해제   (나) 남북정상회담
> (다) 독일에 광부, 간호사 파견   (라) 4 · 19 혁명
> (마) 금 모으기 운동

① (가)   ② (나)
③ (다)   ④ (라)
⑤ (마)

60 다음 중 밑줄 친 (가)에 해당하는 단체로 옳은 것은?

> 안창호 선생은 1908년에 평양에 대성 학교를 세우고 1913년 __(가)__ 을/를 결성하였다. 1919년 대한민국 임시 정부 내무총장 겸 국무총리 대리 등을 역임하면서 독립을 위해 힘썼다. 1932년 일본 경찰에 체포되어 옥고를 치르다 병을 얻어 1938년에 순국하였다.

① 의열단   ② 대한 광복회
③ 신민회   ④ 한인 애국단
⑤ 흥사단

61   다음 글의 내용으로 적절하지 않은 것은?

<Dormitory Rules for Students>
- All students must :
  1. get up at 6:00 a.m.
  2. go to bed at 10:00 p.m.
- Students may :
  1. have visitors twice a month.
  2. have a pet except dogs.
- Students may not :
  1. go outside after 6:00 p.m.
  2. have cellular phones.

① 개를 키울 수 없다.
② 기상 시간은 오전 6시이다.
③ 휴대 전화를 가질 수 없다.
④ 한 달에 한 번 친구가 방문할 수 있다.
⑤ 오후 6시 이후에는 외출할 수 없다.

62   다음 밑줄 친 부분과 가장 유사한 단어는?

His penchant for the finer things in life led to the demise of his family fortune.

① obsession   ② aptitude
③ reproach   ④ inclination
⑤ extravagance

63 다음 중 〈보기〉의 문장이 들어갈 위치로 가장 적절한 곳은?

Some people think that humor is easy and that anybody can be funny with very little effort. ① This is not true. To be funny, there are a lot of things you must know about humor, and many situations you must prepare for. ② Learning humor is like learning to play the piano. Nearly anymore can learn to make music on the keyboard. ③ Likewise, the average person has the ability to sharpen his or her sense of humor through applied study and practice but that is not to say they will ever take the stage as a professional comedian. ④ Charlie Lindner, a hardware salesman who has spent the better part of four decades *moonlighting as a stand-up comic at hospitals and senior citizen centers, says that making people laugh doesn't have to be a full-time job. ⑤ He insists that everyone can get more laughs out of life by mastering some simple tricks of the trade.

*moonlight 부업하다

보기

However, few will be invited to play at a concert.

64 다음 대화에서 여행객이 떠나는 시간은?

A : It's 2:15. How often does the express train leave?
B : Every hour on the hour, but there's a local train leaving in 10 minutes.
A : Thanks. O.K. then I'll wait for the express.

① In 10 minutes   ② In 15 minutes
③ In 30 minutes   ④ In 45 minutes
⑤ In 60 minutes

A few years ago I met a man named Phil at a parent-teachers' organization meeting at my daughter's school. As soon as I met him, I remembered something that my wife had told me about Phil : "He's a real pain at meetings." I quickly saw what she meant. When the principal was explaining a new reading program, Phil interrupted and asked how his son would benefit from it. Later in the meeting, Phil argued with another parent, unwilling to consider her point of view.

When I got home, I said to my wife, "You were right about Phil. He's rude and arrogant." My wife looked at me quizzically. "Phil isn't the one I was telling you about," she said. "That was Bill. Phil is actually a very nice guy." Sheepishly, I thought back to the meeting and realized that Phil had probably not interrupted or argued with people any more than others had. Further, I realized that even Phil's interruption of the principal was not so clear cut. My interpretation was just that an unconscious interpretation of a behavior that was open to many interpretations.

It is well known that first impressions are powerful, even when they are based on _____. What may not be so obvious is the extent to which the adaptive unconscious is doing the interpreting. When I saw Phil interrupt the principal I felt as though I was observing an objectively rude act. I had no idea that Phil's behavior was being interpreted by my adaptive unconscious and then presented to me as reality. Thus, even though I was aware of my expectations, I had no idea how much this expectation colored my interpretation of his behavior.

65 다음 중 윗글의 빈칸에 들어갈 말로 가장 적절한 것은?

① personal preference

② selfish motivation

③ exaggerated phrase

④ faulty information

⑤ cultural prejudice

66 다음 중 윗글의 내용으로 적절하지 않은 것은?

① 필자는 자녀의 학교에서 열린 모임에 참석했다.

② 교장은 새로운 독서 프로그램에 대해 설명했다.

③ Phil은 교장의 발표 도중에 질문을 했다.

④ 필자의 아내는 Phil에 대해 부정적으로 이야기했다.

⑤ 필자는 Phil의 행동에 대한 판단을 정정했다.

67 다음 중 윗글의 주제로 가장 적절한 것은?

① 모든 이에게 객관적으로 무례한 행동은 하지 않는 것이 좋다.

② 타인의 행동을 해석하여 자신의 현실로 받아들여야 한다.

③ 옳지 않은 정보에 근거하더라도, 그 첫인상의 힘은 강하다.

④ 자기 자신의 예상을 인지하고 직시하여야 한다.

⑤ 다른 사람의 관점을 고려하며 논쟁에 참여해야 한다.

68

expand

① contract   ② reduce

③ endure   ④ extend

⑤ induce

69

similar

① easy   ② different

③ several   ④ alike

⑤ separate

70 다음 제시된 단어와 반대되는 의미를 가진 것은?

advance

① suppress   ② settle

③ withdraw   ④ adapt

⑤ strive

71 다음 중 빈칸 (A), (B)에 들어갈 단어로 가장 적절한 것은?

In most people, emotions are situational. Something in the here and now makes you mad. The emotion itself is ___(A)___ to the situation in which it originates. As long as you remain in that emotional situation, you're likely to stay angry. If you leave the situation, the opposite is true. The emotion begins to ___(B)___ as soon as you move away from the situation. Moving away from the situation prevents it from taking hold of you. Counselors often advise clients to get some emotional distance from whatever is bothering them. One easy way to do that is to geographically separate yourself from the source of your anger.

	(A)	(B)
①	tied	disappear
②	tied	appear
③	included	appear
④	unrelated	disappear
⑤	unrelated	appear

PART 5

72 다음 빈칸에 들어갈 단어로 가장 적절한 것은?

In the past, animal source proteins were considered superior because they were the highest in protein. Today many experts believe they actually have too much protein for good health, because it is stored in the body as toxins or fat. Animal source protein was thought to be complete protein, supplying necessary amino acids. Now we know it also includes unhealthy inorganic acids. Animal protein was seen to supply more iron and zinc, but is now seen as also supplying cholesterol, fat and calories. An important study by Baylor College of Medicine in Houston showed men on diets high in soy protein experienced a drop in cholesterol, compared to men on diets high in animal protein. The study concluded that men should _____ up to 50% of their meat protein intake with vegetable protein.

① replace   ② multiply

③ surpass   ④ improve

⑤ simplify

73

> In America, it is important for boys and girls to be independent. Parents tell their children to try to do things without other people's help. In Korea, people are good at working together with others, and parents tell their children to do their best in a group or a family.

① The different views of teaching children
② Doing one's best for one's parents
③ How to be good parents
④ The parents of yesterday and today
⑤ Boys and girls of America and Korea

74

> One of the most important aspects of human communication is that past experiences will affect your behavior. Even when you start to discuss some event with your friends, you may soon discover there are differences in your perceptions. What you think boring your friends may find exciting; what you consider pointless they may find meaningful. The messages you receive may be the same for each of you. Yet, each person experiences a variety of feelings and sensations, because each has a unique personality and background. Each of you brings different backgrounds to the event and, as a result, each attributes different meanings to the shared experience.

① 진정한 의사소통은 솔직한 표현을 통해 이루어진다.
② 친구 간의 견해 차이는 대화를 통해 해결할 수 있다.
③ 상호 개성 존중을 통해 원활한 의사소통이 이루어진다.
④ 과거의 경험에 따라 동일한 상황을 다르게 인식한다.
⑤ 경험을 공유하는 것은 친구가 되는 좋은 방법이다.

When I first began teaching, I was invited to a workshop for new professors. Like most people who teach at universities, I had spent a long time learning what to teach, but none learning how to teach it. Somehow, my university seemed to hope, a weekend spent with experienced professors would make up for that. My colleagues presented well-crafted lectures about the tools they used in the classroom. I enjoyed their presentations, but do not remember a thing they said.

When we were called to the next talk, he put down his cup and I noticed there was not a trace of coffee in it. I thought that was rather odd, and said so. "My doctor told me to stop drinking coffee," he explained. "So I have always used an empty cup. Doesn't make any difference." I decided to try his idea in my class, but not with an empty cup.

I took a cup of coffee with me to my next class Monday morning. It helped. My pauses, as I drank the coffee, not only gave my students time to think about what I had said, but gave me time to think about what I was going to say next. I began to use my pauses to look around the room to see how my students were reacting to what I had just said. When I saw their attention wander, I tried to bring them back. When I saw them puzzled over some concept that I thought I had explained, I gave another example. My lectures became less organized and less brilliant, but my students seemed to understand me better.

One thing that I do remember happened at a coffee break. Finding myself alone, I turned to a mathematics professor standing nearby. I asked him what his favorite teaching tool was. "A cup of coffee." he said. I asked him how he used it. "Well," he said, "I talk too much and too fast in the classroom. Students sometimes have trouble following me. So every once in a while, when I've said something I want my students to think about, I stop and take a sip of coffee. It lets what I've just said sink in."

75 다음 중 윗글에서 밑줄 친 'A cup of coffee'의 역할로 가장 적절한 것은?

① 강의 및 학습을 돕는 도구
② 수업 중 졸음을 방지하는 수단
③ 학생들 간의 친목을 도모하는 수단
④ 학습 과제를 제시하는 수단
⑤ 관찰력을 향상시키는 도구

76 다음 중 윗글의 내용으로 적절하지 않은 것은?

① 필자는 신임 교수를 위한 워크숍에 참석했다.
② 수학 교수는 의사의 권유에 따라 커피를 마시지 않았다.
③ 필자는 월요일 아침 수업 시간에 커피를 마셨다.
④ 필자는 휴식 시간에 수학 교수와 이야기하였다.
⑤ 수학 교수는 수업 시간에 자신의 말이 너무 느리다고 생각한다.

77 다음 글의 밑줄 친 부분 중 어법상 옳지 않은 것은?

Within any discipline the growth of the subject strictly parallels the economic marketplace. Scholars cooperate with one another because they find it mutually beneficial. They accept from one another's work ① that they find useful. They exchange their findings — by verbal communication, by circulating unpublished papers, by publishing in journals and books. Cooperation is worldwide, just as in the economic market. The esteem or approval of fellow scholars serves very much the same function that monetary reward ② does in the economic market. The desire to earn that esteem, to have their work ③ accepted by their peers, leads scholars to direct their activities in scientifically efficient directions. The whole becomes greater than the sum of ④ its parts, as one scholar builds on another's work. His work in turn becomes the basis for ⑤ further development.

78 다음 (A), (B), (C)에 들어갈 어법상 옳은 단어로 바르게 짝지어진 것은?

Can we use sound as a weapon? Imagine that a police officer cannot catch a suspect because he is a fast runner. The officer does not want to shoot him with her gun, but she cannot let him get away. Now she can use a gun that has no bullets but produces a sound which can numb the suspect (A) for / at a few seconds. This special device produces a sound (B) by / with a maximum of 151 decibels. The sound is painful enough to deafen a person temporarily. Unlike regular sound waves that travel (C) on / in all directions, those from this device can be aimed like a laser beam. The painful sound can be made to reach the targeted person. The sound can be sent as far as 500 meters, making the device a powerful weapon.

	(A)	(B)	(C)
①	for	with	in
②	for	with	on
③	for	by	in
④	on	by	on
⑤	on	with	in

79 다음 대화에서 밑줄 친 말의 의도로 가장 적절한 것은?

> A : Hello
> B : Hey, Will you do me a favor?
> A : Sure. What is it?
> B : Can I borrow your badminton racket? I need it for my class for tomorrow.
> A : <u>No problem.</u>

① 위로   ② 거절

③ 승낙   ④ 감사

⑤ 권유

80 다음 글의 빈칸에 들어갈 구절로 가장 적절한 것은?

> Medieval people did not distinguish between entertainment (which people expect to pay for) and general merriment, of the sort that anyone could take part in at festive times. They regarded both as 'play,' as opposed to work, and they called entertainers 'players.' The Church taught that idleness was a sin, that players were idle and that it was idleness to watch them. But the closing of theaters in Roman times had not taken away people's appetite for comedy, tricks and tunes. The most lasting effect had been to _____, so that they had to wander in search of audience.

① let the players take part in the festivals

② employ entertainers for festivals

③ teach people not to be idle

④ supply players with new ethics

⑤ deprive players of a workplace

PART6

채용가이드

CHAPTER

01 블라인드 채용 소개

1. 블라인드 채용이란?

채용 과정에서 편견이 개입되어 불합리한 차별을 야기할 수 있는 출신지, 가족관계, 학력, 외모 등의
편견요인은 제외하고, 직무능력만을 평가하여 인재를 채용하는 방식입니다.

2. 블라인드 채용의 필요성

- 채용의 공정성에 대한 사회적 요구
  - 누구에게나 직무능력만으로 경쟁할 수 있는 균등한 고용기회를 제공해야 하나, 아직도 채용의 공정
    성에 대한 불신이 존재
  - 채용상 차별금지에 대한 법적 요건이 권고적 성격에서 처벌을 동반한 의무적 성격으로 강화되는
    추세
  - 시민의식과 지원자의 권리의식 성숙으로 차별에 대한 법적 대응 가능성 증가
- 우수인재 채용을 통한 기업의 경쟁력 강화 필요
  - 직무능력과 무관한 학벌, 외모 위주의 선발로 우수인재 선발기회 상실 및 기업경쟁력 약화
  - 채용 과정에서 차별 없이 직무능력중심으로 선발한 우수인재 확보 필요
- 공정한 채용을 통한 사회적 비용 감소 필요
  - 편견에 의한 차별적 채용은 우수인재 선발을 저해하고 외모·학벌 지상주의 등의 심화로 불필요한
    사회적 비용 증가
  - 채용에서의 공정성을 높여 사회의 신뢰수준 제고

3. 블라인드 채용의 특징

편견요인을 요구하지 않는 대신 직무능력을 평가합니다.

※ 직무능력중심 채용이란?
기업의 역량기반 채용, NCS기반 능력중심 채용과 같이 직무수행에 필요한 능력과 역량을 평가하여 선발하는 채용방식을
통칭합니다.

4. 블라인드 채용의 평가요소

직무수행에 필요한 지식, 기술, 태도 등을 과학적인 선발기법을 통해 평가합니다.

평가기준 = 직무수행에 필요한 직무능력

※ 과학적 선발기법이란?
  직무분석을 통해 도출된 평가요소를 서류, 필기, 면접 등을 통해 체계적으로 평가하는 방법으로 입사지원서, 자기소개서,
  직무수행능력평가, 구조화 면접 등이 해당됩니다.

5. 블라인드 채용 주요 도입 내용

• 입사지원서에 인적사항 요구 금지
  – 인적사항에는 출신지역, 가족관계, 결혼여부, 재산, 취미 및 특기, 종교, 생년월일(연령), 성별, 신장
    및 체중, 사진, 전공, 학교명, 학점, 외국어 점수, 추천인 등이 해당
  – 채용 직무를 수행하는 데 있어 반드시 필요하다고 인정될 경우는 제외
    예 특수경비직 채용 시 : 시력, 건강한 신체 요구
      연구직 채용 시 : 논문, 학위 요구 등
• 블라인드 면접 실시
  – 면접관에게 응시자의 출신지역, 가족관계, 학교명 등 인적사항 정보 제공 금지
  – 면접관은 응시자의 인적사항에 대한 질문 금지

6. 블라인드 채용 도입의 효과성

• 구성원의 다양성과 창의성이 높아져 기업 경쟁력 강화
  – 편견을 없애고 직무능력 중심으로 선발하므로 다양한 직원 구성 가능
  – 다양한 생각과 의견을 통하여 기업의 창의성이 높아져 기업경쟁력 강화
• 직무에 적합한 인재선발을 통한 이직률 감소 및 만족도 제고
  – 사전에 지원자들에게 구체적이고 상세한 직무요건을 제시함으로써 허수 지원이 낮아지고, 직무에
    적합한 지원자 모집 가능
  – 직무에 적합한 인재가 선발되어 직무이해도가 높아져 업무효율 증대 및 만족도 제고
• 채용의 공정성과 기업이미지 제고
  – 블라인드 채용은 사회적 편견을 줄인 선발 방법으로 기업에 대한 사회적 인식 제고
  – 채용과정에서 불합리한 차별을 받지 않고 실력에 의해 공정하게 평가를 받을 것이라는 믿음을 제공
    하고, 지원자들은 평등한 기회와 공정한 선발과정 경험

PART 6

서류전형 가이드

01　채용공고문

1. 채용공고문의 변화

기존 채용공고문	변화된 채용공고문
• 취업준비생에게 불충분하고 불친절한 측면 존재 • 모집분야에 대한 명확한 직무관련 정보 및 평가기준 부재 • 해당분야에 지원하기 위한 취업준비생의 무분별한 스펙 쌓기 현상 발생	• NCS 직무분석에 기반한 채용공고를 토대로 채용전형 진행 • 지원자가 입사 후 수행하게 될 업무에 대한 자세한 정보 공지 • 직무수행내용, 직무수행 시 필요한 능력, 관련된 자격, 직업기초능력 제시 • 지원자가 해당 직무에 필요한 스펙만을 준비할 수 있도록 안내
• 모집부문 및 응시자격 • 지원서 접수 • 전형절차 • 채용조건 및 처우 • 기타사항	• 채용절차 • 채용유형별 선발분야 및 예정인원 • 전형방법 • 선발분야별 직무기술서 • 우대사항

2. 지원 유의사항 및 지원요건 확인

채용 직무에 따른 세부사항을 공고문에 명시하여 지원자에게 적격한 지원 기회를 부여함과 동시에 채용과정에서의 공정성과 신뢰성을 확보합니다.

구성	내용	확인사항
모집분야 및 규모	고용형태(인턴 계약직 등), 모집분야, 인원, 근무지역 등	채용직무가 여러 개일 경우 본인이 해당되는 직무의 채용규모 확인
응시자격	기본 자격사항, 지원조건	지원을 위한 최소자격요건을 확인하여 불필요한 지원을 예방
우대조건	법정·특별·자격증 가점	본인의 가점 여부를 검토하여 가점 획득을 위한 사항을 사실대로 기재
근무조건 및 보수	고용형태 및 고용기간, 보수, 근무지	본인이 생각하는 기대수준에 부합하는지 확인하여 불필요한 지원을 예방
시험방법	서류·필기·면접전형 등의 활용방안	전형방법 및 세부 평가기법 등을 확인하여 지원전략 준비
전형일정	접수기간, 각 전형 단계별 심사 및 합격자 발표일 등	본인의 지원 스케줄을 검토하여 차질이 없도록 준비
제출서류	입사지원서(경력·경험기술서 등), 각종 증명서 및 자격증 사본 등	지원요건 부합 여부 및 자격 증빙서류 사전에 준비
유의사항	임용취소 등의 규정	임용취소 관련 법적 또는 기관 내부 규정을 검토하여 해당여부 확인

02 직무기술서

직무기술서란 직무수행의 내용과 필요한 능력, 관련 자격, 직업기초능력 등을 상세히 기재한 것으로 입사후 수행하게 될 업무에 대한 정보가 수록되어 있는 자료입니다.

1. 채용분야

설명

NCS 직무분류 체계에 따라 직무에 대한 「대분류 – 중분류 – 소분류 – 세분류」 체계를 확인할 수 있습니다. 채용직무에 대한 모든 직무기술서를 첨부하게 되며 실제 수행 업무를 기준으로 세부적인 분류정보를 제공합니다.

채용분야	분류체계			
사무행정	대분류	중분류	소분류	세분류
분류코드	02. 경영·회계·사무	03. 재무·회계	01. 재무	01. 예산
				02. 자금
			02. 회계	01. 회계감사
				02. 세무

2. 능력단위

설명

직무분류 체계의 세분류 하위능력단위 중 실질적으로 수행할 업무의 능력만 구체적으로 파악할 수 있습니다.

능력단위	(예산)	03. 연간종합예산수립 05. 확정예산 운영	04. 추정재무제표 작성 06. 예산실적 관리
	(자금)	04. 자금운용	
	(회계감사)	02. 자금관리 05. 회계정보시스템 운용 07. 회계감사	04. 결산관리 06. 재무분석
	(세무)	02. 결산관리 07. 법인세 신고	05. 부가가치세 신고

3. 직무수행내용

설명

세분류 영역의 기본정의를 통해 직무수행내용을 확인할 수 있습니다. 입사 후 수행할 직무내용을 구체적으로 확인할 수 있으며, 이를 통해 입사서류 작성부터 면접까지 직무에 대한 명확한 이해를 바탕으로 자신의 희망직무인지 아닌지, 해당 직무가 자신이 알고 있던 직무가 맞는지 확인할 수 있습니다.

직무수행내용	(예산) 일정기간 예상되는 수익과 비용을 편성, 집행하며 통제하는 일
	(자금) 자금의 계획 수립, 조달, 운용을 하고 발생 가능한 위험 관리 및 성과평가
	(회계감사) 기업 및 조직 내·외부에 있는 의사결정자들이 효율적인 의사결정을 할 수 있도록 유용한 정보를 제공, 제공된 회계정보의 적정성을 파악하는 일
	(세무) 세무는 기업의 활동을 위하여 주어진 세법범위 내에서 조세부담을 최소화시키는 조세전략을 포함하고 정확한 과세소득과 과세표준 및 세액을 산출하여 과세당국에 신고·납부하는 일

4. 직무기술서 예시

태도	(예산) 정확성, 분석적 태도, 논리적 태도, 타 부서와의 협조적 태도, 설득력
	(자금) 분석적 사고력
	(회계 감사) 합리적 태도, 전략적 사고, 정확성, 적극적 협업 태도, 법률준수 태도, 분석적 태도, 신속성, 책임감, 정확한 판단력
	(세무) 규정 준수 의지, 수리적 정확성, 주의 깊은 태도
우대 자격증	공인회계사, 세무사, 컴퓨터활용능력, 변호사, 워드프로세서, 전산회계운용사, 사회조사분석사, 재경관리사, 회계관리 등
직업기초능력	의사소통능력, 문제해결능력, 자원관리능력, 대인관계능력, 정보능력, 조직이해능력

5. 직무기술서 내용별 확인사항

항목	확인사항
모집부문	해당 채용에서 선발하는 부문(분야)명 확인 [예] 사무행정, 전산, 전기
분류체계	지원하려는 분야의 세부직무군 확인
주요기능 및 역할	지원하려는 기업의 전사적인 기능과 역할, 산업군 확인
능력단위	지원분야의 직무수행에 관련되는 세부업무사항 확인
직무수행내용	지원분야의 직무군에 대한 상세사항 확인
전형방법	지원하려는 기업의 신입사원 선발전형 절차 확인
일반요건	교육사항을 제외한 지원 요건 확인(자격요건, 특수한 경우 연령)
교육요건	교육사항에 대한 지원요건 확인(대졸 / 초대졸 / 고졸 / 전공 요건)
필요지식	지원분야의 업무수행을 위해 요구되는 지식 관련 세부항목 확인
필요기술	지원분야의 업무수행을 위해 요구되는 기술 관련 세부항목 확인
직무수행태도	지원분야의 업무수행을 위해 요구되는 태도 관련 세부항목 확인
직업기초능력	지원분야 또는 지원기업의 조직원으로서 근무하기 위해 필요한 일반적인 능력사항 확인

03 입사지원서

1. 입사지원서의 변화

기존지원서		능력중심 채용 입사지원서
직무와 관련 없는 학점, 개인신상, 어학점수, 자격, 수상경력 등을 나열하도록 구성	VS	해당 직무수행에 꼭 필요한 정보들을 제시할 수 있도록 구성

직무기술서

인적사항	성명, 연락처, 지원분야 등 작성 (평가 미반영)

직무수행내용

교육사항	직무지식과 관련된 학교교육 및 직업교육 작성

요구지식 / 기술

자격사항	직무관련 국가공인 또는 민간자격 작성

관련 자격증

사전직무경험

경력 및 경험사항	조직에 소속되어 일정한 임금을 받거나(경력) 임금 없이(경험) 직무와 관련된 활동 내용 작성

2. 교육사항

- 지원분야 직무와 관련된 학교 교육이나 직업교육 혹은 기타교육 등 직무에 대한 지원자의 학습 여부를 평가하기 위한 항목입니다.
- 지원하고자 하는 직무의 학교 전공교육 이외에 직업교육, 기타교육 등을 기입할 수 있기 때문에 전공 제한 없이 직업교육과 기타교육을 이수하여 지원이 가능하도록 기회를 제공합니다.

(기타교육 : 학교 이외의 기관에서 개인이 이수한 교육과정 중 지원직무와 관련이 있다고 생각되는 교육내용)

구분	교육과정(과목)명	교육내용	과업(능력단위)

3. 자격사항

- 채용공고 및 직무기술서에 제시되어 있는 자격 현황을 토대로 지원자가 해당 직무를 수행하는 데 필요한 능력을 가지고 있는지를 평가하기 위한 항목입니다.
- 채용공고 및 직무기술서에 기재된 직무관련 필수 또는 우대자격 항목을 확인하여 본인이 보유하고 있는 자격사항을 기재합니다.

자격유형	자격증명	발급기관	취득일자	자격증번호

4. 경력 및 경험사항

- 직무와 관련된 경력이나 경험 여부를 표현하도록 하여 직무와 관련한 능력을 갖추었는지를 평가하기 위한 항목입니다.
- 해당 기업에서 직무를 수행함에 있어 필요한 사항만을 기록하게 되어 있기 때문에 직무와 무관한 스펙을 갖추지 않아도 됩니다.
- 경력 : 금전적 보수를 받고 일정기간 동안 일했던 경우
- 경험 : 금전적 보수를 받지 않고 수행한 활동
- ※ 기업에 따라 경력 / 경험 관련 증빙자료 요구 가능

구분	조직명	직위 / 역할	활동기간(년 / 월)	주요과업 / 활동내용

Tip

입사지원서 작성 방법

○ 경력 및 경험사항 작성
- 직무기술서에 제시된 지식, 기술, 태도와 지원자의 교육사항, 경력(경험)사항, 자격사항과 연계하여 개인의 직무역량에 대해 스스로 판단 가능

○ 인적사항 최소화
- 개인의 인적사항, 학교명, 가족관계 등을 노출하지 않도록 유의

> 부적절한 입사지원서 작성 사례
> - 학교 이메일을 기입하여 학교명 노출
> - 거주지 주소에 학교 기숙사 주소를 기입하여 학교명 노출
> - 자기소개서에 부모님이 재직 중인 기업명, 직위, 직업을 기입하여 가족관계 노출
> - 자기소개서에 석·박사 과정에 대한 이야기를 언급하여 학력 노출
> - 동아리 활동에 대한 내용을 학교명과 더불어 언급하여 학교명 노출

1. 자기소개서의 변화

- 기존의 자기소개서는 지원자의 일대기나 관심 분야, 성격의 장·단점 등 개괄적인 사항을 묻는 질문으로 구성되어 지원자가 자신의 직무능력을 제대로 표출하지 못합니다.
- 능력중심 채용의 자기소개서는 직무기술서에 제시된 직업기초능력(또는 직무수행능력)에 대한 지원자의 과거 경험을 기술하게 함으로써 평가 타당도의 확보가 가능합니다.

1. 우리 회사와 해당 지원 직무분야에 지원한 동기에 대해 기술해 주세요.

2. 자신이 경험한 다양한 사회활동에 대해 기술해 주세요.

3. 지원 직무에 대한 전문성을 키우기 위해 받은 교육과 경험 및 경력사항에 대해 기술해 주세요.

4. 인사업무 또는 팀 과제 수행 중 발생한 갈등을 원만하게 해결해 본 경험이 있습니까? 당시 상황에 대한 설명과 갈등의 대상이 되었던 상대방을 설득한 과정 및 방법을 기술해 주세요.

5. 과거에 있었던 일 중 가장 어려웠던(힘들었었던) 상황을 고르고, 어떤 방법으로 그 상황을 해결했는지를 기술해 주세요.

자기소개서 작성 방법

① 자기소개서 문항이 묻고 있는 평가 역량 추측하기

예시

• 팀 활동을 하면서 갈등 상황 시 상대방의 니즈나 의도를 명확히 파악하고 해결하여 목표 달성에 기여했던 경험에 대해서 작성해 주시기 바랍니다.
• 다른 사람이 생각해내지 못했던 문제점을 찾고 이를 해결한 경험에 대해 작성해 주시기 바랍니다.

② 해당 역량을 보여줄 수 있는 소재 찾기(시간×역량 매트릭스)

예시

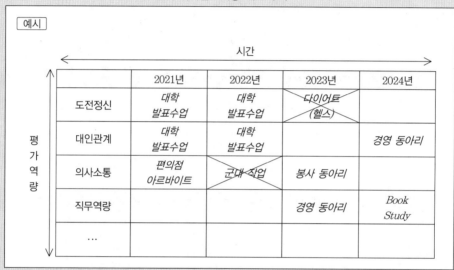

		2021년	2022년	2023년	2024년
평가역량	도전정신	대학 발표수업	대학 발표수업	~~다이어트 (헬스)~~	
	대인관계	대학 발표수업	대학 발표수업		경영 동아리
	의사소통	편의점 아르바이트	~~군대 작업~~	봉사 동아리	
	직무역량			경영 동아리	Book Study
	…				

③ 자기소개서 작성 Skill 익히기
• 두괄식으로 작성하기
• 구체적 사례를 사용하기
• '나'를 중심으로 작성하기
• 직무역량 강조하기
• 경험 사례의 차별성 강조하기

01 인성검사 유형

인성검사는 지원자의 성격특성을 객관적으로 파악하고 그것이 각 기업에서 필요로 하는 인재상과 가치에 부합하는가를 평가하기 위한 검사입니다. 인성검사는 KPDI(한국인재개발진흥원), K-SAD(한국사회적성개발원), KIRBS(한국행동과학연구소), SHR(에스에이치알) 등의 전문기관을 통해 각 기업의 특성에 맞는 검사를 선택하여 실시합니다. 대표적인 인성검사의 유형에는 크게 다음과 같은 세 가지가 있으며, 채용 대행업체에 따라 달라집니다.

1. KPDI 검사

조직적응성과 직무적합성을 알아보기 위한 검사로 인성검사, 인성역량검사, 인적성검사, 직종별 인적성 검사 등의 다양한 검사 도구를 구현합니다. KPDI는 성격을 파악하고 정신건강 상태 등을 측정하고, 직무 검사는 해당 직무를 수행하기 위해 기본적으로 갖추어야 할 인지적 능력을 측정합니다. 역량검사는 특정 직무 역할을 효과적으로 수행하는 데 직접적으로 관련 있는 개인의 행동, 지식, 스킬, 가치관 등을 측정합니다.

2. KAD(Korea Aptitude Development) 검사

K-SAD(한국사회적성개발원)에서 실시하는 적성검사 프로그램입니다. 개인의 성향, 지적 능력, 기호, 관심, 흥미도를 종합적으로 분석하여 적성에 맞는 업무가 무엇인가 파악하고, 직무수행에 있어서 요구되는 기초능력과 실무능력을 분석합니다.

3. SHR 직무적성검사

직무수행에 필요한 종합적인 사고 능력을 다양한 적성검사(Paper and Pencil Test)로 평가합니다. SHR의 모든 직무능력검사는 표준화 검사입니다. 표준화 검사는 표본집단의 점수를 기초로 규준이 만들어진 검사이므로 개인의 점수를 규준에 맞추어 해석·비교하는 것이 가능합니다. S(Standardized Tests), H(Hundreds of Version), R(Reliable Norm Data)을 특징으로 하며, 직군·직급별 특성과 선발 수준에 맞추어 검사를 적용할 수 있습니다.

02 　인성검사와 면접

인성검사는 특히 면접질문과 관련성이 높습니다. 면접관은 지원자의 인성검사 결과를 토대로 질문을 하기 때문입니다. 일관적이고 이상적인 답변을 하는 것이 가장 좋지만, 실제 시험은 매우 복잡하여 전문가라 해도 일정 성격을 유지하면서 답변을 하는 것이 힘듭니다. 또한, 인성검사에는 라이 스케일(Lie Scale) 설문이 전체 설문 속에 교묘하게 섞여 들어가 있으므로 겉치레적인 답을 하게 되면 회답태도의 허위성이 그대로 드러나게 됩니다. 예를 들어 '거짓말을 한 적이 한 번도 없다.'에 '예'로 답하고, '때로는 거짓말을 하기도 한다.'에 '예'라고 답하여 라이 스케일의 득점이 올라가게 되면 모든 회답의 신빙성이 사라지고 '자신을 돋보이게 하려는 사람'이라는 평가를 받을 수 있으므로 주의해야 합니다. 따라서 모의테스트를 통해 인성검사의 유형과 실제 시험 시 어떻게 문제를 풀어야 하는지 연습해 보고 체크한 부분 중 자신의 단점과 연결되는 부분은 면접에서 질문이 들어왔을 때 어떻게 대처해야 하는지 생각해 보는 것이 좋습니다.

03 　유의사항

1. 기업의 인재상을 파악하라!

인성검사를 통해 개인의 성격 특성을 파악하고 그것이 기업의 인재상과 가치에 부합하는지를 평가하는 시험이기 때문에 해당 기업의 인재상을 먼저 파악하고 시험에 임하는 것이 좋습니다. 모의테스트에서 인재상에 맞는 가상의 인물을 설정하고 문제에 답해 보는 것도 많은 도움이 됩니다.

2. 일관성 있는 대답을 하라!

짧은 시간 안에 다양한 질문에 답을 해야 하는데, 그 안에는 중복되는 질문이 여러 번 나옵니다. 이때 앞서 자신이 체크했던 대답을 잘 기억해뒀다가 일관성 있는 답을 하는 것이 중요합니다.

3. 모든 문항에 대답하라!

많은 문제를 짧은 시간 안에 풀려다 보니 다 못 푸는 경우도 종종 생깁니다. 하지만 대답을 누락하거나 끝까지 다 못했을 경우 좋지 않은 결과를 가져올 수도 있으니 최대한 주어진 시간 안에 모든 문항에 답할 수 있도록 해야 합니다.

※ 모의테스트는 질문 및 답변 유형 연습을 위한 것으로 실제 시험과 다를 수 있습니다.
※ 인성검사는 정답이 따로 없는 유형의 검사이므로 결과지를 제공하지 않습니다.

번호	내용	예	아니요
001	나는 솔직한 편이다.	☐	☐
002	나는 리드하는 것을 좋아한다.	☐	☐
003	법을 어겨서 말썽이 된 적이 한 번도 없다.	☐	☐
004	거짓말을 한 번도 한 적이 없다.	☐	☐
005	나는 눈치가 빠르다.	☐	☐
006	나는 일을 주도하기보다는 뒤에서 지원하는 것을 선호한다.	☐	☐
007	앞일은 알 수 없기 때문에 계획은 필요하지 않다.	☐	☐
008	거짓말도 때로는 방편이라고 생각한다.	☐	☐
009	사람이 많은 술자리를 좋아한다.	☐	☐
010	걱정이 지나치게 많다.	☐	☐
011	일을 시작하기 전 재고하는 경향이 있다.	☐	☐
012	불의를 참지 못한다.	☐	☐
013	처음 만나는 사람과도 이야기를 잘 한다.	☐	☐
014	때로는 변화가 두렵다.	☐	☐
015	나는 모든 사람에게 친절하다.	☐	☐
016	힘든 일이 있을 때 술은 위로가 되지 않는다.	☐	☐
017	결정을 빨리 내리지 못해 손해를 본 경험이 있다.	☐	☐
018	기회를 잡을 준비가 되어 있다.	☐	☐
019	때로는 내가 정말 쓸모없는 사람이라고 느낀다.	☐	☐
020	누군가 나를 챙겨주는 것이 좋다.	☐	☐
021	자주 가슴이 답답하다.	☐	☐
022	나는 내가 자랑스럽다.	☐	☐
023	경험이 중요하다고 생각한다.	☐	☐
024	전자기기를 분해하고 다시 조립하는 것을 좋아한다.	☐	☐

PART 6

025	감시받고 있다는 느낌이 든다.	☐	☐
026	난처한 상황에 놓이면 그 순간을 피하고 싶다.	☐	☐
027	세상엔 믿을 사람이 없다.	☐	☐
028	잘못을 빨리 인정하는 편이다.	☐	☐
029	지도를 보고 길을 잘 찾아간다.	☐	☐
030	귓속말을 하는 사람을 보면 날 비난하고 있는 것 같다.	☐	☐
031	막무가내라는 말을 들을 때가 있다.	☐	☐
032	장래의 일을 생각하면 불안하다.	☐	☐
033	결과보다 과정이 중요하다고 생각한다.	☐	☐
034	운동은 그다지 할 필요가 없다고 생각한다.	☐	☐
035	새로운 일을 시작할 때 좀처럼 한 발을 떼지 못한다.	☐	☐
036	기분 상하는 일이 있더라도 참는 편이다.	☐	☐
037	업무능력은 성과로 평가받아야 한다고 생각한다.	☐	☐
038	머리가 맑지 못하고 무거운 느낌이 든다.	☐	☐
039	가끔 이상한 소리가 들린다.	☐	☐
040	타인이 내게 자주 고민상담을 하는 편이다.	☐	☐

※ 모의테스트는 질문 및 답변 유형 연습을 위한 것으로 실제 시험과 다를 수 있습니다.
※ 인성검사는 정답이 따로 없는 유형의 검사이므로 결과지를 제공하지 않습니다.

※ 이 성격검사의 각 문항에는 서로 다른 행동을 나타내는 네 개의 문장이 제시되어 있습니다. 이 문장들을 비교하여, 자신의 평소 행동과 가장 가까운 문장을 'ㄱ' 열에 표기하고, 가장 먼 문장을 'ㅁ' 열에 표기하십시오.

01 나는 _____

	ㄱ	ㅁ
A. 실용적인 해결책을 찾는다.	☐	☐
B. 다른 사람을 돕는 것을 좋아한다.	☐	☐
C. 세부 사항을 잘 챙긴다.	☐	☐
D. 상대의 주장에서 허점을 잘 찾는다.	☐	☐

02 나는 _____

	ㄱ	ㅁ
A. 매사에 적극적으로 임한다.	☐	☐
B. 즉흥적인 편이다.	☐	☐
C. 관찰력이 있다.	☐	☐
D. 임기응변에 강하다.	☐	☐

03 나는 _____

	ㄱ	ㅁ
A. 무서운 영화를 잘 본다.	☐	☐
B. 조용한 곳이 좋다.	☐	☐
C. 가끔 울고 싶다.	☐	☐
D. 집중력이 좋다.	☐	☐

04 나는 _____

	ㄱ	ㅁ
A. 기계를 조립하는 것을 좋아한다.	☐	☐
B. 집단에서 리드하는 역할을 맡는다.	☐	☐
C. 호기심이 많다.	☐	☐
D. 음악을 듣는 것을 좋아한다.	☐	☐

PART 6

05 나는 _____

	ㄱ	ㅁ
A. 타인을 늘 배려한다.	☐	☐
B. 감수성이 예민하다.	☐	☐
C. 즐겨하는 운동이 있다.	☐	☐
D. 일을 시작하기 전에 계획을 세운다.	☐	☐

06 나는 _____

	ㄱ	ㅁ
A. 타인에게 설명하는 것을 좋아한다.	☐	☐
B. 여행을 좋아한다.	☐	☐
C. 정적인 것이 좋다.	☐	☐
D. 남을 돕는 것에 보람을 느낀다.	☐	☐

07 나는 _____

	ㄱ	ㅁ
A. 기계를 능숙하게 다룬다.	☐	☐
B. 밤에 잠이 잘 오지 않는다.	☐	☐
C. 한 번 간 길을 잘 기억한다.	☐	☐
D. 불의를 보면 참을 수 없다.	☐	☐

08 나는 _____

	ㄱ	ㅁ
A. 종일 말을 하지 않을 때가 있다.	☐	☐
B. 사람이 많은 곳을 좋아한다.	☐	☐
C. 술을 좋아한다.	☐	☐
D. 휴양지에서 편하게 쉬고 싶다.	☐	☐

09 나는 _____

	ㄱ	ㅁ
A. 뉴스보다는 드라마를 좋아한다.	☐	☐
B. 길을 잘 찾는다.	☐	☐
C. 주말엔 집에서 쉬는 것이 좋다.	☐	☐
D. 아침에 일어나는 것이 힘들다.	☐	☐

10 나는 _____

	ㄱ	ㅁ
A. 이성적이다.	☐	☐
B. 할 일을 종종 미룬다.	☐	☐
C. 어른을 대하는 게 힘들다.	☐	☐
D. 불을 보면 매혹을 느낀다.	☐	☐

PART 6

11 나는 _____

	ㄱ	ㅁ
A. 상상력이 풍부하다.	☐	☐
B. 예의 바르다는 소리를 자주 듣는다.	☐	☐
C. 사람들 앞에 서면 긴장한다.	☐	☐
D. 친구를 자주 만난다.	☐	☐

12 나는 _____

	ㄱ	ㅁ
A. 나만의 스트레스 해소 방법이 있다.	☐	☐
B. 친구가 많다.	☐	☐
C. 책을 자주 읽는다.	☐	☐
D. 활동적이다.	☐	☐

1. 면접전형의 변화

기존 면접전형에서는 일상적이고 단편적인 대화나 지원자의 첫인상 및 면접관의 주관적인 판단 등에 의해서 입사 결정 여부를 판단하는 경우가 많았습니다. 이러한 면접전형은 면접 내용의 일관성이 결여되거나 직무 관련 타당성이 부족하였고, 면접에 대한 신뢰도에 영향을 주었습니다.

기존 면접(전통적 면접)	능력중심 채용 면접(구조화 면접)

• 일상적이고 단편적인 대화
• 인상, 외모 등 외부 요소의 영향
• 주관적인 판단에 의존한 총점 부여
 	
⇩
 	
• 면접 내용의 일관성 결여
• 직무관련 타당성 부족
• 주관적인 채점으로 신뢰도 저하
	• 일관성
	  – 직무관련 역량에 초점을 둔 구체적 질문 목록
	  – 지원자별 동일 질문 적용
	• 구조화
	  – 면접 진행 및 평가 절차를 일정한 체계에 의해 구성
	• 표준화
	  – 평가 타당도 제고를 위한 평가 Matrix 구성
	  – 척도에 따라 항목별 채점, 개인 간 비교
	• 신뢰성
	  – 면접진행 매뉴얼에 따라 면접위원 교육 및 실습

VS

2. 능력중심 채용의 면접 유형

① 경험 면접
  • 목적 : 선발하고자 하는 직무 능력이 필요한 과거 경험을 질문합니다.
  • 평가요소 : 직업기초능력과 인성 및 태도적 요소를 평가합니다.
② 상황 면접
  • 목적 : 특정 상황을 제시하고 지원자의 행동을 관찰함으로써 실제 상황의 행동을 예상합니다.
  • 평가요소 : 직업기초능력과 인성 및 태도적 요소를 평가합니다.
③ 발표 면접
  • 목적 : 특정 주제와 관련된 지원자의 발표와 질의응답을 통해 지원자 역량을 평가합니다.
  • 평가요소 : 직무수행능력과 인지적 역량(문제해결능력)을 평가합니다.
④ 토론 면접
  • 목적 : 토의과제에 대한 의견수렴 과정에서 지원자의 역량과 상호작용능력을 평가합니다.
  • 평가요소 : 직무수행능력과 팀워크를 평가합니다.

1. 경험 면접

① 경험 면접의 특징

- 주로 직업기초능력에 관련된 지원자의 과거 경험을 심층 질문하여 검증하는 면접입니다.
- 직무능력과 관련된 과거 경험을 평가하기 위해 심층 질문을 하며, 이 질문은 지원자의 답변에 대하여 '꼬리에 꼬리를 무는 형식'으로 진행됩니다.

- 능력요소, 정의, 심사 기준
  - 평가하고자 하는 능력요소, 정의, 심사기준을 확인하여 면접위원이 해당 능력요소 관련 질문을 제시합니다.
- Opening Question
  - 능력요소에 관련된 과거 경험을 유도하기 위한 시작 질문을 합니다.
- Follow-up Question
  - 지원자의 경험 수준을 구체적으로 검증하기 위한 질문입니다.
  - 경험 수준 검증을 위한 상황(Situation), 임무(Task), 역할 및 노력(Action), 결과(Result) 등으로 질문을 구분합니다.

경험 면접의 형태

[면접관 1]   [면접관 2]   [면접관 3]   [면접관 1]   [면접관 2]   [면접관 3]

[지원자]   [지원자 1]   [지원자 2]   [지원자 3]

〈일대다 면접〉   〈다대다 면접〉

② 경험 면접의 구조

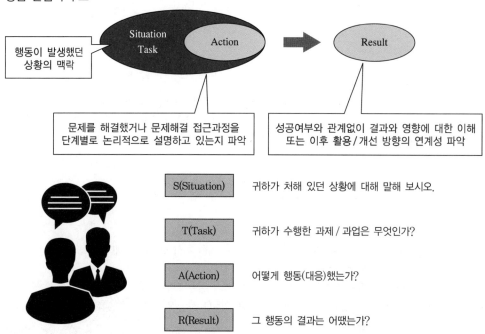

S(Situation)   귀하가 처해 있던 상황에 대해 말해 보시오.

T(Task)   귀하가 수행한 과제 / 과업은 무엇인가?

A(Action)   어떻게 행동(대응)했는가?

R(Result)   그 행동의 결과는 어땠는가?

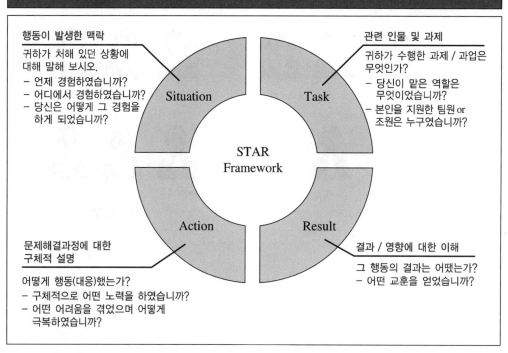

③ 경험 면접 질문 예시(직업윤리)

시작 질문	
1	남들이 신경 쓰지 않는 부분까지 고려하여 절차대로 업무(연구)를 수행하여 성과를 낸 경험을 구체적으로 말해 보시오.
2	조직의 원칙과 절차를 철저히 준수하며 업무(연구)를 수행한 것 중 성과를 향상시킨 경험에 대해 구체적으로 말해 보시오.
3	세부적인 절차와 규칙에 주의를 기울여 실수 없이 업무(연구)를 마무리한 경험을 구체적으로 말해 보시오.
4	조직의 규칙이나 원칙을 고려하여 성실하게 일했던 경험을 구체적으로 말해 보시오.
5	타인의 실수를 바로잡고 원칙과 절차대로 수행하여 성공적으로 업무를 마무리하였던 경험에 대해 말해 보시오.

후속 질문		
상황 (Situation)	상황	구체적으로 언제, 어디에서 경험한 일인가?
		어떤 상황이었는가?
	조직	어떤 조직에 속해 있었는가?
		그 조직의 특성은 무엇이었는가?
		몇 명으로 구성된 조직이었는가?
	기간	해당 조직에서 얼마나 일했는가?
		해당 업무는 몇 개월 동안 지속되었는가?
	조직규칙	조직의 원칙이나 규칙은 무엇이었는가?
임무 (Task)	과제	과제의 목표는 무엇이었는가?
		과제에 적용되는 조직의 원칙은 무엇이었는가?
		그 규칙을 지켜야 하는 이유는 무엇이었는가?
	역할	당신이 조직에서 맡은 역할은 무엇이었는가?
		과제에서 맡은 역할은 무엇이었는가?
	문제의식	규칙을 지키지 않을 경우 생기는 문제점 / 불편함은 무엇인가?
		해당 규칙이 왜 중요하다고 생각하였는가?
역할 및 노력 (Action)	행동	업무 과정의 어떤 장면에서 규칙을 철저히 준수하였는가?
		어떻게 규정을 적용시켜 업무를 수행하였는가?
		규정은 준수하는 데 어려움은 없었는가?
	노력	그 규칙을 지키기 위해 스스로 어떤 노력을 기울였는가?
		본인의 생각이나 태도에 어떤 변화가 있었는가?
		다른 사람들은 어떤 노력을 기울였는가?
	동료관계	동료들은 규칙을 철저히 준수하고 있었는가?
		팀원들은 해당 규칙에 대해 어떻게 반응하였는가?
		규칙에 대한 태도를 개선하기 위해 어떤 노력을 하였는가?
		팀원들의 태도는 당신에게 어떤 자극을 주었는가?
	업무추진	주어진 업무를 추진하는 데 규칙이 방해되진 않았는가?
		업무수행 과정에서 규정을 어떻게 적용하였는가?
		업무 시 규정을 준수해야 한다고 생각한 이유는 무엇인가?

결과 (Result)	평가	규칙을 어느 정도나 준수하였는가?
		그렇게 준수할 수 있었던 이유는 무엇이었는가?
		업무의 성과는 어느 정도였는가?
		성과에 만족하였는가?
		비슷한 상황이 온다면 어떻게 할 것인가?
	피드백	주변 사람들로부터 어떤 평가를 받았는가?
		그러한 평가에 만족하는가?
		다른 사람에게 본인의 행동이 영향을 주었다고 생각하는가?
	교훈	업무수행 과정에서 중요한 점은 무엇이라고 생각하는가?
		이 경험을 통해 느낀 바는 무엇인가?

2. 상황 면접

① 상황 면접의 특징

직무 관련 상황을 가정하여 제시하고 이에 대한 대응능력을 직무관련성 측면에서 평가하는 면접입니다.

- 상황 면접 과제의 구성은 크게 2가지로 구분
  - 상황 제시(Description) / 문제 제시(Question or Problem)
- 현장의 실제 업무 상황을 반영하여 과제를 제시하므로 직무분석이나 직무전문가 워크숍 등을 거쳐 현장성을 높임
- 문제는 상황에 대한 기본적인 이해능력(이론적 지식)과 함께 실질적 대응이나 변수 고려능력(실천적 능력) 등을 고르게 질문해야 함

상황 면접의 형태

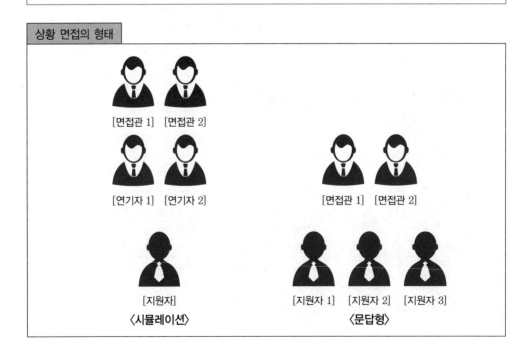

[면접관 1] [면접관 2]

[연기자 1] [연기자 2]

[면접관 1] [면접관 2]

[지원자]

〈시뮬레이션〉

[지원자 1] [지원자 2] [지원자 3]

〈문답형〉

② 상황 면접 예시

상황 제시	인천공항 여객터미널 내에는 다양한 용도의 시설(사무실, 통신실, 식당, 전산실, 창고 면세점 등)이 설치되어 있습니다.	실제 업무 상황에 기반함
	금년에 소방배관의 누수가 잦아 메인 배관을 교체하는 공사를 추진하고 있으며, 당신은 이번 공사의 담당자입니다.	배경 정보
	주간에는 공항 운영이 이루어져 주로 야간에만 배관 교체 공사를 수행하던 중, 시공하는 기능공의 실수로 배관 연결 부위를 잘못 건드려 고압배관의 소화수가 누출되는 사고가 발생하였으며, 이로 인해 인근 시설물에 누수에 의한 피해가 발생하였습니다.	구체적인 문제 상황
문제 제시	일반적인 소방배관의 배관연결(이음)방식과 배관의 이탈(누수)이 발생하는 원인에 대해 설명해 보시오.	문제 상황 해결을 위한 기본 지식 문항
	담당자로서 본 사고를 현장에서 긴급히 처리하는 프로세스를 제시하고, 보수완료 후 사후적 조치가 필요한 부분 및 재발방지 방안에 대해 설명해 보시오.	문제 상황 해결을 위한 추가 대응 문항

3. 발표 면접

① 발표 면접의 특징

- 직무관련 주제에 대한 지원자의 생각을 정리하여 의견을 제시하고, 발표 및 질의응답을 통해 지원자의 직무능력을 평가하는 면접입니다.
- 발표 주제는 직무와 관련된 자료로 제공되며, 일정 시간 후 지원자가 보유한 지식 및 방안에 대한 발표 및 후속 질문을 통해 직무적합성을 평가합니다.

> - 주요 평가요소
>   - 설득적 말하기 / 발표능력 / 문제해결능력 / 직무관련 전문성
> - 이미 언론을 통해 공론화된 시사 이슈보다는 해당 직무분야에 관련된 주제가 발표면접의 과제로 선정되는 경우가 최근 들어 늘어나고 있음
> - 짧은 시간 동안 주어진 과제를 빠른 속도로 분석하여 발표문을 작성하고 제한된 시간 안에 면접관에게 효과적인 발표를 진행하는 것이 핵심

발표 면접의 형태

[면접관 1] [면접관 2]

[면접관 1] [면접관 2]

[지원자]

〈개별 과제 발표〉

[지원자 1] [지원자 2] [지원자 3]

〈팀 과제 발표〉

※ 면접관에게 시각적 효과를 사용하여 메시지를 전달하는 쌍방향 커뮤니케이션 방식
※ 심층면접을 보완하기 위한 방안으로 최근 많은 기업에서 적극 도입하는 추세

② 발표 면접 예시

1. 지시문

> 당신은 현재 A사에서 직원들의 성과평가를 담당하고 있는 팀원이다. 인사팀은 지난주부터 사내 조직문화관련 인터뷰를 하던 도중 성과평가제도에 관련된 개선 니즈가 제일 많다는 것을 알게 되었다. 이에 팀장님은 인터뷰 결과를 종합하려 성과평가제도 개선 아이디어를 A4용지에 정리하여 신속 보고할 것을 지시하셨다. 당신에게 남은 시간은 1시간이다. 자료를 준비하는 대로 당신은 팀원들이 모인 회의실에서 5분 간 발표할 것이며, 이후 질의응답을 진행할 것이다.

2. 배경자료

> 〈성과평가제도 개선에 대한 인터뷰〉
>
> 최근 A사는 회사 사세의 급성장으로 인해 작년보다 매출이 두 배 성장하였고, 직원 수 또한 두 배로 증가하였다. 회사의 성장은 임금, 복지에 대한 상승 등 긍정적인 영향을 주었으나 업무의 불균형 및 성과보상의 불평등 문제가 발생하였다. 또한 수시로 입사하는 신입직원과 경력직원, 퇴사하는 직원들까지 인원들의 잦은 변동으로 인해 평가해야 할 대상이 변경되어 현재의 성과평가제도로는 공정한 평가가 어려운 상황이다.
>
> [생산부서 김상호]
> 우리 팀은 지난 1년 동안 생산량이 급증했기 때문에 수십 명의 신규인력이 급하게 채용되었습니다. 이 때문에 저희 팀장님은 신규 입사자들의 이름조차 기억 못할 때가 많이 있습니다. 성과평가를 제대로 하고 있는지 의문이 듭니다.
>
> [마케팅 부서 김흥민]
> 개인의 성과평가의 취지는 충분히 이해합니다. 그러나 현재 평가는 실적기반이나 정성적인 평가가 많이 포함되어 있어 객관성과 공정성에는 의문이 드는 것이 사실입니다. 이러한 상황에서 평가제도를 재수립하지 않고, 인센티브에 계속 반영한다면, 평가제도에 대한 반감이 커질 것이 분명합니다.
>
> [교육부서 홍경민]
> 현재 교육부서는 인사팀과 밀접하게 일하고 있습니다. 그럼에도 인사팀에서 실시하는 성과평가제도에 대한 이해가 부족한 것 같습니다.
>
> [기획부서 김경호 차장]
> 저는 저의 평가자 중 하나가 연구부서의 팀장님인데, 일 년에 몇 번 같이 일하지 않는데 어떻게 저를 평가할 수 있을까요? 특히 연구팀은 저희가 예산을 배정하는데, 저에게는 좋지만….

4. 토론 면접

① 토론 면접의 특징
- 다수의 지원자가 조를 편성해 과제에 대한 토론(토의)을 통해 결론을 도출해가는 면접입니다.
- 의사소통능력, 팀워크, 종합인성 등의 평가에 용이합니다.

> - 주요 평가요소
>   - 설득적 말하기, 경청능력, 팀워크, 종합인성
> - 의견 대립이 명확한 주제 또는 채용분야의 직무 관련 주요 현안을 주제로 과제 구성
> - 제한된 시간 내 토론을 진행해야 하므로 적극적으로 자신 있게 토론에 임하고 본인의 의견을 개진할 수 있어야 함

토론 면접의 형태

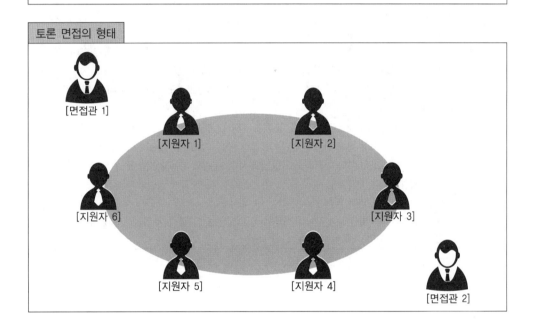

PART 6

② 토론 면접 예시

고객 불만 고충처리

1. 들어가며

최근 우리 상품에 대한 고객 불만의 증가로 고객고충처리 TF가 만들어졌고 당신은 여기에 지원해 배치받았다. 당신의 업무는 불만을 가진 고객을 만나서 애로사항을 듣고 처리해 주는 일이다. 주된 업무로는 고객의 니즈를 파악해 방향성을 제시해 주고 그 해결책을 마련하는 일이다. 하지만 경우에 따라서 고객의 주관적인 의견으로 인해 제대로 된 방향으로 의사결정을 하지 못할 때가 있다. 이럴 경우 설득이나 논쟁을 해서라도 의견을 관철시키는 것이 좋을지 아니면 고객의 의견대로 진행하는 것이 좋을지 결정해야 할 때가 있다. 만약 당신이라면 이러한 상황에서 어떤 결정을 내릴 것인지 여부를 자유롭게 토론해 보시오.

2. 1분 자유 발언 시 준비사항

• 당신은 의견을 자유롭게 개진할 수 있으며 이에 따른 불이익은 없습니다.

• 토론의 방향성을 이해하고, 내용의 장점과 단점이 무엇인지 문제를 명확히 말해야 합니다.

• 합리적인 근거에 기초하여 개선방안을 명확히 제시해야 합니다.

• 제시한 방안을 실행 시 예상되는 긍정적·부정적 영향요인도 동시에 고려할 필요가 있습니다.

3. 토론 시 유의사항

• 토론 주제문과 제공해드린 메모지, 볼펜만 가지고 토론장에 입장할 수 있습니다.

• 사회자의 지정 또는 발표자가 손을 들어 발언권을 획득할 수 있으며, 사회자의 통제에 따릅니다.

• 토론회가 시작되면, 팀의 의견과 논거를 정리하여 1분간의 자유발언을 할 수 있습니다. 순서는 사회자가 지정합니다. 이후에는 자유롭게 상대방에게 질문하거나 답변을 하실 수 있습니다.

• 핸드폰, 서적 등 외부 매체는 사용하실 수 없습니다.

• 논제에 벗어나는 발언이나 지나치게 공격적인 발언을 할 경우, 위에서 제시한 유의사항을 지키지 않을 경우 불이익을 받을 수 있습니다.

1. 면접 Role Play 편성

• 교육생끼리 조를 편성하여 면접관과 지원자 역할을 교대로 진행합니다.
• 지원자 입장과 면접관 입장을 모두 경험해 보면서 면접에 대한 적응력을 높일 수 있습니다.

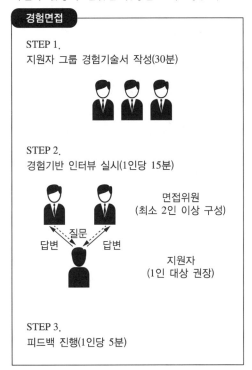

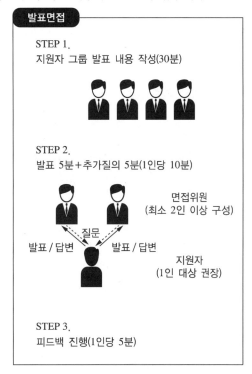

> **Tip**
>
> 면접 준비하기
> 1. 면접 유형 확인 필수
>   • 기업마다 면접 유형이 상이하기 때문에 해당 기업의 면접 유형을 확인하는 것이 좋음
>   • 일반적으로 실무진 면접, 임원면접 2차례에 거쳐 면접을 실시하는 기업이 많고 실무진 면접과 임원 면접에서 평가요소가 다르기 때문에 유형에 맞는 준비방법이 필요
> 2. 후속 질문에 대한 사전 점검
>   • 블라인드 채용 면접에서는 주요 질문과 함께 후속 질문을 통해 지원자의 직무능력을 판단
>   → STAR 기법을 통한 후속 질문에 미리 대비하는 것이 필요

한국산업인력공단 6급 면접 기출질문

한국산업인력공단 6급의 면접시험은 필기시험 합격자를 대상으로, 3차 전형에서 진행된다. 다대다 토론면접과 일대다 인성면접으로 진행되며, 지원동기, 조직적합성, 직무수행능력, 직업기초능력 등을 평가한다.

1. 2024년 기출질문

- 한국산업인력공단이 지원자를 꼭 뽑아야 하는 이유에 대해 말해 보시오.
- 자신의 아이디어를 발휘한 경험이 있다면 말해 보시오.
- 한국산업인력공단의 사업 중 관심 있는 것에 대해 말해 보시오.
- 갈등을 해결한 경험이 있다면 말해 보시오.
- 과정과 결과 중 무엇이 더 중요하다고 생각하는지 말해 보시오.
- 역량과 능력의 차이점에 대해 설명해 보시오.
- 민간 자격과 국가공인 자격의 차이점에 대해 설명해 보시오.
- 한국산업인력공단의 ESG 사업에 대해 설명해 보시오.
- 업무적으로 소통이 필요할 때 말과 글 중 어떤 것을 선택하겠는가?

2. 2023년 기출질문

- 고용허가제의 단점과 개선 방안에 대하여 말해 보시오.
- 한국산업인력공단의 강점과 약점을 말해 보시오.
- 구사할 수 있는 제2외국어가 있는가? 있다면 해당 언어로 짧은 자기소개를 해 보시오.
- 본인이 과감한 편이라고 생각하는가, 신중한 편이라고 생각하는가?
- 최근 인상 깊게 읽은 책이 있다면 소개해 보시오.
- 많은 인원을 통솔하여 프로젝트를 수행한 경험이 있다면 말해 보시오.

3. 2022년 기출질문

- 자신이 지원한 지사의 사업에 대해 알고 있는가? 알고 있다면 생각나는 대로 말해 보시오.
- 입사 후 지사의 한 사업에 참여하게 된다면 본인이 할 수 있는 일은 무엇인가?
- 본인이 계획을 세웠을 때 틀어졌던 경험이 있는가? 있다면 어떻게 해결했는지 말해 보시오.
- 팀으로 일을 하면서 자신이 희생해 본 경험이 있는가? 있다면 말해 보시오.
- 최근에 본 뉴스를 분야 상관없이 한 가지 소개하고, 본인의 생각을 짧게 덧붙여 말해 보시오.
- 한국산업인력공단 내 각종 동아리가 운영되고 있는데, 이를 활성화시키기 위한 방안을 말해 보시오.
- 일을 하면서 가장 화가 났던 순간은 언제이며, 이를 통해 무엇을 배울 수 있었는지 말해 보시오.

4. 2021년 기출질문

- 주변 사람들에게 받았던 피드백에 대해 말해 보시오.
- 주변 사람들이 본인을 어떻게 생각하는지 말해 보시오.
- 한국산업인력공단의 사업을 보다 널리 알릴 수 있는 방안에 대해 말해 보시오.
- 한국산업인력공단의 여러 사업 중 본인이 가장 관심 있는 사업에 대해 설명해 보시오.
- 본인이 지원한 직무에 기여할 수 있는 역량을 말해 보시오.
- 공직자로서 가장 중요하다고 생각하는 것이 무엇인지 말해 보시오.
- 선배에게 피드백을 받기 위해 노력했던 경험을 말해 보시오.
- 리더의 자질이 무엇이라고 생각하는지 말해 보시오.
- 입사 후 가장 맡고 싶은 사업은 무엇이며, 이에 어떤 태도로 임할 것인지 말해 보시오.
- 본인의 단점은 무엇이며, 이를 고치기 위해 어떠한 노력을 했는지 말해 보시오.
- 상사가 규정 또는 법규에 맞지 않는 일을 한다면 어떻게 할 것인지 말해 보시오.
- 근무하는 부서가 갑자기 사라진다면 어떻게 대처할 것인지 말해 보시오.
- 근무하는 부서의 급한 업무와 외부 클라이언트의 급한 업무 중 무엇을 먼저 처리할 것인지 말해 보시오.
- 업무에 있어서 윤리적인 면과 수익적인 면 중 무엇이 더 우선인지 말해 보시오.

5. 2020년 기출질문

- 갈등을 해결하는 본인만의 방법은 무엇인지 말해 보시오.
- 본인이 리더십을 활용해서 좋은 평가를 받은 경험을 말해 보시오.
- 상대방을 설득하는 본인만의 협상 방법을 설명해 보시오.
- 민원인이 불가능한 부탁을 한다면 어떻게 할 것인지 말해 보시오.
- 위탁기관에서 연락이 왔는데 담당자가 자리를 비웠다면 어떻게 업무를 수행할 것인지 말해 보시오.
- 사업 담당자가 급한 서류의 처리방법을 질문할 때 본인의 업무 범위 밖이면 어떻게 해결할 것인지 말해 보시오.
- 코로나19로 인한 해외취업 문제의 해결 방안에 대해 말해 보시오.

6. 2019년 기출질문

- 상사의 부정행위를 본다면 어떻게 할 것인지 말해 보시오.
- 한국산업인력공단에서 성실하게 일할 수 있는가?
- 업무를 하는 데 있어서 본인의 습관이 무엇인지 말해 보시오.
- 감명 깊게 본 책이나 영화를 말해 보시오.
- 한국산업인력공단에서 어떤 사업을 담당하고 싶은지 말해 보시오.
- 한국산업인력공단의 대표 사업이 무엇이라고 생각하는지 말해 보시오.
- 한국산업인력공단 조직의 특징이 무엇이라고 생각하는지 말해 보시오.
- 한국산업인력공단 사업 중 하나를 설명해 보시오.
- 앞으로 한국산업인력공단에서 확장될 것 같은 사업은 무엇이라고 생각하는지 말해 보시오.
- 자격시험 접수와 관련하여 특정 브라우저에서 자격시험 접수가 되지 않는다는 민원이 들어온다면 어떻게 대처할 것인지 말해 보시오.
- 소위 극성 부모에 대해 어떻게 생각하는지 말해 보시오.
- 적극적 안락사에 대해 어떻게 생각하는지 말해 보시오.
- 직무순환제의 장단점과 개선 방안에 대해 말해 보시오.
- 정책 수립을 위한 환경 분석 방안에 대해 말해 보시오.
- 조별과제를 하면서 어떤 점이 가장 힘들었는가?

7. 2018년 기출질문

- 본인이 했던 활동들이 어떻게 도움이 되었는지 말해 보시오.
- 어떤 분야에서 본인의 장점이 잘 활용된다고 생각하는지 말해 보시오.
- 올바른 직장생활에 대한 본인의 가치관은 무엇인지 말해 보시오.
- 본인만의 시간 관리 방법에 대해 말해 보시오.
- 왜 본인을 채용해야 하는지 어필해 보시오.
- 한국산업인력공단의 사업에 대해 아는 대로 설명해 보시오.
- 스트레스를 받는 순간은 언제인가?
- 본인만의 스트레스 해소법에 대해 말해 보시오.
- 사내 보안을 지키려면 어떻게 해야 하는지 말해 보시오.
- 한국산업인력공단의 조직문화는 어떨 것이라 생각하는지 말해 보시오.
- 상사가 부당한 지시를 내린다면 어떻게 할 것인지 말해 보시오.
- 조직이나 세대 간 갈등의 해결법이 무엇이라고 생각하는지 말해 보시오.
- 한국산업인력공단이 하고 있는 사업에 대해 부족하다고 생각하는 부분이 있는가?
- 한국산업인력공단에서 추진하고 있는 사업 중 개선했으면 좋겠다고 생각하는 것을 말해 보시오.
- 본인이 추진하고 싶은 사업은 무엇이며, 그 이유는 무엇인지 말해 보시오.
- 스스로 희생해서 남을 도와 감동시킨 경험을 말해 보시오.
- 올해 초에 목표로 정했던 것을 어느 정도 이뤄냈는가?
- 한국산업인력공단의 비전과 미션에 대해 말해 보시오.
- 보안 관련 문제점이 많은데 이를 어떻게 해결할 수 있는지 말해 보시오.
- 제일 열심히 준비한 것은 무엇인가?
- 여러 공공기관 중 한국산업인력공단의 라이벌을 꼽고, 그 이유를 말해 보시오.
- 블라인드 채용의 단점을 말해 보시오.
- 한정된 자원으로 프로젝트를 추진해야 할 때 어떻게 처리할 것인지 말해 보시오.
- 본인 혼자만 업무 부담이 크다면 어떻게 하겠는가?
- 공동체 내에서의 어려운 부분을 해결했던 경험을 말해 보시오.
- 본인의 장단점을 말해 보시오.
- 부모님께 물려받은 것 중 가장 좋은 것은 무엇이라고 생각하는지 말해 보시오.
- 본인의 소통능력은 어느 정도인지 말해 보시오.

8. 2017년 기출질문

- SWOT 분석에 맞추어 자기소개를 해 보시오.
- 열정적으로 했던 일은 무엇인가?
- 지금까지 살아오면서 가장 힘들었던 경험은 무엇이며, 이를 어떻게 극복했는지 말해 보시오.
- 본인의 관심 직무에 대해 말해 보시오.
- 일과 개인사 중 더 중요한 것은 무엇이라고 생각하는지 말해 보시오.
- 한국산업인력공단의 경영방침에 대해 설명해 보시오.
- 중점적으로 공부했거나 좋아하는 법이 있다면 말해 보시오.
- 본인이 지원한 부서가 아닌 곳에 배치되어도 괜찮은가?
- 상사가 업무와 상관없는 잡다한 일을 시킨다면 어떻게 할 것인지 말해 보시오.
- NCS가 제2의 스펙이라고 생각하는가?
- NCS 채용으로 인한 취업준비생들의 부담을 줄일 수 있는 방안을 말해 보시오.
- 취업을 위한 사교육 부담을 줄일 수 있는 방안에 대해 말해 보시오.
- 회사 인트라넷은 실명제로 운영해야 하는가?
- 공인중개사시험 총괄 3일 전에 컴퓨터가 고장이 났다면 어떻게 할 것인지 말해 보시오.
- 상사가 퇴근시간 직전에 일을 시킨다면 어떻게 할 것인지 말해 보시오.
- (공단 사업리스트를 주고) 가장 먼저 예산을 편성할 것과 마지막으로 편성할 것은 무엇인가?
- 1점 차이로 합격하지 못하고 탈락한 사람이 항의전화를 했다면 어떻게 대응할 것인지 말해 보시오.
- 중요한 개인 업무를 급하게 처리하고 있는데 옆 팀 팀장님께서 해당 팀 결원자의 일을 부탁했다. 두 업무 모두 오전 10시까지 최종 제출해야 하고 일의 경중을 따지기 어렵다면 어떻게 행동할 것인가?
- 처음 해보는 업무를 지시받았는데 해당 업무를 본사 동기가 잘 알고 있다. 이런 상황에서 팀 내 상사와 동기 중 누구에게 먼저 연락할 것인가?
- 직업윤리 중 중요하게 생각하는 한 가지 키워드와 그 이유를 말해 보시오.
- 중요한 문서를 보고할 때 보고 수단으로 어떤 것을 사용할 것인지 말해 보시오.
  (부가질문) 고위급에게는 이메일 보고가 어려운데 어떻게 할 것인가?
  (부가질문) 외부고객과 내부고객에게는 어떻게 전달할 것인가?
- 지역협력기업 확산을 위한 기획서를 작성해야 한다면 어떻게 작성할 것인지 말해 보시오.
- 신입사원인 본인이 대학생 대상 홍보회를 진행한다면 어떤 절차로 수행할 것인지 말해 보시오.
- 한국산업인력공단에서 중요하게 여기는 것을 한 단어로 정의해 보시오.
- 누군가 청탁한다면 어떻게 대처할 것인가?
- 한국산업인력공단의 업무 중 행정처분인 것과 행정처분이 아니라고 생각하는 것을 구분하여 말해 보시오.
- 일학습병행제 학습자는 근로자인가?
- 의료법 위반으로 영업정지 처분을 받은 사람이 형사재판에서 무죄 확정판결을 받았다면 영업정지처분의 효력은 어떻게 되는가?
- 본인이 적정하다고 생각하는 면접비는 얼마인가? 해당 면접비 책정을 위해 예산 담당자를 설득해 보시오.
- 어떤 행사를 지원하는 2개의 기업 중에서 상사가 좋지 않은 조건을 제시하는 기업을 선택하라고 지시한다면 어떻게 하겠는가?
- MBO 관리 기법은 무엇이며, MBO를 업무에 적용해 설명해 보시오.
- 한국산업인력공단의 사업 지속성에 대해 말해 보시오.

9. 과년도 기출질문

- 지원동기를 3가지로 요약해 보시오. [2016년]
- 본인은 어떤 역량을 가지고 있는지 말해 보시오. [2016년]
- 주요 사업 중 관심 있는 사업이 무엇인지 말해 보시오. [2016년]
- 입사 후 진행해 보고 싶은 사업을 말해 보시오. [2016년]
- 본인이 지금까지 겪어온 경험 중 한국산업인력공단에서 도움이 될 만한 경험을 말해 보시오. [2016년]
- 한국산업인력공단의 외부환경 위협요인에 대해 말해 보시오. [2016년]
- 위협요인을 극복하기 위한 방안을 말해 보시오. [2016년]
- 국민이 공직자에게 원하는 것은 무엇이라고 생각하는지 말해 보시오. [2016년]
- 직무지식·역량·태도 중 가장 중요하다고 생각하는 것과 그 이유를 말해 보시오. [2016년]
- 직업기초능력 중 가장 중요한 것은 무엇이며, 그 이유는 무엇인지 말해 보시오. [2016년]
- 본인이 워크숍 담당자일 때 가장 중요한 자질은 무엇이라고 생각하는지 말해 보시오. [2016년]
- 워크숍 장소 선정 중 상급자와 갈등이 생겼을 때 어떻게 해결할 것인지 말해 보시오. [2016년]
- 면접장까지 오는데 힘들지 않았는가? [2015년]
- 한국산업인력공단은 지역 주민을 위한 세미나를 개최하는 등 지역 주민을 위한 활동을 지속하고 있다. 본인이 직원이라면 어떤 세미나를 기획하겠는가? [2015년]
- 행정직 업무 중에는 계약과 관련된 업무가 많다. 계약 관련 회사에서 물건이 급히 필요하다며 10일이 걸리는 물건을 5일 안에 공급해 달라고 한다. 이때 본인은 10일을 기다리라고 할 것인가? 아니면 5일 안에 물건을 공급해 줄 것인가? [2015년]
  (부가질문) 물건 공급에 10일이 걸린다면 상대 회사는 공장이 멈춰 손실이 생기게 된다. 또한, 상대 회사가 원하는 시간을 맞춰 준다면 회사 원칙을 무시하는 것이다. 생각이 바뀌었다면 다시 말해 보시오.
- 한국산업인력공단에서는 CSR 업무도 진행한다. 사회적 신규 사업을 추진한다면 어떤 것이 있을지 제안해 보시오. [2015년]
- 거래처에 한글 파일을 사용해 메일을 보냈다. 그런데 거래처에서는 파일이 열리지 않는다고 한다. 이때 문제점을 어떻게 파악하여 해결할 것인가? [2015년]
- 한국산업인력공단에 들어오기 위해 어떤 노력을 했는지 말해 보시오. [2014년]
- 자기계발을 위해 꾸준히 노력하는 것을 말해 보시오. [2014년]
- 목표를 세우고 달성한 경험을 말해 보시오. [2014년]
- 본인은 친구가 몇 명인가? [2014년]
- 친구가 보는 본인의 단점에는 무엇이 있을 것 같은지 말해 보시오. [2014년]
- 같이 일하기 싫은 사람은 어떤 사람인지 말해 보시오. [2014년]
- 창의력을 발휘한 경험을 말해 보시오. [2014년]
- 청년실업에 대한 정부의 정책 중 가장 효과가 있다고 생각하는 것이 있다면 말해 보시오. [2014년]
- 열정을 가지고 임한 경험을 말해 보시오. [2014년]
- 앞으로 입사하면 창의력과 열정에 기반을 두어 어떻게 일하겠는가? [2014년]
- 한국산업인력공단에 지원한 이유를 말해 보시오. [2013년]
- 자기소개서에 적은 인생의 최종 목표에 대해 구체적으로 말해 보시오. [2013년]
- 기존 직장의 연봉이 상당히 높을 텐데 퇴사한 이유는 무엇인가? [2013년]

- 최근 관심 있게 읽은 책의 세부적인 내용을 말해 보시오. [2013년]
- 본인이 한국산업인력공단에 어떤 공헌을 할 수 있을지 말해 보시오. [2013년]
- 인생을 살면서 가장 큰 좌절을 겪은 경험과 어떻게 극복했는지 말해 보시오. [2013년]
- (영어로) 한국산업인력공단에 지원한 이유를 말해 보시오. [2013년]
- 한국산업인력공단에 지원하기 전에 진행한 직업능력개발 프로그램에 대해 설명해 보시오. [2012년]
- 한국산업인력공단이 나아갈 방향에 대해 말해 보시오. [2012년]
- 이전 회사에서 업무를 수행하면서 어려웠던 점과 그 어려움을 극복하기 위해 본인이 했던 노력을 말해 보시오. [2012년]
- 한국산업인력공단의 비전에 비추어 공단이 기여해야 할 점은 무엇인지 말해 보시오. [2012년]
- 요즘 젊은이들에게 필요한 역량은 무엇인지 말해 보시오. [2012년]
- 본인은 글로벌인재로서 어떤 역량을 갖추고 있다고 생각하는지 말해 보시오. [2012년]

MEMO

답안채점 ● 성적분석 서비스

모바일
OMR

| 도서 내 모의고사 우측 상단에 위치한 QR코드 찍기 | 로그인 하기 | '시작하기' 클릭 | '응시하기' 클릭 | 나의 답안을 모바일 OMR 카드에 입력 | '성적분석 & 채점결과' 클릭 | 현재 내 실력 확인하기 |

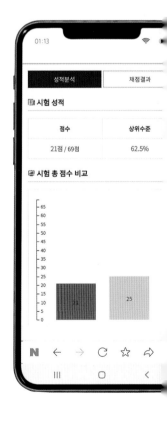

도서에 수록된 모의고사에 대한
객관적인 결과(정답률, 순위)를
종합적으로 분석하여 제공합니다.

※OMR 답안채점 / 성적분석 서비스는 등록 후 30일간 사용 가능합니다.

시대에듀

공기업 취업을 위한 NCS
직업기초능력평가 시리즈

2025 최신판

한국산업
인력공단
6급

통합기본서

편저 | SDC(Sidae Data Center)

정답 및 해설

기출복원문제부터
대표기출유형 및
모의고사까지

한 권으로
마무리!

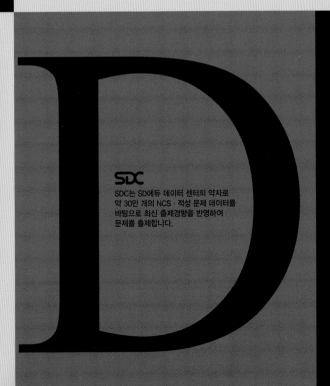

SDC

SDC는 SD에듀 데이터 센터의 약자로
약 30만 개의 NCS · 적성 문제 데이터를
바탕으로 최신 출제경향을 반영하여
문제를 출제합니다.

시대에듀

PART 1

한국산업인력공단
3개년 기출복원문제

끝까지 책임진다! 시대에듀!

QR코드를 통해 도서 출간 이후 발견된 오류나 개정법령, 변경된 시험 정보, 최신기출문제, 도서 업데이트 자료
등이 있는지 확인해 보세요! **시대에듀 합격 스마트 앱**을 통해서도 알려 드리고 있으니 구글 플레이나 앱 스토어
에서 다운받아 사용하세요. 또한, 파본 도서인 경우에는 구입하신 곳에서 교환해 드립니다.

CHAPTER

01 2024년 시행 기출복원문제

01 직업기초

01	02	03	04	05	06	07													
④	③	②	④	①	②	②													

01

정답 ④

한국산업인력공단의 해외취업정착지원금은 1인당 최대 500만 원까지 받을 수 있지만, 1 ~ 3차에 나눠 받으며, 각 차수마다 지정된 신청 기한에 별도로 신청을 해야 한다. 따라서 1차 지원금을 신청한 사람은 추가 신청을 하지 않으면 2 ~ 3차 지원금을 받을 수 없다.

오답분석

① 취업인정기준에 따르면 근무지는 반드시 외국이어야 하므로 한국에서 사업하는 외국계 기업에 취업하면 지원금을 받을 수 없다.
② 지원 대상에서 월드잡플러스 회원가입을 통해 사전 구직등록 후 근로계약서를 작성해야 한다고 명시하고 있다.
③ 취업인정기준에 해당하는 근로계약기간은 1년 이상이다.
⑤ 기혼자의 경우 본인과 배우자, 자녀의 건강보험료 합산액이 6분위 기준 금액인 390,360원 이하여야 한다. 따라서 자녀가 없는 32세 기혼자가 배우자와 각각 20만 원씩 건강보험료를 납부한다면 6분위 보험료 기준 금액을 초과하므로 지원금을 받을 수 없다.

02

정답 ③

A ~ D 중 B는 근로계약기간이 6개월이기 때문에 신청이 불가능하고, 취업직종이 단순 노무직종인 D도 신청이 불가능하다. 남은 A와 C가 지원받은 금액을 구하면 다음과 같다.

• A : 근로 개시 6 ~ 8개월 사이에 2차 지급금을 신청하였으므로 A는 1차 지원금까지 수령하였다. 2차 지원금 신청일자가 2024년 4월 16일이므로 A의 2차 지원금은 그다음 달 20일인 5월 20일에 지급된다. 따라서 현재 A가 받은 지원금은 250만 원이다.
• C : 근로 개시 12 ~ 14개월 사이에 3차 지급금을 신청하였으므로 C는 2차 지원금까지 수령하였다. 3차 지원금 신청일자가 2024년 4월 10일이므로 C의 3차 지원금은 2024년 5월 10일에 이미 지급되었다. 따라서 현재 C가 받은 지원금은 3차 지원금을 포함하여 총 500만 원이다.

따라서 A ~ D가 현재까지 받은 지원금의 합은 250+500=750만 원이다.

03

정답 ②

자격증별 접수 · 응시자 대비 합격률은 다음과 같다.

구분	접수자 대비 합격률	응시자 대비 합격률
컴퓨터활용능력	9,000÷24,000×100=37.5%	9,000÷18,000×100=50%
전기기능사	7,200÷18,750×100=38.4%	7,200÷15,000×100=48%
산업안전기사	4,500÷12,000×100=37.5%	4,500÷9,000×100=50%
제과기능사	9,600÷15,000×100=64%	9,600÷12,000×100=80%
조리기능사	6,600÷13,750×100=48%	6,600÷11,000×100=60%

따라서 제과기능사는 접수자 대비 합격률과 응시자 대비 합격률 모두 가장 높다.

① 조리기능사의 응시율은 $\frac{11,000}{13,750}\times100=80\%$이다.

③ 전기기능사의 접수자는 18,750명, 응시자는 15,000명이다. 반면 산업안전기사의 접수자는 12,000명, 응시자는 9,000명이다. 따라서 전기기능사가 접수자와 응시자 모두 더 많다.

④ 산업안전기사의 응시율은 $\frac{9,000}{12,000}\times100=75\%$이므로 조리기능사의 응시율인 80%보다 낮다.

⑤ 컴퓨터활용능력의 응시율은 $\frac{18,000}{24,000}\times100=75\%$로 전기기능사, 제과기능사, 조리기능사의 응시율보다 낮다.

04   정답 ④

연간 이자수익과 영업이익이 분기별로 균등하게 발생하므로 분기당 수익은 $\frac{(연간\ 이자수익)+(연간\ 영업이익)}{4}$이다. 각 연도의 분기당 수익을 구하면 다음과 같다.

• 2020년 분기당 수익 : $\frac{20+(-100)}{4}=-20$ → 누적 수익 : -80백만 원

• 2021년 분기당 수익 : $\frac{35+(-60)}{4}=-6.25$ → 누적 수익 : -105백만 원

• 2022년 분기당 수익 : $\frac{45+(-20)}{4}=6.25$ → 누적 수익 : -80백만 원

• 2023년 분기당 수익 : $\frac{50+40}{4}=22.5$

  − 1분기 누적 수익 : $-80+22.5=-57.5$백만 원

  − 2분기 누적 수익 : $-57.5+22.5=-35$백만 원

  − 3분기 누적 수익 : $-35+22.5=-12.5$백만 원

  − 4분기 누적 수익 : $-12.5+22.5=10$백만 원(흑자 전환)

따라서 H공단이 처음으로 흑자 전환되는 시점은 2023년 4분기이다.

05   정답 ①

2020년의 전년 대비 실업자 수는 $\frac{1,300-1,100}{1,100}\times100≒18.18\%$ 증가하였다. 반면 취업자 수는 26,800천 명에서 26,400천 명으로 감소하였으므로 옳은 설명이다.

② 실업률은 전체 경제활동인구 대비 실업자 수이므로 2020년과 2023년의 실업률을 구하면 다음과 같다.

  • 2020년 실업률 : $\frac{1,300}{26,400+1,300}\times100≒4.69\%$

  • 2023년 실업률 : $\frac{850}{27,950+850}\times100≒2.95\%$

  따라서 2020년의 실업률이 더 높다.

③ 2021년의 전체 경제활동인구는 $27,100+1,200=28,300$천 명이고, 2022년의 전체 경제활동인구는 $27,600+950=28,550$천 명이다. 따라서 옳지 않은 설명이다.

④ 2022년 대비 2023년의 실업자 수의 변화율은 $\frac{850-950}{950}\times100≒-10.53\%$로 10% 이상 감소하였다. 그러나 2022년의 실업률은 $\frac{950}{27,600+950}\times100≒3.33\%$이고, 2023년의 실업률은 $\frac{850}{27,950+850}\times100≒2.95\%$로 감소하였다.

⑤ 2023년의 실업률은 약 2.95%이므로 3% 미만이다.

06

신입사원별로 가점을 포함한 최종 평가점수는 다음과 같다.
- A : 85+(2×3)+(1×2)+(0×5)=93점
- B : 80+(1×3)+(3×2)+(1×5)=94점
- C : 92+(0×3)+(2×2)+(0×5)=96점
- D : 80+(2×3)+(0×2)+(2×5)=96점
- E : 78+(1×3)+(4×2)+(1×5)=94점

먼저 A는 유일하게 개발팀을 1차 희망하였으므로 개발팀에 배치되고, C 역시 혼자 영업팀을 1차 희망하였으므로 영업팀에 배치된다. 마케팅팀의 충원 수는 1명인데 B, D, E가 마케팅팀을 1차 희망하였으므로 평가점수가 가장 높은 D가 마케팅팀에 우선 배치된다. 남은 B와 E는 2차 희망 부서인 영업팀을 두고 다시 경쟁한다. 2차 희망 부서 경쟁에서 변경된 가점 부여 기준에 따라 B와 E의 최종 평가점수를 구하면 다음과 같다.
- B : 80+(1×3)+(3×3)+(1×5)=97점
- E : 78+(1×3)+(4×3)+(1×5)=98점

그러므로 점수가 높은 E가 영업팀에 배치되고, B는 남은 개발팀에 배치된다. 따라서 희망하는 부서에 배치되지 않는 사람은 B이다.

07

사원별 연차휴가 일수와 통상임금을 계산하면 다음과 같다.

구분	연차휴가 부여 일수	잔여 연차휴가	1일 통상임금	연차휴가 미사용 수당
A	15+2일(입사 6년째)	17−5=12일	335만÷160×8=16.75만 원	16.75만×12=201만 원
B	15+2일(입사 5년째)	17−2=15일	316만÷160×8=15.8만 원	15.8만×15=237만 원
C	15+1일(입사 3년째)	16−8=8일	230만÷160×8=11.5만 원	11.5만×8=92만 원
D	15+0일(입사 2년째)	15−7=8일	220만÷160×8=11만 원	11만×8=88만 원
E	15+0일(입사 1년째)	15−8=7일	220만÷160×8=11만 원	11만×7=77만 원

따라서 2024년 8월 20일을 기준으로 남은 연차휴가를 모두 연차휴가 미사용 수당으로 환산하였을 때 A ~ E의 연차휴가 미사용 수당의 합은 201+237+92+88+77=695만 원이다.

02 한국사

01	02	03	04	05	06	07	08	09	10										
④	①	②	①	③	③	③	④	⑤	③										

01

제시된 유물은 부산 동삼동 조개 무덤(패총)에서 발견된 조개껍데기 가면으로, 대표적인 신석기 시대의 유물이다. 신석기 시대에는 농경과 정착생활의 시작으로 원시 신앙이 발생했는데, 사람이 죽어도 영혼은 없어지지 않는다고 생각하였다. 자연물에 영혼이 있다고 믿는 애니미즘, 자기 부족의 기원을 특정한 동식물과 연결시키고 그것을 숭배하는 토테미즘, 영혼이나 하늘을 인간과 연결시켜 주는 존재인 무당과 그 주술을 믿는 신앙인 샤머니즘이 대표적인 신석기 시대의 원시 신앙이다.

오답분석
① 막집은 구석기 시대 사람들이 이동생활을 하면서 단기간 동안 지내기 위해 땅을 파지 않고, 주변에서 구하기 쉬운 나뭇가지 등의 재료로 만든 임시 주거지이다.
② 신석기 시대에 조, 기장 등 기초적인 농경 생활이 시작되었지만, 벼농사가 본격적으로 시작된 것은 청동기 시대이다.

③ 민무늬 토기와 미송리식 토기는 청동기 시대를 대표하는 토기이다. 신석기 시대를 대표하는 토기는 빗살무늬 토기이다.

⑤ 청동기 시대에 이르러 계급 사회로 발달하였으며, 강력한 권력을 가진 족장이 죽으면 고인돌과 같이 거대한 무덤을 만들어 족장의 권위를 상징하였다.

02

정답 ①

『삼국유사』는 고려 후기 승려 일연이 고조선부터 고려 초기까지의 유사를 모아 편찬한 역사서이다. 『삼국유사』에는 당대에 전해지던 여러 역사와 설화가 담겨 있으며, 단군신화를 최초로 기록한 사서이다.

[오답분석]
②·④ 『삼국사기』: 고려의 김부식이 편찬한 기전체 사서로, 현재까지 전해지는 한국 역사서 중 가장 오래되었다.
③ 『제왕운기』: 고려 후기 문신 이승휴가 편찬한 것으로, 발해가 고구려의 계승국임을 서술하고 있으며, 최초로 발해를 우리 역사에 편입시킨 사서이다.
⑤ 『동국통감』: 조선 초기 서거정 등이 왕명을 받아 편찬한 것으로, 단군부터 고려 말까지의 역사를 편년체로 기록한 사서이다. 단군 조선부터 삼한까지를 외기, 삼국 시대에서 신라 문무왕까지를 삼국기, 문무왕부터 고려 건국까지를 신라기, 고려 건국부터 고려 말까지를 고려기로 나누어 체계화하였다.

03

정답 ②

비류왕의 둘째 아들, 평양성 전투 및 고국원왕의 전사 등은 백제의 근초고왕에 대한 설명이다. 근초고왕은 지방을 효율적으로 통제하기 위해 담로제를 바탕으로 지방관을 파견하였으며, 강력한 왕권을 바탕으로 정복 활동을 활발히 전개하였다. 대외적으로는 동진과 외교 관계를 수립하였고, 요서 지방으로 진출하여 백제군을 설치하였다. 또한 일본에 칠지도를 하사하는 등 긴밀한 외교관계를 가졌다.

[오답분석]
①·③·⑤ 백제 성왕 시기의 업적이다.
④ 백제에 불교가 전파된 시기는 침류왕 시기이다.

04

정답 ①

『권수정혜결사문(勸修定慧結社文)』은 고려 후기의 승려 지눌이 선정과 지혜를 함께 닦는 정혜쌍수(定慧雙修)를 제시한 글이다. 지눌은 수선사 결사를 통해 단번에 깨닫고 점진적으로 수행하는 돈오점수(頓悟漸修)의 이론에 입각한 정혜쌍수의 법을 주장하여 당대 불교계의 각성을 촉구하였다.

05

정답 ③

제시된 혼인 풍습은 처가의 본채 뒤에 별채인 서옥을 짓고 사위를 맞아 살다가 아들이 장성하면 남편의 집으로 돌아가는 고구려의 서옥제이다. 고구려에서는 제천의식으로 10월에 동맹을 진행하였다.

[오답분석]
① 골품제도는 신라의 신분제도이다.
② 삼한은 제사장인 천군(天君)이 천신에게 제사를 지내는 장소인 소도(蘇塗)가 있었다.
④ 8조법은 고조선의 8조문으로 된 법률이며, 이를 통해 고조선이 사유 재산을 인정하고 노비가 존재하는 신분제 사회였음을 짐작할 수 있다.
⑤ 동예는 각 씨족마다 생활권이 정해져 있어 함부로 다른 지역에 들어가 경제활동 등을 할 수 없도록 하였고, 이를 어기면 변상하게 하는 책화를 시행하였다.

06

『대전통편』은 성조 시기의 『경국대전』과 영조 시기의 『속대전』을 종합하여 편찬한 법전으로, 1785년(정조 9)에 편찬되었다. 즉, 빈칸에 들어갈 왕은 정조이다. 정조는 붕당정치를 혁파하기 위해 준론 탕평책을 실시하고, 도덕적 능력과 실력을 겸비한 사대부를 중용하기 위하여 왕실 도서관인 규장각을 설치하였다. 또한 왕권 강화를 위해 국왕호위 전담부대인 장용위를 창설하고, 이후 규모를 확대시켜 장용영을 설치하였다. 이 외에도 자휼전칙을 전국에 반포하여 흉년을 당해 걸식하거나 버림받은 아동의 구휼 방법을 규정하였고, 근대적 건축방식으로 수원화성을 축조하였다. 반면, 수성윤음은 영조 시기에 만들어진 수도 방위책이다.

07

고종은 1897년 국호를 조선에서 '대한'으로 바꾸고 연호를 '광무'라 하여 황제로 즉위하였다. 이때 황실을 중심으로 구본신참(舊本新參 : 옛 것을 바탕으로 새로운 것을 참고함)의 이념에 따라 부국강병을 위한 근대화 정책으로 광무개혁을 실시하였다. 광무개혁 시기에는 화폐조례를 공포하여 금본위제를 채택하는 등 근대적 화폐제도 실시를 시도하였고, 광무양전사업을 전담할 기구로 양지아문을 설치하여 토지를 측량하였다. 이때 측량한 토지는 지계아문을 통해 토지소유자에게 지계를 발급하였다. 이 외에도 전무학당(電務學堂) 등 근대적 기술자 양성을 위하여 상공업학교, 의학교, 광산학교 등의 실업학교를 설립하였다. 반면, 군국기무처는 갑오개혁 때 설치된 것이므로 광무개혁에 대한 설명으로 옳지 않다.

08

1910년대의 일제의 식민통치는 무력에 의한 식민지배가 행해졌으며, 무단통치기로 불린다. 이 시기는 군인인 헌병이 치안유지, 사법, 행정 등 사회 전반을 통치할 뿐만 아니라 주민의 일상까지 통제하는 일종의 계엄 상태가 지속된 시기이다. 학교의 교원들이 제복과 칼을 착용하여 위협하였고, 조선태형령을 시행하여 조선인에 한해 태형을 실시하여 폭력적인 통치를 자행하였다. 또한 민족자본 육성을 방지하기 위하여 조선총독부의 허가를 받아야 회사를 설립할 수 있는 회사령을 제정하였다. 반면, 내선일체 사상을 바탕으로 신사참배 및 창씨개명 등 급진적 동화 정책을 실시한 시기는 1930년대 민족말살통치 시기이다.

09

제시된 사료는 고려 시대 과거제에 대한 내용이다. 과거제는 쌍기의 건의에 따라 고려 광종 때 처음으로 실시되었다. 즉, 빈칸에 들어갈 왕은 광종이다. 고려 시대의 개혁군주인 광종은 왕실과 국가의 안정을 위하여 체제를 정비하였다. 쌍기의 건의에 따라 과거제를 시행하고, 독서삼품과를 시행하여 유교적 정치 이념을 확립하였다. 또한 공복제를 통해 관리들이 입는 옷을 정비하여 조정의 질서를 확립하였으며, 노비안검법을 통해 호족들의 노비를 원래 신분으로 회복시켜 호족세력 약화 및 세수 확보에 기여하고 왕권을 강화하였다. 강화된 왕권을 바탕으로 광종은 개경을 황도, 서경을 서도로 삼고, 독자적인 연호인 '준풍(峻豊)'과 '광덕(光德)'을 사용하였다. 반면, 원나라가 설치한 쌍성총관부를 공격하여 철령 이북의 영토를 회복한 왕은 원 간섭기의 공민왕이다.

10

• 7・4 남북공동성명(1972) : 남북 간 정치적 대화통로와 한반도 평화정착 계기를 마련하기 위해 발표한 남북한 당사자 간의 최초의 합의문서이다.
• 6・23 평화통일 외교정책선언(1973) : 평화통일의 기반 조성을 위해 공산권에의 문호 개방, 남북한 유엔 동시 가입 등을 주요 내용으로 한 한국정부의 정책선언이다.
• 남북기본합의서(1991) : 남북 사이의 화해와 불가침 및 교류・협력에 대한 합의서이다.
• 6・15 남북공동선언(2000) : 남북 정상들이 만나 남북 간의 자주적 통일 노력과 협력, 교류 방안 등 남북관계 개선과 평화통일 노력을 위해 발표한 공동선언이다.
• 10・4 남북정상선언(2007) : 한반도 평화체제, 정치・군사, 경제협력, 사회문화교류 등 남북한의 중장기적 과제를 담은 남북정상선언이다.

03 영어

01	02																		
⑤	②																		

01

정답 ⑤

제시문의 세 번째 문단에서 벌새의 다리는 매우 작고 연약해서 걷는 것조차 어렵다고 하였다.

┃해석┃

벌새는 지구상에서 가장 작은 새이며, 모든 새들 중 가장 뛰어난 비행능력을 가지고 있다. 벌새는 분당 3,600회의 속도로 날갯짓하며, 이때 나는 소리가 허밍 소리와 비슷해서 허밍버드라고 불린다.

빠른 날갯짓 속도로 인해 벌새는 후진 비행, 체공, 급선회가 가능하다. 이러한 비행능력 덕분에 벌새는 포식자로부터 빠르게 도망치거나, 공중에 머무르며 꽃의 꿀을 마실 수 있다.

강한 날개와 달리 벌새의 다리는 매우 약하다. 벌새의 다리는 매우 작고 연약해서 걷는 것조차 힘든 수준이다. 또한, 벌새의 빠른 날갯짓 때문에 많은 에너지를 소모하므로 에너지가 풍부한 곤충과 꿀을 먹어야 하며, 밤에 굶어죽지 않기 위해 자는 동안 가사상태에 들어간다.

02

정답 ②

Mary는 3층 보수를 맡는다. 한편, 사무실 컴퓨터의 교체는 James, 비품 구매는 Richard, 매장 청소는 Emma가 맡는다.

┃해석┃

John : 안녕, Mary.

Mary : 안녕, John. 걱정이 있어 보이는데, 무슨 일이야?

John : 매니저가 나한테 많은 양의 작업을 맡겼는데, 팀원에게 어떻게 배분해야 할지 모르겠어. 조언 좀 해줄래?

Mary : 어떤 종류의 작업들이야?

John : 2층과 3층을 보수하고, 사무실 컴퓨터를 교체하고, 매장을 청소하고, 비품도 구매해야 해.

Mary : James가 컴퓨터에 능숙하니까 교체 작업을 맡기자. Richard는 주로 물품 관리를 하니까 그에게 비품 구매를 부탁하자.

John : 좋아! 그럼 가게 청소는 누가 하는 게 좋을까?

Mary : Emma가 청소를 꼼꼼하게 하니까 그녀가 그 일에 제격이야.

John : 그럼 2층과 3층 보수만 남았네.

Mary : 내가 3층을 맡을게.

John : 그 일을 맡아도 괜찮겠어?

Mary : 문제없어! 난 꽤 수리에 능숙해.

01	02	03	04	05	06	07	08	09	10										
⑤	②	④	④	①	③	③	④	③	②										

01

2018년 대비 2022년에 석유 생산량이 감소한 국가는 C, F이며, 석유 생산량 감소율은 다음과 같다.

- C : $\dfrac{4,025,936-4,102,396}{4,102,396}\times100 \fallingdotseq -1.9\%$
- F : $\dfrac{2,480,221-2,874,632}{2,874,632}\times100 \fallingdotseq -13.7\%$

따라서 석유 생산량 감소율이 가장 큰 국가는 F이다.

[오답분석]

① 석유 생산량이 매년 증가한 국가는 A, B, E, H로 총 4개이다.
② 2018년 대비 2022년에 석유 생산량이 증가한 국가의 연도별 석유 생산량 증가량은 다음과 같다.
- A : 10,556,259-10,356,185=200,074bbl/day
- B : 8,567,173-8,251,052=316,121bbl/day
- D : 5,422,103-5,321,753=100,350bbl/day
- E : 335,371-258,963=76,408bbl/day
- G : 1,336,597-1,312,561=24,036bbl/day
- H : 104,902-100,731=4,171bbl/day

따라서 석유 생산량 증가량이 가장 많은 국가는 B이다.
③ E국가의 연도별 석유 생산량을 H국가의 연도별 석유 생산량과 비교하면 다음과 같다.
- 2018년 : $\dfrac{258,963}{100,731} \fallingdotseq 2.6$
- 2019년 : $\dfrac{273,819}{101,586} \fallingdotseq 2.7$
- 2020년 : $\dfrac{298,351}{102,856} \fallingdotseq 2.9$
- 2021년 : $\dfrac{303,875}{103,756} \fallingdotseq 2.9$
- 2022년 : $\dfrac{335,371}{104,902} \fallingdotseq 3.2$

따라서 2022년 E국가의 석유 생산량은 H국가 석유 생산량의 약 3.2배이므로 옳지 않다.
④ 석유 생산량 상위 2개국은 매년 A, B이며, 연도별 석유 생산량의 차이는 다음과 같다.
- 2018년 : 10,356,185-8,251,052=2,105,133bbl/day
- 2019년 : 10,387,665-8,297,702=2,089,963bbl/day
- 2020년 : 10,430,235-8,310,856=2,119,379bbl/day
- 2021년 : 10,487,336-8,356,337=2,130,999bbl/day
- 2022년 : 10,556,259-8,567,173=1,989,086bbl/day

따라서 A국가와 B국가의 석유 생산량의 차이는 '감소 - 증가 - 증가 - 감소'를 보이므로 옳지 않다.

02

정답 ②

제시된 법에 따라 공무원인 친구가 받을 수 있는 선물의 최대 금액은 1회에 100만 원이다.

$12x < 100 \rightarrow x < \dfrac{100}{12} = \dfrac{25}{3} \fallingdotseq 8.33$

따라서 A씨는 수석을 최대 8개 보낼 수 있다.

03

정답 ④

거래처로 가기 위해 C와 G를 거쳐야 하므로, C를 먼저 거치는 최소 이동거리와 G를 먼저 거치는 최소 이동거리를 비교해 본다.
- 본사-C-D-G-거래처
  : 6+3+3+4=16km
- 본사-E-G-D-C-F-거래처
  : 4+1+3+3+3+4=18km

따라서 최소 이동거리는 16km이다.

04

정답 ④

- 볼펜을 30자루 구매하면 개당 200원씩 할인되므로 $800 \times 30 = 24,000$원이다.
- 수정테이프를 8개 구매하면 $2,500 \times 8 = 20,000$원이지만, 10개를 구매하면 개당 1,000원이 할인되어 $1,500 \times 10 = 15,000$원이므로 10개를 구매하는 것이 더 저렴하다.
- 연필을 20자루 구매하면 연필 가격의 25%가 할인되므로 $400 \times 20 \times 0.75 = 6,000$원이다.
- 지우개를 5개 구매하면 $300 \times 5 = 1,500$원이며, 지우개에 대한 할인은 적용되지 않는다.

이때 총금액은 $24,000 + 15,000 + 6,000 + 1,500 = 46,500$원이고 3만 원을 초과했으므로 10% 할인이 적용되어 $46,500 \times 0.9 = 41,850$원이다. 또한 할인 적용 전 금액이 5만 원 이하이므로 배송료 5,000원이 추가로 부과되어 $41,850 + 5,000 = 46,850$원이 된다. 그런데 만약 비품을 3,600원어치 추가로 주문하면 $46,500 + 3,600 = 50,100$원이므로 할인 적용 전 금액이 5만 원을 초과하여 배송료가 무료가 되고, 총금액이 3만 원을 초과했으므로 지불할 금액은 10% 할인이 적용된 $50,100 \times 0.9 = 45,090$원이 된다.

따라서 지불 가능한 가장 저렴한 금액은 45,090원이다.

05

정답 ①

A ~ E가 받는 성과급을 구하면 다음과 같다.

직원	직책	매출 순이익	기여도	성과급 비율	성과급
A	팀장	4,000만 원	25%	매출 순이익의 5%	$1.2 \times 4,000 \times 0.05 = 240$만 원
B	팀장	2,500만 원	12%	매출 순이익의 2%	$1.2 \times 2,500 \times 0.02 = 60$만 원
C	팀원	1억 2,500만 원	3%	매출 순이익의 1%	$12,500 \times 0.01 = 125$만 원
D	팀원	7,500만 원	7%	매출 순이익의 3%	$7,500 \times 0.03 = 225$만 원
E	팀원	800만 원	6%	-	-

따라서 가장 많은 성과급을 받는 직원은 A이다.

06

편도로 2시간 45분이 걸리는 고속버스 L여객을 제외한 나머지 4개 교통편의 편도 비용은 다음과 같다.

종류		비용	할인율	총비용
기차	V호	27,000원/인	5%	$27,000 \times 5 \times 0.95 = 128,250$원
	G호	18,000원/인	×	$18,000 \times 5 = 90,000$원
	T호	15,000원/인	×	$15,000 \times 5 = 75,000$원
고속버스	P여객	16,000원/인	×	$16,000 \times 5 = 80,000$원

따라서 기차 T호를 이용할 때 편도 총비용이 75,000원으로 가장 저렴하다.

07
정답 ③

성과급의 총액을 x만 원이라 하자.
- A의 성과급 : $\left(\dfrac{1}{3}x + 20\right)$만 원
- B의 성과급 : $\dfrac{1}{2}\left[x - \left(\dfrac{1}{3}x + 20\right)\right] + 10 = \dfrac{1}{3}x$만 원
- C의 성과급 : $\dfrac{1}{3}\left[x - \left(\dfrac{1}{3}x + 20 + \dfrac{1}{3}x\right)\right] + 60 = \left(\dfrac{1}{9}x + \dfrac{160}{3}\right)$만 원
- D의 성과급 : $\dfrac{1}{2}\left[x - \left(\dfrac{1}{3}x + 20 + \dfrac{1}{3}x + \dfrac{1}{9}x + \dfrac{160}{3}\right)\right] + 70 = \left(\dfrac{1}{9}x + \dfrac{100}{3}\right)$만 원

$x = \dfrac{1}{3}x + 20 + \dfrac{1}{3}x + \dfrac{1}{9}x + \dfrac{160}{3} + \dfrac{1}{9}x + \dfrac{100}{3}$

$\therefore x = 960$

따라서 총성과급은 960만 원이다.

08
정답 ④

C부장은 목적지까지 3시간 내로 이동하여야 한다. 소요시간이 가장 짧은 경로대로 계산하면 택시를 타고 대전역까지 15분, 열차대기 15분, KTX / 새마을호 이동시간 2시간, 환승 10분, 목포역에서 물류창고까지 택시 20분이 소요된다. 따라서 총 3시간이 걸리므로 적절하다. 비용은 택시 6,000원, KTX 20,000원, 새마을호 14,000원, 택시 9,000원으로 총 49,000원이다. 이는 출장지원 교통비 한도 이내이므로 적절하다.

오답분석

①·②·⑤ 이동시간이 3시간을 넘어가므로 적절하지 않다.
③ 이동시간은 3시간 이내이지만, 출장지원 교통비 한도를 넘기 때문에 적절하지 않다.

09
정답 ③

자격정보화부는 디지털정보국 산하 부서이다.

10
정답 ②

제시된 업무는 해외취업에 대한 다양한 지원이 주를 이루므로 해외취업지원부의 업무임을 알 수 있다.

01	02	03	04	05	06	07	08	09	10	11	12	13					
③	⑤	②	①	②	②	②	⑤	④	①	①	④	②					

01

정답 ③

• 제3조(임원) 제1항에 의하면 공단의 임원은 이사장 1명과 상임이사 3명을 포함한 15명 이내의 이사와 감사 1명을 두어야 하므로 정원표의 감사 2명은 규정에 어긋난다.
• 제8조(직위 등) 제2항에 의하면 국제인력본부장, 직무능력표준원장은 별정직(갑)으로 보한다. 별정직(을) 또는 일반직 1급으로 보하는 것은 경영기획실장, 글로벌숙련기술진흥원장, 지역본부장이다.
• 제4조(직원) 제2항에 의하면 일반직은 1급 내지 6급으로 구분한다.
따라서 제시된 정원표에서 규정에 어긋나는 부분은 모두 3곳이다.

02

정답 ⑤

제10조(직무) 제10항에 의하면 이사장이 공석 중이거나 불가피한 사유로 직무를 수행할 수 없을 때에는 제3조 제2항의 규정에 의한 순서에 따라 상임이사가 그 직무를 대행하므로, 1순위로 직무를 대행하는 사람은 기획운영이사이다.

오답분석

① 제3조(임원) 제1항에 의하면 공단의 임원은 이사장 1명과 상임이사 3명을 포함한 15명과 1명의 감사를 둘 수 있으므로 최대 임원 수는 16명이다.
② 제10조(직무) 제9항에 의하면 지역본부장이 관할 지역 내 소속기관의 사업을 총괄 지원한다.
③ 제4조(직원) 제2항에 의하면 공단의 직원은 별정직, 일반직, 능력개발직, 출제연구직으로 구분하며, 이 중 6급은 일반직에만 포함되어 있다.
④ 제10조(직무) 제5항에 의하면 기술자격출제실의 업무를 관장하는 사람은 능력평가이사이다.

03

정답 ②

3일간 5명에게 지급할 총급여를 정리하면 다음과 같다.

구분	정규 근무시간 급여	초과 근무시간				합계
		1일 차	2일 차	3일 차	추가 급여	
A과장	3×8×21,220=509,280원	−	3시간 20분	1시간 10분	40,000원	549,280원
B대리	3×8×18,870=452,880원	−	10분	2시간	20,000원	472,880원
C주임	3×8×17,150=411,600원	−	50분	2시간	25,000원	436,600원
D사원	3×8×15,730=377,520원	10분	2시간 30분	−	25,000원	402,520원
E사원	3×8×14,300=343,200원	−	−	−	−	343,200원

따라서 3일간 직원 5명에게 지급할 총급여는 549,280+472,880+436,600+402,520+343,200=2,204,480원이다.

04

정답 ①

03번 해설을 참고할 때 5명의 직원 중 가장 많이 일한 사람은 총 4시간 30분 동안 초과근무를 한 A과장이고, 가장 적게 일한 사람은 초과근무를 하지 않은 E사원이다. 따라서 A과장과 E사원의 3일간 급여의 합은 549,280+343,200=892,480원이다.

05

정답 ②

각 지원자의 영역별 점수를 산정하면 다음과 같다.

(단위 : 점)

구분	나이	평균 학점	공인영어점수	관련 자격증 점수	총점
A지원자	3	2	9.2	6	20.2
B지원자	5	4	8.1	0	17.1
C지원자	4	1	7.5	6	18.5
D지원자	1	3	7.8	9	20.8
E지원자	2	5	9.6	3	19.6

따라서 C지원자는 4번째로 높은 점수이므로 중국으로 인턴을 간다.

06

정답 ②

변경된 조건에 따라 점수를 산정하면 다음과 같다.

(단위 : 점)

구분	나이	평균 학점	공인영어점수	관련 자격증 점수	총점
A지원자	-	4	9.2	4	17.2
B지원자	-	4	8.1	0	12.1
C지원자	-	4	7.5	4	15.5
D지원자	-	4	7.8	6	17.8
E지원자	-	5	9.6	2	16.6

따라서 가장 낮은 점수를 획득한 B지원자가 탈락하므로 희망한 국가에 인턴을 가지 못하는 사람은 B지원자이다.

07

정답 ②

H사원이 집에서 회사로 갈 수 있는 모든 경로는 다음과 같다.
1) 집 → A버스 → 2호선 乙역 → 2호선 丁역 → 회사 : 5+15+5+20+35+10=90분
2) 집 → 도보 → 2호선 乙역 → 2호선 丁역 → 회사 : 15+5+20+35+10=85분
3) 집 → 도보 → 7호선 甲역 → 2호선 丙역 → 2호선 丁역 → 회사 : 10+5+25+5+35+10=90분
4) 집 → B버스 → 2호선 丁역 → 회사 : 10+70+10=90분
따라서 가장 빠른 경로는 2)로, 편도 교통비는 1,350원이다.

08

정답 ⑤

• 회사 → K사(2호선 이용) : 10+5+35+20+5=75분
• K사 미팅 : 90분
• K사 → S사(집을 거쳐 도보 이용) : 5+15+10+5=35분
• S사 미팅 : 60분
• S사 → 회사 : 5+5+25+5+35+10=85분
따라서 H사원이 미팅을 마치고 회사에 돌아오기까지 걸린 총시간은 75+90+35+60+85=5시간 45분(345분)이므로 회사로 돌아온 시각은 10시+5시간 45분=15시 45분이다.

09

12월 20 ~ 21일은 주중이며, 출장 혹은 연수 일정이 없고, 부서 이동 전에 해당되므로 김인턴이 경기본부의 파견 근무를 수행할 수 있는 날짜이다.

오답분석

① 12월 6 ~ 7일은 김인턴의 연수 참석 기간이므로 파견 근무를 진행할 수 없다.
② 12월 11 ~ 12일은 주말인 11일을 포함하고 있으므로 파견 근무를 진행할 수 없다.
③ 12월 14 ~ 15일 중 15일은 목요일로, 김인턴이 D본부로 출장을 가는 날이므로 파견 근무를 진행할 수 없다.
⑤ 12월 27 ~ 28일은 김인턴이 부서를 이동한 27일 이후이므로, 김인턴이 아니라 후임자가 경기본부로 파견 근무를 가야 한다.

10

정답 ①

각 사례에 대한 가산점 합계를 구하면 다음과 같다.
(가) : 정보관리기술사(5점), 사무자동화산업기사(2점), TOEIC 750점(2점), JLPT 2급(4점) → 5점
(나) : TOSEL 620점(2점), 워드프로세서 1급(2점), PELT 223점(해당없음) → 4점
(다) : 한국실용글쓰기검정 450점(해당없음), HSK 6급(해당없음), 정보보안산업기사(2점) → 2점
(라) : JPT 320점(해당없음), 석사학위(4점), TEPS 450점(해당없음) → 4점
(마) : 무선설비산업기사(2점), JLPT 3급(2점), ITQ OA 마스터(해당없음) → 4점
(바) : TOEIC 640점(2점), 국어능력인증시험 180점(5점), HSK 8급(4점) → 5점
(사) : JLPT 3급(2점), HSK 5급(해당없음), 한국어능력시험 530점(해당없음) → 2점
(아) : IBT 42점(해당없음), 컴퓨터활용능력 2급(2점), 에너지관리산업기사(해당없음) → 2점
따라서 가산점이 5점인 경우는 2가지이고, 4점인 경우는 3가지이며, 마지막으로 2점인 경우는 3가지이다.

11

정답 ①

두 번째 조건에 따라 S사원의 부서 직원 80명이 전원 참석하므로 수용 가능 인원이 40명인 C세미나는 제외되고, 세 번째 조건에 따라 거리가 60km를 초과하는 E호텔이 제외된다. 이어서 부서 워크숍은 2일간 진행되므로 하루 대관료가 50만 원을 초과하는 D리조트는 제외된다. 마지막으로 다섯 번째 조건에 따라 왕복 이동 시간이 4시간인 B연수원이 제외된다. 따라서 가장 적절한 워크숍 장소는 A호텔이다.

12

정답 ④

직원별 1일 평균임금 및 퇴직금을 구하면 다음과 같다.

(단위 : 원)

구분	A	B	C	1일 평균임금	퇴직금
최과장	9,000,000	450,000	175,000	106,944	38,499,840
박과장	8,100,000	375,000	143,750	95,764	28,729,200
홍대리	8,850,000	337,500	156,250	103,819	24,916,560
신대리	9,000,000	300,000	121,875	104,688	18,843,840
양주임	6,300,000	225,000	106,250	73,681	6,631,290

따라서 퇴직금이 두 번째로 적은 직원은 신대리이다.

13

정답 ②

오답분석

①·④ 전결권자는 상무이다.
③·⑤ 대표이사의 결재가 필수이다(전결 사항이 아님).

PART 2

직업능력

대표기출유형 01 기출응용문제

01
정답 ③

C는 K사의 이익과 자사의 이익 모두를 고려하여 서로 원만한 합의점을 찾고 있다. 따라서 가장 바르게 협상한 사람은 C이다.

오답분석

① A는 K사의 협상 당사자가 설정한 목표와 한계에서 벗어나는 요구를 하고 있으므로 바르게 협상한 것이 아니다.
② B는 합의점을 찾기보다는 자사의 특정 입장만 고집하고 있다. 따라서 바르게 협상한 것이 아니다.
④ D는 K사의 상황에 대해서 지나친 염려를 하고 있다. 따라서 바르게 협상한 것이 아니다.
⑤ K사의 협상 당사자는 가격에 대한 결정권을 가지고 있으므로 협상을 시도한 것이며, 회사의 최고 상급자는 협상의 세부사항을 잘 알지 못하므로 E는 잘못된 사람과의 협상을 요구하고 있다. 따라서 바르게 협상한 것이 아니다.

02
정답 ②

경영 활동을 구성하는 요소는 경영 목적, 인적자원, 자금, 경영 전략이다. (나)의 경우와 같이 봉사활동을 수행하는 일은 목적과 인력, 자금 등이 필요한 일이지만, 정해진 목표를 달성하기 위한 조직의 관리, 전략, 운영 활동이라고 볼 수 없으므로 경영 활동이 아니다.

대표기출유형 02 기출응용문제

01
정답 ⑤

영리조직의 사례로는 이윤 추구를 목적으로 하는 다양한 사기업을 들 수 있으며, 비영리조직으로는 정부조직, 병원, 대학, 시민단체, 종교단체 등을 들 수 있다.

02
정답 ②

H사는 기존에 수행하지 않던 해외 판매 업무가 추가될 것이므로 그에 따른 해외영업팀 등의 신설 조직이 필요하게 된다. 해외에 공장 등의 조직을 보유하게 됨으로써 이를 관리하는 해외관리팀이 필요할 것이며, 물품의 수출에 따른 통관 업무를 담당하는 통관물류팀, 외화 대금 수취 및 해외 조직으로부터의 자금 이동 관련 업무를 담당할 외환업무팀, 국제 거래상 발생하게 될 해외 거래 계약 실무를 담당할 국제법무팀 등이 필요하게 된다. 기업회계팀은 H사의 해외 사업과 상관없이 기존 회계를 담당하는 조직이라고 볼 수 있다.

03
정답 ②

②는 업무의 내용이 유사하고 관련성이 있는 업무들을 결합해서 구분한 것으로, 기능식 조직 구조의 형태로 볼 수 있다.

04

정답 ③

마케팅기획본부는 해외마케팅기획팀과 마케팅기획팀으로 구성된다고 했으므로 적절하지 않다.

오답분석

①·② 마케팅본부의 마케팅기획팀과 해외사업본부의 해외마케팅기획팀을 통합해 마케팅기획본부가 신설된다고 했으므로 적절하다.
④ 해외사업본부의 해외사업 1팀과 해외사업 2팀을 해외영업팀으로 통합하고 마케본부로 이동한다고 했으므로 적절하다.
⑤ 구매·총무팀에서 구매팀과 총무팀이 분리되고 총무팀과 재경팀을 통합한 후 재무팀이 신설된다고 했으므로 적절하다.

대표기출유형 03 | 기출응용문제

01

정답 ③

③은 인사부의 담당 업무이다. 기획부는 경영계획 및 전략 수립, 전사기획업무 종합 및 조정, 중·장기 사업계획의 종합 및 조정 등을 담당한다.

02

정답 ③

A사원이 처리해야 할 업무를 시간 순서대로 나열해 보면 '회의실 예약 – PPT 작성 – 메일 전송 – 수정사항 반영 – B주임에게 조언 구하기 – 브로슈어에 최종본 입력 – D대리에게 파일 전달 – 인쇄소 방문'이다.

03

정답 ③

ㄱ. 최수영 상무이사가 결재한 것은 대결이다. 대결은 결재권자가 출장, 휴가, 기타 사유로 상당 기간 부재중일 때 긴급한 문서를 처리하고자 할 경우에 결재권자의 차하위 직위의 결재를 받아 시행하는 것을 말한다.
ㄴ. 대결 시에는 기안문의 결재란 중 대결한 자의 란에 '대결'을 표시하고 서명 또는 날인한다.

담당	과장	부장	상무이사	전무이사
○○○	최경옥	김석호	대결 최수영	전결

04

정답 ②

각종 위원회 위원 위촉에 대한 전결규정은 없으므로 ②는 옳지 않다. 단, 대표이사의 부재중에 부득이하게 위촉을 해야 하는 경우가 발생했다면 차하위자(전무)가 대결을 할 수는 있다.

05

정답 ⑤

홍보용 보도 자료 작성은 홍보팀의 업무이며, 물품 구매는 총무팀의 업무이다. 즉, 영업팀이 아닌 홍보팀이 홍보용 보도 자료를 작성해야 하며, 홍보용 사은품 역시 직접 구매하는 것이 아니라 홍보팀이 총무팀에 업무협조를 요청하여 총무팀이 구매하도록 하여야 한다.

대표기출유형 01 기출응용문제

01

정답 ⑤

평균 비용이 한계 비용보다 큰 경우, 공공요금을 평균 비용 수준에서 결정하면 수요량이 줄면서 거래량이 따라 줄고, 결과적으로 생산량도 감소한다. 이는 사회 전체의 관점에서 볼 때 자원이 효율적으로 배분되지 못하는 상황이다.

[오답분석]

① · ④ 첫 번째 문단을 통해 확인할 수 있다.
② 마지막 문단을 통해 확인할 수 있다.
③ 첫 번째와 두 번째 문단을 통해 확인할 수 있다.

02

정답 ⑤

제5조에 따르면 공무의 형편상 또는 천재지변, 기타 사유로 인하여 소요되는 일수도 여행일수에 포함하므로 적절한 내용이다.

[오답분석]

① 차량운행비란 자동차 운임 중 규칙에서 정한 부득이한 사유로 대중교통이 아닌 자가용차량 이용 승인을 득하였을 경우 지급하는 차량연료비 및 통행료를 말한다.
② 여비는 통상의 경로 및 방법에 의하여 계산하지만 부득이한 사유로 인하여 통상의 경로 및 방법에 의하여 여행하기 곤란한 경우에 실제로 행한 경로 및 방법에 의하여 계산한다.
③ 직원이 외빈을 동반하여 여행할 경우 출장목적 수행상 부득이하다고 인정될 때에는 외빈과 같은 등급의 운임 · 일비 · 숙박비 · 식비를 최소화하여 조정 · 적용할 수 있다.
④ 근무지 내 국내출장이란 같은 시 · 군 및 섬 안에서의 출장이나 시 · 군 및 섬을 달리하여도 여행거리가 왕복 12km 미만인 출장을 말한다. 단, 제주도는 포함되어 있지 않다.

03

정답 ⑤

제시문에 따르면 시민 단체들은 농부와 노동자들이 스스로 조합을 만들어 환경친화적으로 농산물을 생산하도록 교육하고 이에 필요한 자금을 지원하는 역할을 했을 뿐, 이들이 농산물을 직접 생산하고 판매한 것은 아니다.

04

정답 ①

제14조에 따르면 임금피크제 대상 직원에 대한 복리후생은 관련 규정 등에서 정하는 바에 따라 일반 직원과 동일하게 적용한다.

05

정답 ④

제시문에 따르면 최근 수면장애 환자의 급격한 증가를 통해 한국인의 수면의 질이 낮아지고 있음을 알 수 있다. 최근 한국인의 경우 짧은 수면시간도 문제지만, 수면의 질 저하도 심각한 문제가 되고 있다.

① 다른 국가에 비해 근무 시간이 많아 수면시간이 짧은 것일 뿐, 수면시간이 근무 시간보다 짧은지는 알 수 없다.
② 40 ~ 50대 중·장년층 수면장애 환자는 전체의 36.6%로 가장 큰 비중을 차지한다.
③ 수면장애 환자는 여성이 42만 7,000명으로 29만 1,000명인 남성보다 1.5배 정도 더 많다.
⑤ 폐경기 여성의 경우 여성호르몬인 에스트로겐이 줄어들면서 아세틸콜린 신경전달 물질의 분비가 저하됨에 따라 여러 형태의 불면증이 동반된다. 즉, 에스트로겐의 증가가 아닌 감소가 불면증에 영향을 미친다.

대표기출유형 02 기출응용문제

01
정답 ②

제시문의 핵심 내용은 '반대는 필수불가결한 것이다.', '자유의지를 가진 국민의 범국가적 화합은 정부의 독단과 반대당의 혁명적 비타협성을 무력화시키는 정치권력의 충분한 균형에 의존하고 있다.', '그 균형이 더 이상 존재하지 않는다면 민주주의는 사라지고 만다.'로 요약할 수 있다. 따라서 글의 제목으로 가장 적절한 것은 ②이다.

02
정답 ①

제시문은 근대문학 형성의 주역들이 시민이었다고 주장하고 있다. 따라서 글의 주제로 가장 적절한 것은 ①이다.

03
정답 ⑤

제시문에서는 현대 사회의 소비 패턴이 '보이지 않는 손' 아래의 합리적 소비에서 벗어나 과시 소비가 중심이 되었으며, 그 이면에는 소비를 통해 자신의 물질적 부를 표현함으로써 신분을 과시하려는 욕구가 있다고 설명하고 있다. 따라서 글의 제목으로 가장 적절한 것은 ⑤이다.

04
정답 ①

제시문의 첫 번째 문단에서는 사회적 자본이 늘어나면 정치 참여도가 높아진다는 주장을 하였고, 두 번째 문단에서는 사회적 자본의 개념을 사이버공동체에 도입하였으나 현실과 잘 맞지 않는다고 하면서 사회적 자본의 한계를 서술했다. 그리고 마지막 문단에서는 사회적 자본만으로는 정치 참여가 늘어나기 어렵고 정치적 자본의 매개를 통해서 정치 참여가 활성화된다는 주장을 하고 있다. 따라서 글의 주제로 가장 적절한 것은 ①이다.

대표기출유형 03 기출응용문제

01
정답 ④

먼저 다문화정책의 두 가지 핵심을 밝히고 있는 (다)가 가장 앞에 와야 하고, (다)의 내용을 뒷받침하기 위해 프랑스를 사례로 든 (가)를 두 번째에 배치하는 것이 자연스럽다. 그다음으로는 이민자에 대한 지원 촉구 및 다문화정책의 개선 등에 대한 내용이 이어지는 것이 글의 흐름상 적절하므로 이민자에 대한 배려의 필요성을 주장하는 (라)가 와야 하며, 다문화정책의 패러다임 전환을 주장하는 (나)가 이어져야 한다. 따라서 (다) - (가) - (라) - (나)의 순서로 나열하는 것이 적절하다.

02

제시문은 신앙 미술에 나타난 동물의 상징적 의미와 사례, 변화와 그 원인, 그리고 동물의 상징적 의미가 지닌 문화적 가치에 대하여 설명하는 글이다. 따라서 (나) 신앙 미술에 나타난 동물의 상징적 의미와 그 사례 – (다) 동물의 상징적 의미의 변화 – (라) 동물의 상징적 의미가 변화하는 원인 – (가) 동물의 상징적 의미가 지닌 문화적 가치 순으로 나열하는 것이 적절하다.

03

제시문은 '시간의 비용'이라는 개념을 소개하는 글이다. 따라서 (라) 1965년 노벨상 수상자인 게리 베커가 주장한 '시간의 비용' 개념에 대한 소개 – (가) 베커의 '시간의 비용이 가변적'이라는 개념 – (다) 베커와 같이 시간의 비용이 가변적이라고 주장한 경제학자 린더의 주장 – (나) 베커와 린더의 공통적 전제인 사람들에게 주어진 시간이 고정된 양이라는 사실과 기대수명이 늘어남으로써 달라지는 시간의 가치 순으로 나열하는 것이 적절하다.

대표기출유형 04 기출응용문제

01

두 번째 문단에서 절차적 지식을 갖기 위해 정보를 마음에 떠올릴 필요는 없다고 하였으므로 적절한 내용이다.

오답분석
① 마지막 문단에서 표상적 지식은 절차적 지식과 달리 특정한 일을 수행하는 능력과 직접 연결되어 있지 않다고 하였으나, 특정 능력의 습득에 전혀 도움을 줄 수 없는지는 제시문의 내용을 통해서는 알 수 없다.
② 마지막 문단에 따르면 '이 사과는 둥글다.'라는 지식은 둥근 사과의 이미지일 수도, '이 사과는 둥글다.'라는 명제일 수도 있다.
④ 인식론에서 나눈 지식의 유형에는 능력의 소유를 의미하는 절차적 지식과 정보의 소유를 의미하는 표상적 지식이 모두 포함된다.
⑤ 절차적 지식을 통해 표상적 지식을 얻는다는 내용은 제시문에서 언급하고 있지 않다.

02

핵융합발전은 원자력발전에 비해 같은 양의 원료로 3 ~ 4배의 전기를 생산할 수 있다고 하였으나, 핵융합발전은 수소의 동위원소를 원료로 사용하는 반면 원자력발전은 우라늄을 원료로 사용한다. 따라서 전력 생산에 서로 다른 원료를 사용하므로 생산된 전력량만으로 연료비를 서로 비교할 수 없다.

오답분석
① 핵융합 에너지는 화력발전을 통해 생산되는 전력 공급량을 대체하기 어려운 태양광에 대한 대안이 될 수 있으므로 핵융합발전이 태양열발전보다 더 많은 양의 전기를 생산할 수 있음을 추론할 수 있다.
② 원자력발전은 원자핵이 분열하면서 방출되는 에너지를 이용하며, 핵융합발전은 수소 원자핵이 융합해 헬륨 원자핵으로 바뀌는 과정에서 방출되는 에너지를 이용해 전기를 생산한다. 따라서 원자의 핵을 다르게 이용한다는 것을 알 수 있다.
④ 미세먼지와 대기오염을 일으키는 오염물질은 전혀 나오지 않고 헬륨만 배출된다는 내용을 통해 헬륨은 대기오염을 일으키는 오염물질에 해당하지 않음을 알 수 있다.
⑤ 발전장치가 꺼지지 않도록 정밀하게 제어하는 것이 중요하다는 내용을 통해 알 수 있다.

03

밑줄 친 '일부 과학자들'은 목재를 친환경 연료로 바라보지 않고 있으며, 마지막 문장에서 이들은 배출량을 줄이는 것이 아니라 배출하지 않는 방법을 택해야 한다고 말한다. 따라서 그들의 주장으로는 ③이 가장 적절하다.

01

정답   ⑤

단순히 젊은 세대의 문화만을 존중하거나 기존 세대의 문화만을 따르는 것이 아닌 두 문화가 어우러질 수 있도록 기업 차원에서 분위기를 만드는 것이 문제의 본질적인 해결법으로 가장 적절하다.

오답분석

① 급여받은 만큼만 일하게 되는 악순환이 반복될 것이므로 제시문에서 언급된 문제를 해결하는 기업 차원의 방법으로는 적절하지 않다.
② 기업의 전반적인 생산성 향상을 이룰 수 없으므로 기업 차원의 방법으로 적절하지 않다.
③ 젊은 세대의 채용을 기피하는 분위기가 생길 수 있으므로 적절하지 않다.
④ 젊은 세대의 특성을 받아들이기만 하면, 전반적인 생산성 향상과 같은 기업의 이득은 배제하게 되는 문제점이 발생한다.

02

정답   ①

빈칸 앞의 내용은 왼손보다 오른손을 선호하는 이유에 대한 가설을 제시하고, 이러한 가설이 근본적인 설명을 하지 못한다고 말한다. 그러면서 빈칸 뒷부분에서 글쓴이는 왼손이 아닌 '오른손만을 선호'하는 이유에 대한 자신의 생각을 드러내고 있다. 즉, 앞의 가설대로 단순한 기능 분담이라면 먹는 일에 왼손을 사용하는 사회도 존재해야 하는데, 그렇지 않기 때문에 반박하고 있음을 추론해볼 수 있으므로 빈칸에는 사람들이 오른손만 선호하고 왼손을 선호하지 않는다는 주장이 나타나야 한다. 따라서 빈칸에 들어갈 내용으로는 ①이 가장 적절하다.

03

정답   ③

빈칸 뒤의 문장은 최근 선진국에서는 스마트팩토리로 인해 해외로 나간 자국 기업들이 다시 본국으로 돌아오는 현상인 '리쇼어링'이 가속화되고 있다는 내용이다. 따라서 빈칸에는 스마트팩토리의 발전이 공장의 위치를 해외에서 본국으로 변화시키고 있다는 내용의 ③이 가장 적절하다.

01

정답   ②

㉠ 조언 : 말로 거들거나 깨우쳐 주어서 도움. 또는 그 말
㉡ 경신 : 어떤 분야의 종전 최고치나 최저치를 깨트림
㉢ 결재 : 결정할 권한이 있는 상관이 부하가 제출한 안건을 검토하여 허가하거나 승인함
㉣ 비치다 : 의향을 떠보려고 슬쩍 말을 꺼내거나 의사를 넌지시 깨우쳐 주다.

오답분석

• 자문 : 어떤 일을 좀 더 효율적이고 바르게 처리하려고 그 방면의 전문가나, 전문가들로 이루어진 기구에 의견을 물음
  → '자문을 구하다.'는 옳지 않은 표현으로 '자문에 응하다.'가 옳은 표현이다.
• 갱신 : 이미 있던 것을 고쳐 새롭게 함
• 결제 : 일을 처리하여 끝을 냄
• 비추다 : 어떤 것과 관련하여 견주어 보다.

02

정답 ④

이 자리를 <u>빌려</u> 감사의 뜻을 전한다.

03

정답 ⑤

'대로'는 주로 어미와 결합하는 의존명사 '대로'와 체언 뒤에 붙는 보조사 '-대로'로 구분할 수 있다. 한글 맞춤법에 따라 의존명사 '대로'는 앞말과 띄어 써야 하고, 보조사 '-대로'는 붙여 써야 한다. 따라서 ⑤는 '약속한'의 어미 '-ㄴ'과 결합한 의존명사이므로 '약속한 대로'로 띄어 써야 한다.

대표기출유형 01 기출응용문제

01

전체 8명 중 4명을 선출하는 경우의 수에서 남자만 4명을 선출하는 경우를 제외하면 된다.

$_8{\rm C}_4 - _5{\rm C}_4 = \dfrac{8\times7\times6\times5}{4\times3\times2\times1} - \dfrac{5\times4\times3\times2}{4\times3\times2\times1} = 70-5 = 65$가지

따라서 구하고자 하는 경우의 수는 총 65가지이다.

02

떠낸 소금물의 양을 xg, 더 넣은 농도 2% 소금물의 양을 yg이라고 하자.

떠낸 소금물의 양만큼 부은 물의 양도 xg이므로 다음 식이 성립한다.

$200 - x + x + y = 320$

$\therefore y = 120$

이때 소금물을 떠내고 같은 양의 물을 부어도 농도 8%의 소금물에 있는 소금의 양은 같으므로 다음 식이 성립한다.

$\dfrac{8}{100} \times (200-x) + \dfrac{2}{100} \times 120 = \dfrac{3}{100} \times 320$

$\rightarrow 1,600 - 8x + 240 = 960$

$\rightarrow 8x = 880$

$\therefore x = 110$

따라서 떠낸 소금물의 양은 110g이다.

03

A, B기차의 속력은 일정하며 두 기차가 터널 양 끝에서 동시에 출발하면 $\dfrac{1}{3}$ 지점에서 만난다고 했으므로 두 기차 중 하나는 다른 기차 속력의 2배인 것을 알 수 있다. 또한, A기차보다 B기차가 터널을 통과하는 시간이 짧으므로 B기차의 속력이 더 빠르다. A기차의 길이를 xm, 속력을 ym/s라고 하면, B기차의 속력은 $2y$m/s이다.

$570 + x = 50 \times y$ … ㉠

$570 + (x-60) = 23 \times 2y$ … ㉡

㉠과 ㉡을 연립하면

$60 = 4y$

$\therefore y = 15$

이를 ㉠에 대입하면

$x = 50 \times 15 - 570$

$\therefore x = 180$

따라서 A기차의 길이는 180m이다.

04
정답 ④

A, B, C의 청소 주기 6, 8, 9일의 최소공배수는 $2 \times 3 \times 4 \times 3 = 72$이다. 9월은 30일, 10월은 31일까지 있으므로 9월 10일에 청소를 하고 72일 이후인 11월 21일에 세 사람이 같이 청소하게 된다.

대표기출유형 02　기출응용문제

01
정답 ②

2022년 대비 2024년에 눈에 띄는 증가율을 보인 면세점과 편의점, 무점포 소매점의 증가율을 계산하면 다음과 같다.
- 2022년 대비 2024년 면세점 판매액의 증가율 : $\dfrac{14,465 - 9,198}{9,198} \times 100 ≒ 57\%$
- 2022년 대비 2024년 편의점 판매액의 증가율 : $\dfrac{22,237 - 16,455}{16,455} \times 100 ≒ 35\%$
- 2022년 대비 2024년 무점포 소매점 판매액의 증가율 : $\dfrac{61,240 - 46,788}{46,788} \times 100 ≒ 31\%$

따라서 2022년 대비 2024년에 두 번째로 높은 비율의 판매액 증가를 보인 소매 업태는 편의점이고, 증가율은 35%이다.

02
정답 ⑤

- (가) : $\dfrac{34,273 - 29,094}{29,094} \times 100 ≒ 17.8$
- (나) : $66,652 + 34,273 + 2,729 = 103,654$
- (다) : $\dfrac{103,654 - 91,075}{91,075} \times 100 ≒ 13.8$

03
정답 ④

과일 종류별 무게를 가중치로 적용한 네 과일의 가중평균은 42만 원이다.
(라) 과일의 가격을 a만 원이라 가정하고 가중평균에 대한 식을 정리하면 다음과 같다.
$(25 \times 0.4) + (40 \times 0.15) + (60 \times 0.25) + (a \times 0.2) = 42$
$\rightarrow 10 + 6 + 15 + 0.2a = 42$
$\rightarrow 0.2a = 42 - 31 = 11$
$\therefore a = \dfrac{11}{0.2} = 55$

따라서 빈칸 ㉠에 들어갈 수치는 55이다.

04
정답 ②

- 공연음악 시장 규모 : 2025년의 후원 규모는 $6,305 + 118 = 6,423$백만 달러이고, 티켓 판매 규모는 $22,324 + 740 = 23,064$백만 달러이다. 따라서 2025년 공연음악 시장 규모는 $6,423 + 23,064 = 29,487$백만 달러이다.
- 스트리밍 시장 규모 : 2020년 스트리밍 시장의 규모가 1,530백만 달러이므로, 2025년의 스트리밍 시장 규모는 $1,530 \times 2.5 = 3,825$백만 달러이다.
- 오프라인 음반 시장 규모 : 2025년 오프라인 음반 시장 규모를 x백만 달러라고 하면 $\dfrac{x - 8,551}{8,551} \times 100 = -6\%$
  $\rightarrow x = -\dfrac{6}{100} \times 8,551 + 8,551 ≒ 8,037.9$이다.

05

A, B, E구의 1인당 소비량을 각각 a, b, $e$kg라고 하고, 제시된 조건을 식으로 나타내면 다음과 같다.

- 첫 번째 조건 : $a+b=30 \cdots \bigcirc$
- 두 번째 조건 : $a+12=2e \cdots \bigcirc\bigcirc$
- 세 번째 조건 : $e=b+6 \cdots \bigcirc\bigcirc\bigcirc$

ⓒ을 ⓛ에 대입하여 식을 정리하면

$a+12=2(b+6) \rightarrow a-2b=0 \cdots$ ②

㉠−②을 하면

$3b=30$

$\therefore \ b=10, \ a=20, \ e=16$

A~E구의 변동계수를 구하면 다음과 같다.

- A구 : $\dfrac{5}{20} \times 100 = 25\%$
- B구 : $\dfrac{4}{10} \times 100 = 40\%$
- C구 : $\dfrac{6}{30} \times 100 = 20\%$
- D구 : $\dfrac{4}{12} \times 100 \fallingdotseq 33.33\%$
- E구 : $\dfrac{8}{16} \times 100 = 50\%$

따라서 변동계수가 세 번째로 큰 구는 D구이다.

06

2024년 전체 실적은 $45+50+48+42=185$억 원이며, 1~2분기와 3~4분기가 차지하는 비율을 각각 구하면 다음과 같다.

- 1~2분기 : $\dfrac{45+50}{185} \times 100 \fallingdotseq 51.4\%$
- 3~4분기 : $\dfrac{48+42}{185} \times 100 \fallingdotseq 48.6\%$

따라서 2024년 전체 실적에서 1~2분기와 3~4분기가 차지하는 비율을 바르게 나열한 것은 ③이다.

대표기출유형 03　기출응용문제

01

ⓛ • 15세 이상 외국인 중 실업자의 비율 : $\dfrac{15.6+18.8}{695.7+529.6} \times 100 \fallingdotseq 2.8\%$

　• 15세 이상 귀화허가자 중 실업자의 비율 : $\dfrac{1.8}{52.7} \times 100 \fallingdotseq 3.41\%$

　따라서 15세 이상 외국인 중 실업자의 비율이 더 낮다.

ⓒ 외국인 취업자 수는 $560.5+273.7=834.2$천 명이므로 $834.2 \div 33.8 \fallingdotseq 24.68$배이다.

[오답분석]

㉠ $\dfrac{695.7+529.6+52.7}{43,735} \times 100 \fallingdotseq 2.92\%$이므로, 국내 인구 중 이민자의 비율은 4% 이하이다.

② 국내인 여성의 경제활동 참가율이 제시되어 있지 않으므로 알 수 없다.

02

ㄱ. 습도가 70%일 때 연간소비전력량이 가장 적은 제습기는 A(790kWh)이다.
ㄷ. 습도가 40%일 때 제습기 E의 연간소비전력량(660kWh)은 습도가 50%일 때 제습기 B의 연간소비전력량(640kWh)보다 많다.

오답분석

ㄴ. 습도가 60%일 때 연간소비전력량이 가장 많은 제습기는 D지만, 습도가 70%일 때 연간소비전력량이 가장 많은 제습기는 E이므로 순서는 동일하지 않다.
ㄹ. 제습기 E의 경우 습도가 40%일 때의 연간소비전력량의 1.5배는 660×1.5=990kWh지만, 습도가 80%일 때 970kWh이므로 1.5배 미만이다.

03

정답 ④

현재 기온이 가장 높은 지역은 수원으로, 이슬점 온도는 가장 높지만 습도는 65%로 다섯 번째로 높다.

오답분석

① 파주의 시정은 20km로 가장 좋다.
② 수원은 이슬점 온도와 불쾌지수 모두 가장 높다.
③ 불쾌지수가 70을 초과한 지역은 수원, 동두천 2곳이다.
⑤ 시정이 0.4km로 가장 좋지 않은 백령도의 경우 풍속은 4.4m/s로 가장 강하다.

04

정답 ③

2019년부터 공정자산총액과 부채총액의 차를 순서대로 나열하면 952, 1,067, 1,383, 1,127, 1,864, 1,908억 원이다. 따라서 공정자산총액과 부채총액의 차가 가장 큰 해는 2024년이다.

오답분석

① 2022년에는 자본총액이 전년 대비 감소했다.
② 직전 해에 비해 당기순이익이 가장 많이 증가한 해는 2023년이다.
④ 총액 규모가 가장 큰 것은 공정자산총액이다.
⑤ 2019년과 2020년을 비교하면 분모 증가율은 $\frac{1,067-952}{952}=\frac{115}{952}≒\frac{1}{8}$ 이고, 분자 증가율은 $\frac{481-464}{464}=\frac{17}{464}≒\frac{1}{27}$ 이다. 따라서 2020년에는 비중이 감소했음을 알 수 있다.

05

정답 ③

2016 ~ 2024년까지 전년 대비 사기와 폭행의 발생건수 증감추이는 다음과 같다.

구분	2016년	2017년	2018년	2019년	2020년	2021년	2022년	2023년	2024년
사기	감소	감소	감소	감소	감소	감소	증가	증가	감소
폭행	증가	증가	증가	증가	증가	증가	감소	감소	증가

따라서 ③은 옳은 설명이다.

오답분석

① 2016 ~ 2024년 범죄별 발생건수의 1 ~ 5위는 '절도, 사기, 폭행, 살인, 방화' 순이나 2015년에는 '절도, 사기, 폭행, 방화, 살인' 순으로 다르다.
② 2015 ~ 2024년 동안 발생한 방화의 총발생건수는 5+4+2+1+2+5+2+4+5+3=33천 건으로 3만 건 이상이다.
④ 2017년 전체 범죄발생건수는 270+371+148+2+12=803천 건이며, 이 중 절도의 범죄건수가 차지하는 비율은 $\frac{371}{803}×100$ ≒46.2%로 50% 미만이다.
⑤ 2015년 전체 범죄발생건수는 282+366+139+5+3=795천 건이고, 2024년 전체 범죄발생건수는 239+359+156+3+14 =771천 건이다. 2015년 대비 2024년 전체 범죄발생건수 감소율은 $\frac{795-771}{795}×100$≒3%로 5% 미만이다.

06
정답 ⑤

생산이 증가한 해에는 수출과 내수 모두 증가했다.

오답분석

① 표에서 ▽는 감소 수치를 나타내고 있으므로 옳은 설명이다.
② 내수가 가장 큰 폭으로 증가한 해는 2022년으로 생산과 수출 모두 감소했다.
③ 수출이 증가한 해는 2020년, 2023년, 2024년으로 내수와 생산 모두 증가했다.
④ 2022년에는 내수가 증가했지만 생산과 수출이 모두 감소했다.

07
정답 ⑤

업그레이드 전 성능지수가 100인 기계의 수는 15대이고, 성능지수 향상 폭이 35인 기계의 수도 15대이므로 동일하다.

오답분석

① 업그레이드한 기계 100대의 성능지수 향상 폭의 평균을 구하면 $\frac{60 \times 14 + 5 \times 20 + 5 \times 21 + 15 \times 35}{100} = 15.7$로 20 미만이다.

② 성능지수 향상 폭이 35인 기기는 15대인데, 성능지수는 65, 79, 85, 100 네 가지가 있고 이 중 가장 최대는 100이다. 서비스 성능이 35만큼 향상할 수 있는 경우는 성능지수가 65였을 때이다. 따라서 35만큼 향상된 기계의 수가 15대라고 했으므로 $\frac{15}{80} \times 100 = 18.75\%$가 100으로 향상되었다.

③ 성능지수 향상 폭이 21인 기계는 5대로, 업그레이드 전 성능지수가 79인 기계 5대가 모두 100으로 향상되었다.

④ 향상되지 않은 기계는 향상 폭이 0인 15대이고, 이는 업그레이드 전 성능지수가 100인 기계 15대를 뜻하며, 그 외 기계는 모두 성능지수가 향상되었다.

대표기출유형 04 기출응용문제

01
정답 ⑤

4월 전월 대비 수출액은 감소했고, 5월 전월 대비 수출액은 증가했는데, 반대로 나타나 있다.

02
정답 ④

내수 현황을 누적으로 나타냈으므로 옳지 않다.

오답분석

①·② 제시된 자료를 통해 알 수 있다.
③ 신재생에너지원별 고용인원 비율을 구하면 다음과 같다.

• 태양광 : $\frac{8,698}{16,177} \times 100 = 54\%$ • 풍력 : $\frac{2,369}{16,177} \times 100 = 15\%$

• 폐기물 : $\frac{1,899}{16,177} \times 100 = 12\%$ • 바이오 : $\frac{1,511}{16,177} \times 100 = 9\%$

• 기타 : $\frac{1,700}{16,177} \times 100 = 10\%$

⑤ 신재생에너지원별 해외공장매출 비율을 구하면 다음과 같다.

• 태양광 : $\frac{18,770}{22,579} \times 100 = 83.1\%$ • 풍력 : $\frac{3,809}{22,579} \times 100 = 16.9\%$

PART 2

CHAPTER 04 문제해결능력

대표기출유형 01 기출응용문제

01

정답 ⑤

E는 교양 수업을 신청한 A보다 나중에 수강한다고 하였으므로 목요일 또는 금요일에 강의를 들을 수 있다. 이때, 목요일과 금요일에는 교양 수업이 진행되므로 'E는 반드시 교양 수업을 듣는다.'는 항상 참이 된다.

오답분석

① A가 수요일에 강의를 듣는다면 E는 교양2 또는 교양3 강의를 들을 수 있다.
② B가 수강하는 전공 수업의 정확한 요일을 알 수 없으므로 C는 전공1 또는 전공2 강의를 들을 수 있다.
③ C가 화요일에 강의를 듣는다면 D는 교양 강의를 듣는다. 이때, 교양 수업을 듣는 A는 E보다 앞선 요일에 수강하므로 E는 교양2 또는 교양3 강의를 들을 수 있다.

구분	월 (전공1)	화 (전공2)	수 (교양1)	목 (교양2)	금 (교양3)
경우1	B	C	D	A	E
경우2	B	C	A	D	E
경우3	B	C	A	E	D

④ D는 전공 수업을 신청한 C보다 나중에 수강하므로 전공 또는 교양 수업을 들을 수 있다.

02

정답 ①

주어진 조건을 정리하면 다음과 같다.

구분	첫 번째	두 번째	세 번째	네 번째	다섯 번째	여섯 번째
경우 1	교육	보건	농림	행정	국방	외교
경우 2	교육	보건	농림	국방	행정	외교
경우 3	보건	교육	농림	행정	국방	외교
경우 4	보건	교육	농림	국방	행정	외교

따라서 교육부는 첫 번째 또는 두 번째에 감사를 시작한다.

오답분석

② 경우 3, 4에서 보건복지부는 첫 번째로 감사를 시작한다.
③ 농림축산식품부보다 늦게 감사를 받는 부서는 3개, 일찍 받는 부서는 2개로, 늦게 감사를 받는 부서의 수가 많다.
④ 경우 1, 3에서 국방부는 행정안전부보다 감사를 늦게 시작한다.
⑤ 외교부보다 늦게 감사를 받는 부서는 없다.

03

정답 ②

첫 번째 조건과 두 번째 조건에 따라 물리학과 학생은 흰색만 좋아하는 것을 알 수 있으며, 세 번째 조건과 네 번째 조건에 따라 지리학과 학생은 흰색과 빨간색만 좋아하는 것을 알 수 있다. 전공별로 좋아하는 색을 정리하면 다음과 같다.

경제학과	물리학과	통계학과	지리학과
검은색, 빨간색	흰색	빨간색	흰색, 빨간색

이때 검은색을 좋아하는 학과는 경제학과뿐이므로 C가 경제학과임을 알 수 있으며, 빨간색을 좋아하지 않는 학과는 물리학과뿐이므로 B가 물리학과임을 알 수 있다. 따라서 항상 참이 되는 것은 ②이다.

오답분석
① A는 통계학과이거나 지리학과이다.
③ C는 경제학과이다.
④ D는 통계학과이거나 지리학과이다.
⑤ C는 빨간색을 좋아하지만 B는 흰색을 좋아한다.

04

정답 ①

한 번 배정받은 층은 다시 배정받을 수 없기 때문에 A는 3층, B는 2층에 배정받을 수 있다. C는 1층 또는 4층에 배정받을 수 있지만 D는 1층에만 배정받을 수 있기 때문에, C는 4층, D는 1층에 배정받는다. 이를 정리하면 다음과 같다.

A	B	C	D
3층	2층	4층	1층

따라서 항상 참인 것은 ①이다.

오답분석
②·③·④ 주어진 조건만으로는 판단하기 어렵다.
⑤ 매년 새롭게 층을 배정받기 때문에 B 또한 3년 이상 기숙사에 살았을 것이다.

05

정답 ⑤

5명 중 단 1명만이 거짓말을 하고 있으므로 진술이 대립하는 C와 D 중 1명은 반드시 거짓을 말하고 있다.
1) C의 진술이 거짓일 경우
    B와 C의 진술이 모두 거짓이 되므로 1명만 거짓말을 하고 있다는 조건이 성립하지 않는다.
2) D의 진술이 거짓일 경우

구분	A	B	C	D	E
출장 지역	잠실		여의도	강남	

    이때, B는 상암으로 출장을 가지 않는다는 A의 진술에 따라 상암으로 출장을 가는 사람은 E임을 알 수 있다.
따라서 ⑤는 항상 거짓이 된다.

06

정답 ②

을과 정이 서로 상반된 이야기를 하고 있으므로 둘 중 1명이 거짓말을 하고 있다. 만일 을이 참이고 정이 거짓이라면 화분을 깨뜨린 사람은 병, 정이 되는데, 화분을 깨뜨린 사람은 1명이어야 하므로 모순이다. 따라서 거짓말을 한 사람은 을이다.

01

정답 ④

• 1단계 : 주민등록번호 앞 12자리 숫자에 가중치를 곱하면 다음과 같다.

숫자	2	4	0	2	0	2	8	0	3	7	0	1
가중치	2	3	4	5	6	7	8	9	2	3	4	5
결과	4	12	0	10	0	14	64	0	6	21	0	5

• 2단계 : 1단계에서 구한 값의 합을 계산한다.
 $4+12+0+10+0+14+64+0+6+21+0+5=136$
• 3단계 : 2단계에서 구한 값을 11로 나누어 나머지를 구한다.
 $136 \div 11 = 12 \cdots 4$
• 4단계 : 11에서 3단계의 나머지를 뺀 수를 10으로 나누어 나머지를 구한다.
 $(11-4) \div 10 = 0 \cdots 7$
따라서 빈칸에 들어갈 수는 7이다.

02

정답 ⑤

(마)의 비상사고 코드가 N134라면 철도사고 종류는 자연재해(N), 철도사고 형태는 침수(1), 철도사고 대상은 여객열차(3), 철도사고 위치는 교량(4)이어야 한다. 그러나 (마)의 철도사고 위치가 본선구간(2)이므로 N134가 아닌 N132가 되어야 한다.

03

정답 ①

조건에 따라 소괄호 안에 있는 부분을 순서대로 풀이하면 '1 A 5'에서 A는 좌우의 두 수를 더하는 것이지만, 더한 값이 10 미만이면 좌우에 있는 두 수를 곱해야 한다. $1+5=6$으로 10 미만이므로 두 수를 곱하여 5가 된다.
'3 C 4'에서 C는 좌우의 두 수를 곱하는 것이지만, 곱한 값이 10 미만이면 좌우에 있는 두 수를 더한다. 이 경우 $3 \times 4 = 12$로 10 이상이므로 12가 된다.
대괄호를 풀어보면 '5 B 12'이다. B는 좌우에 있는 두 수 가운데 큰 수에서 작은 수를 빼는 것이지만, 두 수가 같거나 뺀 값이 10 미만이면 두 수를 곱한다. $12-5=7$로 10 미만이므로 두 수를 곱해야 한다. 따라서 60이 된다.
'60 D 6'에서 D는 좌우에 있는 두 수 가운데 큰 수를 작은 수로 나누는 것이지만, 두 수가 같거나 나눈 값이 10 미만이면 두 수를 곱해야 한다. 이 경우 나눈 값이 $60 \div 6 = 10$이므로 답은 10이다.

04

정답 ②

한글 자음을 순서에 따라 바로 뒤의 자음으로 변환하면 다음과 같다.

ㄱ	ㄴ	ㄷ	ㄹ	ㅁ	ㅂ	ㅅ
ㄴ	ㄷ	ㄹ	ㅁ	ㅂ	ㅅ	ㅇ
ㅇ	ㅈ	ㅊ	ㅋ	ㅌ	ㅍ	ㅎ
ㅈ	ㅊ	ㅋ	ㅌ	ㅍ	ㅎ	ㄱ

한글 모음을 순서에 따라 알파벳으로 변환하면 다음과 같다.

ㅏ	ㅐ	ㅑ	ㅒ	ㅓ	ㅔ	ㅕ
a	b	c	d	e	f	g
ㅖ	ㅗ	ㅘ	ㅙ	ㅚ	ㅛ	ㅜ
h	i	j	k	l	m	n
ㅝ	ㅞ	ㅟ	ㅠ	ㅡ	ㅢ	ㅣ
o	p	q	r	s	t	u

ㄴ=ㄱ, u=ㅣ, ㅂ=ㅁ, ㅋ=ㅊ, u=ㅣ, ㅊㅊ=ㅉ, u=ㅣ, ㄴ=ㄱ, b=ㅐ
따라서 김대리가 말한 메뉴는 김치찌개이다.

05

ㅈ=ㅊ, ㅗ=i, ㄴ=ㄷ, ㅈ=ㅊ, ㅜ=n, ㅇ=ㅈ, ㄱ=ㄴ, ㅘ=j, 공백=0, ㅂ=ㅅ, ㅐ=b, ㄹ=ㅁ, ㅕ=g

06

서울 지점의 C씨에게 배송할 제품과 경기남부 지점의 B씨에게 배송할 제품에 대한 기호를 모두 기록해야 한다.
- C씨 : MS11EISS
  - 재료 : 연강(MS)
  - 판매량 : 1박스(11)
  - 지역 : 서울(E)
  - 윤활유 사용 : 윤활작용(I)
  - 용도 : 스프링(SS)
- B씨 : AHSS00SSST
  - 재료 : 초고강도강(AHSS)
  - 판매량 : 1세트(00)
  - 지역 : 경기남부(S)
  - 윤활유 사용 : 밀폐작용(S)
  - 용도 : 타이어코드(ST)

대표기출유형 03 기출응용문제

01

ㄴ. 민간의 자율주행기술 R&D를 지원하여 기술적 안정성을 높이는 전략은 위협을 최소화하는 내용은 포함하지 않고 약점만 보완하는 전략이므로 ST전략으로 적절하지 않다.
ㄹ. 국내기업의 자율주행기술 투자가 부족한 약점을 국가기관의 주도로 극복하려는 내용은 약점을 최소화하고 위협을 회피하려는 WT전략으로 적절하지 않다.

[오답분석]
ㄱ. 높은 수준의 자율주행기술을 가진 외국 기업과의 기술이전협약 기회를 통해 국내외에서 우수한 평가를 받는 국내 자동차기업이 국내 자율주행자동차 산업의 강점을 강화하는 전략은 SO전략으로 적절하다.
ㄷ. 국가가 지속적으로 자율주행차 R&D를 지원하는 법안이 본회의를 통과한 기회를 토대로 기술개발을 지원하여 국내 자율주행자동차 산업의 약점인 기술적 안전성을 확보하려는 전략은 WO전략으로 적절하다.

02

제시된 자료는 H섬유회사의 SWOT 분석을 통해 강점(S), 약점(W), 기회(O), 위협(T) 요인을 분석한 것으로, ㄱ과 ㄷ은 SO전략과 WO전략으로 적절하다.

[오답분석]
ㄴ. ST전략에서 경쟁업체에 특허 기술을 무상 이전하는 것은 경쟁이 더 심화될 수 있으므로 적절하지 않다.
ㄹ. WT전략에서는 기존 설비에 대한 재투자보다는 수요에 맞게 다양한 제품을 유연하게 생산할 수 있는 신규 설비에 대한 투자가 필요하다.

03

경쟁자의 시장 철수로 인한 시장으로의 진입 가능성은 H공단이 가지고 있는 내부환경의 약점이 아닌 외부환경에서 비롯되는 기회에 해당한다.

04

ㄴ. 다수의 풍부한 경제자유구역 성공 사례를 활용하는 것은 강점에 해당되지만, 외국인 근로자를 국내주민과 문화적으로 동화시키려는 시도는 위협을 극복하는 것과는 거리가 멀다. 따라서 해당 전략은 ST전략으로 적절하지 않다.

ㄹ. 경제자유구역 인근 대도시와의 연계를 활성화하면 오히려 인근 기성 대도시의 산업이 확장된 교통망을 바탕으로 경제자유구역의 사업을 흡수할 위험이 커진다. 또한 인근 대도시와의 연계 확대는 경제자유구역 내 국내·외 기업 간의 구조 및 운영상 이질감을 해소하는 데 직접적인 도움이 된다고 보기 어렵다.

오답분석

ㄱ. 경제호황으로 인해 자국을 벗어나 타국으로 진출하려는 해외기업이 증가하는 기회상황에서, 성공적 경험에서 축적된 우리나라의 경제자유구역 조성 노하우로 이들을 유인하여 유치하는 전략은 SO전략으로 적절하다.

ㄷ. 기존에 국내에 입주한 해외기업의 동형화 사례를 활용하여 국내기업과 외국계 기업의 운영상 이질감을 해소하여 생산성을 증대시키는 전략은 WO전략으로 적절하다.

대표기출유형 04 ｜ 기출응용문제

01

예산이 가장 많이 드는 B사업과 E사업은 사업기간이 3년이므로 최소 1년은 겹쳐야 한다. 이를 바탕으로 정리하면 다음과 같다.

연도 예산 사업명	1차 20조 원	2차 24조 원	3차 28.8조 원	4차 34.5조 원	5차 41.5조 원
A	-	1조 원	4조 원	-	-
B	-	15조 원	18조 원	21조 원	-
C	-	-	-	-	15조 원
D	15조 원	8조 원	-	-	-
E	-	-	6조 원	12조 원	24조 원
실질 사용 예산 합계	15조 원	24조 원	28조 원	33조 원	39조 원

따라서 D사업을 1차 연도에 시작해야 한다.

02

B안의 가중치는 전문성인데 자원봉사제도는 (−)이므로 적절하지 않은 내용이다.

오답분석

① 비용저렴성을 달성하려면 (+)를 보이는 자원봉사제도가 가장 유리하다.

② A안에 가중치를 적용할 경우 접근용이성과 전문성에 가중치를 적용하므로 두 정책목표 모두에서 (+)를 보이는 유급법률구조제도가 가장 적절하다.

④ B안에 가중치를 적용할 경우 전문성에 가중치를 적용하므로 (+)를 보이는 유급법률구조제도가 가장 적절하며, A안에 가중치를 적용할 경우에도 유급법률구조제도가 가장 적절하다. 따라서 어떤 것을 적용하더라도 결과는 같다.

⑤ 전문성 면에서는 유급법률구조제도가 (+), 자원봉사제도가 (−)이므로 적절한 내용이다.

03

정답 ③

ㄱ. 갑의 자본금액이 200억 원이므로 아무리 종업원 수가 적더라도 '자본금액 50억 원을 초과하는 법인으로서 종업원 수가 100명 이하인 법인'이 납부해야 하는 20만 원 이상은 납부해야 한다. 따라서 옳은 내용이다.

ㄹ. 갑의 종업원 수가 100명을 초과한다면 50만 원을 납부해야 하며, 을의 종업원 수가 100명을 초과한다면 10만 원을, 병의 자본금액이 100억 원을 초과한다면 50만 원을 납부해야 하므로 이들 금액의 합계는 110만 원이다.

오답분석

ㄴ. 을의 자본금이 20억 원이고 종업원이 50명이라면 '그 밖의 법인'에 해당하여 5만 원을 납부해야 하므로 옳지 않다.

ㄷ. 병의 종업원 수가 200명이지만 자본금이 10억 원 이하라면 '그 밖의 법인'에 해당하여 5만 원을 납부해야 하므로 옳지 않다.

04

정답 ③

제시된 자료와 상황을 바탕으로 투자액에 따른 득실을 정리하면 다음과 같다.

구분	투자액	감면액	경제적 손익
1등급 – 최우수	2억 1천만 원	2억 4천만 원	+3,000만 원
1등급 – 우수	1억 1천만 원	1억 6천만 원	+5,000만 원
2등급 – 최우수	1억 9천만 원	1억 6천만 원	−3,000만 원
2등급 – 우수	9천만 원	8천만 원	−1,000만 원

따라서 옳은 것은 ㄱ, ㄴ이다.

05

정답 ②

예상되는 평가점수는 63점이고, 에너지효율이 3등급이기 때문에 취·등록세액 감면 혜택을 받을 수 없다. 추가 투자를 통해서 평가점수와 에너지효율을 높여야 취·등록세액 감면 혜택을 받게 된다.

오답분석

① 현재 신축 건물의 예상되는 친환경 건축물 평가점수는 63점으로 '우량' 등급이다.

③ 추가 투자를 통해 친환경 건축물 우수 등급, 에너지효율 1등급을 받는 것이 경제적 이익을 극대화시킨다.

④ 예산 관리는 활동이나 사업에 소요되는 비용을 산정하고, 예산을 편성하는 것 뿐만 아니라 예산을 통제하는 것 모두를 포함한다고 할 수 있다.

06

정답 ③

• 부서 배치
  − 성과급 평균은 48만 원이므로, A는 영업부 또는 인사부에서 일한다.
  − B와 D는 각각 비서실, 총무부, 홍보부 중에서 일한다.
  − C는 인사부에서 일한다.
  − D는 비서실에서 일한다.
  따라서 A는 영업부, B는 총무부, C는 인사부, D는 비서실, E는 홍보부에서 일한다.
• 휴가
  − A는 D보다 휴가를 늦게 간다. 따라서 C−D−B−A 또는 D−A−B−C 순으로 휴가를 간다.
• 성과급
  − D사원 : 60만 원
  − C사원 : 40만 원

오답분석

① A의 3개월 치 성과급은 20×3=60만 원이고, C의 2개월 치 성과급은 40×2=80만 원이므로 옳지 않다.

② C가 맨 먼저 휴가를 갈 경우, A가 맨 마지막으로 휴가를 가게 된다.

④ 휴가를 가지 않은 E는 2배의 성과급을 받기 때문에 총 120만 원의 성과급을 받게 되고, D의 성과급은 60만 원이기 때문에 두 사람의 성과급 차이는 2배이다.

⑤ C가 제일 마지막에 휴가를 갈 경우, B는 A보다 늦게 출발한다.

대표기출유형 01 기출응용문제

01

잦은 지각을 일삼는 B사원에게 결여된 덕목은 근면으로, 게으르지 않고 부지런한 것을 말한다. 직장에서의 근면한 생활을 위해서는 출근 시간을 엄수해야 하며, 술자리 등 개인적인 일로 업무에 지장이 없도록 해야 한다.

02

ㄴ. 모든 사람이 윤리적 가치보다 자신의 이익을 우선하여 행동한다면, 사회질서가 파괴될 수 있다.
ㄹ. 윤리적 행동의 당위성은 육체적 안락이나 경제적 이득보다 삶의 본질적 가치와 도덕적 신념에 근거한다.

오답분석

ㄱ. 모든 사람이 윤리적으로 행동할 때 나 혼자 비윤리적으로 행동을 하면 큰 이익을 얻을 수 있음에도 윤리적 규범을 지켜야 하는 이유는 어떻게 살 것인가 하는 가치관의 문제와도 관련이 있기 때문이다.
ㄷ. 사람이 윤리적으로 살아야 하는 이유는 윤리적으로 살 때 개인의 행복과 모든 사람의 행복을 보장할 수 있기 때문이다.

대표기출유형 02 기출응용문제

01

봉사 의식은 직업 활동을 통해 다른 사람과 공동체에 대하여 봉사하는 정신을 갖추고 실천하는 태도를 의미한다.

02

S과장은 사회적으로는 좋은 일을 했지만, 회사의 입장에서는 자신의 책임을 그르친 행동을 하였다고 볼 수 있다. 직업을 가진 사람에게 자기가 맡은 업무는 함께한 동료들을 포함하여 수많은 사람과 관련된 공적인 약속이자 최우선 과제이다. S과장은 회사업무 중이었으므로 공적인 입장에서도 판단해야 한다.

대표기출유형 01 　기출응용문제

01

연차 일정을 정리하면 다음과 같다.

일	월	화	수	목	금	토
			1 김창은 최하람	2 임미리 김창은	3　개천절	4
5	6 임미리 정지수 유소정	7 임미리 조유라 유소정	8 최한결 최하람	9　한글날	10 최한결 유라희	11
12	13 최한결	14	15	16	17	18

연차는 하루에 3명 이상 쓸 수 없으므로 6일과 7일의 연차 일정을 수정해야 한다. 이때 선택지에 제시된 사람 중 1명만 수정한다면 수정이 필요한 6일과 7일에만 연차를 신청한 유소정이 연차 날짜를 옮기는 것이 가장 적절하다.

02

팀장과 과장의 휴가일정과 세미나가 포함된 주를 제외하면 A대리가 연수에 참석할 수 있는 날짜는 첫째 주 금요일부터 둘째 주 화요일까지로 정해진다. 4월은 30일까지 있으므로 주어진 일정을 달력에 표시를 하면 다음과 같다.

일	월	화	수	목	금	토
	1	2 팀장 휴가	3 팀장 휴가	4 팀장 휴가	5 A대리 연수	6 A대리 연수
7 A대리 연수	8 A대리 연수	9 A대리 연수	10 B과장 휴가	11 B과장 휴가	12 B과장 휴가	13
14	15 B과장 휴가	16 B과장 휴가	17 C과장 휴가	18 C과장 휴가	19	20
21	22	23	24	25	26 세미나	27
28	29	30				

따라서 5일 동안 연속으로 참석할 수 있는 날은 4월 5일부터 9일까지이므로 A대리의 연수 마지막 날짜는 9일이다.

03

정답 ④

팀원들의 모든 스케줄이 비어 있는 시간대인 16:00 ~ 17:00가 가장 적절하다.

04

정답 ③

자동차 부품 생산조건에 따라 반자동라인과 자동라인의 시간당 부품 생산량을 구하면 다음과 같다.

• 반자동라인 : 4시간에 300개의 부품을 생산하므로, 8시간에 300개×2=600개의 부품을 생산한다. 하지만 8시간마다 2시간씩 생산을 중단하므로, 8+2=10시간에 600개의 부품을 생산하는 것과 같다. 따라서 시간당 부품 생산량은 $\frac{600개}{10시간}$=60개이다.

이때 반자동라인에서 생산된 부품의 20%는 불량이므로, 시간당 정상 부품 생산량은 60개×(1-0.2)=48개이다.

• 자동라인 : 3시간에 400개의 부품을 생산하므로, 9시간에 400개×3=1,200개의 부품을 생산한다. 하지만 9시간마다 3시간씩 생산을 중단하므로, 9+3=12시간에 1,200개의 부품을 생산하는 것과 같다. 따라서 시간당 부품 생산량은 $\frac{1,200개}{12시간}$=100개이다. 이때 자동라인에서 생산된 부품의 10%는 불량이므로, 시간당 정상 제품 생산량은 100개×(1-0.1)=90개이다.

따라서 반자동라인과 자동라인에서 시간당 생산하는 정상 제품의 생산량은 48+90=138개이므로, 34,500개를 생산하는 데 $\frac{34,500개}{138개/\text{h}}$=250시간이 소요되었다.

05

정답 ①

두 번째 조건에서 경유지는 서울보다 +1시간, 출장지는 경유지보다 -2시간이므로 서울과 -1시간 차이다.

김대리가 서울에서 경유지를 거쳐 출장지까지 가는 과정을 서울 시각 기준으로 정리하면 다음과 같다.

서울 5일 오후 1시 35분 출발 → 오후 1시 35분+3시간 45분=오후 5시 20분 경유지 도착 → 오후 5시 20분+3시간 50분(대기시간)=오후 9시 10분 경유지에서 출발 → 오후 9시 10분+9시간 25분=6일 오전 6시 35분 출장지 도착

따라서 출장지에 도착했을 때 현지 시각은 서울보다 1시간 느리므로 오전 5시 35분이다.

01

C씨는 지붕의 수선이 필요한 주택보수비용 지원 대상에 선정되었다. 지붕 수선은 대보수에 해당하며, 대보수의 주택당 보수비용 지원한도액은 950만 원이다. 또한, C씨는 중위소득 40%에 해당하므로 지원한도액의 80%를 차등 지원받게 된다. 따라서 C씨가 지원받을 수 있는 최대 액수는 950만×0.8=760만 원이다.

02

상별로 수상인원을 고려하여, 상패 및 물품별 총수량과 비용을 계산하면 다음과 같다.

상패 또는 물품	총수량(개)	개당 가격(원)	총비용(원)
금 도금 상패	7	49,500원(10% 할인)	7×49,500=346,500
은 도금 상패	5	42,000	42,000×4(1개 무료)=168,000
동 상패	2	35,000	35,000×2=70,000
식기 세트	5	450,000	5×450,000=2,250,000
신형 노트북	1	1,500,000	1×1,500,000=1,500,000
태블릿 PC	6	600,000	6×600,000=3,600,000
만년필	8	100,000	8×100,000=800,000
안마의자	4	1,700,000	4×1,700,000=6,800,000
합계	–	–	15,534,500

따라서 총상품구입비는 15,534,500원이다.

03

수인이가 베트남 현금 1,670만 동을 환전하기 위해 필요한 한국 돈은 수수료를 제외하고 1,670만 동×483원/만 동=806,610원이다. 우대사항에 따르면 50만 원 이상 환전 시 70만 원까지 수수료가 0.4%로 낮아지므로 70만 원의 수수료는 0.4%가 적용되고 나머지는 0.5%가 적용된다. 이를 토대로 총수수료를 구하면 700,000×0.004+(806,610−700,000)×0.005=2,800+533.05≒3,330원이다.
따라서 수인이가 원하는 금액을 환전하기 위해서 필요한 총금액은 806,610+3,330=809,940원임을 알 수 있다.

04

제품군별 지급해야 할 보관료는 다음과 같다.
• A제품군 : 300억×0.01=3억 원
• B제품군 : 2,000CUBIC×20,000=4천만 원
• C제품군 : 500톤×80,000=4천만 원
따라서 H기업이 보관료로 지급해야 할 총금액은 3억+4천만+4천만=3억 8천만 원이다.

01

정답 ①

각 자동차의 경비를 구하면 다음과 같다.
- A자동차
  - (연료비) : $150,000km \div 12km/L \times 1,400원/L = 1,750만$ 원
  - (경비) : $1,750만 + 2,000만 = 3,750만$ 원
- B자동차
  - (연료비) : $150,000km \div 8km/L \times 900원/L = 1,687.5만$ 원
  - (경비) : $1,687.5만 + 2,200만 = 3,887.5만$ 원
- C자동차
  - (연료비) : $150,000km \div 15km/L \times 1,150원/L = 1,150만$ 원
  - (경비) : $1,150만 + 2,700만 = 3,850만$ 원
- D자동차
  - (연료비) : $150,000km \div 20km/L \times 1,150원/L = 862.5만$ 원
  - (경비) : $862.5만 + 3,300만 = 4,162.5만$ 원
- E자동차
  - (연료비) : $150,000km \div 15km/L \times 1,400원/L = 1,400만$ 원
  - (경비) : $1,400만 + 2,600만 = 4,000만$ 원

따라서 경비가 가장 적게 들어가는 것은 A자동차이다.

02

정답 ④

필요한 홍보자료는 $20 \times 10 = 200$부이며, $200 \times 30 = 6,000$페이지이다. 이를 활용하여 업체당 인쇄비용을 구하면 다음과 같다.

인쇄소	페이지 인쇄 비용	유광표지 비용	제본 비용	할인을 적용한 총비용
A	$6,000 \times 50 = 30만$ 원	$200 \times 500 = 10만$ 원	$200 \times 1,500 = 30만$ 원	$30 + 10 + 30 = 70만$ 원
B	$6,000 \times 70 = 42만$ 원	$200 \times 300 = 6만$ 원	$200 \times 1,300 = 26만$ 원	$42 + 6 + 26 = 74만$ 원
C	$6,000 \times 70 = 42만$ 원	$200 \times 500 = 10만$ 원	$200 \times 1,000 = 20만$ 원	$42 + 10 + 20 = 72만$ 원 → 200부 중 100부 5% 할인 → (할인 안 한 100부 비용) +(할인한 100부 비용) $= 36 + (36 \times 0.95) = 70만$ 2천 원
D	$6,000 \times 60 = 36만$ 원	$200 \times 300 = 6만$ 원	$200 \times 1,000 = 20만$ 원	$36 + 6 + 20 = 62만$ 원
E	$6,000 \times 100 = 60만$ 원	$200 \times 200 = 4만$ 원	$200 \times 1,000 = 20만$ 원	$60 + 4 + 20 = 84만$ 원 → 총비용 20% 할인 $84 \times 0.8 = 67만$ 2천 원

따라서 가장 저렴한 비용으로 인쇄할 수 있는 인쇄소는 D인쇄소이다.

03

매출 순이익은 [(판매 가격)−(생산 단가)]×(판매량)이므로 메뉴별 매출 순이익을 계산하면 다음과 같다.

메뉴	예상 월간 판매량(개)	생산 단가(원)	판매 가격(원)	매출 순이익(원)
A	500	3,500	4,000	250,000[=(4,000−3,500)×500]
B	300	5,500	6,000	150,000[=(6,000−5,500)×300]
C	400	4,000	5,000	400,000[=(5,000−4,000)×400]
D	200	6,000	7,000	200,000[=(7,000−6,000)×200]
E	150	3,000	5,000	300,000[=(5,000−3,000)×150]

따라서 매출 순이익이 가장 높은 C를 메인 메뉴로 선정하는 것이 옳다.

04

두 번째 조건에서 총구매금액이 30만 원 이상이면 총금액에서 5%를 할인해 주므로 한 벌당 가격이 300,000÷50=6,000원 이상인 품목은 할인적용이 들어간다. 업체별 품목 금액을 보면 모든 품목이 6,000원 이상이므로 5% 할인 적용대상이다. 따라서 모든 품목에 할인이 적용되어 정가로 비교가 가능하다.

세 번째 조건에서 차순위 품목이 1순위 품목보다 총금액이 20% 이상 저렴한 경우 차순위를 선택한다고 했으므로 한 벌당 가격으로 계산하면 1순위인 카라 티셔츠의 20% 할인된 가격은 8,000×0.8=6,400원이다. 정가가 6,400원 이하인 품목은 A업체의 티셔츠이므로 팀장은 1순위인 카라 티셔츠보다 2순위인 A업체의 티셔츠를 구입할 것이다.

05

완성품 납품 수량은 총 100개이다. 완성품 1개당 부품 A는 10개가 필요하므로 총 1,000개가 필요하고, B는 300개, C는 500개가 필요하다. 이때 A는 500개, B는 120개, C는 250개의 재고가 있으므로 각각 모자라는 나머지 부품인 500개, 180개, 250개를 주문해야 한다.

06

어떤 컴퓨터를 구매하더라도 각각 사는 것보다 세트로 사는 것이 한 세트(모니터+본체)당 7만 원에서 12만 원 정도 이득이다. 하지만 세트 혜택이 아닌 다른 혜택에 해당하는 조건에서는 비용을 비교해 봐야 한다. 컴퓨터별 구매 비용을 계산하면 다음과 같다. E컴퓨터는 성능평가에서 '하'를 받았으므로 계산에서 제외한다.

• A컴퓨터 : 80만 원×15대=1,200만 원
• B컴퓨터 : (75만 원×15대)−100만 원=1,025만 원
• C컴퓨터 : (20만 원×10대)+(20만 원×0.85×5대)+(60만 원×15대)=1,185만 원 또는 70만 원×15대=1,050만 원
• D컴퓨터 : 66만 원×15대=990만 원

따라서 D컴퓨터만 예산 범위인 1,000만 원 내에서 구매할 수 있으므로 조건을 만족하는 컴퓨터는 D컴퓨터이다.

01

승진시험 성적은 100점 만점이므로 제시된 점수를 그대로 반영하고 영어 성적은 5를 나누어서 반영한다. 성과 평가의 경우는 2를 나누어서 반영하며, 그 합산점수가 가장 큰 사람을 선발한다. 합산점수는 다음과 같다.

(단위 : 점)

구분	A	B	C	D	E	F	G	H	I	J	K
합산점수	220	225	225	200	277.5	235	245	220	260	225	230

이때, 합산점수가 높은 E와 I는 동료평가에서 하를 받았으므로 승진 대상에서 제외된다. 따라서 다음으로 점수가 높은 F, G가 승진 대상자가 된다.

02

성과급 기준표를 토대로 교사 A ~ E에 대한 성과급 배점을 정리하면 다음과 같다.

교사	주당 수업시간	수업 공개 유무	담임 유무	업무 곤란도	호봉	합계
A	14점	–	10점	20점	30점	74점
B	20점	–	5점	20점	30점	75점
C	18점	5점	5점	30점	20점	78점
D	14점	10점	10점	30점	15점	79점
E	16점	10점	5점	20점	25점	76점

따라서 D교사가 가장 높은 배점을 받게 된다.

03

- C사원 : 혁신성, 친화력, 책임감이 '상 – 상 – 중'으로 영업팀의 중요도에 적합하며, 창의성과 윤리성은 '하'이지만 영업팀에서 중요하게 생각하지 않는 역량이므로 영업팀으로의 부서 배치가 적절하다.
- E사원 : 혁신성, 책임감, 윤리성이 '중 – 상 – 하'로 지원팀의 핵심역량가치에 부합하므로 지원팀으로의 부서 배치가 적절하다.

04

A와 D는 각각 문제해결능력과 의사소통능력에서 과락이므로 제외한다.
남은 인원의 점수를 합격 점수 산출법에 따라 계산하면 다음과 같다.
- B : 39+21+22=82점
- C : 36+16.5+20=72.5점
- E : 54+24+19.6=97.6점
따라서 총점이 80점 이상인 B와 E가 합격자이다.

PART 3

한국사

01	02	03	04	05	06	07	08	09	10	11	12	13	14	15	16	17	18	19	20
②	③	⑤	③	⑤	④	③	②	①	②	①	⑤	④	④	②	②	③	⑤	④	②

01
정답 ②

제시문은 고구려의 혼인 풍습인 서옥제에 대한 사료이다. 고구려는 초기 5부족 연맹체의 형태로 형성되었으며, 각 부의 책임자들이 모여 국가의 중대사를 결정하는 제가회의를 구성하였다. 제가회의를 통해 범죄자에 대한 처벌을 결정하였으며, 현존하는 역사서에 따르면 별도의 감옥은 없었던 것으로 추정된다. 또한, 비교적 농사를 짓기 어려운 곳에 위치하여 약탈 경제가 발달하였다. 한편, 4조목의 법은 부여의 법이다.

02
정답 ③

제시문은 통일신라 38대 왕 원성왕이 788년 실시한 독서삼품과에 대한 설명이다. 원성왕 시기부터 통일신라는 발해를 외교적 대상 국가로 인식하여 일길찬(一吉湌) 백어(伯魚)를 사신으로 보냈다. 또한 처음으로 승관(僧官)을 두고 승려 중에 능력이 좋은 사람을 선발하여 충당하였다.
ⓒ 원종·애노의 난은 889년(진성여왕 3) 진골 귀족 간의 잦은 정쟁으로 지방 통제력이 약해진 상황에서 과도한 조세 부담으로 인해 사벌주에서 발생하였다.
ⓒ 청해진의 난은 851년(문성왕 13)에 청해진과 중앙정부 사이의 반목과 대립 심화로 발생하였으며, 염장의 장보고 암살과 중앙군의 토벌로 제압되었다.

03
정답 ⑤

농촌지역에서 극렬하게 만세운동이 전개된 이유는 일제의 토지 조사 사업 때문이다. 토지 조사 사업은 1910년부터 1928년까지 일제가 우리나라에서 식민지적 토지제도를 확립할 목적으로 실시한 대규모 조사사업을 말한다. 농민들은 일제의 수탈을 가장 극심하게 받은 계층으로, 일제가 무력으로 무자비하게 탄압하자 농민들이 이끈 만세운동의 시위도 무력 저항의 형태로 변화하였다.

04
정답 ③

제시문의 조선의 실정에 맞는 농법을 소개한 '이 농서'는 세종 때 간행된 『농사직설』이다. 한편, 성현이 『악학궤범』을 편찬한 때는 성종 때의 일이다.

오답분석
① 세종은 훈민정음을 반포한 이후 훈민정음을 이용한 서적들을 편찬하기 시작하였는데, 대표적인 것이 『용비어천가』, 『석보상절』, 『월인천강지곡』 등이다.
② 세종 때 만들어진 새로운 역법인 칠정산 내·외편에 대한 설명이다.
④ 1441년(세종 23년) 서운관에서 측우기가 제작되었고, 다음 해인 1442년 5월에 측우에 대한 제도를 신설하고 한양과 각 도의 군현에 설치하였다.
⑤ 세종 때 기존 계미자를 보완한 경자자(세종 2년), 갑인자(세종 16년), 병신자(세종 18년)와 같이 다양한 금속활자가 주조되어 인쇄술이 크게 발전하였다.

05

제시문은 『영남만인소』의 일부로, 영남 지방의 많은 위정 척사 사상가들이 정부의 개화정책에 반대하여 왕에게 올린 상소이다. 위정 척사 사상을 바탕으로 하는 위정 척사 운동은 성리학을 수호하고 성리학 이외의 모든 종교와 사상을 배척하자는 주장을 말한다.

> **위정 척사 운동 전개 과정**
> (1) 통상 반대 운동(1860년대, 이항로, 기정진)
>   : 대원군의 통상 수교 거부 정책 지지
> (2) 개항 반대 운동(1870년대, 최익현, 유인석)
>   : 왜양일체론, 개항불가론
> (3) 개화 반대 운동(1880년대, 홍재학, 이만손)
>   : 조선책략 유포, 정부의 정책 반발, 유생들의 집단적 상소 운동 발발, 척사 상소(홍재학), 영남 만인소(이만손)
> (4) 항일 의병 운동(1890년대, 문석봉, 이소응)
>   : 일본의 침략에 반발(을미·을사·정미의병 등)

06

일제의 식민지 교육 정책은 조선인 학생을 식민 통치에 순응하도록 만들고, 식민지 공업화에 필요한 노동력을 양성하는 데 그 목적이 있었다. 민족 말살 정책의 일환으로 한국어와 한국사, 한국지리 등의 국학 과목을 폐지하여 교육을 금지한 시기는 1930년대 후반이다.

식민지 교육 정책(제1차 조선교육령)

우민화 교육	차별 교육, 일제에 충성하는 국민 육성, 일본어 학습 강요
초등 교육	4년제 보통학교, 중등 교육 제한, 실업(기술) 교육, 조선어 수업 축소, 역사·지리 교육 금지
서당규칙(1918)	교육 거부 학생들이 개량한 서당에 입학하여 민족교육을 받음, 일제의 탄압(인가제 → 허가제), 서당 활동 억압

07

강화도 조약은 1876년, 3·1 운동은 1919년에 일어났으며, 광복은 1945년에 이루어졌다.
국채보상운동은 1907년 대구에서 서상돈 등이 주도한 주권수호운동으로, 일본에서 도입한 차관을 상환함으로써 주권을 되찾고자 하였다. 따라서 1919년 3·1 운동 뒤에 오는 것은 시기상 옳지 않다.

08

제시문은 균역법에 대한 내용으로, 균역법은 영조 때 시행하였다. 영조는 노비종모법을 시행하여 노비 소생의 자녀의 경우 어머니의 신분을 따르게 하였다.

[오답분석]
① 『속대전』은 영조(1746) 때 『경국대전』 시행 이후에 공포된 법령 중에서 시행할 법령만을 추려서 편찬한 통일 법전이다.
③ 영조는 사사로이 건립한 서원을 철폐하고 이후 사사로이 서원을 건립하는 자는 처벌한다고 명하였다.
④ 영조는 신문고 제도를 다시 시행하였다.
⑤ 영조는 홍수 시 큰 피해가 나타나는 등의 문제점을 해결하기 위해 청계천 준설을 시행하였다.

09

밑줄 친 '이 승려'는 고려 시대에 활동한 지눌이다. 지눌은 정혜쌍수를 제창하였으며, 수선사 결사운동 등을 하였다.

오답분석
② 고려 승려인 요세가 개창한 결사이다.
③ 교선일치는 의천 등이 시도하였고, 지눌은 선교일치를 시도하였다.
④ 고려 승려인 혜심이 처음 주장하였다.
⑤ 고려 승려인 의천이 주장하였다.

10

밑줄 친 '이들'은 사림 세력이다. 중종 때 조광조의 건의로 시행된 현량과를 통해 신진 사림이 대거 등용되었으며, 사림은 15세기 중반 이후 중소 지주적인 배경을 가지고 성리학을 기반으로 영남과 기호 지방을 중심으로 성장하였다. 훈구 세력이 중앙 집권 체제를 강조한 데 비해, 사림 세력은 향촌 자치를 내세우며 도덕과 의리를 바탕으로 하는 왕도 정치를 강조하였다.

오답분석
ㄴ·ㄹ. 훈구파에 대한 설명이다.

11

제시된 자료는 검소는 미덕이고, 사치는 악이라고 하는 조선의 경제적 가치관을 보여 주고 있다. 조선 전기에는 농업을 본업이라 하여 중시하였고, 상품 화폐 경제가 발전할 수 있는 상공업은 국가에서 통제하였다.

12

제시된 그림은 임진왜란 이후 우리나라에서 일본에 파견한 통신사를 그린 그림이다. 일본은 조선의 선진 문화를 받아들이고, 에도 막부의 쇼군이 바뀔 때마다 권위를 인정받기 위하여 조선의 사절 파견을 요청하였다. 이에 따라 조선은 1607년부터 1811년까지 12회에 걸쳐 많을 때는 400~500명에 달하는 인원의 통신사를 파견하였다.

13

제시문은 조선 후기 실학자 홍대용의 주장이다. 홍대용은 청을 왕래하면서 얻은 경험을 토대로 기술의 혁신과 문벌제도의 철폐, 성리학의 극복이 부국강병의 근본이라고 강조하였다. 또한 중국이 세계의 중심이라는 생각을 비판하였다.

14

홍경래의 난, 개령 농민 봉기, 진주 농민 봉기를 통해 세도 정치기임을 알 수 있다. 홍경래의 난은 순조 때 청천강 이북지역에서 지역 차별에 대한 반발로 봉기하였으며, 영세 농민, 중소 상인, 광산 노동자가 참여하였다. 개령 농민 봉기는 정해진 세금보다 더 많은 세금을 거두는 등 부세 행정으로 인해 촉발되었다. 또한, 진주 농민 봉기는 철종 때 백낙신의 학정과 삼정의 폐해가 심해짐에 따라 이에 불만을 품은 농민들이 봉기를 일으켰으며 전국적으로 확대되었다.

오답분석
① 고려 무신 집권기에 일어난 일이다.
② 조선 현종 때에 일어난 일이다.
③ 고려 문벌 귀족 집권기에 일어난 일이다.
⑤ 조선 중기에 일어난 일로, 사화와 관련되었다.

15
정답 ②

㉠은 중농주의, ㉡은 중상주의 실학자의 입장이다. 중농주의 실학자들은 농촌 사회의 안정을 위하여 자영 농민을 육성하기 위한 토지 제도의 개혁을 추구하였다. 중상주의 실학자들은 상공업의 진흥과 기술의 혁신을 주장하면서 청나라의 문물을 적극 수용하여 부국강병과 이용후생에 힘쓸 것을 주장하였다. 중농주의 실학자는 남인 계열이 많았으며, 중상주의 실학자는 서인 계열이 많았다.

16
정답 ②

갑신정변 이후 미국에서 돌아온 서재필은 독립신문을 창간하고, 독립협회를 설립하였으며, 청의 사신을 맞던 영은문을 헐고 그 자리에 독립문을 세웠다. 독립협회는 만민 공동회와 관민 공동회를 개최하여 민중에게 근대적 지식과 국권, 민권 사상을 고취시켰으며, 헌의 6조를 결의하여 고종에게 건의하였다. 독립협회는 의회의 설립과 서구식 입헌 군주제의 실현을 목표로 하고 있었으나, 보수 세력이 동원한 황국협회의 방해와 고종에 의해 3년 만에 해산되었다.

17
정답 ③

(가)는 이황, (나)는 이이에 대한 설명이다. 이황의 학문은 일본 성리학 발전에 영향을 주었다.

18
정답 ⑤

1907년 네덜란드 헤이그에서 만국 평화 회의가 개최되자 고종은 특사(이준, 이상설, 이위종)를 파견하여 을사늑약의 무효를 알리고자 하였으나, 을사늑약으로 인해 외교권이 없던 대한제국은 회의 참석을 거부당하였다. 이 사건으로 고종이 폐위되고 순종이 즉위하였으며, 한일 신협약의 체결로 해산된 군인들이 의병 활동을 전개하였다. 의병들은 13도 창의군을 결성하여 서울 진공 작전을 전개하였다.

19
정답 ④

제시된 격문은 광주 학생 항일 운동에 대한 내용이다. 한국인 학생과 일본인 학생 간의 충돌 사건을 계기로 조선인 학생에 대한 차별과 식민지 교육에 저항하여 발생한 광주 학생 항일 운동은 신간회가 진상 조사단을 파견하여 지원하였다(1929).

20
정답 ②

김대중 정부 출범 이후 북한과의 교류가 크게 확대되어 평양에서 최초로 남북 정상 회담이 이루어지면서 6·15 남북 공동 선언이 발표되었다(2000). 이를 통해 금강산 관광 사업의 활성화, 개성 공단 건설 운영에 관한 합의서 체결, 이산가족 상봉 등이 실현되었다.

PART 4

영어

01 어휘·어법

01	02	03	04	05	06	07	08	09	10										
⑤	②	④	②	②	④	④	⑤	①	②										

01

정답 ⑤

밑줄 친 'efface'는 '지우다, 없애다'의 의미를 가지고 있으므로 유사한 단어는 '지우다'라는 의미를 가진 'erase'이다.

오답분석
① 이해시키다
② 고마워하다
③ 이해하다
④ 암송하다, 나열하다

|해석|

David는 그의 원고에서 몇 줄을 지우기로 결심했다.

02

정답 ②

부시 대통령이 소개되어 단(壇)으로 걸어 나가는 것이 의미상 적절하므로 'announced'를 수동태인 'was announced'로 고쳐야 한다.

|해석|

나는 즉시 백악관 입법부 직원의 인사를 받으며 골드 룸으로 들어갔다. 그곳에는 이미 대부분의 상원과 하원 의원이 모여 있었다. 정각 오후 4시에 부시 대통령은 소개되어, 그가 정시에 도착해 우회로를 최소화하려고 하는 것처럼 보이는 의기양양하고 단호한 걸음걸이로, 활기차고 건강한 모습으로 단(壇)으로 걸어갔다. 영부인과 함께 다과를 들고 사진을 찍도록 하기 위해 우리를 백악관 반대편으로 초대하기 전 약 10분 동안 그는 연설 중 몇 가지 농담을 하고, 국민의 단결을 촉구하는 연설을 하였다.

|어휘|
• on the dot : 정확히 시간 맞춰, 정각에
• podium : 단(壇), 지휘대
• jaunty : 의기양양한, 쾌활한
• refreshment : 다과, 가벼운 식사, 음료

03

정답 ④

제시문에서 우리는 피부를 별개의 기관으로 여기는 경향이 있다고 서술하고 있으므로, 피부와 신체 내부를 연결된(connected) 것으로 보는 것이 아닌 별개로(separated) 보는 것에 의해 피부와 신체 내부의 상관성이 간과된다. 따라서 단어의 쓰임이 적절하지 않은 것은 ④이다.

┃해석┃

우리는 피부를 단지 좀 더 연약한 내부 기관을 감싸고 있는 별개의 기관으로 여기는 경향이 있다. 그러나 피부는 순환계와 소화계부터 면역계와 신경계에 이르는 신체의 모든 체계와 연결되어 있다. 모든 것은 몸 전체의 건강을 위해 상호적으로 작용해야 한다. 예를 들어, 심장과 피부 모두 혈관에 의존한다. 이것은 당신이 화가 났을 때 심장 박동이 더 빨라지고 얼굴이 붉어지는 이유를 설명하는 데 도움이 된다. 이와 같은 피부와 신체 내부의 상관성은 피부를 연결된(→ 별개의) 존재로 보는 사람들에 의해 흔히 간과된다. 그것은 쌍방적이다. 우리가 피부를 손상시킬 때 우리는 우리의 내부도 손상시킨다. 비슷하게 우리가 신체 내부에서 경험하는 것이 외부에 표시될 수 있다.

┃어휘┃
- delicate : 연약한, 다치기 쉬운
- digestive : 소화의
- immune : 면역의
- vein : 정맥
- redden : 빨개지다, 붉어지다
- interconnectedness : 상호 연결
- indication : 표시, 징후

04 　　　　　　　　　　　　　　　　　　　　　　　정답 ②

'inspection'는 '검사, 조사'를 뜻하므로 이와 의미가 가까운 단어는 'examination'이다.

[오답분석]
① 유지하다
③ 종료
④ 파괴
⑤ 성분

┃해석┃

한국전력공사가 해빙기 안전사고 예방과 안정적 전력 공급을 위해 사고 발생이 우려되는 지형의 전력 설비와 공사 현장에 대한 조사를 시행할 것이다.

┃어휘┃
- construction : 건설, 건축물
- stable : 안정된, 차분한

05 　　　　　　　　　　　　　　　　　　　　　　　정답 ②

- (A) : 'get into argument'는 '말다툼하다'라는 의미이다.
- (B) : 'have consequences'는 '~한 결과를 초래하다'라는 의미이다. '심각한 결과를 낳는다'라는 의미로 'make'가 적절해 보일 수 있지만, 'have consequences'가 관용적으로 사용된다.
- (C) : 관계를 유지한다는 의미이므로 'keep'이 적절하다.

┃해석┃

당신은 화를 잘 내는 성격으로 유명한가? 자주 논쟁과 싸움에 (A) 관여하는 스스로의 모습을 발견하는가? 분노는 정상적이고 건강한 감정이다. 당신이 부당하게 대우받았을 때, 분노를 느끼는 것은 완벽히 정상이다. 항상 화가 나거나 화가 쉽게 통제되지 못할 때만이 문제가 된다. 폭발적인 분노는 당신의 관계, 건강, 그리고 정신적 건강에 심각한 결과를 (B) 가져올 수 있다. 만약 당신이 급한 성격이라면, 당신은 스스로가 그것을 조절하기 위해 할 수 있는 것이 거의 없다고 느낄 수 있다. 사실 당신의 분노를 조절하는 것은 당신이 생각하는 것보다 쉽다. 효과적인 분노 조절 기법들을 통해 당신은 감정을 건강한 방식으로 표현하고 당신의 성질을 조절하는 법을 배울 수 있다. 당신이 스스로를 통제하고 적절하게 행동할 수 있을 때, 당신은 스스로가 더 나아졌다고 느낄 수 있을 뿐만 아니라 당신의 관계를 돈독하게 (C) 유지할 수 있을 것이다.

06

- (A) : 산아 제한 운동을 억압(bring under)한 것이 아니라 초래(bring about)한 것이다.
- (B) : 선진국 사람들을 위한 식량 공급, 질병 통제, 안전한 작업 환경 등이 과학적 진보의 원인이 된(result from) 것이 아니라 과학적 진보가 이를 야기한(result in) 것이다.
- (C) : 사망률이 출산율에 더해지는(add to) 것이 아니라 사망률에 의해 차감된(offset by) 것이다.

| 해석 |

전 세계 인구의 전체적인 증가를 의미하는 사망률의 하락은 산아 제한 운동을 (A) 초래했다. 18, 19세기의 과학적 진보는 선진국에 사는 사람들에게 더 나은 식량 공급, 질병의 통제, 그리고 더 안전한 작업 환경 등을 (B) 가져다주었다. 이러한 발전들은 의약의 진보와 결합하여 인간의 생명을 구하고, 연장시켜 주었다. 1800년대 동안 출산율은 예전에는 사망률에 의해 (C) 차감되었으나, 인구 증가율이 생명을 유지하기 위해 필요한 자원들을 제공하는 지구의 능력을 앞지를까 우려하는 사람들에게 걱정거리가 되기에 이르렀다.

| 어휘 |

- bring under : ~을 억압하다, 진압하다
- bring about : 야기하다, 초래하다
- birth control : 산아 제한
- result from : ~이 원인이다
- result in : 낳다, 야기하다
- offset by : 차감하다

07

- (A) : 왕에 의해서 임명되는 것이므로, 수동태인 'being appointed'가 와야 한다.
- (B) : 22번의 해전을 모두 이겼다는 단순 과거 사실을 이야기하는 것이므로 과거 시제인 'won'이 적절하다.
- (C) : 대명사 'them'은 일본을 뜻한다. 재귀대명사를 쓰려면 주어와 일치해야 한다.

| 해석 |

이순신은 1576년에 군 지휘관이 되었다. 그 당시 한국 군대는 다른 군대와 유사하게 육군과 해군이 분리되지 않았다. 이순신은 왕에 의해 해군 사령관으로 (A) 임명되기 전에 압록강 국경 지역 수비대를 지휘했고 북쪽 유목민과 싸웠다. 그는 한국에 가장 큰 위협은 일본의 해상 침입이라는 것을 알았다. 그는 즉시 함대를 정비하기 시작했다. 22번의 해전마다 (B) 승리한 이순신이 없었다면, 일본은 확실히 한국을 정복했을 것이다. 어떤 분석가들은 일본이 중국 또한 정복할 수 있었을 것이라고 믿고 있다. 그리고 만약 일본이 한국을 정복했다면, (C) 일본이 필리핀을 합병하는 것을 막을 수 있는 것은 아무것도 없었을 것이다.

| 어휘 |

- frontier : 국경
- post : 구역
- nomad : 유목민
- admiral : 해군 장성
- sea-borne invasion : 해상 침입
- fleet : 함대
- annex : (국가·지역 등을 특히 무력으로) 합병하다

08

제시문은 언어적 메시지와 다르게 진심을 표현하는 비언어적 메시지를 다룬 글이다. 자신의 솔직한 반응을 직접적 언어가 아닌 간접적인 비언어적 메시지로 표현한다고 해야 흐름상 적절하다. 따라서 'directly'를 'indirectly'로 고쳐야 한다.

| 해석 |

> 언어적 메시지와 비언어적 메시지 사이에 차이가 있을 때, 판단을 형성하는 데 있어서 비언어적 메시지가 전형적으로 더 큰 비중을 차지한다. 예를 들어 한 친구가 저녁 식사 계획에 대해 말로는 "그거 좋은데"라고 하지만, 목소리에 열의가 거의 없고 활기 없는 얼굴 표정으로 응답할 수 있다. 이는 언어적 메시지에도 불구하고 표정상 열정의 부족이 그 계획을 그다지 긍정적으로 보고 있지 않다는 것을 암시한다. 그러한 경우, 긍정적인 말의 목적은 의견의 불일치를 피하고 친구를 지지하기 위한 것일 수 있지만, 긍정적인 표정의 부족은 자신도 모르게 그 계획에 대한 보다 솔직하고 부정적인 반응을 유출하는 것이다. 물론 활기 없는 표정을 보인 것은 또한 전략적이고 의도적인 것일 수도 있다. 즉, 그 비언어적 메시지는 고의적이지만, 상대방에게 자신의 솔직한 반응을 직접적으로(→ 간접적으로) 알리려고 계획된 것이다. 그러면 그 비언어적 메시지를 해석하고 계획을 약간 조정하는 것은 상대방의 책임이 된다.

09

'emulate'는 '모방하다, 따라가다'라는 뜻을 지니고 있으므로 이와 유사한 단어는 'imitate'이다.

[오답분석]

② 안락, 편안함
③ 고문하다
④ 입증하다
⑤ 발표하다, 알리다

| 해석 |

> 폴란드인 코치는 그가 같은 클럽에서 1,000번의 경기를 떠맡음으로써 그 프랑스인을 모방하고 싶은 것을 인정한다.

| 어휘 |

• admit : 인정하다, 시인하다
• take charge of : 책임지다, ~을 떠맡다

10

간격 효과는 오랜 기간 동안 규칙적, 정기적으로 학습하여 기억력을 증진시키는 방법이다. 따라서 (A)에는 'intervals'가 적절하다. 또한 (B)에서 피실험자들은 집중 학습 직후 시험을 봤음에도 나쁜 성적을 받았다. 따라서 '방대한'을 의미하는 'extensive', '지나친, 과도한'을 의미하는 'excessive' 모두 빈칸에 적절하지 않으며, '집중 학습'을 의미하는 'intensive'가 들어가야 한다.

| 해석 |

> 심리학적으로 다수의 다양한 연구와 실험들에 의해 자료를 암기하는 가장 효율적인 방법은 장기간 동안 정기적으로 공부하는 것이라고 밝혀졌다. 정보가 (A) 간격을 두고 제공되는 소위 "간격 효과"라고 불리는 이것은 피실험자들로 하여금 자유 회상, 단서 회상, 그리고 인지 테스트에서 좋은 성적을 거두도록 만들었다. 이와는 아주 대조적으로 막판에 공부하는 것을 묘사하는 데 사용되는 용어인 "벼락치기"는 효과가 없었다. 이 기억 방법을 사용하여 많은 사람들은 심지어 (B) 집중적으로 공부한 직후 시험을 보았음에도 회상과 인지 테스트에서 처참한 성적을 받았다. 더욱이 벼락치기는 중기간이나 장기간 기억이라면 남아 있었을 정보들을 거의 전해주지 못한다. 반면 간격을 둔 방식은 피실험자들로 하여금 훨씬 더 장기간 동안 중요한 세부 사항들을 기억하는 데 도움을 준다.

02 빈칸 넣기

01	02	03	04	05	06	07	08	09	10									
④	③	①	①	④	①	①	①	②	③									

01

정답 ④

빈칸 ⓐ가 포함된 문장의 주어는 'some seventy cities'이고, 동사는 'have been identified'이다. 빈칸이 있는 부분은 콤마 사이에 삽입되어 있으므로 본동사가 올 수 없다. 따라서 ⓐ에는 being이 들어가야 한다. 또한 ⓑ의 주절이 현재 시제로 쓰였기 때문에 ⓑ도 현재 시제인 동사가 오는 것이 적절하며, remain은 2형식 동사로 보어와 함께 쓰인다. 이때 as와 함께 쓰면 '~로서' 남아있다는 자격의 의미가 추가되는데 이는 문맥상 적절하지 않다. 따라서 빈칸에 들어갈 단어로 바르게 짝지어진 것은 ④이다.

| 해석 |

1920년대 하라파의 유적지에서 고고학자들이 그것을 발견하기 전까지는 아무도 인더스 문화의 존재에 대해 몰랐다. 가장 큰 것이 하라파와 모헨조다로인데, 그때 이후로 약 70개 도시들이 확인되었다. 이 도시 문명은 청동 도구들, 글, 지붕 덮인 하수도 배수장치들, 그리고 다양화된 사회적, 경제적 조직을 가졌다. 비록 그것이 초기 하곡 문명들의 최소한의 이해로 남아있지만, 나중의 인도인의 삶으로부터의 고고학적 증거와 추론들은 우리가 그 문화의 어떤 것을 재건할 수 있도록 한다.

| 어휘 |
• archeologist : 고고학자
• drainage : 배수구, 하수도
• diversified : 다양한, 갖가지의
• inference : 추정, 추론

02

정답 ③

빈칸 앞에서 미디어의 장점에 대해 설명하고 있고, 빈칸 뒤에서도 미디어의 또 다른 긍정적 영향을 설명하고 있으므로 빈칸에는 'In addition(게다가)'이 들어가는 것이 자연스럽다.

| 해석 |

신문, 대중 잡지, 라디오, 텔레비전은 소비자에게 도움을 준다. 미디어는 지역적으로 행해지는 사기에 대해 사람들에게 경고하는 중요한 역할을 한다. 그들은 또한 투자, 건강, 영양, 주택 그리고 소비자들에게 특별한 흥미를 주는 다른 주제들에 대한 유용한 조언을 제공한다. 게다가 미디어는 사람들이 소비자 불평을 해결하도록 도와준다. 소비자 혼자서 행동하는 것을 무시하는 기업도 기자들이 관여할 때 빠르게 그리고 우호적으로 반응한다. 이것은 그들이 비우호적인 평판들을 피하기를 원하기 때문이다.

03

정답 ①

제시문에서는 과거와 비교하여 현재 가진 것이 많은데도 해야 할 일들이 끝없다고 이야기하면서, 빈칸 앞에서는 그 결과 명백한 시간 부족으로 이어졌다고 했고, 빈칸 뒤에서는 그것이 풍부한 선택권을 위해 치르는 대가라고 하였다. 따라서 빈칸에는 ①이 들어가는 것이 가장 적절하다.

오답분석
② 위험에 노출되는 것
③ 심화되는 세대 차이
④ 편리함에서 오는 따분함
⑤ 사회 집단들 간의 경제적 불균형

과거 세대와 비교해 볼 때, 우리는 꽤 유복하다. 지난 50년 동안 평균 구매력은 세 배 이상 증가했다. 우리는 생활을 더 쉽게 만들 목적으로 고안된 많은 전자 기기들을 소유하고 있지만, 사회학자들이 열심히 지적하듯이, 여전히 우리의 일상생활에서 해야 할 일들의 목록은 끝이 없다. 우리는 우리의 조부모들이 그랬던 것만큼 열심히 일을 하는데, 그 결과는 무결점이지 자유로움은 아니다. 커튼의 끝자락에는 때가 없고, 벽 위의 그림 액자 걸이는 제자리에 튼튼하게 박혀 있으며, 달걀은 우리가 좋아하는 대로 만들어져 나온다(요리된다). 우리는 더 많은 것을 가질수록 더 많은 것을 원한다. 그 결과는 할애할 충분한 시간이 있는데도 불구하고, 해가 지날 때마다 심각해지는 것 같은 딜레마인, 명백한 시간 부족이다. <u>시간의 압박을 느끼는 것</u>은 우리가 풍부한 선택권을 위해 치르는 대가이다.

04

정답 ①

제시문에서는 개인에 대한 이야기를 쓸 때는 경험과 교훈을 과장하지 말고 사실에 근거하여 명확하게 써야 한다고 말하고 있다.

| 해석 |

당신이 개인 업적에 대한 대입 논술을 쓸 때 경험과 배운 교훈을 <u>과장</u>하는 오류를 범하지 말라. 대신 그것이 재미없게 보일지라도 주제에 대해 비판적으로 생각하고, 어째서 그 경험이 가치 있었는지 이해하고 명확하게 설명하려고 하라. 사실에 근거하지 않은 너무 장황한 문체를 피하라. 당신이 스스로를 부풀리려고 하면 할수록 입학 사정관들의 눈에 덜 솔직하게 보일 것이다. '사실에 근거한 글쓰기'를 고수하면 경험을 꾸며 내지 않고도 더욱 인상 깊고 기억에 남는 논술을 쓸 수 있을 것이다.

| 어휘 |

- fall into the trap of : ~하는 오류를 범하다
- mundane : 재미없는, 일상적인
- long-winded : 장황한
- puff up : 자랑하다
- embellish : 꾸미다

05

정답 ④

주어진 문장은 국가의 인구가 빠르게 증가한다는 내용인데, 인구가 빠르게 증가하려면 출산율은 높고 사망률은 낮아야 한다. 따라서 주어진 문장은 ④에 들어가야 한다.

| 해석 |

한 나라의 발달 과정과 인구 구조 사이에는 재미있는 상관 관계가 존재한다. 인구 변동 이론에 따르면 국가들은 여러 단계의 발달 단계를 거친다. 가장 초기 단계는 높은 출산율과 사망률, 그리고 느린 성장으로 특징지어진다. 발달하기 시작하면서 출산률은 높은 상태로 남아 있지만 사망률은 떨어진다. <u>그 결과, 인구가 빠른 증가의 시기로 진입하게 된다.</u> 그런 다음 산업화가 최고조에 이르면서 출산율이 떨어져 사망률과 비슷해지기 시작한다. 결국 오늘날 유럽의 많은 국가에서 볼 수 있는 매우 완만한 성장의 단계에 도달하면서 인구 증가는 극도로 느려진다.

| 어휘 |

- transition : 변동
- characterize : 특색을 이루다
- industrialization : 산업화
- approximate : 가까워지다
- modest : 완만한

06

제시문은 모든 종류의 단체 운동을 함으로써 신체적 한계를 시험해 보는 어린 시절과 달리, 성인기에 도달하면 신체적 부상의 위험이나 스트레스가 적은 운동을 하는 경향이 있음을 설명하는 글이다. 따라서 빈칸에 들어갈 단어가 바르게 짝지어진 것은 ①이다.

| 해석 |

> 우리는 흔히 모든 종류의 단체 운동을 함으로써 신체적 한계를 시험해 보면서 어린 시절을 보낸다. 고등학생이 되면 두, 세 개의 단체 운동에 참여하기까지도 한다. 그것은 우리가 충분한 신체적 강인함을 가지고 있기 때문이다. 그러나 성인기에 도달하면 우리 중 절반이 넘는 사람이 여전히 운동하는 것을 즐기지만, 아주 적은 수의 사람들만이 최고 수준에서 경쟁할 수 있다. 다시 말해, 우리는 신체적으로 어린 시절만큼 강하지 않다는 것을 알게 된다. 자연스럽게 우리는 미식축구, 축구, 혹은 농구와 같이 (신체적) 충돌을 필요로 하는 단체 운동에서 벗어나 신체적 부상의 위험이 적거나, 몸에 스트레스를 더 적게 주는 운동으로 옮겨가게 된다. 사실 많은 사람들이 개인 운동으로 방향을 돌린다. 따라서 성인 세계에서는 단체 운동을 조직하는 것이 더 어려워진다.

07

빈칸 앞의 내용은 Karsh가 사진을 찍기 전, 그 대상과 소통하고 대상을 연구했다는 내용이며, 뒤에서는 그가 소통하고 연구한 방법들을 소개하고 있다. 따라서 실제 그가 했던 일을 설명하고 있으므로 빈칸에는 'In fact'가 들어가는 것이 적절하다.

| 해석 |

> Yousuf Karsh는 대상의 마음을 포착해 그의 사진에 담는 재능을 갖고 있었다. 그는 예전에 "모든 남성과 여성 속에는 비밀이 숨겨져 있고, 제가 해야 할 일은 그것을 드러내는 것입니다."라고 말했다.
> 그 숨겨진 비밀을 드러내기 위해서, Karsh는 사진을 찍기 전에 그의 대상들과 소통하고 그들을 연구했다. <u>사실</u>, 그가 한 음악가의 사진을 찍을 때, 그는 그나 그녀의 음악을 모두 들었다. 그가 소설가를 찍을 때, 그는 그 작가의 모든 저서를 다 읽었다. 그 결과로 작품을 보는 사람들은 마치 그들이 유명한 사람의 삶의 일부분을 정말로 본 것처럼 느끼게 되었다.

08

B는 마라톤을 준비하기 위해 조깅을 하고 있고, A는 빈칸 뒤에서 자기는 그만 둘 것이라고 했으므로 자신은 빼달라는 표현인 'count me out(난 빼줘)'이 가장 적절하다.

오답분석

② 내가 왜 마라톤에 참가를 해서는 안 되지?
③ 내가 왜 그 생각을 못했지?
④ 난 그렇게 믿지 않아.
⑤ 사돈 남 말 하네!

| 해석 |

> A : 나 너무 피곤해. 지금 겨우 아침 7시 30분이야! 몇 분 동안은 쉬자.
> B : 아직 끝내지 마. 너 스스로를 좀 더 밀어붙여. 내가 조깅을 시작했을 때, 나 역시 굉장히 힘들었어.
> A : 그럼 날 가엾이 여기렴. 이번이 난 처음이라고.
> B : 힘내. 석 달 즈음 조깅을 더 한 후에는, 마라톤을 할 준비가 되어 있을 거야.
> A : 마라톤! 마라톤은 몇 마일이지?
> B : 30마일 정도 돼. 내가 만약 매일 조깅하면, 난 두 달 이내에 출전할 수 있을 거야.
> A : <u>난 빼줘!</u> 난 지금 겨우 반 마일 뛰고 기진맥진했어. 난 그만둘 거야.

09

• (A) : 빈칸의 바로 앞 문장이 'Nothing of the kind'이므로 (A)에는 '반대'라는 의미의 'opposite'이 들어가야 한다.
• (B) : 빈칸 뒤의 'Yet, … better'라는 문장을 통해 말다툼이 주는 또 하나의 긍정적 효과를 알 수 있다. 따라서 'advantage'가 빈칸에 들어갈 말로 가장 적절하다.

┃해석┃

> 가족 간의 갈등에 대처하는 데 가장 좋은 처방 중 하나를 아는가? "I'm sorry."라는 두 단어이다. 몇몇 사람들이 그 말을 하는 것을 얼마나 어려워하는지는 놀랍다. 그들은 그것이 약함이나 패배를 의미한다고 생각한다. 전혀 그렇지 않다. 사실, 정확하게 (A) 반대이다. 갈등을 덜어 주는 또 다른 좋은 방법은 말다툼이다. 바다는 폭풍 후에 훨씬 더 잔잔해진다. 말다툼은 또 다른 (B) 이점을 갖고 있다. 화가 날 때, 입 밖에 내지 않은 진실이 일반적으로 나오게 된다. 그것들은 특히 그 순간에 약간 감정을 상하게 할 수도 있다. 그러나 끝에 가서는 서로를 조금 더 잘 알게 된다. 마지막으로 아이들 간의 갈등과 싸움의 대부분은 자연스러운 것이다. 그것들이 지속적인 것처럼 보일 때조차, 현명한 부모는 지나치게 걱정하지 않는다.

10

제시문에서는 자연적 환경에 있는 사람이 스트레스를 덜 받고 더 열정적이라고 서술하고 있다. 따라서 빈칸에는 'Contact with nature'가 들어가는 것이 적절하다.

[오답분석]
① 충분한 휴식이나 수면
② 규칙적인 운동
④ 긍정적인 사고
⑤ 조화로운 사회생활

┃해석┃

> 많은 전문가들은 자연과 접촉하는 것이 좋은 기분을 형성하는 데 기여한다고 생각한다. 런던 출신의 50세 Ray Castle은 어렸을 때부터 원예를 즐겼다. "내가 기분이 나쁠 때 원예는 항상 나를 격려해 준다." 그는 "밖에 있거나 식물로 둘러싸인 온실에 앉아 있으면 바로 편안해진다."라고 말한다. 만약 밖에 있는 것이 가능하지 않다면 풀과 나무가 보이는 창문 근처에서 시간을 보내는 것만으로도 도움이 된다. 자연적 환경이 있는 사무실에 있는 근로자는 주차장이 내려다보이는 사무실에 있는 근로자보다 더 열정적이며 스트레스를 덜 받는다는 연구 보고가 있다.

---

03 핵심내용 파악

01	02	03	04	05	06	07	08	09	10									
③	④	④	①	②	①	③	③	②	③									

01

제시문에서 이솝의 우화는 교훈이나 가르침이 있는 짧은 이야기라고 하였으므로 적절하지 않다.

┃해석┃

> 이솝은 기원전 약 620년부터 560년까지 그리스에 살았던 사람이다. 그는 여러 동물들에 관한 우화를 들려주었다. 우화는 교훈이나 가르침이 있는 짧은 이야기이다. 이솝이 죽은 후에 많은 다른 사람들이 그의 이야기를 들려주었고 새 이야기를 덧붙이기도 했다. 이 이야기들이 이솝 우화로 알려지게 되었다. 이것은 세상에서 가장 유명한 우화이다. 비록 이솝 우화가 주로 동물에 관한 이야기이긴 하지만, 그것은 인간에게 잘 사는 법을 가르쳐 준다.

- fable : 우화, 꾸며낸 이야기
- moral : 교훈
- lesson : 학과, 수업, 교훈, 가르침
- tale : 이야기
- become known as : ~로 유명해지다
- famous : 유명한, 훌륭한

02

Joni의 조랑말은 너무 작아 비가 와서 불어난 하천에 쓸려 내려갈 위기에 처해 있는 상황이다. 따라서 Joni는 무척 겁이 나 있을 것이라 추측할 수 있다.

| 해석 |

> Joni는 자신의 언니들과 승마를 하러 갔다. 그녀의 조랑말은 언니 말들의 절반 크기라서 언니들에게 보조를 맞추느라 힘들었다. 큰 말들을 탄 언니들은 가장 깊은 부분에서 하천을 건너는 것이 재미있다고 생각했다. 그들은 Joni의 작은 조랑말이 조금 더 깊이 빠지는 것을 결코 알아차리지 못한 것처럼 보였다. 그 주 초에 비가 와서 하천은 갈색이고 물이 붙어 있었다. 자신의 조랑말이 하천의 한가운데로 걸어 들어가면서, Joni는 소용돌이치는 강물이 자신의 조랑말 다리를 세차게 흘러 돌아가는 것을 응시하며 창백해졌다. 그녀의 심장은 빨리 뛰기 시작했고, 입은 말라갔다.

03

제시문은 세계 각국의 음식과 식사 전통을 체험할 수 있는 행사에 대하여 안내하고 있는 글이다.

| 해석 |

> 정찬 모임에 참여하신 것을 환영하고 감사드립니다. 저희 모임은 독특한 식사 경험을 제공합니다. 여러분들은 전 세계의 음식을 먹어 보게 되는데, 더 중요한 것은 각 국가의 식사 전통과 관습을 경험할 수 있는 기회를 가지게 된다는 것입니다. 예를 들어, 인도에서는 손을 사용해 음식을 먹습니다. 여러분이 포크와 나이프를 사용하는 데 익숙하시다면 이는 도전이 될 것입니다. 프랑스에서는 코스 요리로 식사를 하므로 프랑스식 식사를 위해서는 반드시 충분한 시간을 잡아 놓도록 하세요. 일본에서는, 국물을 수저로 먹지 않으니 사발째 직접 마셔야만 합니다. 이는 8월 말까지 매주 토요일 저녁에 여러분들이 경험할 것들의 일부입니다. 저희는 여러분들이 식사 체험을 즐기시기를 희망합니다.

| 어휘 |
- unique : 독특한
- customs : 관습
- be used to : ~에 익숙하다
- challenging : 도전해 볼 만한
- adventure : 모험

04

제시문은 19세기 초 전설적인 프랑스 셰프 Auguste Escoffire가 획기적으로 당시 요리 관습을 변화시킨 내용으로, 그가 운영하던 식당의 성공 비결보다는 그가 가져온 변화에 초점을 두고 있다. 따라서 글의 주제로 가장 적절한 것은 ①이다.

19세기 초에는 화려해 보이기만 한다면 요리의 맛은 중요하지 않았다. 요리들은 먹을 수도 없는 예쁜 고명으로 장식되었다. 더욱이 식사는 100가지가 넘는 다른 요리들로 구성된 큰 뷔페식으로 주로 차가운 상태로 제공되었다. 1846년에 태어난 Auguste Escoffire는 전설적인 프랑스 요리사로서 당시의 요리 트렌드를 간소화시켰다. 그는 음식은 보기 위한 것이 아니라 먹는 것이라고 믿었다. 음식을 서빙하는 것에 대해서도 그는 큰 뷔페 스타일 식사의 관습을 바꾸었다. 식사는 코스로 나뉘어서 한 번에 한 요리만 제공되었다. 대규모 뷔페와는 달리 각 코스는 주방에서 신선하게 제공될 수 있었다. 이것은 요리의 역사에서 혁명적인 일이었다. Escoffire 스타일의 또 다른 장점은 음식이 따뜻한 상태로 제공될 수 있다는 것이다. 이것은 차가운 뷔페에 익숙해져 있던 사람들에게 흥분되는 변화였다. Escoffire는 요리가 따뜻하게 제공될 때, 요리의 풍미가 더 강하다고 생각했다. 이것은 고객들의 미각뿐만 아니라 후각도 즐겁게 만들었다. 음식의 냄새는 우리가 또한 요리를 즐길 준비를 하는 데 도움을 주었다. 음식을 한입 맛보기 전에, 우리는 냄새를 통해 그것을 경험한다.

05   정답 ②

②는 마카롱에 대한 이야기를 하고 있다. ②를 삭제할 경우 오븐에 온도 조절기가 없다는 앞의 내용과 온도 조절기가 없어서 사용한 반죽이 쿠키의 기원이 되었다는 뒤의 내용이 유기적으로 연결되므로 문맥상 더 자연스럽다.

| 해석 |

제빵사에 의해 처음으로 구워진 쿠키는 식용이 아닌 테스트용이었다. 7세기 페르시아의 왕실 제과점에서는 오븐에 온도 조절기가 없었다. (마카롱은 16세기 이탈리아로부터 프랑스에 처음 왔다.) 그래서 마카롱이 왕실을 위해 구워질 시간이 되었을 때, 제빵사들은 오븐의 온도가 충분히 뜨거운지 확인할 수 있는 방법을 찾아야만 했다. 그들은 케이크 반죽을 조금 떼어서 오븐 안에 넣는 방법을 고안했다. 만약 그것이 곧바로 구워진다면 케이크를 오븐에 넣어도 되는 때라는 것이었다. 사람들은 곧 오늘날 대부분의 쿠키 크기인 그 작은 테스트용 케이크들이 실제로 꽤 맛있고 버려져서는 안 된다는 것을 깨달았다. 그렇게 쿠키가 탄생하게 되었다. 지구상에는 많은 다양한 쿠키들이 존재하고, 각각은 다른 맛, 크기, 색, 그리고 식감을 갖는다. 심지어 주재료가 비슷한 때에도 각 지방에서 온 쿠키들은 그들에게 특별한 맛을 나게 하는 현지 재료를 포함하고 있다.

06   정답 ①

제시문에서는 같은 행동을 통해 하나됨을 보여 주려는 인간의 잠재 의식이 사람들을 비슷하게 걷게 했고, 무의식적으로 상사의 버릇이나 행동을 따라하게 하는 이유라고 제시하고 있다. 따라서 제시문의 제목으로는 'Why People Mimic Others(왜 사람들은 다른 사람들을 모방하는가)'가 가장 적절하다.

오답분석
② 당신의 건강을 위해 걸어라
③ 상관을 대하는 훌륭한 예절
④ 좋은 동료 관계가 주는 이점들
⑤ 인간과 동물 간의 차이점들

| 해석 |

동물학자이자 인간 행동 (분야)의 전문가인 Desmond Morris는 사람들이 서로 비슷하게 걷기 시작한 이유가 그들이 동료들에게 동의하고 있고 그들과 조화를 이루고 있다는 것을 그 동료들에게 보여 주기 위한 잠재 의식적 욕구를 지니고 있기 때문이라고 말한다. 이것은 또한 '우리는 함께 있고, 하나처럼 행동하고 있다.'는 점을 다른 사람에게 전하는 신호이기도 하다. 다른 연구는 우리가 다른 사람들과 같은 방향으로 다리를 꼬는 것처럼, 동료, 특히 윗사람의 (무의식적인) 버릇을 취하기도 한다는 점을 밝히고 있다. 한 예로 회의 중에 상사가 자기 코를 문지르면, 회의석에 있는 다른 사람들이 무의식적으로 그를 따라하는 것을 종종 보게 된다.

07

제시문에서는 눈 오는 밤, 나무에 둘러싸인 오두막들 사이에서 아기를 어르는 부드러운 목소리가 들려오고 있다. 따라서 제시문에서 묘사된 정경은 평화로우며 고요하다.

| 해석 |

겨울이며 밖의 밤하늘은 어둡고 별들로 가득 차 있다. 오늘밤은 바람도 없고, 다른 밤들처럼 깊게 고요하다. 막 내린 눈으로 된 두터운 담요는 대지를 덮고 나뭇가지들을 굽히게 만든다. 공기는 새로운 냄새가 난다. 키 큰 가문비나무들에 둘러싸여서 자작나무 껍질로 된 오두막들이 있다. 그 안에는 각각 불이 타고 있고, 난로 불빛은 나무껍질을 통해 빛나며 주변 나무와 눈에 오렌지 빛을 은은하게 비춘다. 어느 집에선가 아기를 재우는 부드럽고도 나이 든 목소리만이 희미하게 들려온다.

08

제시문은 세 가지 이유를 통해 사람들이 왜 지도자가 되고 싶어 하는지 설명하는 글이다. 특별한 정보를 먼저 접할 권리, 매력적인 보상, 대중의 인정이라는 다양한 근거를 통해 지도자가 되려는 사람들의 동기를 설명하고 있다.

| 해석 |

리더십은 엄청난 책임을 동반한다. 리더십은 또한 일이 잘못되었을 때 한 사람을 비난에 노출시킨다. 이 두 가지 부담을 고려해 볼 때 문제는 '왜 사람들은 리더가 되고 싶어 하는가?'이다. 첫 번째로 몇몇 사람들은 리더라는 자리가 특별한 정보를 접할 수 있기 때문에 리더가 되고 싶어 한다. 조직의 그리고 협회의 리더들은 다른 사람보다 먼저 무엇이 발생할지 안다. 둘째로, 일들이 잘 풀릴 때 리더들은 보통 공훈을 얻고 칭찬은 항상 매력적인 보상을 가져온다. 하지만 리더가 되기를 열망하는 사람들은 자신이 다른 사람보다 더 일을 잘 할 수 있을 것이라고 생각하는 경향이 있다. 예를 들어 한 강사는 그 혹은 그녀가 필요하다고 생각하는 개혁을 하기 위해 학장이 되고 싶어할 수 있다. 그렇지만 동의는 리더십에 대한 또 다른 동기이다. 개인적으로 성공적이라고 느끼지 않는 사람들은 때때로 그들의 직업에서 리더가 되는 것이 타인의 인정을 받게 할 것이라고 스스로를 납득시킨다. 마지막으로 어떤 사람들은 그들이 대중의 인정을 받고 싶기 때문에 리더가 되기를 원한다. 그 점에 대해서 한 회사나 학부모회의 회장이 되는 것은 대중의 관심을 보장한다.

09

제시문은 아무리 애를 써도 업무상 약속을 못 지킬 수 있고, 약속을 못 지켰을 때는 먼저 사과를 하고 잘못된 것을 인정하며 고객이 원하는 것을 찾으려고 노력하라는 내용이다. 따라서 업무상 약속 불이행 시 대처하는 방법을 조언하려고 쓴 글임을 알 수 있다.

| 해석 |

때로는 굳건한 믿음 속에 한 약속도 지켜질 수 없을 때가 있다. 비록 실수가 없도록 노력한다고 할지라도, 문제가 발생하는 것은 피할 수 없다. 당신과 함께하는 고객의 경험에 영향을 미치는 모든 것을 당신이 통제할 수 있는 것은 아니다. 그 서비스 약속이 깨질 때 당신은 어떻게 해야 하는가? 약속이 깨졌음을 알게 되거나 약속이 깨졌음을 지적받았을 때, 가장 먼저 해야 할 일은 사과하는 것이다. 자신과 회사, 또는 고객을 비난하면서 시간을 낭비하지 말라. 무언가가 잘못되었다는 사실을 인정하고 즉시 고객이 필요로 하는 것이 무엇인지를 찾아라.

10

'two basic things'가 가리키는 것은 뒤의 문장에 나와 있다. 즉, 안전거리 확보와 좌석벨트(안전벨트) 착용이다.

| 해석 |

운전은 재밌다. 그러나 대부분의 운전자들이 두 가지 기본적인 사항을 무시한다. 그들은 앞차와의 안전거리 확보를 잊어버리고, 또한 좌석벨트(안전벨트)를 착용하지 않는다.

04 장문독해

01	02	03	04	05	06	07	08	09	10										
④	②	③	⑤	⑤	①	①	②	⑤	⑤										

[1~2]

| 해석 |

> 사람들이 물질 대신에 이미지에 돈을 지불한다면 문제가 되는가? 상표에 대한 많은 논란은 광고에 대하여 오래 전개되었던 논쟁들과 비슷하다. 즉, 그것들은 사람들이 필요하지 않은 물건들을 사도록 하고, 가치보다 더 많은 돈을 지불하도록 유혹하고, 지불할 능력이 없는 사람들에게 불행을 초래하며, 인간적 가치에 대한 소비 지상주의의 승리를 나타내는 것이다.
>
> 상표라는 것이 점차적으로 감성 브랜딩을 통해 추구하는 욕망과 위험성에 쏠리는 경향이 있는 젊은 사람을 표적으로 삼는다는 점은 특히 고려할 만한 점이다. 오늘날 많은 부모는 상표에 대한 자녀의 망상, 즉 그들의 젊은 시절에는 알지도 못한 현상에 실망을 하고 있다.
>
> 한편에서는 상표란 아무런 해가 없는 단지 재미있는 것이라고 주장한다. 소비자들은 어리석지 않다. 그들은 상표가 있는 상품에 돈을 더 지불했을 때 자신들이 무엇을 하고 있는지를 알고 있으며, 그 상품이 가지고 있는 우수성 때문에 기꺼이 그렇게 하는 것이다. 만약 Tesco가 구운 콩 통조림 값으로 Prada 가방을 그들에게 판다면 가방을 가진 기쁨은 훨씬 감소될 것이다. 어떤 의미에서 상표에 대한 논쟁은 광고와 같이 소비자 사회의 중요한 몫이기 때문에 헛된 일인 것처럼 보이기도 한다. 경쟁적인 자본주의가 존재하는 한 상표는 건재할 것이다.

| 어휘 |

• substance : 물질
• deploy : 배치하다
• triumph : 승리, 업적
• consumerism : 소비, 소비 지상주의
• seek : 찾다, 추구하다
• exploit : 공훈, 업적
• obsession : 집착, 강박 관념
• phenomenon : 현상
• cachet : 특징

01

정답 ④

제시문의 전반부에서 상표가 소비자 사회에 미치는 부정적 영향에 대해 서술하고 있다. 이어서 상표가 아무런 해가 없는 재미있는 것이라고 주장하는 일각의 의견을 언급하고는 있지만, 상표에 대한 논쟁이 광고와 같이 헛된 일인 것처럼 보이며 경쟁적인 자본주의가 존재하는 한 상표가 건재할 것이라는 부정적 견해로 글을 마무리하고 있다. 따라서 필자의 태도는 'critical(비판적인)' 상태라고 보는 것이 적절하다.

02

정답 ②

상표와 광고의 공통점은 소비를 촉진시킨다는 점이다.

[3~4]

| 해석 |

> Jin : 아직 학교에 오지 않았니? 네게 물어볼 게 있어. 혹시 작년에 경영학 수업을 들었니?
> Rome : 응, 들었어. 아마 교수님이 Miss. Chan이셨던 걸로 기억이 나. 무슨 일이야?
> Jin : 이번에 내 여자친구가 그 수업을 듣게 되었어. 혹시 네가 공부하던 공책을 빌릴 수 있을까?
> Rome : 미안해. 지금 다른 친구가 그 공책을 빌려가서 사용하고 있어.
> Jin : 그러면 혹시 잠시만 시간을 주면 그 공책을 복사해도 될까? 대신 내가 너에게 식권 10장을 선물로 줄게.
> Rome : 네가 필요하다면 알겠어. 대신 다른 친구에게 먼저 물어볼게. 언제쯤 네게 주면 될까?
> Jin : 점심시간 지나고 한 시간만 빌려줘. 점심시간이 13시부터 14시 맞지? 네가 수업 듣는 동안 바로 복사하고 네 친구에게 돌려줄게.
> Rome : 알았어! 그럼 점심시간 이후에 보자!

03

정답 ③

제시문을 통해 Rome이 노트를 이미 다른 친구에게 빌려줬기 때문에 Jin에게 빌려줄 수 없다고 거절하는 것을 알 수 있다.

04

정답 ⑤

그들은 점심시간이 끝난 이후에 만나기로 약속했으므로, 점심시간인 13:00 ~ 14:00 이후에 만날 것임을 추론할 수 있다.

[5~6]

| 해석 |

> (A) 지난번 제가 길을 따라 걷고 있는 동안 저는 작은 갈색 가죽 지갑이 인도에 떨어져 있는 것을 발견했습니다. 저는 그것을 주워 들었고 소유주의 이름을 확인할 수 있도록 열었습니다. 안에는 아무것도 없었고 그저 몇 개의 잔돈과 꽤 오래된 사진이 있었습니다. (a) <u>한 여성</u>과 12살 정도 된 작은 소녀의 사진이었는데, 그 여인의 딸처럼 보였습니다.
> (D) 저는 그 사진을 집어넣고 지갑을 경찰서에 가지고 가서 한 경사에게 맡겼습니다. 제가 떠나기 전에 그 경사는 만약 지갑의 (e) <u>소유자</u>가 저에게 감사를 표할 것을 대비하여 제 이름과 주소를 적었습니다.
> (C) 그날 밤, 저는 제 삼촌과 숙모와 저녁을 먹으러 갔습니다. 그들은 다른 사람도 초대했습니다. (c) <u>젊은 여성</u>이었고, 그래서 탁자에는 4명이 있었습니다. 그 젊은 여성의 얼굴은 친숙했지만 저는 제가 어디서 보았는지 기억할 수 없었습니다. 저는 우리가 이전에 만난 적이 없다고 확신했습니다. 하지만 대화하던 와중, 그 젊은 여성은 그녀가 그날 오후 그녀의 지갑을 잃어버렸다고 언급하였습니다. 저는 동시에 제가 어디에서 그녀의 얼굴을 보았는지 기억했습니다. 그녀는 비록 이제 꽤 나이가 들었음에도 불구하고 사진 속의 (d) <u>젊은 소녀</u>였던 것입니다.
> (B) 물론 그녀는 제가 그녀의 지갑을 그녀에게 묘사할 때 상당히 놀랐습니다. 그리고 저는 제가 발견한 지갑 속 사진에서 그녀의 얼굴을 알아봤다고 설명했습니다. 제 삼촌은 지갑을 찾기 위해 즉시 경찰서로 가자고 했습니다. 경사는 그것을 건네주면서 그는 제가 지갑뿐만 아니라 그것을 잃어버린 (b) <u>사람</u>도 찾았다며 놀라운 우연이라고 말했습니다.

05

(A) 보도에 떨어진 지갑을 발견함
(D) 지갑 속 사진을 확인하고 지갑을 경찰서에 맡김
(C) 지갑의 소유주를 만남
(B) 그 사람과 함께 경찰서로 가서 지갑을 되찾음
따라서 (A)에 이어질 내용을 순서대로 바르게 나열한 것은 ⑤이다.

06

정답 ①

(a)는 (b) ~ (e)가 가리키는 젊은 여성(과거 12살 정도 즈음의 소녀)의 어머니로 추정되는 사람이다.

[7~8]

| 해석 |

지하 시설의 위치를 찾는 것은 중요하지만, 그것만으로는 충분하지 않다. 그것들을 고치는 것이 그 일의 대부분이다. 도시의 지하 시설을 고치고 갱신하는 것은 매우 복잡하다. 그것은 단지 땅에 구멍을 파고, 잘못된 파이프를 꺼내고, 괜찮은 파이프를 설치하는 문제가 아니다. 그 도시와 이웃 도시들은 파이프를 고치는 몇 달 동안 기능을 유지해야 한다.
Insituform이라는 이름의 회사는 땅을 파지 않고도 파이프가 고장 나기 전에 그 내부를 고치는 기능을 개발해 왔다. 그들은 튜브를 끈적끈적한 물질인 특별한 종류의 수지로 채우고, 튜브를 뒤집어 파이프를 통해 그것을 보낸다. 그리고 그들은 파이프 속의 물을 데운다. 그 수지는 밖으로 팽창하여 파이프의 내부 표면에 닿고 나서 단단해진다. 이것은 낡은 파이프 안에 새 파이프를 생성한다.
이 회사는 사실 미국에서 가장 유명한 빌딩 중 하나인 워싱턴 D.C.의 백악관 아래에 있는 하수관에 이 기술을 사용했다. 그 파이프는 세계 대전(1800년대 중반)쯤부터 있었고 대규모의 수리가 필요했다. 보안 문제로 정부는 잔디를 파지 않고 대신 여행객들의 발 아래 지하에서 일하기로 결정했다.

| 어휘 |
• locate : 위치를 찾다
• substance : 물질
• turn inside out : 뒤집다
• interior : 내부
• sewer : 하수관
• extensive : 대규모의
• lawn : 잔디

07

정답 ①

제시문에서는 땅을 파지 않고 파이프를 수리하는 기술에 대해 설명하고 있다. 따라서 제시문의 제목으로는 '지하의 파이프를 수리하는 효과적인 기술'이 가장 적절하다.

08

정답 ②

지하 시설 위치를 찾는 것도 중요하지만 그것들을 고치는 것이 작업의 대부분을 차지하므로, 지하 시설 위치를 찾는 것만으로는 충분하지 않다는 내용이 빈칸에 들어가기에 가장 적절하다.

| 해석 |

(C) 체육 선생님이 교실로 들어와 내가 Matt와 싸우고 있는 것을 알아차렸다. 그는 우리를 육상 트랙으로 내보냈다. 그는 얼굴에 미소를 띠며 우리를 따라와서 말했다. "나는 너희 둘이 서로 손을 잡고 트랙을 달렸으면 한다." 학급 반장은 갑자기 크게 웃었고 우리는 매우 당황스러웠다. 나의 적과 나는 주저하면서 뛰기 시작했다. 바로 방금 전 주먹이었던 것이 이제 어색한 악수로 연결되어 있었다.

(B) 우리 둘 다 분노를 느끼며 강제로 뛰던 미니 마라톤 코스 내내, 나는 내 옆에 있던 그 큰 녀석을 쳐다보았던 것이 기억난다. 그의 코에서는 여전히 피가 조금 흐르고 있었다. 그의 눈은 눈물로 차 있었다. 그의 거대한 몸이 그의 속도를 늦추었다. 그 순간 갑자기 여기 나와 그렇게 다르지 않은 한 사람이 있다는 생각이 들었다. 나는 마지못해 뛰는 그 애도 같은 생각을 하고 있었다고 생각한다. 왜냐하면 우리 둘 다 서로를 쳐다보고 웃기 시작했기 때문이다. 이내, 우리는 좋은 친구가 되었다.

(A) 나는 이제 더 이상 그 큰 애를 같은 방식으로 보지 않았다. 내가 오랫동안 미워했던 멍청한 소년 대신에, 여기에 외적인 어떤 것을 훨씬 넘어서는 내적인 가치를 가진 나와 같은 누군가가 여기에 있었다. 내가 누군가와 강제로 손을 잡고 뛰면서 배웠던 것은 놀라웠다. 내 생애의 나머지 동안에 나는 다른 사람을 때리려고 손을 올린 적은 없었다.

09

서로 싸우던 필자와 Matt를 체육 선생님이 목격하고 억지로 손을 잡게 해서 운동장을 뛰는 벌칙을 받는 부분인 (C)가 첫 번째 순서이고, 덩치 큰 친구의 힘들어하는 모습을 보며 서로가 다르지 않은 같은 사람이라는 생각에 쳐다보고 웃는 부분인 (B)가 두 번째 순서이고, 그 이후로 친구의 내면을 보며 평생 친구가 되었다는 (A)가 마지막 순서이다.

10

제시문이 시사하는 바는 마지막 문단인 (A)에서 '외적인 어떤 것을 훨씬 넘어서는 내적인 가치를 가진 나와 같은 누군가가 여기에 있었다.'라는 내용에 잘 나타나 있다. 따라서 제시문이 시사하는 바로 가장 적절한 것은 ⑤이다.

PART 5

최종점검 모의고사

01   직업능력

01	02	03	04	05	06	07	08	09	10	11	12	13	14	15	16	17	18	19	20
①	②	①	②	①	④	④	①	④	④	①	③	①	②	③	④	③	③	②	②
21	22	23	24	25	26	27	28	29	30	31	32	33	34	35	36	37	38	39	40
④	①	②	④	⑤	③	④	③	④	③	④	③	③	⑤	③	④	③	③	①	⑤

01   문서 내용 이해   정답 ①

오답분석
② 첫 번째 문단을 통해 알 수 있다.
③ 첫 번째 문단에서 '위기(爲己)란 자아가 성숙하는 것을 추구하며'라고 하였다.
④ 첫 번째 문단에서 '공자는 공부하는 사람의 관심이 어디에 있느냐를 가지고 학자를 두 부류로 구분했다.'라고 하였다.
⑤ 마지막 문단에서 언급하고 있다.

02   자료 이해   정답 ②

㉠ 근로자가 총 90명이고 전체에게 지급된 임금의 총액이 2억 원이므로 근로자당 평균 월 급여액은 $\frac{2억\ 원}{90명} ≒ 222$만 원이다.

따라서 평균 월 급여액은 230만 원 이하이므로 옳은 설명이다.
㉡ 월 210만 원 이상 급여를 받는 근로자 수는 26+12+8+4=50명이다. 따라서 총 90명의 절반인 45명보다 많으므로 옳은 설명이다.

오답분석
㉢ 월 180만 원 미만의 급여를 받는 근로자 수는 6+4=10명이다. 따라서 전체에서 $\frac{10}{90} ≒ 11\%$의 비율을 차지하고 있으므로 옳지 않은 설명이다.
㉣ 월 240만 원 이상 270만 원 미만의 구간에서 월 250만 원 이상 받는 근로자의 수는 주어진 자료만으로는 확인할 수 없다. 따라서 옳지 않은 설명이다.

03   규칙 적용   정답 ①

자동차의 용도별 구분을 보면 비사업용 자동차에 사용할 수 있는 문자 기호는 'ㅏ, ㅓ, ㅗ, ㅜ'뿐이다. 따라서 '겨'라고 한 ①은 옳지 않다.

04 규칙 적용

84배 7895는 사업용인 택배차량이다.

오답분석
①·③·④·⑤ 비사업용 화물차량이다.

05 비용 계산
정답 ①

T주임이 이동할 거리는 총 12+18=30km이다. T주임이 렌트한 H차량은 연비가 10km/L이며, 1L 단위로 주유가 가능하므로 3L를 주유하여야 한다. H차량의 연료인 가솔린은 리터당 1.4달러이므로 총 유류비는 3L×1.4달러=4.2달러이다.

06 시간 계획
정답 ④

T주임이 시속 60km로 이동하는 구간은 18+25=43km이고, 시속 40km로 이동하는 구간은 12km이다.

따라서 첫 구간의 소요 시간은 $\frac{43\text{km}}{60\text{km/h}}$=43분이며, 두 번째 구간의 소요 시간은 $\frac{12\text{km}}{40\text{km/h}}$=18분이다. 그러므로 총이동시간은 43+18=61분, 1시간 1분이다.

07 자료 계산
정답 ④

5만 미만에서 10만∼50만 미만까지의 투자건수 비율을 합하면 된다. 따라서 28+20.9+26=74.9%이다.

08 자료 계산
정답 ①

100만∼500만 미만에서 500만 미만까지의 투자건수 비율을 합하면 된다. 따라서 11.9+4.5=16.4%이다.

09 응용 수리
정답 ④

미주가 집에서 출발해서 동생을 만나기 전까지 이동한 시간을 x시간이라고 하면, 미주가 이동한 거리는 $8x$km이고, 동생은 미주가 출발한 후 12분 뒤에 지갑을 들고 이동했으므로 동생이 이동한 거리는 $20\left(x-\frac{1}{5}\right)$km이다.

$8x=20\left(x-\frac{1}{5}\right) \rightarrow 12x=4$

$\therefore x=\frac{1}{3}$

따라서 미주와 동생은 $\frac{1}{3}$시간 즉, 20분 후에 만나게 된다.

10 책임 의식
정답 ④

직업생활에서의 목표를 단지 높은 지위에 올라가는 것이라고 생각하는 것은 잘못된 직업관으로, 입사 동기들보다 빠른 승진을 목표로 삼은 D는 잘못된 직업관을 가지고 있다.

바람직한 직업관
- 소명 의식과 천직 의식을 가져야 한다.
- 봉사 정신과 협동 정신이 있어야 한다.
- 책임 의식과 전문 의식이 있어야 한다.
- 공평무사한 자세가 필요하다.

11 조직 구조

사내 봉사 동아리이기 때문에 공식이 아닌 비공식조직에 해당한다. 비공식조직의 특징에는 인간관계에 따라 형성된 자발적인 조직, 내면적·비가시적, 비제도적, 감정적, 사적 목적 추구, 부분적 질서를 위한 활동 등이 있다.

12 경영 전략

제시문의 내용을 살펴보면 K전자는 성장성이 높은 LCD 사업 대신에 익숙한 PDP 사업에 더욱 몰입하였으나, 점차 LCD의 경쟁력이 높아짐으로써 PDP가 무용지물이 되었다는 것을 알 수 있다. 따라서 K전자는 LCD 시장으로의 사업전략을 수정할 수 있었지만, 보다 익숙한 PDP 사업을 선택하고 집중함으로써 시장에서 경쟁력을 잃는 결과를 얻게 되었다.

13 내용 추론

제시문에서는 천재가 선천적인 재능뿐만 아니라 후천적인 노력에 의해서 만들어지는 존재라고 주장하고 있다. 따라서 제시문의 논지를 강화하기 위한 내용으로 ①은 적절하지 않다.

[오답분석]

②·④·⑤ 제시문에서 언급된 절충적 천재(선천적 재능과 후천적 노력이 결합한 천재)에 대한 내용이다.

③ 제시문과 같은 입장이다.

14 자료 이해

온실가스 총량은 2022년에 한 번 감소했다가 다시 증가한다.

[오답분석]

① 이산화탄소는 2020 ~ 2024년 동안 가장 큰 비중을 차지한다.

③ 제시된 자료를 보면 지속적으로 증가하고 있다.

④ 2024년 가계와 산업 부문의 배출량 차이는 42,721.67ppm으로 가장 큰 값을 가진다.

⑤ 모든 시기에 메탄은 아산화질소보다 더 많이 배출되고 있다.

15 자료 해석

선택지별 부품 구성에 따른 총 가격 및 총 소요시간을 계산하면 다음과 같으며, 총 소요시간에서 30초는 0.5분으로 환산한다.

구분	부품	총 가격	총 소요시간
①	A, B, E	$(20 \times 3) + (35 \times 5) + (80 \times 1) = 315$원	$6 + 7 + 8.5 = 21.5$분
②	A, C, D	$(20 \times 3) + (33 \times 2) + (50 \times 2) = 226$원	$6 + 5.5 + 11.5 = 23$분
③	B, C, E	$(35 \times 5) + (33 \times 2) + (80 \times 1) = 321$원	$7 + 5.5 + 8.5 = 21$분
④	B, D, F	$(35 \times 5) + (50 \times 2) + (90 \times 2) = 455$원	$7 + 11.5 + 10 = 28.5$분
⑤	D, E, F	$(50 \times 2) + (80 \times 1) + (90 \times 2) = 360$원	$11.5 + 8.5 + 10 = 30$분

세 번째 조건에 따라 ④, ⑤의 부품 구성은 총 소요시간이 25분 이상이므로 제외된다. 마지막 조건에 따라 ①, ②, ③의 부품 구성의 총 가격 차액이 서로 100원 미만이므로 총 소요시간이 가장 짧은 것을 택한다. 따라서 총 소요시간이 21분으로 가장 짧은 B, C, E부품으로 마우스를 조립한다.

16 시간 계획

정답 ④

행낭 배송 운행속도는 시속 60km로 일정하므로, A지점에서 G지점까지의 최단거리를 구한 뒤 소요 시간을 구한다. 배송 요청에 따라 지점 간의 순서 변경과 생략을 할 수 있으므로 거치는 지점을 최소화한다. 이를 토대로 최단거리를 구하면 다음과 같다.

A → B → D → G ⇒ 6+2+8=16 ⇒ 16분(∵ 60km/h=1km/min)

따라서 대출신청 서류가 A지점에 다시 도착할 최소시간은 16분(A → G)+30분(서류작성)+16분(G → A)=62분=1시간 2분이다.

17 인원 선발

정답 ③

A ~ E의 성과급 점수를 계산해 보면 다음과 같다.
- A대리 : $(85 \times 0.5)+(90 \times 0.5)=87.5$점
- B과장 : $(100 \times 0.3)+(85 \times 0.1)+(80 \times 0.6)=86.5$점
- C사원 : $(95 \times 0.6)+(85 \times 0.4)=91$점
- D차장 : $(80 \times 0.2)+(90 \times 0.3)+(85 \times 0.5)=85.5$점
- E과장 : $(100 \times 0.3)+(85 \times 0.1)+(80 \times 0.6)=86.5$점

따라서 성과급 점수가 90점 이상인 S등급에 해당하는 사람은 C사원이다.

18 자료 해석

정답 ③

제시된 직원 투표 결과를 정리하면 다음과 같다.

(단위 : 표)

여행상품	1인당 비용(원)	총무팀	영업팀	개발팀	홍보팀	공장1	공장2	합계
A	500,000	2	1	2	0	15	6	26
B	750,000	1	2	1	1	20	5	30
C	600,000	3	1	0	1	10	4	19
D	1,000,000	3	4	2	1	30	10	50
E	850,000	1	2	0	2	5	5	15
합계		10	10	5	5	80	30	140

㉠ 가장 인기 있는 여행상품은 D이다. 그러나 공장1의 고려사항은 회사에 손해를 줄 수 있으므로, 2박 3일 여행상품이 아닌 1박 2일 여행상품 중 가장 인기 있는 B가 선택된다. 따라서 750,000×140=105,000,000원이 필요하므로 옳다.

㉢ 공장1의 A, B 투표 결과가 바뀐다면 여행상품 A, B의 투표 수가 각각 31, 25표가 되어 선택되는 여행상품이 A로 변경된다.

[오답분석]

㉡ 가장 인기 있는 여행상품은 D이므로 옳지 않다.

19 자료 해석

정답 ②

투자 여부 판단 조건에 대한 인과 및 상관관계를 추가로 정리하면 다음과 같다.
- ii)를 근거로 ㉯가 나타나지 않으면 ㉲는 나타나지 않는다.
- iii)을 근거로 ㉯ 또는 ㉰가 나타나지 않으면 ㉳는 나타나지 않는다.

조건에 따라 이상 징후 발견 여부를 정리하면 다음과 같다.

구분	㉮	㉯	㉰	㉲	㉳
A	○		○	×	×
B	○	○	○	○	
C	○	×	○	×	×
D	×	○	×		
E	×	×	×	×	×

따라서 투자 부적격 기업은 4개 이상의 징후가 발견된 B이다.

20 글의 주제 정답 ②

제시문에서는 환경오염이 급격한 기후변화의 촉매제 역할을 하고 있으며, 이는 농어촌과 식량 자원에 악영향을 미치고 있다고 이야기하고 있다. 따라서 제시문의 주제로 가장 적절한 것은 ②이다.

21 문서 내용 이해 정답 ④

제시문에 따르면 우리나라는 식량의 75% 이상을 해외에서 조달해 오고 있다. 이러한 특성상 기후변화가 계속된다면 식량공급이 어려워져 식량난이 심각해질 수 있다.

오답분석

① 기후변화가 환경오염의 촉매제가 된 것이 아니라, 환경오염이 기후변화의 촉매제가 되었다.
② 알프스나 남극 공기를 포장해 파는 시대가 올지도 모른다는 표현은 그만큼 공기질 저하가 심각하다는 것을 의미한다.
③ 한정된 식량 자원에 의한 굶주림이 일부 저개발 국가에서 일반화되었지만, 저개발 국가에서 인구의 폭발적인 증가가 일어났다고 는 볼 수 없다.
⑤ 친환경적인 안전 먹거리에 대한 수요가 증가하고 있지만 일손 부족 등으로 친환경 먹거리 생산의 대량화는 어렵다. 따라서 식량난의 해결방법이 될 수 없다.

22 윤리 정답 ①

성희롱 문제는 개인적인 문제일 뿐만 아니라 사회적인 문제이기 때문에 제도적인 차원에서의 제재도 필요하다. 따라서 사전에 방지하고 효과적으로 처리하는 방안이 필요하다.

23 맞춤법 정답 ②

오답분석

① 냉냉하다 → 냉랭하다
③ 요컨데 → 요컨대
④ 바램 → 바람
⑤ 뭉뚱거려 → 뭉뚱그려

24 업무 종류 정답 ④

청년들의 해외 취업을 지원하는 프로그램인 K-Move 취업센터 운영은 해외취업국이 담당하므로 외국인력국의 업무로 적절하지 않다.

오답분석

①·②·③·⑤ 외국인력국은 외국인 근로자의 입국을 지원하고, 입국 초기 외국인 근로자를 모니터링하는 등 외국인 근로자의 국내 체류를 돕는다. 또한 외국인 근로자 고용허가제의 일환인 한국어능력시험을 시행하는 등 주로 외국인 근로자의 고용 지원 업무를 담당한다.

25 책임 의식 정답 ⑤

제시문의 '이것'은 기업의 사회적 책임(CSR)을 말한다. 기업이 자사의 직원 복지에 투자하는 것은 기업의 사회적 책임과 관련이 없으며, 사회적 상생을 위한 투자나 지역 발전을 위한 투자 등이 사회적 책임에 해당한다.

26   비용 계산   정답 ③

월요일에는 세미나에 늦지 않게만 도착하면 되므로, 서울역에서 8시에 출발하는 KTX를 이용한다. 수요일에는 최대한 빨리 와야 하므로, 사천공항에서 19시에 출발하는 비행기를 이용한다.

따라서 소요되는 교통비는 65,200(∵ '서울 – 사천' KTX 비용)+22,200(∵ '사천역 – 사천연수원' 택시비)+21,500(∵ '사천연수원 – 사천공항' 택시비)+93,200(∵ '사천 – 서울' 비행기 비용)×0.9=192,780원이다.

27   비용 계산   정답 ④

입사 예정인 신입사원이 총 600명이므로 볼펜 600개와 스케줄러 600권이 필요하다.

A, B, C 세 업체 모두 스케줄러의 구매가격에 따라 특가상품 구매 가능 여부를 판단할 수 있으므로 스케줄러의 가격을 먼저 계산해야 한다.

• A업체 : 25만 원×6=150만 원
• B업체 : 135만 원
• C업체 : 65만 원×2=130만 원

세 도매업체 모두 특가상품 구매 조건을 충족하였으므로 특가상품을 포함해 볼펜의 구매가격을 구하면 다음과 같다.

• A업체 : 25.5만 원(볼펜 300개 특가)+(13만 원×2세트)=51.5만 원
• B업체 : 48만 원(볼펜 600개 특가)
• C업체 : 23.5만 원(볼펜 300개 특가)+(8만 원×3세트)=47.5만 원

업체당 전체 구매가격을 구하면 다음과 같다.

• A업체 : 150만 원+51.5만 원=201.5만 원
• B업체 : 135만 원+48만 원=183만 원
• C업체 : 130만 원+47.5만 원=177.5만 원

따라서 가장 저렴하게 구매할 수 있는 도매업체는 C업체이며, 구매가격은 177.5만 원이다.

28   빈칸 삽입   정답 ③

빈칸의 앞뒤 문맥에 따라 추론하면 기업주의 이익추구에 따른 병폐가 소비자에게 간접적으로 전해진다는 뜻이다. 따라서 빈칸에 들어갈 내용으로 가장 적절한 것은 ③이다.

29   문단 나열   정답 ④

H공단이 아스트로마사와 '차세대 CO_2 분리막 상용화 개발' 협약을 체결하였다는 (라)가 가장 먼저 오고 분리막 생산 공장에 대한 설명을 하는 (다)가 이어져야 한다. 또한, H공단이 개발하고 있는 분리막 기술에 대한 설명을 하는 (가)와 분리막 기술의 장점과 전망을 이야기하고 있는 (나)가 순서대로 이어져야 한다.

30   자료 해석   정답 ③

고객이 A/S를 문의한 시간은 오후 2시 40분이고 30분 후에 센터에 도착하므로, 고객이 A/S를 접수하는 시간대는 15:00 ~ 17:00 이다. 즉, 평균 15분의 대기시간이 걸린다. A/S 절차에 따라 소요시간을 구하면 다음과 같다.

• 접수 : 5분
• 수리기사 배정 : 3분
• 대기 : 15분
• 제품 진단 : 5분
• 제품 수리 : 5분(액정교체)
• 제품 인도 : 5분

따라서 총소요시간은 5+3+15+5+5+5=38분이다.

31 　SWOT 분석　　　　　　　　　　　　　　　　　　　　　　　　　　정답 ④

원가 절감을 위해 해외에 공장을 설립하여 가격 경쟁력을 확보하는 것은 약점을 보완하여 위협을 회피하는 WT전략이다.

[오답분석]
① · ② SO전략은 강점을 활용하여 외부환경의 기회를 포착하는 전략이므로 적절하다.
③ WO전략은 약점을 보완하여 외부환경의 기회를 포착하는 전략이므로 적절하다.
⑤ WT전략은 약점을 보완하여 외부환경의 위협을 회피하는 전략이므로 적절하다.

32 　명제 추론　　　　　　　　　　　　　　　　　　　　　　　　　　정답 ③

김과장은 2주 차 월요일에 단식을 했기 때문에, 1주 차 토요일과 일요일은 반드시 세 끼 식사를 해야 한다. 또한, 목요일은 업무약속으로 점심식사를 했으므로 단식을 할 수 없다. 이를 토대로 1주 차 식사 정보를 정리하면 다음과 같다.

구분	월요일	화요일	수요일	목요일	금요일	토요일	일요일
아침	○		○	○	○	○	○
점심				○		○	○
저녁				○		○	○

• 월요일에 단식을 했을 경우
　화·수요일은 세 끼 식사를 해야 한다. 그러면 금요일이 단식일이 되는데, 이 경우 네 번째 조건을 만족하지 못한다.
• 화요일(아침에 식사)에 단식을 했을 경우
　월·수·목요일은 세 끼 식사를 해야 한다. 그러면 금요일이 단식일이 되는데, 이 경우 네 번째 조건을 만족하지 못한다.
• 화요일(저녁에 식사)에 단식을 했을 경우
　월·수·목요일은 세 끼 식사를 해야 한다. 그러면 금요일이 단식일이고, 아침에 식사를 했으므로 모든 조건을 만족한다.

33 　자료 이해　　　　　　　　　　　　　　　　　　　　　　　　　　정답 ③

남성 합격자 수는 1,003명, 여성 합격자 수는 237명이다. 여성 합격자 수의 5배는 237×5=1,185명이므로 남성 합격자 수는 여성 합격자 수의 5배 미만이다.

[오답분석]
① · ② 제시된 자료를 통해 알 수 있다.
④ (경쟁률)=$\dfrac{(지원자 수)}{(모집정원)}$×100이므로, B집단의 경쟁률은 $\dfrac{585}{370}$×100≒158%이다.
⑤ • C집단 남성의 경쟁률 : $\dfrac{417}{269}$×100≒155%

　　• C집단 여성의 경쟁률 : $\dfrac{375}{269}$×100≒139%

　　따라서 C집단에서는 남성의 경쟁률이 여성의 경쟁률보다 높다.

34 　조직 구조　　　　　　　　　　　　　　　　　　　　　　　　　　정답 ⑤

공식집단의 예로 제시되어 있는 동아리는 비공식집단이며, 비공식집단의 예로 제시되어 있는 임시 위원회는 공식집단의 예이다. 임시 위원회는 지속 기간의 차이에 따라 상설과 임시로 나누어질 뿐이며, 조직의 공식 목표를 위해 조직에서 만든 위원회이므로 공식집단에 속한다.

35 업무 종류
정답 ③

'(가) 비서실 방문'은 브로슈어 인쇄를 위해 미리 파일을 받아야 하므로 '(라) 인쇄소 방문'보다 먼저 이루어져야 한다. '(나) 회의실, 마이크 체크'는 내일 오전 '(마) 업무보고' 전에 준비해야 할 사항이다. 또한, '(다) 케이터링 서비스 예약'은 내일 오후 3시 팀장회의를 위해 준비하는 것이므로 24시간 전인 오늘 오후 3시 이전에 실시하여야 한다. 따라서 업무순서를 정리하면 (다) – (가) – (라) – (나) – (마)가 되는데, 이때 (다)가 (가)보다 먼저 이루어져야 하는 이유는 현재 시각이 오후 2시 50분이기 때문이다. 비서실까지 가는 데 걸리는 시간이 15분이므로 비서실에 갔다 오면 3시가 지난다. 따라서 케이터링 서비스 예약을 먼저 하는 것이 적절하다.

36 근면
정답 ④

[오답분석]

㉠ · ㉢ 외부로부터 강요당한 근면에 해당한다.

37 명제 추론
정답 ③

조건을 바탕으로 할 때 가능한 경우는 다음과 같다.

구분	1교시	2교시	3교시	4교시
경우 1	사회	국어	영어	수학
경우 2	사회	수학	영어	국어
경우 3	수학	사회	영어	국어

따라서 2교시가 수학일 때 1교시는 사회이며, 3교시는 항상 영어임을 알 수 있다.

38 자료 변환
정답 ③

연도별 영업이익과 영업이익률을 정리하면 다음과 같다.

(단위 : 억 원)

구분	2020년	2021년	2022년	2023년	2024년
매출액	1,485	1,630	1,410	1,860	2,055
매출원가	1,360	1,515	1,280	1,675	1,810
판관비	30	34	41	62	38
영업이익	95	81	89	123	207
영업이익률	6.4%	5.0%	6.3%	6.6%	10.1%

따라서 주어진 자료를 나타낸 그래프로 옳은 것은 ③이다.

39 품목 확정
정답 ①

맛과 음식 구성의 점수를 환산하면 다음과 같다.

구분	맛	음식 구성	합계
A호텔	3×5=15점	3×5+1×3=18점	33점
B호텔	2×5+1×3=13점	3×5=15점	28점
C호텔	2×5=10점	3×5+1×3=18점	28점
D호텔	2×5+1×3=13점	3×5=15점	28점
E호텔	3×5+1×3=18점	2×5+1×3=13점	31점

점수가 가장 높은 A호텔은 33점, E호텔은 31점으로 그 차가 3점 이하이다. 따라서 가격 점수를 비교하면 A호텔 18점, E호텔 15점으로 A호텔이 선정된다.

40 ｜ 품목 확정

200만 원 내에서 25명의 식사비용을 내려면 한 사람당 식대가 200만÷25=8만 원 이하여야 한다. 이 조건을 만족하는 곳은 A, D, E호텔이고 총 식사비용은 각각 다음과 같다.

- A호텔 : 73,000×25=1,825,000원
- D호텔 : 77,000×25=1,925,000원
- E호텔 : 75,000×25=1,875,000원

가장 저렴한 A호텔과 E호텔의 가격 차이가 10만 원 이하이므로 맛 점수가 높은 곳으로 선정한다. 따라서 18점으로 맛 점수가 높은 E호텔이 선정된다.

02 ｜ 한국사

41	42	43	44	45	46	47	48	49	50	51	52	53	54	55	56	57	58	59	60
③	①	①	②	④	③	④	②	①	④	②	①	①	③	③	④	④	③	②	②

41

제시문은 신석기 시대의 빗살 무늬 토기에 대해 설명하고 있다. 신석기 시대에는 원형 또는 둥근 방형의 움집을 짓고 살았으며, 집 중앙에는 취사와 난방을 할 수 있는 화덕이 있었다.

오답분석

① 철기 시대에 대한 설명이다.
②·④·⑤ 청동기 시대에 대한 설명이다.

42

제시된 도서는 정약용이 저술하였다. 정약용은 여전론과 정전론을 주장하였고, 과학과 상공업에도 관심을 가져 거중기, 배다리 등을 설계하였다.

오답분석

② 유형원은 균전론을 주장하고, 『반계수록』을 저술하였다.
③ 유수원은 『우서』를 저술하고 사농공상의 직업적 평등화와 전문화를 주장하였다.
④ 이익은 육두론, 폐전론, 한전론 등을 주장하였고, 『성호사설』을 저술하였다.
⑤ 박제가는 절약보다 소비를 권장하고 수레와 선박의 이용을 강조하였으며, 『북학의』를 저술하였다.

43

- (가) 고구려의 장수왕은 한성을 공격하여 백제의 개로왕을 죽이고 한강 유역을 장악하였다(475).
- (나) 금관가야는 전기 가야 연맹을 이끌었으나 신라에 의해 멸망하였고, 일부 왕족들이 신라의 진골로 편입되었다.

따라서 (가)와 (나) 시기 사이에는 백제의 문주왕이 고구려에 의해 한성이 함락되자 웅진으로 천도한 사건이 들어가야 한다.

44

제시문은 화랑도에 대한 설명이다. 진흥왕 때 국가적인 조직으로 정비된 신라의 화랑들은 원광의 세속 5계를 생활 규범으로 삼아 명산대천을 찾아다니며 수련하였다. 대표적인 화랑으로 김유신이 있다.

① 고구려의 장수왕은 지방에 경당을 세워 청소년들에게 한학과 무술을 가르쳤다.
③ 신문왕은 유학 교육 기관인 국학을 설치하여 유교 정치 이념을 확립하고 인재 양성을 통해 왕권을 강화했다. 이후 경덕왕은 국학을 태학감으로 고치고 박사와 조교를 두어 유교 경전을 가르쳤다.
④ 백제는 귀족들의 정사암 회의를 통해 국가의 중요한 일을 결정하였다.
⑤ 신라는 귀족 합의체인 화백 회의를 통해 만장일치제로 국정을 운영하였다.

45 정답 ④

고려의 성종은 신라 6두품 출신의 유학자들을 중용하여 유교 정치 이념을 실현하고자 하였다. 중앙의 5품 이상의 관리들에게 그동안의 정치에 대한 비판과 정책을 건의하는 글을 올리게 하였는데, 이에 최승로는 시무 28조를 올려 불교 행사의 억제와 유교의 발전을 요구하면서 역대 왕들의 치적에 대한 잘못을 평가하여 교훈으로 삼도록 하였다(982). 성종은 최승로의 의견을 받아들여 다양한 제도를 시행하고 통치체제를 정비하였다. 먼저 중앙의 통치 기구를 개편하여 중앙 관제를 정비하고, 12목에 지방관을 파견하여 지방 세력을 견제하였다. 또한 국자감을 설치하고, 지방에 경학박사와 의학박사를 파견하여 유학 교육을 활성화하고자 하였다. 그리고 과거 제도를 정비하고 과거 출신자들을 우대하여 인재들의 적극적인 정치 참여를 유도하였다.

① 최충의 문헌공도를 중심으로 사학 12도가 발전함에 따라 위축된 관학 교육의 진흥을 위해 예종은 국자감을 재정비하여 전문 강좌인 7재와 장학 재단인 양현고를 설치하였다.
② 고려의 태조는 조세 제도를 합리적으로 조정하여 세율을 1/10로 경감하였으며 빈민을 구제하기 위하여 흑창을 설치하였다.
③ 고려 광종 때 후주 출신 쌍기의 건의로 과거제가 시행되어 신진 세력이 등용되었다(958).
⑤ 고려 말 공민왕은 신돈을 등용하고 전민변정도감을 설치하여 권문세족에 의해 점탈된 토지를 돌려주고 억울하게 노비가 된 자를 풀어주는 등 개혁을 단행하였다(1366).

46 정답 ③

최충헌이 설치한 교정도감은 최씨 무신 정권 시기 국정을 총괄하였던 최고 권력 기구이다.

47 정답 ④

제시문은 거란의 침입에 대한 내용이다. 고려는 개경에 나성을 쌓아 도성 주변 수비를 강화하고, 압록강에서 동해안 도련포에 이르는 천리장성을 쌓아 거란과 여진의 침략에 대비하였다. 또한 부처의 힘을 빌려 거란을 물리치기 위해 초조대장경을 간행하였다.

① 고려 숙종 때 여진을 정벌하기 위해 윤관의 건의로 별무반이 조직되었다. 별무반은 신기군, 신보군, 항마군으로 구성되었으며 여진족을 토벌하여 동북 지역에 9성을 쌓았다.
② 몽골의 2차 침입 때 승장 김윤후가 이끄는 민병과 승군이 처인성에서 몽골군에 항전하여 살리타를 사살하고, 몽골군에 승리를 거두었다.
③ 최무선을 중심으로 화통도감을 설치하여 화약과 화포를 제작하였고, 화포를 통해 왜구와의 진포 싸움에서 큰 승리를 거두었다.
⑤ 공민왕 때 쌍성총관부를 공격하여 원나라에 빼앗긴 철령 이북의 땅을 수복하였다.

48 정답 ②

제시문은 강화도의 역사와 관련된 내용이다. 통일 신라에는 강화도에 혈구진이라는 군진을 설치하였다. 고려 시대 최씨 무신 정권은 몽골의 침입에 항전하기 위해 강화도를 임시 수도로 정하였고, 조선 시대에는 임진왜란으로 전주 사고를 제외한 모든 사고가 소실되자, 실록을 다시 인쇄하여 춘추관, 묘향산, 태백산, 오대산, 강화도 마니산에 사고를 설치하고 보관하였다. 또한, 일본은 운요호 사건을 구실로 조선과 최초의 근대적 조약인 강화도 조약을 체결하였다.

① 개항 이후 조선에서는 서울에 육영 공원을 세우고 헐버트 등 미국인 교사를 초빙하여 양반 자제들에게 영어와 신지식을 가르쳤다 (1886).
③ 일제 강점기에 신분 차별을 겪던 백정들은 진주에서 조선 형평사를 조직하고 형평 운동을 전개하였다(1923).
④ 일제 강점기에 조만식 등을 중심으로 평양에서 민족 자본 육성을 통한 경제 자립을 위해 자급자족, 국산품 애용, 소비 절약 등을 내세운 물산 장려 운동이 전개되었다(1920).
⑤ 조선에 대한 러시아의 세력 확장에 불안을 느낀 영국이 거문도를 불법적으로 점령하였다(1885).

49 정답 ①

제시문의 '이 역사서'는 고려 인종의 명을 받아 김부식 등이 편찬한 『삼국사기』로, 현존하는 최고(最古)의 역사서이다. 유교적 합리주의 사관에 기초하여 기전체 형식으로 서술되었으며 신라 계승 의식이 반영되어 있다.

②·④ 원 간섭기인 충렬왕 때 일연이 쓴 『삼국유사』는 불교사를 중심으로 고대의 민간 설화 등을 함께 수록하였으며, 자주적 입장을 표방하여 단군의 건국 이야기를 수록하였다.
③ 조선은 국왕이 죽으면 춘추관을 중심으로 실록청을 설치하고 사관이 기록한 사초와 시정기 등을 정리하여 편년체 형식으로 실록을 편찬하였다.
⑤ 이규보의 『동명왕편』은 고구려를 건국한 동명왕의 업적을 서사시 형태로 서술하였다.

50 정답 ④

(나) 신문왕 때 관료전 지급으로 폐지되었던 녹읍이 경덕왕 때 부활하였다(757).
(가) 고려의 관리를 대상으로 한 토지 제도인 전시과는 관품과 인품을 기준으로 직관, 산관에게 토지를 제공하였으며, 경종 원년에 처음 실시되었다(976).
(라) 고려 말 신진 사대부들은 관리의 경제적 기반을 마련하고 국가의 재정을 유지하기 위해 과전법을 실시하였다(1391).
(다) 기존의 과전법은 전·현직 관리에게 지급되었고, 수신전과 휼양전의 명목으로 세습까지 가능하였다. 이로 인해 지급할 토지가 부족해지자 세조 때 직전법을 실시하여 현직 관리에게만 토지를 지급하였다(1466).

51 정답 ②

제시문은 헌병 경찰제도에 대한 설명으로, 1910년대의 통치 방식이다. 조선어, 조선역사 과목이 폐지된 것은 1930년 이후 민족 말살 통치 기간의 교육정책이고, 1910년대에는 역사·지리 과목은 존재했지만 교육이 사실상 금지되었다.

52 정답 ①

② 외역전은 고려 시대 향리에게 지급한 영업전이다.
③ 구분전은 하급 관리나 군인들의 유가족의 생계를 보장해 주기 위해 지급한 토지이다.
④ 개정 전시과는 전·현직 관직자의 관품만을 고려하여 지급하였다. 관품과 함께 인품까지 고려한 것은 역분전이다.
⑤ 내장전은 왕실의 경비 마련을 위해 왕실의 재정 담당인 내장택에 속해 있던 토지이다.

53 정답 ①

(가) 고려 목종 12년(1009)에 강조가 목종을 폐위시킨 뒤 살해하고 현종을 옹립하였다.
(나) 12세기 초 계속되는 여진의 침입으로 윤관은 숙종에게 별무반을 편성할 것을 건의하였고, 숙종은 윤관의 건의를 받아들여 별무반을 조직하였다(1104). 윤관은 별무반을 이끌고 여진족을 물리친 후 함경도 지역에 동북 9성을 축조하였다(1107, 예종).

(다) 1170년 정중부를 중심으로 한 무신들이 무(武)를 천시하는 시대적 상황에 불만을 품고 의종의 이궁(離宮)인 보현원에서 문신들을 살해한 사건이 일어났다. 이를 계기로 무신 정변이 시작되었다.

(라) 무신정권의 군사적 기반이었던 삼별초는 배중손을 중심으로 강화도에서 진도로, 진도에서 제주도로 근거지를 옮겨가면서 1273년 여·몽 연합군에 의해 전멸될 때까지 항쟁을 계속하였다.

54
정답 ③

임진왜란 이후 조선에서는 새로운 군사 조직의 필요성을 느껴 훈련도감을 설치하였다. 훈련도감은 포수, 사수, 살수의 삼수병으로 편제되었다. 이들은 장기간 근무를 하고 급료를 받는 상비군으로, 의무병이 아닌 직업 군인의 성격을 가지고 있었다.

55
정답 ③

불을 이용하고 언어를 구사하게 된 것은 신석기 시대가 아니라 구석기 시대부터이다.

오답분석

④ 청동기 시대에 벼농사가 시작되었다는 것은 여주 흔암리 유적과 충남 부여 송국리의 탄화미 유적으로 알 수 있다.

56
정답 ④

광군사는 고려 시대 광군을 통제하던 관서로, 정종 때 개경에 설치되었다.

57
정답 ④

(가)는 1972년 7·4 남북 공동 성명이고, (나)는 2000년 6·15 남북 공동 선언이다. 6·15 남북 공동 선언은 분단 이후 처음으로 남북의 정상이 평양에서 만나 합의한 것이다.

오답분석

① 7·4 남북 공동 성명의 내용이다.

② 7·4 남북 공동 성명은 자주, 평화, 민족적 대단결이라는 통일 원칙에 합의하여 이를 실천하기 위해 남북조절 위원회를 설치하였다.

③ 6·15 남북 공동 선언의 내용이다. 공동 선언에서 남과 북은 경제 협력을 통해 민족의 신뢰를 구축하기로 합의하였다.

⑤ 7·4 남북 공동 성명이 발표된 이후 남한은 유신 헌법이 발표되고, 북한에서는 사회주의 헌법이 제정되어 각각 정치권력 강화에 이용되었다.

58
정답 ③

만주 지역에서 활동하던 독립군 부대는 1920년 봉오동에서 홍범도 등의 연합부대를 이끌고 일본 군대를 기습하여 큰 승리를 거두었다. 이어 홍범도, 김좌진 등의 연합부대가 다시 청산리 전투에서도 승리를 거두었다. 이에 대한 보복으로 일제는 만주지역 주민들을 대거 학살하는 간도 참변을 일으켰고, 결국 독립군은 자유시로 피신하였다.

오답분석

① 1925년 자유시로 피신했던 독립군이 만주로 복귀하자 일제가 만주 군벌과 체결한 협약이다.

② 1931년의 일이다.

④ 독립군의 자유시 집결은 사회주의 확산과 직접적인 관련이 없다.

⑤ 1910년대 후반의 일이다.

59

대한민국 임시 정부는 1920년대 중엽을 고비로 활동에 어려움을 겪게 되었다. 일제의 집요한 감시와 탄압으로 연통제와 교통국의 조직이 철저하게 파괴되었고, 이로 인해 국내로부터의 지원이 대폭 줄어들어 자금난과 인력난을 겪게 되었다. 또한 사회주의 사상이 유입되면서 이념의 갈등이 증폭되었고 투쟁 방법에 있어서도 무장 투쟁론, 외교 독립론, 실력 양성론 등으로 대립되었다. 이를 극복하기 위하여 상하이에서 국민대표회의(1923)가 열렸으나, 창조파와 개조파로 갈라져 대립이 심화되었다.

60

(가)는 가쓰라·태프트 밀약, (나)는 일·영 동맹, (다)는 포츠머스 조약이다. 이들 조약은 일본과 청이 맺은 시모노세키 조약과 더불어 일본의 한국 종주권을 인정하는 국제 협약들이다. 또한 (가) ~ (다)는 1904년에서 1905년 사이에 맺어지면서 을사늑약 체결의 배경이 되기도 하였다.

오답분석

① 남한 대토벌(1909)과 관련된 내용이다.
③ 대한제국(1897)과 관련된 내용이다.
④ 국권피탈(1910)과 관련된 내용이다.
⑤ 독립협회(1896 ~ 1898)와 관련된 내용이다.

03   영어

61	62	63	64	65	66	67	68	69	70	71	72	73	74	75	76	77	78	79	80
④	②	⑤	②	③	②	④	②	④	③	①	②	④	③	⑤	④	①	④	⑤	④

61

A가 탈춤은 한국의 혼을 나타낸다고 하였으므로 ④가 적절하다.

| 해석 |

A : 한국 탈춤꾼들을 보는 것은 대단히 즐겁습니다.
B : 오, 정말인가요? 그들을 보는 것은 즐겁죠, 그렇지 않나요?
A : 그렇습니다. 그 춤들은 정말로 한국의 혼을 나타내는군요.
B : 맞습니다.

62

주어진 대화에서 'come back up to the surface slowly and don't hold your breath'는 '천천히 수면 위로 올라와서 숨을 참지 마.'라는 뜻이므로 A가 배우고 있는 것은 'scuba diving'임을 알 수 있다.

| 해석 |

A : 기억해. 천천히 수면 위로 올라와서 숨을 참지 마.
B : 네, 혹시 너무 빨리 올라오면 어떻게 되나요?
A : 폐가 아플 거야. 시도하지 마. 매우 고통스러울 거야!

63

정답 ⑤

제시된 문장의 주어인 미 소아과 학회가 부모에게 그들의 자녀와 더 많은 시간을 보내기 위해 TV시청에 대해 어떤 제안을 할지 유추해 본다면 TV시청을 'curb(제한한다, 억제하다)'하라는 내용이 적절하다.

[오답분석]

① 팽배하다, 승리하다
② 완전히 이해하다, 동화되다
③ 수여하다
④ 판독하다, 해독하다

| 해석 |

미 소아과 학회는 실제로 더 많은 시간을 그들의 자녀들과 이야기 하도록 하기 위해 부모들이 그들 자신의 TV시청을 제한할 것을 제안한다.

| 어휘 |

• pediatric : 소아과(학)의

64

정답 ②

앞서 Knute Rockne가 고무적 연설로 명성이 높았다는 정보가 제공되었고 부사 likewise를 통해 Vince Lombardi도 Knute와 비슷한 이유로 유명했다는 것을 알 수 있다. 따라서 빈칸에는 'pep talks'과 비슷한 단어가 들어가야 하며, 빈칸 뒤에 제시되는 인용문을 통해 'eloquence(웅변)'임을 알 수 있다.

[오답분석]

① 탐욕
③ 질투, 시기
④ 전개, 배치
⑤ 압박, 억제

| 해석 |

Notre Dame 대학의 유명한 축구 코치인 Knute Rockne(1988-1931)는, 그가 코치를 하는 것으로 유명했던 것만큼 아마도 그의 고무적인 격려 연설로도 잘 알려져 있을 것이다. 마찬가지로 Vince Lombardi는 뉴욕 자이언츠와 그린베이패커스의 코치로 저명했는데, 그의 웅변으로 잘 알려져 있었다. Lombardi는 현재 유명한 "이기는 것은 모든 것이 아니다, 오직 유일한 것이다."라는 말로 명성이 높다.

| 어휘 |

• be well known for : ~ 로 잘 알려져 있다
• pep talk : 격려(응원)연설
• be credited with : ~ 로 명성이 높다, 인정받다

65

정답 ③

제시문은 평화롭고 편안한 사람들은 긍정적 · 부정적 기분이 잠깐 있다 사라진다는 점을 이해하고 '세상은 다 그러기 마련이다.'라며 지나간다는 내용이다. 따라서 이런 사람들이 지나가는 감정들은 피할 수 없다는 것을 받아들이고 있다는 의미의 'inevitability(불가피함)'이 가장 적절하다.

[오답분석]

① 복수, 앙갚음
② 게으름
④ 싫음, 꺼림
⑤ 축출, 제명, 방출

당신이 평화롭고 편안한 사람들을 관찰해 보면, 그들은 기분이 좋을 때 매우 감사해 한다는 것을 알 수 있다. 그들은 긍정적이고 부정적인 감정들은 모두 잠깐 있다 사라진다는 것과 그들이 기분 좋지 않을 때가 올 것이라는 것도 이해한다. 행복한 사람들에게는 이것은 아무렇지도 않은 것이다. 세상은 다 그러기 마련이니까. 그들은 지나가는 감정들이 <u>불가피하다는</u> 것을 받아들인다.

- observe : 보다, 관찰하다
- grateful : 감사하는
- It's the way of things. : 그게 세상의 이치이다.

66

정답 ②

'vanguard'는 '선봉'이라는 의미이다. 따라서 이와 가장 유사한 단어는 '최전선'이라는 뜻을 가진 'forefront'이다.

오답분석

① 혼란
③ 보호
④ 반대
⑤ 준비

운동에 참여한 학생들은 그들이 혁명의 <u>선봉</u>에 있다고 생각하도록 기만당했다.

67

정답 ④

제시된 안내문의 마지막 부분에 음식과 음료수 반입이 허용되지 않는다고(not allowed) 나와 있다.

〈학교 수영장〉

- 모든 학생에게 개방한다.
- 개방 시간 : 오전 9시부터 오후 5시까지
- 샤워룸과 사물함을 사용할 수 있다.
- 음식과 음료수 반입은 허용하지 않는다.

- available : 사용 가능한
- allow : 허용하다

68

정답 ②

제시된 단어의 의미는 '거절하다'로, 이와 반대되는 '받아들이다'의 의미를 가진 단어는 ②이다.

오답분석

① 거절하다
③ 집행하다
④ 보장하다
⑤ 훔치다

69

정답 ④

제시된 단어의 의미는 '모으다'로, 이와 반대되는 '흩뿌리다'의 의미를 가진 단어는 ④이다.

[오답분석]

① 모으다

② 완료하다

③ 결론을 내리다

⑤ 평가하다

70

정답 ③

제시된 단어의 의미는 '결핍'으로, 이와 반대되는 '풍부'의 의미를 가진 단어는 ③이다.

[오답분석]

① 선반

② 무더기

④ 비용

⑤ 공급

71

정답 ①

밑줄 친 단어는 '결탁하다'는 의미로 사용되었다. 따라서 가장 적절한 단어는 'collaborate'이다.

| 해석 |

> 정부는 제조업체들이 제품을 미성년자에게 판매하기 위해 결탁했다고 결론 내렸다.

72

정답 ②

제시문에 따르면 다양한 문화가 섞여 있는 경우, 어떤 문화에서만 공유되는 추정에 대한 의존 때문에 그 문화에서는 통용되는 농담이 다른 문화에 속하는 사람에게는 매우 형편없이 전해진다고 하는 것이 적절하다. 따라서 'well'을 'badly'로 고쳐야 한다.

| 해석 |

> 사람들은 똑같은 방식으로 웃지만, 그들이 반드시 똑같은 것에 대해 웃는 것은 아니라고 한다. 이것이 단일 공동체에 적용된다면, 다양한 사회에서 사는 사람들에게는 훨씬 더 많이 적용된다. 왜냐하면 사람들이 재미있다고 느끼는 주제와 농담을 하기에 적절하다고 여기는 경우가 문화마다 매우 다양할 수 있기 때문이다. 바보 같아 보이는 행동과 관련된 어떤 스타일의 유머는 어느 곳에서든지 웃음을 자아내는 것으로 보장된다. 그러나 공유되는 추정에 대한 의존 때문에 대부분의 농담은 매우 잘(→ 형편없이) 전해진다. 이것은 특히 언어유희가 포함된 농담의 경우에서 눈에 띈다. 그러한 농담은 어려운데, 사실 어떤 경우에는 다른 언어로 번역하기가 불가능하다. 그래서 이러한 이유 때문에 외국인에게 농담을 말하려는 사람들의 시도가 자주 종종 멍하니 응시하는 것에 부딪히게 된다.

| 어휘 |

• amusing : 재미있는

• reliance : 의지

• assumption : 가정

• noticeable : 눈에 띄는

• play on words : 말장난, 언어유희

• blank stare : 멍한 응시, 의아한 눈초리

73

'비민주적'이라는 의미와 같은 맥락에서 'unselfish'는 적절하지 않다. 따라서 'unselfish'를 'selfish'로 고쳐야 한다.

| 해석 |

전통적인 미국인의 견해는 울타리가 미국의 풍경에서는 부적절하다는 것이었다. 이러한 개념은 19세기에 미국의 풍경에 대한 글에서 반복적으로 나타났다. 저자들은 잇따라 "부서진 병으로 덮인 심하게 모욕적으로 냉대하는 영국인들의 큰 장벽"을 비난했다. 미국의 첫 번째 근교의 조망에 상당한 영향을 끼쳤던 초기 조경사인 Frank J. Scott는 조경에서 울타리를 없애기 위해서 쉼 없이 일했다. 1870년에 쓴 글에서 그는 자연의 자유로운 우아함에 대한 이웃들의 경관을 좁히는 것이 이타적(→ 이기적)이고 비민주적이라고 주장했다. 오늘날 사실상 개방과 환영의 몸짓으로 모든 잔디가 거리에 솟아오르고 있는 미국의 근교를 운전하는 것은 그러한 경치가 얼마나 완전히 승리해 왔는지를 보는 것이다.

| 어휘 |
- out of place : 부적절한
- landscape : 경치, 조경
- notion : 관념
- turn up : 나타나다
- insultingly : 모욕적으로
- inhospitable : 냉랭한, 푸대접하는
- suburb : 교외
- tirelessly : 쉼 없이
- undemocratic : 비민주적인

74

제시문은 성공적인 면접이 세 가지 기본적인 단계를 따른다는 내용이므로 글의 주제는 '성공적인 면접의 3단계'이다.

[오답분석]
① 취업에 대한 당신의 헌신을 보여주는 방법
② 면접을 하는 동안의 긍정적 태도
④ 면접을 하는 동안 당신의 능력을 보여주는 것의 중요성
⑤ 눈을 마주치고 미소 짓는 방법

| 해석 |

가장 성공적인 면접은 세 가지 기본 단계들을 따른다. 만약 당신이 그 단계들을 안다면, 당신은 당신의 취업 기회를 높이는 것이다. 첫 번째 단계는 약 3분간 지속되고 당신이 처음 자신을 소개할 때 일어난다. 이 3분 내에, 당신은 당신이 다른 사람들과 친하고 편하다는 것을 보여야 한다. 이때는 굳게 악수하고, 눈을 마주치고, 그리고 미소 지을 때이다. 두 번째 단계 동안에 당신은 당신의 기술과 능력을 설명해야 한다. 이때는 당신의 고용주에게 바로 얼마나 당신이 유능한지를 보여줄 기회이다. 세 번째 단계는 비록 그것이 단지 1분 또는 2분만 지속되더라도 그 면접의 마지막에 온다. 이 단계는 여전히 중요하다. 고용주가 "연락드릴게요."라고 말할 때, 당신은 "괜찮으시다면 며칠 후에 제가 다시 연락드리겠습니다."와 같은 말을 해야 한다. 이와 같은 언급은 취업에 대한 당신의 헌신을 나타낸다.

| 어휘 |
- demonstrate : 시범 보이다, 증명하다
- at ease : 마음이 편안한
- be in touch : 연락하다, 연락하고 지내다
- check back : 다시 연락하다

75

제시문은 아인슈타인의 수학적 모델이 우주에 대한 잘못된 가정에 기초하고 있었지만, 결국 "우주 상수"라는 개념은 존재할지도 모른다는 내용의 글이다. 따라서 "우주 상수"는 비록 오류에서 비롯되었지만, 실제로 우주를 묘사하는 데 한 역할을 할 수도 있다는 것이 제시문의 주제이다.

[오답분석]
① 허블의 관찰이 상대성 이론을 심각하게 손상시켰다.
② 아인슈타인의 가장 중요한 발견들 중 하나는 우주 상수이다.
③ 아인슈타인의 상대성 이론은 근본적으로 흠이 있다.
④ 오늘날 물리학자들은 여전히 우주를 묘사하기 위해 아인슈타인의 우주 상수를 사용한다.

l 해석 l

비록 알베르트 아인슈타인의 상대성 이론이 물리학에 변혁을 일으켰지만 그의 수학적 모델은 우주가 고정되어 있다는 – 모든 요소가 시간과 공간에 고정되어 있다는 – 잘못된 가정에 기초하고 있었다. 이 관점을 유지하기 위해, 아인슈타인의 방정식들이 우주를 흐름 속에서 예측했을 때, 그는 소위 우주의 지속성이라는 것을 유지하기 위해 "우주 상수"를 지어냈다. 10년 이내에 천문학자인 에드윈 허블은 우주가 팽창하고 있다는 것을 발견했고, 이것은 아인슈타인이 "우주 상수"라는 개념을 폐기하도록 만들었다. 거의 100년 후에, 물리학자들은 일부 알려지지 않은 힘이 분명히 우주를 떠밀어내고 있다는 것을 발견했고, 몇몇 과학자들을 아인슈타인의 "우주 상수"가 실제로 존재할지도 모른다는 결론에 이르도록 이끌어 냈다.

l 어휘 l
• revolutionize : 변혁을 일으키다
• static : 고정된, 정적인
• equation : 방정식
• flux : 유동, 흐름
• cosmological constant : 우주 상수
• constancy : 지속성
• push apart : 떠밀다
• make use of : ~을 이용하다
• derive : 끌어내다, ~에서 비롯되다

[76~77]

l 해석 l

봄날이었고, 교외 지역의 초등학교에 몇몇 6학년 소년들이 운동장에서 놀고 있었다. 그들은 근사한 새로운 장난을 발견했다. 그들 중 한 명이 어떤 이의 뒤에서 무릎을 꿇고 다른 한 명이 그 사람을 밀어 넘기는 것이었다. 그 장난이 (a) Anna에게 완벽하게 효과가 있었다. 그녀는 쉽게 넘어졌다. 그녀는 다쳤고, 울고 있었다. 그 과정 속에서 (b) 그녀는 손목이 부러졌다. 운동장 담당 직원이 동요하는 소년들을 교장 선생님에게 데려갔다.
교장 선생님은 그들이 놀고 있던 중이었고 심각한 부상을 초래할 의도가 아니었다는 점을 이해하지만 실제로 그들은 행동을 했다는 말로 시작했다. 그녀는 그 소녀가 몇 주 동안 깁스를 해야 하고 이제 많은 일상적인 일들이 (c) 그녀에게 더 어려워질 거라고 설명했다. 그녀는 그 소녀가 플루트를 연주했고, 이제 봄에 열리는 콘서트에서 연주를 못하게 될 것이라는 점을 지적했다. (d) 그녀가 (말을) 끝마칠 무렵에, 그 소년들은 울면서 그들이 했던 일에 대해 매우 미안해했다. 교장은 또한, 비록 그들이 반성하고 그러한 해를 끼칠 의도가 아니었다는 것을 알고 있을지라도, 정학이 그 상황의 심각성을 공동체의 모든 사람에게 알리기 위해 필요하다고 생각한다는 점을 그들에게 설명하면서 그 소년들을 하루 동안 정학시켰다. 그 소년들은 자발적으로 (e) 그 소녀에게 꽃을 가져다주었고 그녀를 다치게 한 것에 대해 사과했다.

- suburban : 교외 지역의
- fool around : 빈둥빈둥 놀다
- trick : 장난
- kneel down : 무릎을 꿇다
- in the process : 그러는 과정 속에서
- shaken : 충격을 받은, 겁먹은
- wear a cast : 깁스를 하다
- seriousness : 심각함

76
정답 ④

(a), (b), (c), (e)는 Anna를 가리키고, (d)는 교장 선생님을 가리킨다.

77
정답 ①

제시문에 따르면 비록 의도성을 가지고 소녀를 다치게 한 것이 아님에도 불구하고 하루 동안 학생들에게 정학 처분을 내린 교장의 결정을 통해 자신의 행동이 그 상황에 미치는 것에 대한 책임을 갖게 하고자 한다. 따라서 '자신의 행동에 책임지기'가 제목으로 가장 적절하다.

오답분석
② 학생들의 사적인 영역을 존중하기
③ 자아 존중의 중요성
④ 어린 시절 가족의 역할
⑤ 의심의 부정적 결과

78
정답 ④

제시문은 음악이 감정 전달을 통해 언어처럼 인간의 의사소통 방식이 될 수 있다는 내용이다. 하지만 ④는 음악이 감정 전달이 아닌 정보 전달을 한다는 내용이므로 적절하지 않다.

| 해석 |

음악이 실제로 언어냐 아니냐 하는 것이 때때로 열띤 철학적 토론의 주제이기는 했어도, 음악은 언어라고 불려 왔다. 그것은 사용되는 정의에 달려 있다. 만일 '언어'를 개념이 상징화되고 전달될 수 있는 수단을 의미한다고 여긴다면, 확실히 음악은 그렇지 않다. 음악은 '언덕 위에 있는 집에는 침실이 세 개 있다.'라는 생각을 표현할 수 없다. 하지만 음악은 그것을 작곡하고, 연주하고, 듣는 사람들에게는 대체로 일관된 감정 반응을 자아낼 수 있다. (음악이 우리 청각의 자극제이기 때문에, 음악은 정보를 전달하는 것을 할 수 있고, 필연적으로 그러한 것이 분명하다.) 그러므로 대체로 언어와 음악 둘 다 소리의 흐름을 통해 발생하는 인간의 의사소통 형식이라는 점에서 공통점이 있다. 그리고 두 가지 경우 모두, 이 흐름들은 '덩어리로 나뉘어' 인지된다.

79

정답 ⑤

제시문에 따르면 가뭄으로 인해 호수의 물이 줄고, 수력 발전이 줄어들자 전기료가 인상되어 우간다 사람들은 전기를 대체할 연료로 나무를 사용하였다. 결국 지나친 벌목이 토양의 질을 하락시켜 식량 문제가 도래한 것이다. 보기의 문장은 부분의 앞 내용을 정리하고 있으며, 마지막 문장은 전체 내용을 정리하는 결론이다. 따라서 주어진 문장이 들어갈 가장 적절한 곳은 ⑤이다.

| 해석 |

> 개별적인 자원 문제 이외에도, 에너지, 식량, 물 사이의 관련성이 증가하고 있다. 그 결과 한 분야의 문제들이 다른 분야로 퍼져나가, 의존성의 파괴적 순환을 만들어 낼 수 있다. 예를 들어 우간다는 2004년과 2005년에 식량 공급을 위협하는 긴 가뭄을 겪었다. 그 나라는 거대한 빅토리아 호수에서 너무 많은 물을 사용하여 수위가 1미터까지 떨어졌고, 우간다는 그 호수에서의 수력 발전을 줄였다. 전기료는 거의 두 배가 되었고, 그래서 우간다 사람들은 연료로 더 많은 나무를 사용하기 시작했다. 사람들은 숲을 심하게 벌목해 갔고, 이는 토양의 질을 저하시켰다. 식량원에 대한 위협으로 시작된 가뭄이 전기 문제가 되었고, 결국 훨씬 더 심각한 식량 문제가 된 것이다. 이런 순환은 결국에는 모든 주민에게 있어 정치 불안과 재난으로 끝날 수 있다.

80

정답 ④

밑줄 친 부분의 앞 문장은 그의 사업이 이익을 내지 못하고 있다는 내용이다. 따라서 그 사업은 곧 망하게 될 것이므로 'go under'의 의미를 추론할 수 있다. 따라서 이와 뜻이 가장 가까운 것은 'become bankrupt(파산하다)'이다.

[오답분석]

① 유명해지다
② 본전치기를 하다
③ 감소하다
⑤ 사업에 착수하다

| 해석 |

> 오늘날의 기업 풍토에서 당신은 다른 사람들이 아직 생각하지 못한 아이디어를 제시할 만큼 영리해져야 한다. 유기농 사과 농부인 내 친구 김씨를 보라. 5년 전 그의 사업은 이윤을 내지 못하고 있었다. 그것은 막 도산할 참이었다. 그러더니 유기농 과일이 정말로 유행했다. 갑자기 모두가 그의 유기농 사과를 사고 싶어 하는 것처럼 보였다. 그는 그 뒤 새로운 무언가를 시도할 결심을 했다. 그는 우편 주문 사업을 시작했고, 그의 고객들이 그의 사과를 집에서 주문하고 그것들을 빨리 받을 수 있게 되었다. 판매는 날아올랐고 김씨는 훨씬 더 많은 돈을 벌었다. 이제 그는 일찍 은퇴하는 것에 대해 생각하는 중이다.

| 어휘 |

• business climate : 기업 풍토
• come up with : ~을 제시하다, 찾아내다
• make a profit : 이윤을 내다
• catch on : 유행하다

제2회 최종점검 모의고사

01 직업능력

01	02	03	04	05	06	07	08	09	10	11	12	13	14	15	16	17	18	19	20
④	③	④	⑤	②	⑤	④	③	④	③	⑤	④	④	⑤	⑤	③	②	④	④	③
21	22	23	24	25	26	27	28	29	30	31	32	33	34	35	36	37	38	39	40
②	③	③	④	④	②	①	③	②	③	④	③	④	③	③	⑤	③	④	③	③

01 문단 나열 정답 ④

우리나라가 인구 감소시대에 돌입하였다는 문제를 제기하고 있는 (나)가 가장 먼저 와야 하며, 공공재원 확보와 확충의 어려움이라는 문제를 분석한 (라)이 이어지는 것이 자연스럽다. 그다음으로 공공재원의 효율적 활용 방안이라는 문제해결 방법을 제시하고 있는 (가)가 이어져야 하고, 공공재원의 효율적 활용 등에 관한 논의가 필요하다는 향후 과제를 던지는 (다)가 마지막에 와야 한다.

02 어휘 정답 ③

㉠ 제시(提示) : 어떤 의사를 글이나 말로 드러내어 보임
㉡ 표출(表出) : 겉으로 나타냄
㉢ 구현(具縣) : 어떤 내용이 구체적인 사실로 나타나게 함

오답분석

• 표시(表示) : 어떤 사항을 알리는 문구나 기호 따위를 외부에 나타내 보임
• 표명(表明) : 의사, 태도 따위를 분명하게 나타냄
• 실현(實現) : 꿈, 기대 따위를 실제로 이룸

03 SWOT 분석 정답 ④

ㄴ. 간편식 점심에 대한 회사원들의 수요가 증가함에 따라 계절 채소를 이용한 샐러드 런치 메뉴를 출시하는 것은 강점을 통해 기회를 포착하는 SO전략에 해당한다.
ㄹ. 경기 침체로 인한 외식 소비가 위축되고 있는 상황에서 주변 회사와의 제휴를 통해 할인 서비스를 제공하는 것은 약점을 보완하여 위협을 회피하는 WT전략에 해당한다.

오답분석

ㄱ. 다양한 연령층을 고려한 메뉴가 강점에 해당하기는 하지만 샐러드 도시락 가게에서 한식 도시락을 출시하는 것은 적절한 전략으로 볼 수 없다.
ㄷ. 홍보 및 마케팅 전략의 부재가 약점에 해당하므로 약점을 보완하기 위해서는 적극적인 홍보 활동을 펼쳐야 한다. 따라서 홍보 방안보다 먼저 품질 향상 방안을 마련하는 것은 적절한 전략으로 볼 수 없다.

04 　명제 추론

정답 ⑤

먼저 두 번째 조건에 따라 사장은 은지에게 '상'을 주었으므로 나머지 지현과 영희에게 '중' 또는 '하'를 주었음을 알 수 있다. 이때, 인사팀장은 영희에게 사장이 준 점수보다 낮은 점수를 주었다는 네 번째 조건에 따라 사장은 영희에게 '중'을 주었음을 알 수 있다. 따라서 사장은 은지에게 '상', 영희에게 '중', 지현에게 '하'를 주었고, 세 번째 조건에 따라 이사 역시 같은 점수를 주었다. 한편, 사장이 영희 또는 지현에게 회장보다 낮거나 같은 점수를 주었다는 두 번째 조건에 따라 회장이 은지, 영희, 지현에게 줄 수 있는 경우는 다음과 같다.

구분	은지	지현	영희
경우 1	중	하	상
경우 2	하	상	중

또한 인사팀장은 '하'를 준 영희를 제외한 은지와 지현에게 '상' 또는 '중'을 줄 수 있다. 따라서 은지, 영희, 지현이 회장, 사장, 이사, 인사팀장에게 받을 수 있는 점수를 정리하면 다음과 같다.

구분	은지	지현	영희
회장	중	하	상
	하	상	중
사장	상	하	중
이사	상	하	중
인사팀장	상	중	하
	중	상	하

따라서 인사팀장이 은지에게 '상'을 주었다면, 은지는 사장, 이사, 인사팀장 3명에게 '상'을 받으므로 은지가 최종 합격하게 된다.

05 　비용 계산

정답 ②

성과급 지급 기준에 따라 영업팀의 성과를 평가하면 다음과 같다.

구분	성과평가 점수(점)	성과평가 등급	성과급 지급액
1/4분기	$(8\times0.4)+(8\times0.4)+(6\times0.2)=7.6$	C	80만 원
2/4분기	$(8\times0.4)+(6\times0.4)+(8\times0.2)=7.2$	C	80만 원
3/4분기	$(10\times0.4)+(8\times0.4)+(10\times0.2)=9.2$	A	$100+10=110$만 원
4/4분기	$(8\times0.4)+(8\times0.4)+(8\times0.2)=8.0$	B	90만 원

따라서 영업팀에게 1년간 지급된 성과급의 총액은 $80+80+110+90=360$만 원이다.

06 　시간 계획

정답 ⑤

• 헝가리 : 서머타임을 적용해 서울보다 6시간 느리다.
• 호주 : 서머타임을 적용해 서울보다 2시간 빠르다.
• 베이징 : 서울보다 1시간 느리다.
따라서 회의가 가능한 시간은 서울 기준 오후 3 ~ 4시이다.

[오답분석]
① 헝가리가 오전 4시로 업무 시작 전이므로 회의가 불가능하다.
② 헝가리가 오전 5시로 업무 시작 전이므로 회의가 불가능하다.
③ 헝가리가 오전 7시로 업무 시작 전이므로 회의가 불가능하다.
④ 헝가리가 오전 8시로 업무 시작 전이므로 회의가 불가능하다.

07 자료 계산　　　　　　　　　　　　　정답 ④

각 연령대를 기준으로 남성과 여성의 인구비율을 계산하면 다음과 같다.

구분	남성	여성
0 ~ 14세	$\frac{323}{627} \times 100 \fallingdotseq 51.5\%$	$\frac{304}{627} \times 100 \fallingdotseq 48.5\%$
15 ~ 29세	$\frac{453}{905} \times 100 \fallingdotseq 50.1\%$	$\frac{452}{905} \times 100 \fallingdotseq 49.9\%$
30 ~ 44세	$\frac{565}{1,110} \times 100 \fallingdotseq 50.9\%$	$\frac{545}{1,110} \times 100 \fallingdotseq 49.1\%$
45 ~ 59세	$\frac{630}{1,257} \times 100 \fallingdotseq 50.1\%$	$\frac{627}{1,257} \times 100 \fallingdotseq 49.9\%$
60 ~ 74세	$\frac{345}{720} \times 100 \fallingdotseq 47.9\%$	$\frac{375}{720} \times 100 \fallingdotseq 52.1\%$
75세 이상	$\frac{113}{309} \times 100 \fallingdotseq 36.6\%$	$\frac{196}{309} \times 100 \fallingdotseq 63.4\%$

따라서 남성 인구가 40% 이하인 연령대는 75세 이상(36.6%)이며, 여성 인구가 50% 초과 60% 이하인 연령대는 60 ~ 74세(52.1%)이다. 따라서 ㉠, ㉡을 바르게 연결한 것은 ④이다.

08　　자료 이해　　　　　　　　　　　　　정답 ③

2022 ~ 2024년 전년 대비 가정 어린이집을 이용하는 0 ~ 2세 영유아 수는 다음과 같다.
- 2022년 : 222,332−193,412=28,920명 증가
- 2023년 : 269,243−222,332=46,911명 증가
- 2024년 : 298,470−269,243=29,227명 증가

따라서 전년 대비 가정 어린이집을 이용하는 0 ~ 2세 영유아 수는 2023년에 가장 크게 증가했다.

오답분석

① 2021 ~ 2024년 0 ~ 2세와 3 ~ 4세 국·공립 어린이집 이용 영유아 수는 꾸준히 증가하고 있다.
② 2021 ~ 2024년 부모협동 어린이집과 직장 어린이집을 이용하는 영유아 수는 모든 연령대에서 꾸준히 증가하고 있다.
④ 법인 어린이집을 이용하는 5세 이상 영유아 수는 매년 감소하고 있다.
⑤ 매년 3 ~ 4세 영유아가 가장 많이 이용하는 곳을 순서대로 나열한 상위 3곳은 '민간 어린이집, 국·공립 어린이집, 법인 어린이집'이다.

09　　자료 계산　　　　　　　　　　　　　정답 ④

- 2021년 전체 어린이집 이용 영유아 수의 합 : 501,838+422,092+211,521=1,135,451명
- 2024년 전체 어린이집 이용 영유아 수의 합 : 739,332+455,033+154,364=1,348,729명

따라서 2021년과 2024년 전체 어린이집 이용 영유아 수의 차는 1,348,729−1,135,451=213,278명이다.

10　　봉사　　　　　　　　　　　　　　　정답 ③

봉사의 사전적 의미는 자신보다는 남을 위하여 일하는 것으로, 현대 사회의 직업인에게 봉사란 자신보다는 고객의 가치를 최우선으로 하는 서비스 개념이다. MOT마케팅은 소비자와 접촉하는 극히 짧은 결정적 순간(MOT)이 브랜드와 기업에 대한 인상을 좌우하는 극히 중요한 순간이라는 것을 강조하며 전개하는 마케팅이다. 따라서 기업은 그 결정적 순간 동안 최대한의 봉사 역량을 동원하여 고객을 만족시켜주어야 한다.

11 업무 종류

정답 ⑤

현재 시각이 오전 11시이므로 오전 중으로 처리하기로 한 업무를 가장 먼저 처리해야 한다. 따라서 오전 중으로 고객에게 보내기로 한 자료 작성(ㄹ)을 가장 먼저 처리한다. 다음으로 오늘까지 처리해야 하는 업무 두 가지(ㄱ, ㄴ) 중 비품 신청(ㄱ)보다 부서장이 지시한 부서 업무 사항(ㄴ)을 먼저 처리하는 것이 적절하다. 그리고 특별한 상황이 없는 한 개인의 단독 업무보다는 타인·타 부서와 협조된 업무(ㄷ)를 우선적으로 처리해야 한다. 따라서 '고객에게 보내기로 한 자료 작성 – 부서 업무 사항 – 인접 부서의 협조 요청 – 단독 업무인 비품 신청' 순서로 업무를 처리해야 한다.

12 조직 구조

정답 ④

목표의 층위·내용 등에 따라 우선순위가 있을 수는 있지만, 하나씩 순차적으로 처리해야 하는 것은 아니다. 즉, 조직의 목표는 동시에 여러 개가 추구될 수 있다.

13 글의 주제

정답 ④

제시문에서는 금융권, 의료업계, 국세청 등 다양한 영역에서 빅데이터가 활용되고 있는 사례들을 열거하고 있다. 따라서 글의 주제로 가장 적절한 것은 ④이다.

14 자료 계산

정답 ⑤

• 관리직의 구직 대비 구인률 : $\dfrac{993}{2,951} \times 100 ≒ 34\%$

• 음식서비스 관련직의 구직 대비 취업률 : $\dfrac{458}{2,936} \times 100 ≒ 16\%$

따라서 두 비율의 차이는 $34-16=18\%p$이다.

15 자료 이해

정답 ⑤

$733 \times 4 = 2,932 < 3,083$이므로 25% 이하이다. 따라서 ⑤는 옳지 않은 설명이다.

16 인원 선발

정답 ③

각 임직원의 업무평가 항목 평균 점수를 구하면 다음과 같다.

(단위 : 점)

성명	조직기여	대외협력	기획	평균	순위
유시진	58	68	83	69.67	9
최은서	79	98	96	91	1
양현종	84	72	86	80.67	6
오선진	55	91	75	73.67	8
이진영	90	84	97	90.33	2
장수원	78	95	85	86	4
김태균	97	76	72	81.67	5
류현진	69	78	54	67	10
강백호	77	83	66	75.33	7
최재훈	80	94	92	88.67	3

따라서 상위 4명인 최은서, 이진영, 최재훈, 장수원이 해외연수 대상자로 선정된다.

17 인원 선발

정답 ②

업무평가 항목 평균 점수의 내림차순으로 순위를 정리하면 다음과 같다.

(단위 : 점)

성명	조직기여	대외협력	기획	평균	순위
최은서	79	98	96	91	1
이진영	90	84	97	90.33	2
최재훈	80	94	92	88.67	3
장수원	78	95	85	86	4
김태균	97	76	72	81.67	5
양현종	84	72	86	80.67	6
강백호	77	83	66	75.33	7
오선진	55	91	75	73.67	8
유시진	58	68	83	69.67	9
류현진	69	78	54	67	10

따라서 오선진은 8위로 해외연수 대상자가 될 수 없다.

18 규칙 적용

정답 ④

'KS90101-2'는 아동용 10kg 이하의 자전거로, 109동 101호 입주민이 2번째로 등록한 자전거이다.

오답분석

① 등록순서를 제외한 일련번호는 7자리로 구성되어야 하며, 종류와 무게 구분 번호의 자리가 서로 바뀌어야 한다.
② 등록순서를 제외한 일련번호는 7자리로 구성되어야 한다.
③ 자전거 무게를 구분하는 두 번째 자리에는 L, M, S 중 하나만 올 수 있다.
⑤ 등록순서는 1자리로 기재해야 한다.

19 규칙 적용

정답 ④

마지막 숫자는 동일 세대주가 자전거를 등록한 순서를 나타내므로 해당 자전거는 2번째로 등록한 자전거임을 알 수 있다. 따라서 자전거를 2대 이상 등록한 입주민의 자전거이다.

오답분석

① 'T'를 통해 산악용 자전거임을 알 수 있다.
② 'M'을 통해 자전거의 무게는 10kg 초과 20kg 미만임을 알 수 있다.
③ 104동 1205호에 거주하는 입주민의 자전거이다.
⑤ 자전거 등록대수 제한에 대한 정보는 나와 있지 않다.

20 내용 추론

정답 ③

제시문에서는 자동화와 같이 과학 기술의 이면을 바라보지 못하고 장점만을 생각하는 것을 고정관념이라고 한다. 구구단의 경우 실생활에 도움이 되며, 그것이 고정관념이라고 할 만한 뚜렷한 반례는 없다.

오답분석

① 행복은 물질과 비례하는 것이 아닌데 비례할 것이라고 믿고 있는 경우이다.
② 저가의 물건보다 고가의 물건이 반드시 질이 좋다고 할 수는 없다.
④ 경제 상황에 따라 저축보다 소비가 미덕이 되는 경우도 있다.
⑤ 아파트가 전통가옥보다 삶의 편의는 제공할 수 있지만 반드시 삶의 질을 높여 준다고 보기는 힘들다.

21   내용 추론   정답 ②

제시문에서는 기계화·정보화의 긍정적인 측면보다는 부정적인 측면을 부각하고 있으며, 이는 기계화·정보화가 인간의 삶의 질 개선에 기여하고 있는 점을 경시하는 것이다.

22   근면   정답 ③

직장에서의 근면한 생활을 위해서는 B사원과 같이 일에 지장이 없도록 항상 건강관리에 유의해야 하며, C대리와 같이 오늘 할 일을 내일로 미루지 않고, 업무 시간에 개인적인 일을 하지 않아야 한다.

오답분석

· A사원 : 항상 일을 배우는 자세로 임하여 열심히 해야 한다.
· D대리 : 사무실 내에서 메신저 등을 통해 사적인 대화를 나누지 않아야 한다.

23   응용 수리   정답 ③

A소금물에 첨가한 물의 양은 ag, 버린 B소금물의 양은 bg이라고 하자. 늘어난 A소금물과 줄어든 B소금물을 합친 소금물의 양은 500g이다. 또한 합쳐진 소금물의 농도는 10%라고 하였으므로 다음 식이 성립한다.
$(200+a)+(300-b)=500 \rightarrow a-b=0 \cdots \bigcirc$
$(200 \times 0.1)+(300-b) \times 0.2=500 \times 0.1 \rightarrow 20+60-0.2b=50 \rightarrow 0.2b=30 \rightarrow b=150 \cdots \bigcirc$
따라서 $\bigcirc$을 $\bigcirc$에 대입하면 $a=150$이므로, A소금물에 첨가한 물의 양은 150g이다.

24   조직 구조   정답 ④

항공보안교육을 반드시 이수해야 하는 교육대상자는 보안검색감독자, 보안검색요원, 장비유지보수요원이다. 보안검색팀의 경우 보안검색 협력사를 관리하고, 보안검색을 감독하는 업무를 담당하고 있으므로 보안검색요원은 보안검색요원교육을, 보안검색감독 자는 보안검색감독자교육을 반드시 이수해야 한다. 또한, 보안장비팀은 항공보안장비를 구매하고 유지·관리하는 업무를 담당하므로 장비유지보수요원은 반드시 장비유지보수교육을 이수해야 한다. 따라서 항공보안교육을 반드시 이수해야 하는 팀은 보안검색팀 과 보안장비팀이다.

25   윤리   정답 ④

제시된 일화는 민주 시민으로서 기본적으로 지켜야 하는 의무와 생활 자세인 '준법정신'에 대한 사례이다. 사회가 유지되기 위해서는 준법정신이 필요한 것처럼 직장생활에서도 조직의 운영을 위해 준법정신이 필요하다.

오답분석

① 봉사(서비스)에 대한 설명이다.
② 근면에 대한 설명이다.
③ 책임에 대한 설명이다.
⑤ 정직과 신용에 대한 설명이다.

26 비용 계산

정답 ②

X산지와 Y산지의 배추의 재배원가에 대하여 각 유통 과정에 따른 판매가격을 계산하면 다음과 같다.

구분	X산지	Y산지
재배원가	1,000원	1,500원
산지 → 경매인	1,000×(1+0.2)=1,200원	1,500×(1+0.1)=1,650원
경매인 → 도매상인	1,200×(1+0.25)=1,500원	1,650×(1+0.1)=1,815원
도매상인 → 마트	1,500×(1+0.3)=1,950원	1,815×(1+0.1)=1,996.5≒1,997원

따라서 X산지에서 재배한 배추를 구매해야 하며, 최종적으로 H마트에서 배추 한 포기당 얻는 수익은 3,000-1,950=1,050원이다.

27 품목 확정

정답 ①

업체들의 항목별 가중치 미반영 점수를 도출한 후, 가중치를 적용하여 선정 점수를 도출하면 다음 표와 같다.

(단위 : 점)

구분	납품품질 점수	가격경쟁력 점수	직원 규모 점수	가중치 반영 선정 점수
A업체	90	90	90	(90×0.4)+(90×0.3)+(90×0.3)=90
B업체	80	100	90	(80×0.4)+(100×0.3)+(90×0.3)=89
C업체	70	100	80	(70×0.4)+(100×0.3)+(80×0.3)=82
D업체	100	70	80	(100×0.4)+(70×0.3)+(80×0.3)=85
E업체	90	80	100	(90×0.4)+(80×0.3)+(100×0.3)=90

따라서 선정 점수가 가장 높은 업체는 90점을 받은 A업체와 E업체이며, 이 중 가격경쟁력 점수가 더 높은 A업체가 선정된다.

28 빈칸 삽입

정답 ③

제시문에 따르면 개별존재로서 생명의 권리를 갖기 위해서는 개별존재로서 생존을 지속시키고자 하는 욕망을 가질 수 있어야 하며, 이를 위해서 자신을 일정한 시기에 걸쳐 존재하는 개별존재로서 파악해야 한다. 따라서 '자신을 일정한 시기에 걸쳐 존재하는 개별존재로서 파악할 수 있는 존재만이 생명에 대한 권리를 가질 수 있다.'는 빈칸 앞의 결론을 도출하기 위해서는 개별존재로서 생존을 지속시키고자 하는 욕망이 개별존재로서의 인식을 가능하게 한다는 내용이 있어야 하므로 ③이 가장 적절하다.

29 문서 내용 이해

정답 ②

발효된 파리기후변화협약은 3년간 탈퇴가 금지되어 2019년 11월 3일까지는 탈퇴 통보가 불가능하다는 내용을 통해 해당 협약은 2016년 11월 4일에 발효되었음을 알 수 있다. 따라서 파리기후변화협약은 2015년 12월 제21차 유엔기후변화협약 당사국총회에서 채택되었을 뿐, 2015년 12월 3일에 발효된 것은 아니다.

[오답분석]

① 파리기후변화협약은 2020년 만료 예정인 교토의정서를 대체하여 2021년부터의 기후변화 대응을 담은 국제협약이므로 교토의 정서는 2020년 12월에 만료되는 것을 알 수 있다.
③ 파리기후변화협약에서 개발도상국은 절대량 방식의 감축 목표를 유지해야 하는 선진국과 달리 절대량 방식과 배출 전망치 대비 방식 중 하나를 채택할 수 있다. 우리나라의 감축 목표는 2030년 배출 전망치 대비 37%의 감축이므로 개발도상국에 해당하는 것을 알 수 있다.
④ 파리기후변화협약은 채택 당시 195개의 당사국 모두가 협약에 합의하였으나, 2020년 11월 4일 미국이 공식 탈퇴함에 따라 현재 194개국이 합의한 상태임을 알 수 있다.
⑤ 파리기후변화협약은 온실가스 감축 의무가 선진국에만 있었던 교토의정서와 달리 환경 보존에 대한 의무를 전 세계의 국가들이 함께 부담하도록 하였다.

30 　자료 해석　　　　　　　　　　　　　　　　　　　　　　　　정답 ③

각각의 조건에서 해당되지 않는 쇼핑몰을 체크하여 선택지에서 하나씩 제거하는 방법으로 풀이한다.
- 철수 : C, D, F는 포인트 적립이 안 되므로 해당 사항이 없다(②, ④ 제외).
- 영희 : A에는 해당 사항이 없다.
- 민수 : A, B, C에는 해당 사항이 없다(①, ⑤ 제외).
- 철호 : 환불 및 송금수수료, 배송비가 포함되었으므로 A, D, E, F에는 해당 사항이 없다.

31 　자료 해석　　　　　　　　　　　　　　　　　　　　　　　　정답 ④

대리와 이사장은 2급 이상 차이 나기 때문에 A대리는 이사장과 같은 호텔 등급의 객실에서 묵을 수 있다.

오답분석
① 비행기 요금은 실비이기 때문에 총비용은 변동이 있을 수 있다.
② 숙박비 5만 원, 교통비 2만 원, 일비 6만 원, 식비 4만 원으로 C차장의 출장비는 17만 원이다.
③ 같은 조건이라면 이사장과 이사는 출장비가 같다.
⑤ 부장과 차장은 출장비가 다르기 때문에 부장이 더 많이 받는다.

32 　자료 해석　　　　　　　　　　　　　　　　　　　　　　　　정답 ③

- A부장의 숙박비 : 80,000×9=720,000원
- P차장의 숙박비 : 50,000×9=450,000원

따라서 P차장의 호텔을 한 단계 업그레이드했을 때, 720,000−450,000=270,000원 이득이다.

33 　자료 변환　　　　　　　　　　　　　　　　　　　　　　　　정답 ④

연도별 자동차 증가대수 및 증가율을 정리하면 다음과 같다.

연도	2014년	2015년	2016년	2017년	2018년	2019년	2020년	2021년	2022년	2023년	2024년
대수 (만 대)	1,794	1,844	1,887	1,940	2,012	2,099	2,180	2,253	2,320	2,368	2,437
증가 (만 대)	−	50	43	53	72	87	81	73	67	48	69
증가율 (%)	−	2.8	2.3	2.8	3.7	4.3	3.9	3.3	3.0	2.0	2.9

2023년 증가율은 2022년 대비 낮다. 따라서 옳지 않은 그래프는 ④이다.

34 　경영 전략　　　　　　　　　　　　　　　　　　　　　　　　정답 ③

경영은 경영목적, 인적자원, 자금, 전략의 4요소로 구성된다.
ㄱ. 경영목적
ㄴ. 인적자원
ㅁ. 자금
ㅂ. 전략

오답분석
ㄷ. 마케팅
ㄹ. 회계

35 경영 전략

정답 ③

경영활동은 조직의 효과성을 높이기 위해 총수입 극대화, 총비용 극소화를 통해 이윤을 창출하는 것과 관련된 외부경영활동과 조직내부에서 인적, 물적 자원 및 생산기술을 관리하는 내부경영활동으로 구분할 수 있다. 인도네시아 현지 시장의 규율을 조사하는 것은 시장진출을 준비하는 과정으로, 외부경영활동에 해당된다.

오답분석

① 잠재적 고객인 인도네시아 시장의 고객들의 성향을 파악하는 것은 외부경영활동으로 구분된다.
② 중국 협력업체의 가동률 급락에 대한 대안이 되는 협력업체로서 국내 업체들과의 협력안을 검토하는 것 역시 내부 생산공정 관리와 같이 생산관리의 일환으로, 내부경영활동에 해당된다.
④ 내부 엔진 조립 공정 개선 시 생산성을 증가시킬 수 있다는 피드백이 있으므로, 이를 위한 기술개발에 투자하는 것은 생산관리로, 내부경영활동에 해당된다.
⑤ 설문조사에 따르면 유연근무제 도입을 원하는 직원이 많은 만큼, 능률적인 인력 관리를 위하여 유연근무제의 일환인 탄력근무제를 도입하는 것은 내부경영활동에 해당한다.

36 책임 의식

정답 ⑤

일을 하다가 예상하지 못한 상황이 일어났을 때 그 이유에 대해 고민해 보는 것은 필요하다. 같은 상황을 다시 겪지 않도록 대처해야 하기 때문이다. 그러나 그 이유에 대해 계속 매달리는 것은 시간과 에너지를 낭비하는 것이다. 따라서 최대한 객관적으로 이유를 분석한 뒤 결과를 수용하고 신속하게 대책을 세우는 것이 바람직하다.

37 자료 해석

정답 ③

㉠ 각 팀장이 매긴 순위에 대한 가중치는 모두 동일하다고 했으므로 1, 2, 3, 4순위의 가중치를 각각 4, 3, 2, 1점으로 정해 네 사람의 면접점수를 산정하면 다음과 같다.
 • 갑 : 2+4+1+2=9점
 • 을 : 4+3+4+1=12점
 • 병 : 1+1+3+4=9점
 • 정 : 3+2+2+3=10점
면접점수가 높은 을, 정 중 한 명이 입사를 포기하면 갑, 병 중 한 명이 채용된다. 갑과 병의 면접점수는 9점으로 동점이지만 조건에 따라 인사팀장이 부여한 순위가 높은 갑을 채용하게 된다.
㉢ 경영관리팀장이 갑과 병의 순위를 바꿨을 때, 네 사람의 면접점수를 산정하면 다음과 같다.
 • 갑 : 2+1+1+2=6점
 • 을 : 4+3+4+1=12점
 • 병 : 1+4+3+4=12점
 • 정 : 3+2+2+3=10점
따라서 을과 병이 채용되므로 정은 채용되지 못한다.

오답분석

㉡ 인사팀장이 을과 정의 순위를 바꿨을 때, 네 사람의 면접점수를 산정하면 다음과 같다.
 • 갑 : 2+4+1+2=9점
 • 을 : 3+3+4+1=11점
 • 병 : 1+1+3+4=9점
 • 정 : 4+2+2+3=11점
즉, 을과 정이 채용되므로 갑은 채용되지 못한다.

38 자료 이해 정답 ④

2023년 7월부터 2024년 12월까지 매출액은 1,520−510=1,010만 원 감소했으므로, 평균적으로 매달 약 60만 원 정도 감소하였다.

오답분석

① · ② K국 여행자가 감소하는 2023년 7월 이후 매출이 줄어들고 있으므로 옳다.

③ 여행자 수 그래프가 거의 평행하게 변화하므로 옳다.

⑤ 그래프를 통해 2024년 2 ~ 3월 K국 여행자들이 급감했음을 알 수 있다.

39 시간 계획 정답 ③

주어진 임무는 행사와 관련하여 모두 필요한 업무이므로 성과 발표 준비는 가장 오래 걸리는 과정이 끝났을 때 완성된다. 따라서 가장 오래 걸리는 과정인 A → C → E → G → H 과정과 A → C → F → H 과정이 모두 끝나는 데는 8일이 소요된다. 이때 A → C 작업은 두 과정에 모두 포함되므로 기간을 단축하면 전체 준비 기간이 짧아질 것이다. 반면 E → H나 E → G 작업을 단축하게 되더라도 다른 과정이 남아있으므로 전체 준비 기간은 짧아지지 않는다.

40 품목 확정 정답 ③

회의실에 2인용 테이블이 4개 있었고 첫 번째 주문 후 2인용 테이블 4개가 더 생겨 총 8개지만 16명만 앉을 수 있기 때문에 테이블 1개를 추가로 주문해야 한다. 또한 의자는 회의실에 9개, 창고에 2개, 주문한 1개를 더하면 총 12개로 5개를 더 주문해야 한다.

02 한국사

41	42	43	44	45	46	47	48	49	50	51	52	53	54	55	56	57	58	59	60
③	④	④	⑤	⑤	③	③	④	①	①	②	①	④	③	①	⑤	⑤	③	⑤	⑤

41 정답 ③

- (가) : 옥저에 대한 설명이다. 옥저는 여자가 어렸을 때 혼인할 남자의 집으로 와서 성인이 된 후에 혼인을 하는 민며느리제가 있었으며, 가족이 죽으면 가매장하였다가 나중에 가족 공동 무덤인 커다란 목곽에 안치하였다.
- (나) : 동예에 대한 설명이다. 동예는 매년 10월에 무천이라는 제천 행사를 열었으며, 족외혼을 엄격하게 지켰다. 또한 각 부족의 영역을 중요시하여 다른 부족의 영역을 침범하는 경우 노비와 소, 말로 변상하게 하는 책화라는 제도가 있었다. 특산물로는 단궁, 과하마, 반어피 등이 있었다.

42 정답 ④

(가)는 서원이다. 서원을 배경으로 세력을 확대했던 정치 세력은 사림파로, 소격서 폐지를 주장하였다. 반면 조선 건국을 주도한 세력은 훈구파이다.

훈구파와 사림파
- 훈구파 : 사장 중시, 과거를 치르는 데 필요한 한문학, 시무책 등의 시와 문장 능력 우수
- 사림파 : 경학 중시, 유교 경전의 뜻을 해석하는 학문으로 성리학 이외 학문은 이단으로 배척

43

정답 ④

통일신라는 수도인 금성이 정치·문화의 중심으로, 5소경이 지방 문화의 중심으로 발달하였다.

44

정답 ⑤

웅진 시대에 동성왕은 신라 소지왕과 결혼동맹(493)을 맺고, 탐라를 복속(498)하였고, 무령왕은 지방의 22담로에 왕족으로 파견하여 왕권을 강화하였다.

오답분석

㉠ 한성 시대에 있었던 일이다.
㉡ 사비 시대에 있었던 일이다.

45

정답 ⑤

제시문은 이규보의 「동명왕편」에 대한 내용이다. 「동명왕편」은 고구려 건국의 영웅인 동명왕의 업적을 칭송한 일종의 영웅 서사시로, 고구려의 계승 의식을 반영하고 고구려의 전통을 노래하였다. 반면 『동국통감』은 자주적 사관에 입각하여 고조선부터 고려 말까지의 역사를 정리한 편년체 통사로, 서거정 등이 편찬하였다.

46

정답 ③

사료는 신돈이 권력을 잡은 후 죽는 내용으로, 밑줄 친 왕은 고려 공민왕이다. 국자감을 성균관으로 개편한 것은 충렬왕 때이다.

오답분석

① 1356년 원의 고려 내정 간섭 기구인 정동행성 이문소를 폐지하였다.
② 1356년 무력으로 원에 빼앗겼던 쌍성총관부를 수복하였다.
④ 1352년 무신 정권기에 설치된 정방을 폐지하였다.
⑤ 1356년 원의 연호를 폐지하고, 관제를 복구하였으며 몽고풍을 폐지하는 등 반원 자주 정책을 펼쳤다.

47

정답 ③

소금 전매제는 충선왕 때 시행되었다.

오답분석

① 흥왕사의 변은 권문세족과 결탁한 김용이 공민왕을 죽이려고 흥왕사 행궁을 침범한 변으로, 최영 등이 진압하였다.
② 공민왕은 원의 연호를 폐지하고 명의 연호를 사용하였으며, 명에 사신을 보내는 등 친명 정책을 표방하였다.
④ 공민왕은 고려 정치를 간섭하는 정동행성 이문소를 폐지하고, 쌍성총관부를 공격하여 되찾았다.
⑤ 공민왕은 승려 신돈을 등용하였고, 신돈은 전민변정도감을 설치하여 개혁정치를 추진하였다.

48

정답 ④

국자감은 성종 때 설치된 국립교육기관으로, 고려 최고의 교육기관이다.

오답분석

① 현종 때 전국을 5도(행정적, 안찰사 파견)와 양계(국경선 부근, 병마사 파견)로 개편하였다.
② 주현공거법은 주현마다 과거 합격자를 할당하는 제도로 향리의 자제가 과거에 응시할 수 있게 되었다.
③ 주창수렴법은 주마다 창고를 설치한 것으로, 구휼제도인 의창을 확대하였다.
⑤ 초조대장경은 거란의 침입을 불심으로 막고자 조판하였다.

49
정답 ①

제시된 자료는 만적이 노비들을 불러 모아 왕후장상의 씨가 따로 없다고 연설한 격문과 공주 명학소의 소민이었던 망이·망소이의 난에 대한 기록이다. 무신 집권기에는 신분 해방 운동의 성격을 띤 하층민에서의 반란이 많았다.

[오답분석]

③ 조위총의 난에 대한 설명이다.

④ 김사미·효심의 난에 대한 설명이다.

50
정답 ①

제시된 자료는 1170년에 일어난 보현원 사건(무신정변)에 대한 사료이다. 보현원 사건은 정중부를 중심으로 한 무신들이 무(武)를 천시하는 시대적 상황에 불만을 품고 의종의 이궁(離宮)인 보현원에서 문신들을 살해한 사건이다.

무신집권기의 대표적 봉기인 만적의 난은 최초의 천민 해방 운동이었다(1198). 최충헌의 사노비였던 만적은 사람이면 누구나 공경대부가 될 수 있다고 주장하며 신분 해방 운동을 펼쳤다.

[오답분석]

② 고려 인종 때 왕실의 외척이었던 이자겸은 십팔자위왕(十八子爲王, 이 씨가 왕이 된다)을 유포하여 왕위를 찬탈하고자 난을 일으켰다(1126).

③ 고려의 장수 윤관은 별무반(기병인 신기군, 보병인 신보군, 승병인 항마군)을 편성해 여진족을 몰아내고 동북 9성을 개척하였다 (1107).

④ 의천은 송나라에서 유학하고 돌아와 교종 중심의 해동 천태종을 세웠다(1097).

⑤ 거란은 소손녕을 앞세우고 고려를 침입했는데, 이때 고려의 서희가 외교 담판으로 강동 6주의 영유권을 획득하고 압록강 주변까지 영토를 넓혔다(993).

51
정답 ②

서재필은 갑신정변 실패 이후 미국에 망명해 근대 문명을 배우고 한국으로 돌아와 자유주의와 민주주의 개혁 사상으로 민중을 계발하고자 독립협회를 창립하였다. 독립협회는 최초의 근대적 사회정치단체로, 민족주의·민주주의·근대화 운동을 전개하였다.

52
정답 ①

정약용에 대한 설명이다. 정약용은 조선 후기의 대표적인 실학자로, 유배 생활 중에 목민관이 지켜야 할 지침을 밝히는 책인 『목민심서』를 저술했다.

53
정답 ④

ⓓ 평화 통일 구상 선언(1970.8.15.) - ⓔ 6·23 평화 통일 외교 정책 선언(1973.6.23.) - ⓗ 평화 통일 3대 기본 원칙 (1974.8.15.) - ⓒ 민족 화합 민주 통일 방안(1982.1.22.) - ⓒ 7·7 특별 선언(1988.7.7.) - ⓐ 한민족 공동체 통일 방안 (1989.9.11.)

54
정답 ③

홍문관에 대한 설명이다. 성종 때 집현전을 대체하여 설치된 기구로, 옥당, 옥서, 영각 등으로 불렸으며, 사헌부, 사간원과 함께 삼사로 일컬었다. 홍문관의 역할은 왕의 정치 자문, 경연과 서연을 담당하는 것이었다. 왕과 대신들이 참여하는 경연을 주최하였고, 정책 자문과 협의를 통해 정책을 결정하였다. 특히, 성종 때에는 정승을 비롯한 주요 관리도 다수 경연에 참여하였는데, 이로써 경연이 단순한 왕의 학문 연마를 위한 자리가 아니라, 왕과 신하가 함께 모여 정책을 토론하고 심의하는 중요한 자리가 되었다.

55

정답 ①

비변사에 대한 설명이다. 비변사는 변방에 일이 발생할 때마다 임시로 설치되었으나, 명종 때부터 상설기구로 자리 잡았다. 임진왜란을 겪으면서 기능이 확대·강화되어 의정부를 대신하여 국정 전반을 총괄하였으나 고종 때 흥선대원군에 의해 폐지되었다.

56

정답 ⑤

제시문은 국채 보상 운동에 대한 내용이다. 국채 보상 운동은 일본이 조선에 빌려 준 국채를 갚아 경제적으로 독립하자는 운동으로, 1907년 2월 서상돈 등에 의해 대구에서 시작되었다. 대한매일신보, 황성신문 등 언론기관이 지금 모집에 적극 참여했으며, 남자들은 금연운동을 하였고 부녀자들은 비녀와 가락지를 팔아 이에 호응했다. 일제는 친일 단체인 일진회를 내세워 국채 보상 운동을 방해하였고, 통감부에서 국채보상회의 간사인 양기탁을 횡령이라는 누명을 씌워 구속하는 등 적극적으로 탄압했다. 결국 양기탁은 무죄로 석방되었지만 국채 보상 운동은 좌절되고 말았다.

57

정답 ⑤

제시문은 운요호 사건에 대한 내용이다. 일본은 1876년 무력을 앞세워 운요호 사건을 벌이고, 조선과 강화도 조약을 맺어 강제로 문호를 개방하도록 강요했다. 이 조약에는 부산·원산·인천 등 3개 항구를 개항하는 조항, 해안측량권과 치외법권을 허용하는 불평등 조항이 포함되었다.

오답분석

① 조선 후기 숙종 때는 금위영의 설치로 5군영(훈련도감·총융청·수어청·어영청·금위영) 체제가 갖추어졌다.
② 조선은 일본 에도 막부의 요청에 따라 통신사라는 이름의 외교 사절을 일본으로 보냈다.
③ 흥선대원군은 척화비를 세우는 등 통상 수교 거부 정책을 펼쳤다(1871).
④ 프랑스군은 문수산성을 침입하여 관아와 민가에 불을 지르는 등의 만행을 저질렀다. 이에 한성근, 양헌수 군대가 한 달 만에 프랑스군을 격퇴하였다(1866).

58

정답 ③

3·1 운동 이후 1920년대에 사회주의가 본격적으로 유입되기 시작하였다. 사회주의자와 학생들은 순종의 인산일에 만세 운동을 계획하였으나 사회주의자들이 사전에 발각되어 학생들을 중심으로 순종의 국장일인 1926년 6월 10일에 서울 시내에서 만세 시위를 전개하였다. 운동의 준비 과정에서 조선 공산당을 중심으로 한 사회주의 세력과 천도교를 중심으로 한 민족주의 세력이 연대하여 민족 유일당을 결성할 수 있다는 공감대가 형성되었다.

59

정답 ⑤

(라) 4·19 혁명(1960) → (다) 독일에 광부, 간호사 파견(1963 ~ 1980) → (가) 야간 통행금지 해제(1982) → (마) 금 모으기 운동(1998) → (나) 남북정상회담(2000)

60

정답 ⑤

제시된 내용은 흥사단에 대한 설명이다. 흥사단은 1913년 5월 13일 도산 안창호 선생이 미국 샌프란시스코에서 유학 중인 청년 학생들을 중심으로 조직한 민족운동 단체로, 설립 목표는 민족 부흥을 위한 실력 양성이었다.

오답분석

① 의열단 : 1919년 11월 만주 지린성에서 조직된 무력 독립운동 단체로, 1920년대에 일본 고관 암살과 관공서 폭파 등의 활발한 활동을 하였다.
② 대한 광복회 : 1915년 7월 대구에서 결성된 독립운동 단체로, 1910년대 독립을 목적으로 무장투쟁을 전개해 독립을 달성하려 했던 대표적인 국내 독립운동 단체이다.
③ 신민회 : 1907년 조직된 항일 비밀결사 조직으로, 전국적인 규모로서 국권을 회복하는 데 목적을 두었다.
④ 한인 애국단 : 1931년 상항이에서 조직된 항일 독립운동 단체로, 일본의 주요인물 암살을 목적으로 하였다.

61	62	63	64	65	66	67	68	69	70	71	72	73	74	75	76	77	78	79	80
④	④	③	④	④	④	③	④	④	③	①	①	①	④	①	⑤	①	①	③	⑤

61
정답 ④

학생들은 방문객과 한 달에 두 번 면회할 수 있음을 알 수 있다.

| 해석 |

〈기숙사 학생 규칙〉

- 모든 학생은 (해야 한다)
  1. 오전 6시에 일어나야 한다.
  2. 오후 10시에 자야 한다.
- 학생들은 (할 수 있다)
  1. 방문객과 한 달에 두 번 면회할 수 있다.
  2. 개를 제외한 반려동물을 키울 수 있다.
- 학생들은 (할 수 없다)
  1. 오후 6시 이후에는 외출할 수 없다.
  2. 휴대 전화를 가질 수 없다.

62
정답 ④

'의향, 경향'의 뜻을 가진 단어 'inclination'이 가장 유사하다.

오답분석

① 강박, 집착
② 적성
③ 비난하다
⑤ 사치

| 해석 |

그의 인생에서 더 좋은 것을 향한 그의 <u>기호</u>는 그의 가산 탕진으로 이어졌다.

63
정답 ③

주어진 문장은 '그러나 콘서트장에서 연주할 수 있는 사람은 소수에 불과하다.'라는 뜻이다. 이는 제시문의 피아노에 대한 예시에 덧붙이는 것이 가장 적절하다. 피아노 연주를 배울 순 있지만 콘서트장에는 소수만이 올라갈 수 있는 것처럼, 코미디도 배울 수 있지만 무대에 오르는 것은 소수에 불과하기 때문이다. 따라서 보기의 문장이 들어갈 위치로 가장 적절한 곳은 ③이다.

| 해석 |

어떤 사람들은 유머는 쉬우며 누구나 조금만 노력한다면 재밌어질 수 있다고 생각한다. 이것은 사실이 아니다. 재밌어지기 위해서, 당신은 유머에 대해 반드시 알아야 할 것들이 많이 있으며, 당신은 많은 상황들에 대해 준비가 되어 있어야 한다. 유머를 배우는 것은 마치 피아노 연주를 배우는 것과 같다. 거의 모든 사람들은 건반을 치며 음악 연주를 배울 수 있다. <u>그러나 소수만이 콘서트장에 초빙되어 연주를 할 수 있다.</u> 마찬가지로 보통 사람들은 그나 그녀의 유머감각을 응용된 연구와 연습을 통해 가다듬을 수 있는 능력이 있지만, 그들이 프로 코미디언으로서 무대 위에 설 수 있는 것은 아니다. 병원과 경로당에서 약 40년 동안 부업으로 원맨쇼 코미디언으로서 삶의 일부를 보낸 철물 판매원인 Charlie Lindner는 사람들을 웃게 만드는 것이 꼭 전업일 필요는 없다고 말한다. 그는 모든 사람들이 몇 가지 간단한 수법들을 완벽히 익히는 것만으로도 삶에서 더 많은 웃음을 얻을 수 있다고 주장한다.

PART 5

64

정답 ④

급행열차는 매 정시마다 출발하고, 현재 시간인 2시 15분을 기준으로 A는 급행열차를 기다린다고 하였으므로 45분 후에 떠날 것이다.

| 해석 |

A : 지금 2시 15분인데, 급행열차는 배차 간격이 어떻게 되나요?
B : 매 정시예요. 하지만 완행열차는 10분 후에 출발해요.
A : 고마워요. 그럼 저는 급행열차를 기다릴래요.

[65~67]

| 해석 |

몇 년 전 나는 딸아이 학교의 사친회 모임에서 Phil이라는 이름의 남성을 만났다. 그를 만나자마자 아내가 Phil에 관하여 나에게 한 말이 생각났다. "그 사람은 모임에서 정말 골치 아픈 사람이에요." 나는 아내가 무슨 뜻으로 말했는지 금방 알게 되었다. 교장 선생님이 새로운 독서 프로그램을 설명하고 있을 때 Phil이 끼어들어 자기 아들이 어떻게 그것으로부터 이득을 얻을 수 있는지 물었다. 그 모임의 후반에 Phil은 다른 학부모의 관점을 고려하지 않고 논쟁을 벌였다. 집에 돌아와서 나는 아내에게 말했다. "Phil에 관해서 당신이 옳았어. 그는 무례하고 오만한 사람이야." 아내는 의아한 표정으로 나를 바라보았다. "Phil은 내가 당신에게 말한 사람이 아니에요."하고 아내는 말했다. "그 사람은 Bill이었어요. Phil은 실제로 아주 좋은 사람이에요." 무안해져 그 모임을 되짚어 생각해 보니, Phil이 다른 이들보다 더 많이 사람들의 말에 끼어들거나, 논쟁을 벌인 것은 아니었을지도 모른다는 점을 깨달았다. 더욱이, Phil이 교장 선생님의 말씀에 끼어들었다는 것도 그다지 분명하지는 않다는 것을 깨달았다. 내가 한 해석은 바로 그런 것, 그러니까 여러 가지 해석이 가능한 행동에 대한 무의식적인 해석이었던 것이다. 옳지 않은 정보에 기초하고 있을 때조차도 첫인상의 힘은 강하다는 것은 잘 알려진 사실이다. 그다지 분명하지 않은 것은, 적응 무의식이 그 해석 행위를 하는 정도이다. Phil이 교장 선생님의 말씀에 끼어드는 것을 보았을 때, 나는 객관적으로 무례한 행동을 보고 있는 것처럼 느꼈다. 나의 적응 무의식이 Phil의 행동을 해석하여 나에게 현실로서 제시하고 있다는 것을 몰랐다. 그러므로 나는 내 자신의 예상을 인지하고 있었지만, 이 예상이 그의 행동에 대한 나의 해석에 얼마나 많은 영향을 끼치는지는 알지 못했다.

| 어휘 |
- parent-teachers' organization : 사친회
- quizzically : 의아한 표정으로
- sheepishly : 수줍게, 쑥스럽게
- be open to : ~에 대하여 열려 있다, ~이 가능하다
- extent : 범위, 정도

65

정답 ④

빈칸에는 '옳지 않은 정보'라는 의미의 단어가 들어가야 하므로 'faulty information'이 가장 적절하다.

66

정답 ④

필자의 아내가 부정적으로 얘기한 사람은 Phil이 아니라 Bill이므로 적절하지 않다.

67

정답 ③

제시문은 편견에 근거한 첫인상의 힘에 대한 내용이므로 '옳지 않은 정보에 근거하더라도, 그 첫인상의 힘은 강하다.'가 글의 주제로 가장 적절하다.

68

제시된 단어의 의미는 '확장시키다'로, 이와 유사한 의미를 가진 단어는 ④이다.

[오답분석]
① 수축시키다
② 감소시키다
③ 견디다
⑤ 설득하다

69

제시된 단어의 의미는 '비슷한'으로, 이와 유사한 의미를 가진 단어는 ④이다.

[오답분석]
① 쉬운, 수월한
② 다른, 차이가 나는
③ 몇몇의
⑤ 분리된

70

제시된 단어의 의미는 '진출하다'로, 이와 반대되는 '물러나다'의 의미를 가진 단어는 ③이다.

[오답분석]
① 진압하다
② 정착하다
④ 적응하다
⑤ 분투하다

71

• (A) : 첫 번째 문장에서 감정은 상황적이라고 언급하였다. 따라서 감정 자체가 그것이 일어나는 상황과 연결되어(tied) 있다고 하는 것이 자연스럽다.
• (B) : 처한 상황에서 벗어나면, 그 상황과 연결되어 있던 감정은 사라지게(disappear) 된다.

| 해석 |

> 대부분의 사람에게 있어 감정은 상황적이다. 현 시점의 무언가가 여러분을 화나게 한다. 그 감정 자체는 그것이 일어나는 상황과 (A) 연결되어 있다. 그 감정의 상황 속에 남아 있는 한, 여러분은 화가 난 상태에 머물기 쉽다. 여러분이 그 상황을 벗어나면, 정반대가 사실이 된다. 여러분이 그 상황에서 벗어나자마자 그 감정은 (B) 사라지기 시작한다. 그 상황에서 벗어나게 되면 그 감정은 여러분을 붙잡지 못한다. 상담자는 내담자에게 그들을 괴롭히고 있는 그 어떤 것과 어느 정도 감정적 거리를 두라고 자주 충고한다. 그것을 이행하는 한 가지 쉬운 방법은 본인 화의 근원으로부터 여러분 자신을 지리적으로 떼어놓는 것이다.

72

제시문은 과거에는 완벽한 단백질인 줄 알았던 동물성 단백질이 사실은 지나친 콜레스테롤과 지방 함량으로 인해 건강에 좋지 않다는 내용이다. 반면 콩 단백질로 대표되는 식물성 단백질은 콜레스테롤 함량이 높지 않다. 따라서 제시문의 마지막 부분은 동물성 단백질을 식물성 단백질로 대체해야 한다는 내용이며, '대체하다'의 의미를 가진 'replace'가 빈칸에 들어가야 한다.

② 곱하다, 증가시키다
③ 능가하다
④ 개선되다, 향상시키다
⑤ 단순화하다

| 해석 |

> 과거에 동물성 단백질들은 단백질 함유량이 가장 높았기 때문에 우수하다고 인식되었다. 오늘날 많은 전문가들은 동물성 단백질이 건강한 상태에 비해 너무 많은 단백질을 갖고 있다고 믿는다. 왜냐하면 그것이 체내에 독소나 지방의 형태로 저장되기 때문이다. 동물성 단백질은 꼭 필요한 아미노산을 공급해 주는 완벽한 단백질이라고 생각되었다. 이제 우리는 이것이 또한 건강에 좋지 않은 무기산도 포함하고 있다는 것을 안다. 동물성 단백질은 많은 철분과 아연을 공급해 주는 것 같았지만, 지금은 콜레스테롤, 지방과 칼로리도 공급하는 것으로 보인다. 휴스턴에 있는 Baylor 의과 대학의 중요한 연구에 따르면, 콩 단백질이 높은 식단을 섭취하는 남자는 동물성 단백질이 높은 식단을 섭취하는 남자와 비교해 콜레스테롤이 떨어지는 것을 경험했다. 그 연구는 남성이 반드시 그들의 육류 단백질 섭취를 식물성 단백질로 50%까지 <u>대체해야</u> 한다고 결론 내렸다.

73
정답 ①

제시문에서는 미국과 한국에서 아이들의 교육에 대한 서로 다른 부모님들의 견해를 이야기하고 있다. 따라서 글의 주제로 '아이들의 교육에 대한 다른 견해들'이 가장 적절하다.

② 부모님을 위해 최선을 다하기
③ 좋은 부모가 되는 법
④ 옛날과 오늘날의 부모
⑤ 미국과 한국의 소년, 소녀들

| 해석 |

> 미국에서는 소년, 소녀들이 독립적으로 되는 것이 중요하다. 부모들은 자녀들에게 다른 사람들의 도움 없이 일을 하도록 노력하라고 말한다. 한국에서는 사람들이 다른 사람들과 함께 일하는 데 능숙하며, 부모들은 자녀들에게 단체나 가족 속에서 최선을 다하라고 말한다.

74
정답 ④

제시문은 인간이 각자가 다른 과거의 경험을 갖고 있고, 그것이 어떤 동일한 경험에 대해 서로 다른 의미를 부여하도록 영향을 끼친다는 내용이다. 따라서 글의 주제로 '과거의 경험에 따라 동일한 상황을 다르게 인식한다.'가 가장 적절하다.

| 해석 |

> 인간의 의사소통에서 가장 중요한 측면들 가운데 한 가지는 과거의 경험들이 여러분의 행동에 영향을 끼치기 마련이라는 것이다. 여러분이 친구와 어떤 일에 대해 의논하기 시작할 때조차, 여러분은 인식의 차이가 존재한다는 것을 곧 발견할 것이다. 여러분이 지루하다고 생각하는 것을 여러분의 친구들은 재미있다고 생각할지 모른다. 여러분이 무의미하다고 생각하는 것을 그들은 의미 있게 생각할 수도 있다. 여러분이 받아들이는 메시지는 여러분 각각에게 같을지도 모른다. 그러나 각자 고유의 인성과 배경을 갖고 있기 때문에 다양한 감정과 기분을 느끼게 된다. 여러분은 각각 그 일에 서로 다른 배경을 가져와, 결과적으로 공유한 경험에 각자 다른 의미를 부여한다.

[75~76]

I 해석 I

내가 처음으로 강의를 시작했을 때, 나는 신임 교수들을 위한 워크샵에 초대 받았다. 대학에서 강의를 하는 대부분의 사람들처럼, 나는 가르칠 것을 배우는 데는 아주 오랜 시간을 보냈지만, 어떻게 그것을 가르칠지를 배우는 데는 전혀 시간을 쓰지 않았다. 어쨌든, 내가 속한 대학은 능숙한 교수들과 함께 보내는 일주일이 이러한 부분을 채워 줄 거라고 기대하는 것처럼 보였다. 나의 동료들은 그들이 교실에서 사용하는 방법들에 대한 잘 만들어진 강의를 제공해 주었다. 나는 그들이 한 발표에는 흥미가 있었지만, 그들이 말한 것은 하나도 기억나지 않는다.

우리가 다음 회의에 소집되었을 때, 그는 그의 컵을 내려 놓았고, 나는 그의 컵 안에 커피 자국이 전혀 없다는 것을 알아차렸다. 나는 그것이 좀 이상하다고 생각해서, 이상하다고 말했다. "의사 선생님께서 커피를 끊으라고 제게 말했습니다."라고 그가 설명했다. "그래서 저는 항상 빈 컵을 사용해 왔습니다. 그렇다고 달라질 것은 없습니다." 나는 비어 있지 않은 잔을 가지고 그의 아이디어를 내 수업 시간에 사용해 보기로 결심했다.

나는 월요일 아침 수업에 커피 한 잔을 가져갔다. 그것은 도움이 되었다. 커피를 마시는 동안 잠시 멈춘 것은 나의 학생들에게 내가 말한 것에 대해서 생각할 시간을 주었을 뿐만 아니라, 나에게도 다음에 내가 무엇을 말할 것인지에 대해 생각할 시간을 준 것이다. 나는 이렇게 잠시 멈춘 것이 나의 학생들이 내가 방금 말한 것에 대해서 어떻게 반응하는지를 알아보기 위해 교실을 둘러보았다. 그들이 주의가 산만해지면, 나는 그들을 다시 집중시키기 위해 노력했다. 내가 이미 설명했다고 생각하는 어떤 개념에 대해서 그들이 난해해하면, 나는 추가 설명을 해 주었다. 내 강의는 체계적이거나 화려해지지는 않았지만, 학생들은 내 말을 더 잘 이해하는 것처럼 보였다.

내가 지금도 기억하는 한 가지의 일은 휴식 시간에 일어났다. 혼자 있다는 것을 깨닫고, 나는 근처에 서 있었던 한 수학 교수에게로 향했다. 나는 그에게 그가 가장 좋아하는 수업 방법이 무엇인지 물어보았다. "커피 한 잔입니다."라고 그가 말했다. 나는 그것을 어떻게 사용하느냐고 물어보았다. "글쎄요."라고 그가 말했다. "저는 교실에서 말을 너무 빠르게 많이 합니다. 학생들은 종종 제 수업을 따라오는 데 어려움을 겪곤 합니다. 그래서 저는 가끔 학생들이 고민해 보기를 원하는 뭔가를 말하고 나서, 잠시 멈추고 커피 한 모금을 마십니다. 이것이 내가 말한 것을 학생들에게 각인시켜 줍니다."

I 어휘 I
- somehow : 어쩐지, 어떻게든
- experienced : 경험이 많은, 숙련된
- well-crafted : 잘 만들어진, 잘 다듬어진
- presentation : 발표
- trace : 자국, 흔적
- odd : 이상한, 확률, 가능성
- pause : 멈춤, 휴지, 중단
- wander : 방황하다
- puzzled : 난처한
- concept : 개념
- organized : 조직된
- brilliant : 빛나는, 훌륭한
- nearby : 근처에
- every once in a while : 때때로, 가끔
- sip : 한 모금, 홀짝임

75
정답 ①

커피 한 잔은 학생들에게 생각할 시간을 주었을 뿐만 아니라, 교수에게도 무엇을 말할 것인지에 대해 생각할 시간을 주었다고 했으므로 '강의 및 학습을 돕는 도구'가 가장 적절하다.

76
정답 ⑤

제시문에 따르면 수학 교수가 커피 아이디어를 생각해 낸 것은 자신 스스로가 수업 시간에 너무 말을 빠르게 한다고 생각했기 때문이다.

77

밑줄 친 'that'이 속한 문장에서 'accept'는 타동사인데 바로 뒤에 'from'이라는 전치사가 나와 있다. 따라서 'that they find useful' 이 'accept'의 목적어 역할을 해야 하는데, 'that'이 관계대명사일 때 선행사를 포함할 수 없으므로 'what'으로 고쳐야 한다.

│해석│

> 어느 지식 분야에서든 연구 주제의 발전은 경제 시장과 매우 유사하다. 학자들은 서로 협력하는데, 협력이 서로에게 유익하다는 것을 알고 있기 때문이다. 그들은 서로의 연구로부터 자신들이 유용하다고 생각하는 것을 받아들인다. 그들은 언어적 의사소통, 발간되지 않은 논문 배포, 학술지와 서적 발표를 통해 자신들의 연구 결과를 교환한다. 협력은 경제 시장에서처럼 세계적이다. 동료 학자들의 존경이나 인정은 금전적 보상이 경제 시장에서 하는 것과 똑같은 기능을 한다. 그런 존경을 얻고자 하는, 자신들의 연구가 동료들에게 인정받기를 원하는 그 열망은 학자들이 자신들의 활동을 과학적으로 효율적인 방향으로 나아가도록 이끈다. 한 학자가 다른 학자의 연구를 기반으로 할 때 전체는 그것의 부분들의 합보다 더 크다. 결과적으로 그의 연구는 더 심화된 발전을 위한 기반이 된다.

78

- (A) : 전치사 'for'는 '~동안'이라는 의미로 시간과 관련되어 사용한다. 따라서 'for a few seconds'는 '몇 초 동안'이라고 해석할 수 있다.
- (B) : 'with'는 수단의 의미로 쓰여 '~로, ~을(를) 사용해서'라고 해석한다. 'a sound'를 'with a maximum of 151 decibels'이 수식하면서 '최대 151 데시벨을 가지는 소리'라고 해석한다. 비슷한 예시로는 'a house with a big backyard'를 들 수 있으며, 이때 'with'가 이끄는 전치사구가 뒤에서 'a house'를 수식하여 '큰 뒷마당을 가진 집'이라고 해석한다.
- (C) : 'in all directions'는 관용구로 '사방팔방으로'라는 뜻이다.

│해석│

> 우리는 소리를 무기로 사용할 수 있을까? 용의자가 너무 빨리 달아나서 경찰관이 그를 체포하지 못하는 상황을 상상해 보자. 그 경찰관은 용의자를 그의 총으로 쏘고 싶지 않지만, 그녀는 용의자가 도망치게 놔둘 수는 없다. 이제 그녀는 총알 대신 소리로 용의자를 몇 초간 멍하게 만들 수 있는 총을 사용할 수 있다. 이 특별한 장치는 최고 151 데시벨의 소리를 만든다. 이 소리는 한 사람을 일시적으로 귀가 먹먹하게 만들기 충분할 정도로 고통스럽다. 여러 방향으로 이동하는 일반 음파와는 달리, 이 기기에서 발사되는 음파는 마치 레이저 광선처럼 조준이 가능하다. 이 고통스러운 소리는 목표가 된 사람에게 닿게 만든다. 이 소리가 최대 500미터까지 닿을 수 있다는 점은 이 장치를 강력한 무기로 만들어 준다.

79

주어진 대화에서 A는 B에게 배드민턴 라켓을 빌려주기를 요청하였고, A는 부탁를 승낙하고 있다. 따라서 밑줄 친 'No problem'은 승낙의 의미로 사용되었음을 알 수 있다.

│해석│

> A : 안녕
> B : 저기, 부탁 하나 들어줄래?
> A : 그럼. 뭔데?
> B : 네 배드민턴 라켓을 빌릴 수 있을까? 내일 수업에 필요하거든.
> A : <u>문제 없어.</u>(좋아)

80

제시문에서는 극장을 폐쇄하는 것만으로는 사람들의 욕구를 없앨 수 없었고 가장 지속적인 효과는 빈칸이었다고 서술하고 있으며, 빈칸 뒤에는 so that 구문으로 빈칸에 대한 결과가 쓰여 있다. 따라서 연극하는 이들이 관중을 찾아 돌아다녀야 했던 이유로 '연극하는 사람들의 직장을 빼앗아 버렸다.'는 것이 문맥상 가장 적절하다.

오답분석

① 연극하는 사람들을 축제에 참가시키는 것
② 엔터테이너들을 축제에 고용하는 것
③ 사람들이 게을러지지 않게 가르치는 것
④ 연극하는 사람들에게 새로운 윤리를 제공하는 것

| 해석 |

중세 사람들은 오락(사람들이 돈을 내야 한다고 예상하는 것)과 누구나 축제 때 참여할 수 있는 종류의 일반적인 떠들썩함을 구분하지 않았다. 그들은 둘 다 일과 반대되는 의미의 놀이로 여겼으며, 엔터테이너들을 연극하는 사람들(player)이라고 불렀다. 교회에서는 게으름은 죄이고, 연극하는 이들은 게으르며, 그들을 보는 것도 게으름이라고 가르쳤다. 그러나 로마 시대에 극장의 폐쇄는 코미디와 마술, 음악에 대한 사람들의 욕구를 없앨 수는 없었다. 가장 지속적인 영향은 <u>연극하는 사람들에게서 직장을 빼앗는 것</u>이었고, 그 결과 그들은 관중을 찾기 위해 돌아다녀야만 했다.

| 어휘 |

• merriment : 유쾌하게 떠들썩함
• idleness : 게으름, 나태
• take away : 없애다
• wander : 돌아다니다, 헤매다

한국산업인력공단 6급 필기시험 답안카드

1	① ② ③ ④ ⑤	21	① ② ③ ④ ⑤	41	① ② ③ ④ ⑤	61	① ② ③ ④ ⑤
2	① ② ③ ④ ⑤	22	① ② ③ ④ ⑤	42	① ② ③ ④ ⑤	62	① ② ③ ④ ⑤
3	① ② ③ ④ ⑤	23	① ② ③ ④ ⑤	43	① ② ③ ④ ⑤	63	① ② ③ ④ ⑤
4	① ② ③ ④ ⑤	24	① ② ③ ④ ⑤	44	① ② ③ ④ ⑤	64	① ② ③ ④ ⑤
5	① ② ③ ④ ⑤	25	① ② ③ ④ ⑤	45	① ② ③ ④ ⑤	65	① ② ③ ④ ⑤
6	① ② ③ ④ ⑤	26	① ② ③ ④ ⑤	46	① ② ③ ④ ⑤	66	① ② ③ ④ ⑤
7	① ② ③ ④ ⑤	27	① ② ③ ④ ⑤	47	① ② ③ ④ ⑤	67	① ② ③ ④ ⑤
8	① ② ③ ④ ⑤	28	① ② ③ ④ ⑤	48	① ② ③ ④ ⑤	68	① ② ③ ④ ⑤
9	① ② ③ ④ ⑤	29	① ② ③ ④ ⑤	49	① ② ③ ④ ⑤	69	① ② ③ ④ ⑤
10	① ② ③ ④ ⑤	30	① ② ③ ④ ⑤	50	① ② ③ ④ ⑤	70	① ② ③ ④ ⑤
11	① ② ③ ④ ⑤	31	① ② ③ ④ ⑤	51	① ② ③ ④ ⑤	71	① ② ③ ④ ⑤
12	① ② ③ ④ ⑤	32	① ② ③ ④ ⑤	52	① ② ③ ④ ⑤	72	① ② ③ ④ ⑤
13	① ② ③ ④ ⑤	33	① ② ③ ④ ⑤	53	① ② ③ ④ ⑤	73	① ② ③ ④ ⑤
14	① ② ③ ④ ⑤	34	① ② ③ ④ ⑤	54	① ② ③ ④ ⑤	74	① ② ③ ④ ⑤
15	① ② ③ ④ ⑤	35	① ② ③ ④ ⑤	55	① ② ③ ④ ⑤	75	① ② ③ ④ ⑤
16	① ② ③ ④ ⑤	36	① ② ③ ④ ⑤	56	① ② ③ ④ ⑤	76	① ② ③ ④ ⑤
17	① ② ③ ④ ⑤	37	① ② ③ ④ ⑤	57	① ② ③ ④ ⑤	77	① ② ③ ④ ⑤
18	① ② ③ ④ ⑤	38	① ② ③ ④ ⑤	58	① ② ③ ④ ⑤	78	① ② ③ ④ ⑤
19	① ② ③ ④ ⑤	39	① ② ③ ④ ⑤	59	① ② ③ ④ ⑤	79	① ② ③ ④ ⑤
20	① ② ③ ④ ⑤	40	① ② ③ ④ ⑤	60	① ② ③ ④ ⑤	80	① ② ③ ④ ⑤

※ 본 답안카드는 마킹연습용 모의 답안카드입니다.

〈절취선〉

한국산업인력공단 6급 필기시험 답안카드

1	① ② ③ ④ ⑤	21	① ② ③ ④ ⑤	41	① ② ③ ④ ⑤	61	① ② ③ ④ ⑤
2	① ② ③ ④ ⑤	22	① ② ③ ④ ⑤	42	① ② ③ ④ ⑤	62	① ② ③ ④ ⑤
3	① ② ③ ④ ⑤	23	① ② ③ ④ ⑤	43	① ② ③ ④ ⑤	63	① ② ③ ④ ⑤
4	① ② ③ ④ ⑤	24	① ② ③ ④ ⑤	44	① ② ③ ④ ⑤	64	① ② ③ ④ ⑤
5	① ② ③ ④ ⑤	25	① ② ③ ④ ⑤	45	① ② ③ ④ ⑤	65	① ② ③ ④ ⑤
6	① ② ③ ④ ⑤	26	① ② ③ ④ ⑤	46	① ② ③ ④ ⑤	66	① ② ③ ④ ⑤
7	① ② ③ ④ ⑤	27	① ② ③ ④ ⑤	47	① ② ③ ④ ⑤	67	① ② ③ ④ ⑤
8	① ② ③ ④ ⑤	28	① ② ③ ④ ⑤	48	① ② ③ ④ ⑤	68	① ② ③ ④ ⑤
9	① ② ③ ④ ⑤	29	① ② ③ ④ ⑤	49	① ② ③ ④ ⑤	69	① ② ③ ④ ⑤
10	① ② ③ ④ ⑤	30	① ② ③ ④ ⑤	50	① ② ③ ④ ⑤	70	① ② ③ ④ ⑤
11	① ② ③ ④ ⑤	31	① ② ③ ④ ⑤	51	① ② ③ ④ ⑤	71	① ② ③ ④ ⑤
12	① ② ③ ④ ⑤	32	① ② ③ ④ ⑤	52	① ② ③ ④ ⑤	72	① ② ③ ④ ⑤
13	① ② ③ ④ ⑤	33	① ② ③ ④ ⑤	53	① ② ③ ④ ⑤	73	① ② ③ ④ ⑤
14	① ② ③ ④ ⑤	34	① ② ③ ④ ⑤	54	① ② ③ ④ ⑤	74	① ② ③ ④ ⑤
15	① ② ③ ④ ⑤	35	① ② ③ ④ ⑤	55	① ② ③ ④ ⑤	75	① ② ③ ④ ⑤
16	① ② ③ ④ ⑤	36	① ② ③ ④ ⑤	56	① ② ③ ④ ⑤	76	① ② ③ ④ ⑤
17	① ② ③ ④ ⑤	37	① ② ③ ④ ⑤	57	① ② ③ ④ ⑤	77	① ② ③ ④ ⑤
18	① ② ③ ④ ⑤	38	① ② ③ ④ ⑤	58	① ② ③ ④ ⑤	78	① ② ③ ④ ⑤
19	① ② ③ ④ ⑤	39	① ② ③ ④ ⑤	59	① ② ③ ④ ⑤	79	① ② ③ ④ ⑤
20	① ② ③ ④ ⑤	40	① ② ③ ④ ⑤	60	① ② ③ ④ ⑤	80	① ② ③ ④ ⑤

성 명

지원 분야

문제지 형별기재란

형 ( ) Ⓐ Ⓑ

수 험 번 호

⓪ ① ② ③ ④ ⑤ ⑥ ⑦ ⑧ ⑨

감독위원 확인

(인)

한국산업인력공단 6급 필기시험 답안카드

문번	답란	문번	답란	문번	답란	문번	답란
1	① ② ③ ④ ⑤	21	① ② ③ ④ ⑤	41	① ② ③ ④ ⑤	61	① ② ③ ④ ⑤
2	① ② ③ ④ ⑤	22	① ② ③ ④ ⑤	42	① ② ③ ④ ⑤	62	① ② ③ ④ ⑤
3	① ② ③ ④ ⑤	23	① ② ③ ④ ⑤	43	① ② ③ ④ ⑤	63	① ② ③ ④ ⑤
4	① ② ③ ④ ⑤	24	① ② ③ ④ ⑤	44	① ② ③ ④ ⑤	64	① ② ③ ④ ⑤
5	① ② ③ ④ ⑤	25	① ② ③ ④ ⑤	45	① ② ③ ④ ⑤	65	① ② ③ ④ ⑤
6	① ② ③ ④ ⑤	26	① ② ③ ④ ⑤	46	① ② ③ ④ ⑤	66	① ② ③ ④ ⑤
7	① ② ③ ④ ⑤	27	① ② ③ ④ ⑤	47	① ② ③ ④ ⑤	67	① ② ③ ④ ⑤
8	① ② ③ ④ ⑤	28	① ② ③ ④ ⑤	48	① ② ③ ④ ⑤	68	① ② ③ ④ ⑤
9	① ② ③ ④ ⑤	29	① ② ③ ④ ⑤	49	① ② ③ ④ ⑤	69	① ② ③ ④ ⑤
10	① ② ③ ④ ⑤	30	① ② ③ ④ ⑤	50	① ② ③ ④ ⑤	70	① ② ③ ④ ⑤
11	① ② ③ ④ ⑤	31	① ② ③ ④ ⑤	51	① ② ③ ④ ⑤	71	① ② ③ ④ ⑤
12	① ② ③ ④ ⑤	32	① ② ③ ④ ⑤	52	① ② ③ ④ ⑤	72	① ② ③ ④ ⑤
13	① ② ③ ④ ⑤	33	① ② ③ ④ ⑤	53	① ② ③ ④ ⑤	73	① ② ③ ④ ⑤
14	① ② ③ ④ ⑤	34	① ② ③ ④ ⑤	54	① ② ③ ④ ⑤	74	① ② ③ ④ ⑤
15	① ② ③ ④ ⑤	35	① ② ③ ④ ⑤	55	① ② ③ ④ ⑤	75	① ② ③ ④ ⑤
16	① ② ③ ④ ⑤	36	① ② ③ ④ ⑤	56	① ② ③ ④ ⑤	76	① ② ③ ④ ⑤
17	① ② ③ ④ ⑤	37	① ② ③ ④ ⑤	57	① ② ③ ④ ⑤	77	① ② ③ ④ ⑤
18	① ② ③ ④ ⑤	38	① ② ③ ④ ⑤	58	① ② ③ ④ ⑤	78	① ② ③ ④ ⑤
19	① ② ③ ④ ⑤	39	① ② ③ ④ ⑤	59	① ② ③ ④ ⑤	79	① ② ③ ④ ⑤
20	① ② ③ ④ ⑤	40	① ② ③ ④ ⑤	60	① ② ③ ④ ⑤	80	① ② ③ ④ ⑤

※ 본 답안카드는 마킹연습용 모의 답안카드입니다.

한국산업인력공단 6급 필기시험 답안카드

※ 본 답안카드는 마킹연습용 모의 답안카드입니다.

성 명	

지원 분야	

문제지 형별기재란	Ⓐ
	Ⓑ
(ᄒ)형	

수 험 번 호

⓪	⓪	⓪	⓪	⓪	⓪	⓪
①	①	①	①	①	①	①
②	②	②	②	②	②	②
③	③	③	③	③	③	③
④	④	④	④	④	④	④
⑤	⑤	⑤	⑤	⑤	⑤	⑤
⑥	⑥	⑥	⑥	⑥	⑥	⑥
⑦	⑦	⑦	⑦	⑦	⑦	⑦
⑧	⑧	⑧	⑧	⑧	⑧	⑧
⑨	⑨	⑨	⑨	⑨	⑨	⑨

감독위원 확인	
(인)	

한국산업인력공단 6급 필기시험 답안카드

성 명

지원 분야

문제지 형별기재란

( )형   Ⓐ Ⓑ

수험번호

⑩	⑩	⑩	⑩	⑩	⑩	⑩
①	①	①	①	①	①	①
②	②	②	②	②	②	②
③	③	③	③	③	③	③
④	④	④	④	④	④	④
⑤	⑤	⑤	⑤	⑤	⑤	⑤
⑥	⑥	⑥	⑥	⑥	⑥	⑥
⑦	⑦	⑦	⑦	⑦	⑦	⑦
⑧	⑧	⑧	⑧	⑧	⑧	⑧
⑨	⑨	⑨	⑨	⑨	⑨	⑨

감독위원 확인

(인)

번호	①	②	③	④	⑤	번호	①	②	③	④	⑤	번호	①	②	③	④	⑤	번호	①	②	③	④	⑤
1	①	②	③	④	⑤	21	①	②	③	④	⑤	41	①	②	③	④	⑤	61	①	②	③	④	⑤
2	①	②	③	④	⑤	22	①	②	③	④	⑤	42	①	②	③	④	⑤	62	①	②	③	④	⑤
3	①	②	③	④	⑤	23	①	②	③	④	⑤	43	①	②	③	④	⑤	63	①	②	③	④	⑤
4	①	②	③	④	⑤	24	①	②	③	④	⑤	44	①	②	③	④	⑤	64	①	②	③	④	⑤
5	①	②	③	④	⑤	25	①	②	③	④	⑤	45	①	②	③	④	⑤	65	①	②	③	④	⑤
6	①	②	③	④	⑤	26	①	②	③	④	⑤	46	①	②	③	④	⑤	66	①	②	③	④	⑤
7	①	②	③	④	⑤	27	①	②	③	④	⑤	47	①	②	③	④	⑤	67	①	②	③	④	⑤
8	①	②	③	④	⑤	28	①	②	③	④	⑤	48	①	②	③	④	⑤	68	①	②	③	④	⑤
9	①	②	③	④	⑤	29	①	②	③	④	⑤	49	①	②	③	④	⑤	69	①	②	③	④	⑤
10	①	②	③	④	⑤	30	①	②	③	④	⑤	50	①	②	③	④	⑤	70	①	②	③	④	⑤
11	①	②	③	④	⑤	31	①	②	③	④	⑤	51	①	②	③	④	⑤	71	①	②	③	④	⑤
12	①	②	③	④	⑤	32	①	②	③	④	⑤	52	①	②	③	④	⑤	72	①	②	③	④	⑤
13	①	②	③	④	⑤	33	①	②	③	④	⑤	53	①	②	③	④	⑤	73	①	②	③	④	⑤
14	①	②	③	④	⑤	34	①	②	③	④	⑤	54	①	②	③	④	⑤	74	①	②	③	④	⑤
15	①	②	③	④	⑤	35	①	②	③	④	⑤	55	①	②	③	④	⑤	75	①	②	③	④	⑤
16	①	②	③	④	⑤	36	①	②	③	④	⑤	56	①	②	③	④	⑤	76	①	②	③	④	⑤
17	①	②	③	④	⑤	37	①	②	③	④	⑤	57	①	②	③	④	⑤	77	①	②	③	④	⑤
18	①	②	③	④	⑤	38	①	②	③	④	⑤	58	①	②	③	④	⑤	78	①	②	③	④	⑤
19	①	②	③	④	⑤	39	①	②	③	④	⑤	59	①	②	③	④	⑤	79	①	②	③	④	⑤
20	①	②	③	④	⑤	40	①	②	③	④	⑤	60	①	②	③	④	⑤	80	①	②	③	④	⑤

※ 본 답안카드는 마킹연습용 모의 답안카드입니다.

한국산업인력공단 6급 필기시험 답안카드

성 명	

지원 분야	

문제지 형별기재란	
( )형	Ⓐ Ⓑ

수험번호

0	0	0	0	0	0	0
1	1	1	1	1	1	1
2	2	2	2	2	2	2
3	3	3	3	3	3	3
4	4	4	4	4	4	4
5	5	5	5	5	5	5
6	6	6	6	6	6	6
7	7	7	7	7	7	7
8	8	8	8	8	8	8
9	9	9	9	9	9	9

감독위원 확인
(인)

문항	1	2	3	4	5	문항	1	2	3	4	5	문항	1	2	3	4	5	문항	1	2	3	4	5
1	①	②	③	④	⑤	21	①	②	③	④	⑤	41	①	②	③	④	⑤	61	①	②	③	④	⑤
2	①	②	③	④	⑤	22	①	②	③	④	⑤	42	①	②	③	④	⑤	62	①	②	③	④	⑤
3	①	②	③	④	⑤	23	①	②	③	④	⑤	43	①	②	③	④	⑤	63	①	②	③	④	⑤
4	①	②	③	④	⑤	24	①	②	③	④	⑤	44	①	②	③	④	⑤	64	①	②	③	④	⑤
5	①	②	③	④	⑤	25	①	②	③	④	⑤	45	①	②	③	④	⑤	65	①	②	③	④	⑤
6	①	②	③	④	⑤	26	①	②	③	④	⑤	46	①	②	③	④	⑤	66	①	②	③	④	⑤
7	①	②	③	④	⑤	27	①	②	③	④	⑤	47	①	②	③	④	⑤	67	①	②	③	④	⑤
8	①	②	③	④	⑤	28	①	②	③	④	⑤	48	①	②	③	④	⑤	68	①	②	③	④	⑤
9	①	②	③	④	⑤	29	①	②	③	④	⑤	49	①	②	③	④	⑤	69	①	②	③	④	⑤
10	①	②	③	④	⑤	30	①	②	③	④	⑤	50	①	②	③	④	⑤	70	①	②	③	④	⑤
11	①	②	③	④	⑤	31	①	②	③	④	⑤	51	①	②	③	④	⑤	71	①	②	③	④	⑤
12	①	②	③	④	⑤	32	①	②	③	④	⑤	52	①	②	③	④	⑤	72	①	②	③	④	⑤
13	①	②	③	④	⑤	33	①	②	③	④	⑤	53	①	②	③	④	⑤	73	①	②	③	④	⑤
14	①	②	③	④	⑤	34	①	②	③	④	⑤	54	①	②	③	④	⑤	74	①	②	③	④	⑤
15	①	②	③	④	⑤	35	①	②	③	④	⑤	55	①	②	③	④	⑤	75	①	②	③	④	⑤
16	①	②	③	④	⑤	36	①	②	③	④	⑤	56	①	②	③	④	⑤	76	①	②	③	④	⑤
17	①	②	③	④	⑤	37	①	②	③	④	⑤	57	①	②	③	④	⑤	77	①	②	③	④	⑤
18	①	②	③	④	⑤	38	①	②	③	④	⑤	58	①	②	③	④	⑤	78	①	②	③	④	⑤
19	①	②	③	④	⑤	39	①	②	③	④	⑤	59	①	②	③	④	⑤	79	①	②	③	④	⑤
20	①	②	③	④	⑤	40	①	②	③	④	⑤	60	①	②	③	④	⑤	80	①	②	③	④	⑤

2025 최신판 시대에듀 한국산업인력공단 6급 통합기본서

개정6판1쇄 발행	2025년 06월 20일 (인쇄 2025년 05월 26일)
초 판 발 행	2019년 10월 10일 (인쇄 2019년 09월 27일)
발 행 인	박영일
책 임 편 집	이해욱
편 저	SDC(Sidae Data Center)
편 집 진 행	여연주 · 김미진
표지디자인	현수빈
편집디자인	최미림 · 장성복
발 행 처	(주)시대고시기획
출 판 등 록	제10-1521호
주 소	서울시 마포구 큰우물로 75 [도화동 538 성지 B/D] 9F
전 화	1600-3600
팩 스	02-701-8823
홈 페 이 지	www.sdedu.co.kr

I S B N	979-11-383-9360-7 (13320)
정 가	25,000원

한국산업
인력공단

6급

통합기본서

최신 출제경향 전면 반영

NEXT STEP

시대에듀가 합격을 준비하는
당신에게 제안합니다.

성공의 기회
시대에듀를 잡으십시오.

시대에듀

기회란 포착되어 활용되기 전에는 기회인지조차 알 수 없는 것이다.
– 마크 트웨인 –